汉语受事话题句历史演变研究

袁健惠 著

清华语言学博士丛书

中西書局

本研究
受国家社科青年基金项目(11CYY041)资助

总　　序

近二十年来，我国博士生培养事业有了很大进展，在各个领域都培养出了一大批优秀的博士生；在语言学领域也是这样。这些新培养出来的博士生，大多视野开阔，思想敏锐，既有扎实的专业基础，又有强烈的创新意识，是我国语言学事业继往开来的生力军。博士论文和出站报告是他们刻苦攻读、悉心研究所取得的成果，有些优秀的博士论文达到了学术前沿的水平，体现了语言学研究的新思路、新成就。面对这些学术新人和学术新成果，我们由衷地感到高兴。

众所周知，一门学问要能生根，要能茁壮地成长发展，必须不断挖掘和发现新的材料，必须不断进行理论更新，必须不断涌现大批新的研究人员。语言学是一个既古老又相对年轻的学科。中国是拥有语言富矿的国家，汉语历史悠久，语言多种多样；有优良的语言研究传统，新的语言研究成果不断涌现。现在由于国力日益强盛，更引发各国青年人学习汉语的热潮。这对我国语言学科发展来说，既是一种机遇，又是一种挑战。只要我们两岸三地语言学同仁合力研究，让我国语言学科走到世界学术的尖端，这是可望也可及的目标。正是从这一思想出发，并为了使得这些学术新成果更快地和读者见面，为了帮助这些新人更迅速地成长，以便为语言学注入新的活力，我们创办了这个《清华语言学博士丛书》。现在计划每年出版一辑，每辑选收1—5种两岸三地语言学博士的优秀论文、出站报告和其他著作。我们希望《丛书》能聚集一批优秀的年轻学者，这些年轻人将来能带领中国的语言学迈着稳健的步伐前进。

《清华语言学博士丛书》创办以来，得到了两岸三地语言学界同仁和有关单位的大力支持。很多著名的语言学家担任了顾问和编委，很多博士生踊跃投稿，很多专家不辞辛劳负责审稿。清华大学提供了经费，上海中西书局负责出书。大家的热忱支持进一步坚定了我们办好《清华语言学博士丛书》的决心，我们一定使之成为展示我国语言学新思想、新成果的平台，成为语言学新苗茁壮成长的园地。

希望大家对《清华语言学博士丛书》不断提出意见和建议。让我们共同努力，把《清华语言学博士丛书》办好！

蒋绍愚

2013年6月

序

袁健惠的博士论文《汉语受事话题句历史演变研究》选入了《清华语言学博士丛书》，将由上海中西书局出版。作者希望我写个序，我也愿意在这里说几句话。

汉语受事话题句的历史演变是汉语史研究中的一个重要问题。以往对此问题有所涉及，但未曾作过系统的研究。因为历史上的汉语受事话题句缺乏形式标记，无法用电脑进行检索，只能根据语义一个一个地找。汉语发展的历史如此悠久，历史上的典籍如此浩繁，要把汉语史各个时期的受事话题句找出来，汇集在一起进行研究，殊非易事。袁健惠知难而上，选择了汉语史各个时期有代表性的32部文献，作了细致的、穷尽性的调查，找出其中的受事话题句，根据句子结构加以分类，统计了各个时期各种类别受事话题句的数量和百分比，以此为基础，对受事话题句的历史演变进行研究，其研究的基础是很扎实的。书中的大量例句和统计表格，为今后的受事话题句研究提供了重要的研究资料。

扎实的材料是书稿的坚实基础，但此书更主要的价值在于对材料的深入分析和由此揭示出的演变规律。作者分时期总结了受事话题句的特点，把前后相连的两个时期作了比较，并且纵观各时期的历史演变，从受事话题句的结构类型、受事话题和述语的变化、受事话题句主语的历史演变等几方面，勾画出受事话题句发展演变的大致轮廓和主要趋势。书中有些考察十分细致，比如，对于“连N(受事)也+V”这种新兴的受事话题句格式，在作者选取的文献中直到明代才有数例。作者又往上追溯其来源，在先秦直到唐代的语料中，仅在《唐会要》中找到“并N(受事)也+V”一例。作者又通过对《唐会要》的分析，认为这种新兴句式大约出现于中唐时期(见第三章)。这虽然只是一个具体例句的考察，但显示出作者对研究工作认真细致的态度。

作历史句法的研究，不但要知其然，还要知其所以然。书中把受事话题句的历史演变放到整个汉语语法演变的背景上加以考察，讨论了汉语语法系统中有哪些因素的演变导致了受事话题句的变化。作者指出：代词的发展，动词用法功能的变化，述补结构的产生和发展，体助词的产生和发展，处置式的影响，以及施受关系的中立化等，都是受事话题句的演变的原因。这就对受事话题句的历史演变不但作了清晰的描写，而且作了深入的解释。作这方面的研究，首先要有汉语语法演变的全局在胸，同时还要有敏锐的目光，找到汉语语法演变和受事话题句演变的连接点。书中有些考察是很有意义的，例如，处置式发展和受事话题句发展之间的关系，就是一个很值得注意的问题。书中对此作了一些中肯的分析，但这个问题还有进一步研究的余地。

受事话题句是一种特殊的句式，受事不放在动词后面，而放在动词前面。为什么受事论元要处于动词前的位置？受事论元前置具有什么语义和语用的功能？这是研究受事话题句应当回答的问题。对这些问题，作者作出了自己的回答：受事论元前置有句法、语义、语用等方面的制约因素；受事论元前置具有凸显语义量和焦点化等语义和语用功能。在讨论这些问题时，作者的视野相当广阔，诸如有定和无定，旧信息和新信息，指称、焦点、生命度、语义量以及动词的语义特征等问题，都在作者的思考范围之内，反映出作者的理论兴趣和理论修养。这部分的内容，虽然没有使用"类型学"这个术语，但实际上是从类型学的角度对受事话题句的构成和功能所作的考察。这些问题比较复杂，很多还可以作进一步讨论和研究。但作者在这方面的努力是值得赞许的。如果能把这种深入的理论思考与对汉语历史语料的扎实研究很好地结合起来，将会使汉语历史语法的研究进一步深化。

袁健惠的这部书稿是她攻读博士期间的研究成果。从初稿到进行答辩，她曾数易其稿，每次修改都很下功夫。论文答辩后，她又根据专家的意见作了认真的修改，然后才拿来向《清华语言学博士丛书》提出申报。入选以后，她又根据评审专家的意见再次修改，这才是今天和大家见面的书稿。在她的写作和修改过程中，给我印象很深的是她的脚踏实地、一丝不苟的态度，以及她的勤于思考、力求创新的精神。希望她能把这些优点保持下去，在今后的学术研究道路上继续前进，不断地充实自己，不断地作出新的成果。

蒋绍愚

2014年12月

内容摘要

本书以先秦到明清时期有代表性的32部文献为研究语料，以受事话题句为研究对象，结合学界在该句式研究方面的得失，借鉴近半个世纪以来国内外有关类型学、语法化、焦点结构等方面的理论、方法和研究成果，详细描写了不同历史时期的考察文献中所出现的受事话题句的类型及其句法特征。对受事话题句在前后两个不同历史时期或同一历史时期的本土传世文献和汉译佛典、非戏曲文献和戏曲文献等不同性质的文献中的差异作了细致的比较。对受事话题、述语动词、主语在两种不同性质的文献中的结构构成及使用频率等方面的演变轨迹作了细致的描写，对引发上述演变的原因进行了深入的归纳和探讨。本研究注重汉语事实与理论解释的结合，在系统地描写受事话题句在汉语史上的历史演变的基础上，深入分析了制约受事论元前置的句法、语义和语用条件。此外，还从语义和语用两方面讨论前置受事的功能，揭示其在指同和指别、显示语义量大小、实现话语功能、凸显述语焦点等方面的特殊功能，并就受事话题句中的PAV和APV两种不同句式中施事论元的出现条件和制约要素、动词之前两项体词性成分句法地位的判定，以及梵汉接触和蒙汉接触对汉语受事话题句的影响等问题展开了较为深入的讨论。

本书共七章。在第一章绪论部分首先对与研究相关的受事、主语、话题等术语进行界定，对前置受事的语法属性提出自己的观点，即汉语中的前置受事具有话题和主语两种语法属性。在此基础上，通过简要回顾学界关于受事话题句的相关研究，分析了研究的现状，指出了研究中所存在的问题，阐述了选题的意义。最后，交代了语料的范围和研究方法。

第二章至第七章是本研究的主体部分。第二章选取先秦到明清时期有代表性的32部文献作为研究的语料，分别描写先秦、西汉、东汉、魏晋南北朝、晚唐五代、宋代、元明、清代8个不同历史时期中受事话题句的类型及其句法特征，分析不同类型受事话题句中的受事话题、主语以及述语在共时平面上的结构构成和语义特点。通过比较前后两个不同历史时期中同一性质的文献或同一历史时期的本土传世文献与汉译佛典、非戏曲文献与戏曲文献等不同性质的文献中受事话题句在类型和构成要素方面的差异，揭示了受事话题句的发展演变。第三章基于语料考察的结果，对受事话题、述语、主语在结构构成和使用频率等方面的主要演变轨迹进行细致描写，归纳先秦至明清受事话题句的主要变化，从语言系统内部寻找引起上述变化的原因。第四章从句法、语义和语用三个方面探讨制约受事话题句中受事论元前置的因素。在定量考察文献、细致分析语料的基础上得出结论：受事话题句的形成是句法、语义、语用三种要素共同作用的结果。第五章在分析汉语基本语序结构的基础上，从语义和语用两方面讨论前置受事的功能，揭示其在显示指称语义的异同、语义量的大小、实现话语功能、凸显述语焦点等方面的特殊功能。第六章根据施事出现的受事话题句中施事位置的差异，将其分为施事位于受事之后的“受事话题＋施事/当事主语＋述语”（简称PAV）句式和施事位于受事之前的“施事/当事主语＋受事话题＋述语”（简称APV）句式两类。分别分析归纳这两类句式中主语出现的条件，探讨施事出现的制约因素，并就动词之前两项体词性成分句法性质的判定问题展开讨论。第七章把汉语受事话题句置于梵汉接触和蒙汉接触的视角下进行考察。在统计对该句式在考察文献中的使用频率的基础上，得出结论：东汉和元明时期受事话题句在佛典和朝鲜汉语教科书中的使用频率与本土传世文献差异较大的现象，反映出汉语受事话题句在使用过程中受到梵语、巴利语以及蒙古语影响的事实。但总体说来，受事话题句在发展过程中受到梵汉接触或蒙汉接触的影响以汉语自身存在此类句式为前提。语言接触所造成的相关变化是外因，其影响不足以说明异质语言的影响是该句式发展的主导因素。

最后结语部分总结全文，提出了一些有待于进一步深入研究的问题，如：不同语义类别的动词的变化在受事话题句演变过程中的作用是什么；对具有中介语性质的汉译佛典和朝鲜教科书等文献而言，受事话题句的分布与使用频率在反映语言接触对汉语受事话题句历史演变过程中的作用和广度等方面的有效度究竟是多少等。

目 录

第三章　受事话题句的主要变化及其原因

第四章　受事论元前置的制约因素

第七章　语言接触视野下的汉语受事话题句

第一章
绪　论

1.1　研究对象

当代语法理论非常重视语义在语法中的地位，格语法、配价语法、系统功能语法、认知语法等理论都把语义结构和句法结构之间的对应关系作为研究的重心。各种语义角色及其句法位置的实现越来越多地引起学者们的研究兴趣。汉语缺乏丰富的形态变化，因此，汉语语义的研究多为不同时期和不同学派的语法学家所关注。

本书以先秦到明清时期有代表性的32部文献为研究语料，以受事话题句为研究对象，结合学界在该句式研究方面的得失，借鉴近半个世纪以来国内外有关类型学、语法化、焦点结构等方面的理论、方法和研究成果，详细描写了不同历史时期的考察文献中所出现的受事话题句的类型及其句法特征。对受事话题句在前后两个不同历史时期或同一历史时期的本土传世文献与汉译佛典、非戏曲文献与戏曲文献等不同性质的文献中的差异作了细致的比较。对受事话题、述语动词、主语在不同时期以及不同性质的文献中的结构构成及使用频率等方面的演变轨迹作了细致的描写，对引发上述演变的原因进行了深入的归纳和探讨。本研究注重汉语事实与理论解释的结合，在系统地描写受事话题句在汉语史上的历史演变的基础上，深入分析了制约受事论元前置的句法、语义和语用条件。此外，还从语义和语用两方面讨论前置受事的功能，揭示其在指同和指别、显示语义量大小、实现话语功能、凸显述语焦点等方面的特殊功能，并就受事话题句的 PAV 和 APV 两种不同句式中施事论元的出现条件和制约要素以及动词之前两项体词性成分语法地位的判定问题展开了较为深入的讨论。

1.1.1 相关术语的界定

受事成分的原型位置是在意义自足的最小主谓结构中充当二价动作动词的宾语或三价动作动词的直接宾语。但在动态句中，受事也可以通过非常规的句法投射脱离原型位置出现在动词之前。由于学界对受事的定义以及对位于动词之前的受事在语法中的性质等问题一直存有争议，下面我们将对受事、主语、话题等相关术语进行逐一界定。

1.1.1.1 受事

受事是一个语义概念，学界对其界定一直存在差异。黎锦熙(1924)认为，受事是“(动作)影响所涉及的事物”。[①] 吕冀平(1955)认为，受事是指“动作的接受者”。[②] Saeed(2003)认为：“受事是受到动作影响的实体。该实体通常经历状态上的变化。”[③]Dowty(1991)提出原型受事(prototype patient)的概念。他认为，原型受事是具备变化性、渐成性、受动性、静态性、附庸性这样五个典型特征的论元。[④]

总起来说，汉语学界对受事的内涵和外延尚未达成共识，一直存

---

① 黎锦熙：《新著国语文法》(1924)，湖南教育出版社 2007 年版，第 25 页。

② 吕冀平：《主语和宾语的问题》，《语文学习》1955 年第 7 期，第 8 页。

③ 原文是“(Patient is) the entity undergoing the effect of some action, often undergoing some change in state”。详见 Saeed：*Semantics* (second edition). UK：Blackwell Publishing, 2003, page 149。此外，Saeed (2003：150)还对受事和主题(theme)进行了对比。他指出：“Patient is reserved for entities acted upon and changed by the verb's action.(受事指的是那些被动词发出的动作作用并被改变的实体。)”

④ 变化性指的是事物经历了状态变化，如：他改正了**错误**。渐成性指的是事物在事件中逐步形成，如：积雪融化成了**水**。受动性指的是被另一参与者直接影响，如：吸烟引发**肺癌**。静态性指的是相对应另一参与者而言是固定的，如：子弹射中**靶心**。附庸性指的是不独立于事件存在或根本没有，如：他们建造了**房屋**。

在广义和狭义两种不同的认识。广义的受事涵盖了动作行为的承受者、目标、对象等多个论元[①],而狭义的受事则专指及物的动作动词所直接支配和影响的对象。同一个概念存在不同界定的事实说明:受事范畴内部各成员的地位并不相同,受事与其他语义角色之间的界限是不清晰的。

认知语法认为,任何一个语法或语义类别都是一个原型范畴,每个范畴中的成员都有典型和非典型之分。典型成员具有该类别的所有属性,非典型成员则只具有部分属性。受事这个语义范畴自然也不例外,该范畴中的成员有典型和非典型之分。非典型受事是根据与典型受事在特征上的相似度而加以区分的,受事范畴中的典型成员和非典型成员构成了一个连续统[②]。Dowty(1991)指出,最基本的语义角色只有原型施事(prototype agent)和原型受事两类。除了受事范畴内部之外,在由原型施事、原型受事和其他论元角色构成的语义角色范畴中,也存在一个以原型施事和原型受事为两极的连续统。该范畴中的其他语义角色是分布于该连续统上代表有关原型特征的某些典型组合,它们是基于与原型施事和原型受事特征的接近程度而区分出来的。鉴于受事跟与原型受事在特征上表现出一定相似度的其他语义角色之间的边界比较模糊,对受事范畴作出明确的划分比较困难,本书采用广义的受事观,即把包括动作行为的承受者、目标或对象在内,具有某些原型受事特征的动词论元都称为受事。

1.1.1.2 主语

从《马氏文通》将西方传统语法模式引进汉语以来,如何用主语和宾语概念来分析汉语的句子结构,特别是如何确定汉语句子的主语问题便一直受到汉语语法研究者的关注。印欧语中的主语有外在的形式标记,不存在界定的困难。而汉语则不同,汉语中主语没有形

① 论元指的是配价语法中与谓语动词强制性同现的代表各种语义角色的名词性成分。
② 在原型受事内部所形成的连续统是:原型受事>较接近原型的受事>较接近非原型的受事>非原型受事。

态标记，对汉语主语的界定直接关乎汉语句法分析的正误。

汉语中的主语概念虽然多次被讨论，但不同的理论框架所提供的界定并不相同。《马氏文通》指出："凡以言所为语之事务者曰起词"，"起者，犹云句读之缘起也"；"凡以言起词所有之动静者曰语词"，"语者所以言夫起辞也。"①从马建忠对下文所举的"彼夺其民时"一例的分析可知，这里所说的起词和语词分别对应的是主语和谓语。在对主语的界定方面，《马氏文通》中还有"起词者，即所志之事物也"，"起词者非他，即所发动静之情之事物也"②的说解，总体来看，马建忠(1898)主要是从语义的角度来界定主语的。在对谓语的界定方面，《马氏文通》指出："语词而为外动字也，则止词后焉。"③这里，马氏在分析所举的用例"余读孔氏书，想见其为人"时，又将谓语动词标为语词。显然，马建忠所说的谓语有广义和狭义之分。作为汉语语法研究的开山之作，《马氏文通》的观点极大影响了汉语的语法分析，导致了对人们对命题结构的不同认识。主谓两分的命题结构偏重句法形式，它所关注的是事件的表达方式；主动宾三分的命题结构偏重语义关系，它所关注的是事件的参与者在事件中扮演的角色。赵元任(1968)偏重于从形式上界定汉语的主语，他把句首的成分全部视为主语，认为："在汉语里把主语、谓语当作话题和说明来看待比较合适。"④在这里，赵先生实际上是将汉语中的主语和话题等同。从《马氏文通》的起词和施事到赵元任(1968)的话题和所有句首成分，在对汉语主语的界定问题上形成了从意义到形式两个极端。事实证明，单纯依据意义或单纯依据形式所作出的界定在汉语语法分析中都表现出了局限性。前一标准把主语的语义角色限定为施事，无法解决受事等其他论元角色位于句首的问题；后一标准则将主语的范围无限

① 马建忠：《马氏文通》(1898)，商务印书馆1983年版，第24页。

② 马建忠：《马氏文通》，第385页。

③ 马建忠：《马氏文通》，第30—31页。

④ 赵元任：《现代口语语法》(1968)，商务印书馆1979年版，第45页。

扩大，诸如时间词、处所词、介词短语等都被纳入到主语的范畴中，使汉语中的主语实际上成为一个没有明确意义的模糊概念。

从研究重心来看，学界关于主语的研究主要集中在对主语特征的归纳和对相关制约因素的探讨上，代表性的观点主要有 Keenan(1975)、Comrie(1981)、朱德熙(1982)、张斌和胡裕树(1989)。

在对主语的界定问题上，不同的学者所采取的研究视角有所不同。Keenan(1975)和 Comrie(1981)从跨语言的角度对普遍主语进行界定。Keenan(1975)从说明关于基础主语普遍特征的类型学的角度来界定主语。他把基本主语特征分为自主特征、格标记特征、语义角色和直接支配关系四个主要类别，列举了三十条与句法、语义或语用相关的特征来论述主语概念。他指出："主语并不代表语言现实中的一个单一的维度"，"它是一个包含多维因素的概念"。① 同时，他还认为，不同语言所使用的标记主语的方式是不同的，主语身份有一个度的问题。不同语言的主语在描述基本主语的一套完整特征的表现方面是不同的。有些语言的主语与基础主语(basic subject)在特征方面接近度较大，也有些语言的主语包含了较少的基础主语特征。Comrie(1981)采用根据多重因素和典型性的方法来定义主语概念。他认为，为了说明一个已知语言中存在的已知的语法关系，必须从语言内部和跨语言两方面进行论证。他从脱离纯粹的描述层面的角度指出，主语类型代表施事和话题的相互作用，"典型的主语是施事和话题的重合，从跨语言的角度来看，最明确的主语是兼做话题的施事"。②

朱德熙(1982，1985)和张斌、胡裕树(1989)研究汉语主语的形式

① Charles N. Li. *Subject and Topic*. Academic Press，1975，page312.

② Comrie *Language Universals and Linguistic Typology: Syntax and Morphology*，Peking University Press，1981，page107. 原文是："the prototype of subject represents the intersection of agent and topic，i. e. the clearest instances of subjects，cross-linguistically，are agents which are also topics."沈家煊的翻译是"典型的主语是施事和话题的重合"，"从各种语言看，最明确的主语同时也是话题的施事"。(见《语言共性和语言类型》，沈家煊译，华夏出版社 1989 年版，第 131 页)

特征。朱德熙(1982,1985)归纳了汉语主语的五条形式特征,即在正常情况下,主语的位置总是在谓语之前;主语可以是体词性的,也可以是谓词性的,谓语一般总是由谓词性成分充任;主语和谓语之间可以有停顿;主语和谓语之间可以插入“要是”、“如果”、“虽然”、“即使”等连词;谓语部分可以变换成反复问的形式。张斌、胡裕树(1989)提出了确认汉语主语的三条形式化原则,即一般是不能加介词,只有少数是例外;位置固定,一般不能移后;与谓语的语义关系较为密切。他们认为,当动词前面有几个名词性成分时,在主语的确定上有一个强制性必有成分优于非强制性可有成分、动元中施事语优于非施事语、非动元中处所语优于时间语的优先选择模式。

从上述诸家对主语的界定可以看出:大多数情况下,Keenan(1975)所提出的一套关于基础主语的特征在对任意一种语言中的任意一个句子的主语的界定方面表现出普遍的有效性,它提供了关于主语的一些普遍化和一般化的特征。尽管 Keenan(1975)指出其目标是提供一种允许不同语言使用的特定的鉴定标准来界定主语,但他对主语的研究实际上仅仅停留在对各种语言中与主语相关的一些语言事实的观察性的描述上,他所给出的只是不同语言中关于主语具体特征的序列,而不是从跨语言的角度提供一种对“什么是主语概念”这一问题的清晰的描写。朱德熙(1982,1985)和张斌、胡裕树(1989)在三个平面的语法理论下,侧重于从形式的角度对汉语主语的特征进行归纳。他们所作的归纳在一定程度上反映了汉语主语的某些特征。但值得注意的是,如果只依据上述形式化特征来对汉语的主语进行判断,那么当动词之前出现多项名词时,所判断出来的主语则几乎囊括了位于动词之前的所有名词性成分。这一做法不可避免地造成了汉语中主语概念模糊的问题。

一般说来,主语是与谓语相对应的句法概念,其特征包括形式和意义两方面。现有的研究成果显示:汉语的主语在形式和意义上都表现出有别于其他句法成分的特点。从形式上看,汉语主语除了位于动词之前这一最主要的形式特征之外①，还包括控制句中的同指名词的反身化(equi-NP reflexivization)、控制同指名词删除(equi-NP deletion)，可以用疑问代词提问(questionlized)、焦点化(focalized)、跟动词具有一致关系(agreement)、所在的格式可以用于从句(clause)和句子(sentence)两个层面等；从意义上看，汉语的主语在语义角色上是以施事为原型，它在对不同论元角色的选择上存在着一个优先选择的模式，即：

施事>感事>工具>系事>地点>对象>受事②

可见，在对汉语的主语进行界定时，应该采用形式和意义相结合的标准。把形式和意义相结合来界定汉语主语的思想早在吕叔湘(1979)便初见端倪。虽然吕先生在对汉语句子作实际分析的过程中，有时表现得有些迟疑不决，如对于"这些书他全看过"类型的句子，吕先生的讲法不尽相同，③但他所提出的主语"应该有一定的涵义，不能单纯以位置为准"、"对动词前的成分予以鉴别，不能一概归为主语"的主张，④显示了其对汉语主语的正确认识，这对科学地界定汉语的主语有积极的指导意义。

戴浩一(2002)指出："从概念系统而言，汉语的中心主题是发生了什么事，其次是谁对谁做了什么。"⑤我们认为，戴先生的观点是正确的，作为话题优先的语言类型，汉语的句子在句法上存在两个层次，首要层次是"话题＋陈述"，其次才是"主语＋谓语"。洪波(2009)

---

① 汉语主语位于谓语动词之前的这一表层句法特征虽然与话题相同，但在话题的显性的形式特征中，除了出现于话题链中的句首之外，还包括能够添加停顿标记或提顿词。根据这一特征，我们可以对话题和主语作出明确的区分。此外，汉语的话题的其他特征，如建立一个主要谓语动词控制的空间、时间和个体的框架；作为已知信息、表达对比的话语功能特征以及除了话题兼为主语的句子之外，话题在反身化、被动化、同指名词删除、动词链和祈使句中不起任何作用的句法和语义特征等，也都是区分主语和话题的重要依据。

② 陈平：《试论汉语中三种句子成分与语义成分的配位原则》，《中国语文》1994 年第 3 期，第 163 页。

③ 吕叔湘：《汉语语法分析问题》，商务印书馆 1979 年版，第 73 页和第 82—83 页。

④ 吕叔湘：《汉语语法分析问题》，第 71—83 页。

⑤ 戴浩一：《概念结构与非自主性语法：汉语语法概念系统初探》，《当代语言学》2002 年第 1 期，第 5 页。

指出："主语是在语义因素和语用因素相互作用下语法化出来的一种句法范畴。因其是一种语法化的产物，因此不是所有的语言都一定会有主语这种语法范畴。有这种语法范畴的语言，其主语的语法化程度也不一定相同，因而其语法属性和语义涵盖面也不一定相同。"① 汉语有主语这种句法范畴。汉语中主语虽然不是句子的主脑，但主语概念存在于汉语中是不可否认的。汉语中的主语和话题在句法形式、语义特征和语用功能等方面都表现出明显的差异，同时，二者之间也存在一定的联系。因为经常居句首，具有认知上的凸显性，所以一般情况下，汉语的主语也可以被视为无标记的话题。

综上所述，我们认为，在关于主语的众多界定中，Comrie(1981)的观点更接近主语的实质，对汉语语法分析更具指导意义。这种基于类型学的研究视角所作出的界定突破了我国传统语法中单纯依据动词与主语间的施事语义关系或句子表面结构的线性次序对主语所作的综合性界定的局限，避免了使汉语句法结构中的"主语"层层套叠和使主语概念在汉语中成为一个毫无意义的语法标签的现象。因此，本书的主语概念主要采用 Comrie(1981)的观点。同时，由于 Comrie(1981)所作的界定主要针对的是典型主语，而典型主语跟由其他具有一定施事特征的语义角色充当的非典型主语之间的界限并不十分清晰，因此本书所说的主语指的是由具有较强施事特征的语义角色充当的句法成分，包括施事和当事两种语义角色。②

1.1.1.3 话题

话题是一个近几十年学界讨论的较多的问题。自赵元任(1968)提出以话题(topic)和述题(comment)来分析汉语句子的主张以后，学者们从功能语法、形式语法、结构语法等不同角度对汉语的话题作了较为广泛的研究，取得了一些有价值的研究成果。代表性成果主要

---

① 洪波：《周秦汉语"被动语态"之检讨》，《历史语言学研究》(第二辑)，商务印书馆 2009 年版，第 96 页。

② 本书所说的当事即一般所说的经验者，它是支配心理动词或认知动词的论元。

有陈平(1994)、曹逢甫(1976)、屈承熹(1998,2000)、徐烈炯(2002)、陆丙甫(2003)、袁毓林(1996,2003)、徐烈炯和刘丹青(1998)等。

主语和话题问题是建立语法分析系统的中心环节。汉语学界对话题在汉语语法分析中的地位和作用的认识经历了一个由将之与主语等同到将之与主语对立,再到将之视为与主语共同属于句法平面的句法成分这样一个过程。该过程在关于汉语中的话题和主语之争的讨论中有清晰的体现。

关于汉语中的话题和主语问题,学界存在三派不同的意见。第一派以赵元任(1968)、徐通锵(1997)为代表,他们认为汉语语法中只有话题没有主语,汉语的话题与其他语言中的主语是平行成分。① 第二派以朱德熙(1982,1985)、胡裕树和范晓(1985)为代表,他们认为汉语的语法平面只有主语和"主语+谓语"结构,没有话题成分和"话题+陈述"结构。在他们看来,话题是属于语用平面的概念,与句法平面无关。② 第三派以黄正德(Huang C. T. James, 1982)、曹

① 赵元任(1968)和徐通锵(1997)虽然都认为汉语中只有话题,没有主语。但二者的观点并不相同。赵先生把汉语中的主语和谓语概念分别与话题和陈述概念等同。他指出:"主语和谓语的关系可以是动作者和动作的关系。""在汉语里,把主语、谓语当作话题和说明来看待,比较合适。"而徐先生则认为:"'话题—说明'与'主语—谓语'是两套不能互相包容的概念,应该严格地区分开来并加以独立的研究。""'话题—说明'这种结构框架比较适合汉语句子的结构分析。"此外,他首先肯定了 Li & Thompson(1975)的观点,认为二者将世界上的语言分为主语优先和话题优先两大类型的分类标准有参考价值;同时,他还指出了其理论上的不足,认为该理论的弱点在于"在具体分析中把'主语—谓语'和'话题—说明'两种结构类型揉在一起"了。

② 朱德熙(1982: 96)指出:"说话人选来作主语的是他最感兴趣的话题,谓语则是对于选定了的话题的陈述。"朱德熙(1985: 39—40)指出:"可见通常说主语是话题,正是从表达的角度说的,至于说主语是施事、受事、与事等等,那是从语义的角度说的。话题可以因选择的述语不同而变化,可是不管话题怎么变,句子里各个成分之间的语义关系却始终不变。""话题这个概念本身就缺乏明确的定义。一个语言成分算不算话题,可以引起无穷的争论。""像主语是话题、主题、陈述的对象一类的话,只能从最宽泛的意义上去理解","进行语法分析,一定要分清结构、语义和表达三个不同的平面。……主语、宾语属于结构平面,……话题、陈述属于表达平面。"胡裕树、范晓(1985)主张对句子结构作内层和外层的区分。他们认为主语是属于句子内层的句法结构,而位于句首的其他名词性成分属于句子的外层结构,即语用平面的话题。其三个平面语法理论进一步发展了这种观点。

逢甫(Tsao Fengfu, 1987)、徐烈炯和刘丹青(1998)为代表,[①]他们认为汉语在语法平面既有主语又有话题,主语和话题是处于同一句法平面的相互独立的不同句法成分,汉语普通的基本语序类型是TS－VO。

上述各派的观点在解释语言现象时各有所长。通观全局,赵元任(1968)在结构主义的框架下描写汉语的主语,注意到了汉语主谓关系的复杂性以及汉语语序和有定性之间的关联。从其所举的例证来看,他对主语的界定相当宽泛,包括名词、动词、时间、处所、条件短语、介词短语、主谓短语在内的成分等都被其纳入到主语的类别中。此外,他还把语序作为确定主语的唯一手段。这种确定主语的方法在解决实际问题时未免过于简单化。他虽然通过展现话题和句首位置的密切关系的方式具体揭示出了汉语中话题的优势。但汉语的主语和话题并不是完全对等的,把主语和话题等同的做法,实际上是一种机械化的分析方法。正如王力(1956)所言:"如果拿话题作为主语的定义,只要句首的词是名词,就非承认它是主语不可。"[②]这样一方面有可能"把一些有用的分别弄模糊了"[③]。另一方面,"从实践角度说,依照上述标准析句,必然会导致主谓谓语句范围的扩大",而"主谓谓语句的扩大不可避免地要出现主语层层套叠的现象"。[④] 徐通锵

① Li&Thompson(1975)基于许多语言可以据其基本结构是"主语＋谓语"还是"话题＋陈述"加以区分的事实,把世界上的语言分为主语优先和话题优先两大类。在他们看来,话题不但可能与主语一样,是语法描写中的基本概念,而且语言在依据主语或话题构建句子结构方面可能存在差异。主语—谓语、话题—陈述这两种不同类型的语义关系具有深层的结构意义。他们把汉语划归到话题优先型语言的类型中,认为在汉语的句子结构中起重要作用的是话题而非主语。同时他们还指出了在话题优先的语言中,话题可以被植入到句子的基本句法结构的事实。徐烈炯、刘丹青(1998)指出:"研究话题优先型语言和主语话题并重型语言的语序类型,必须考虑另一个成分即话题T。要确定话题优先型语言及主语话题并重型语言的语序应该看T、S、V、O四者的排列顺序。"

② 王力:《主语的定义及其在汉语中的应用》(1956),《王力文集》(第十六卷),山东教育出版社1990年版,第274页。

③ 吕叔湘:《汉语语法分析问题》(1979),《吕叔湘文集》(第2卷),商务印书馆2004年版,第545页。

④ 张斌、胡裕树:《汉语语法研究》,商务印书馆1989年版,第54—55页。

(1997)从语义句法的角度把世界上的语言分为语义型语言和语法型语言。他认为应该为两种不同的语言类型建立起相应且不同质的句法分析模式。他注意到了语义在汉语语法中的重要地位,将汉语归为语义型语言的类别中,指出汉语语法的基本结构类型是"话题+说明"。这种研究汉语的新视角是可取的,但同时徐先生也忽视了汉语语法中存在主语成分的事实。

朱德熙(1982,1985)、胡裕树和范晓(1985)实际上是从三个平面的语法分析理论出发,对主语和话题所属的语法平面作出严格的区分。三个平面的语法理论虽为多数学者所接受,但在具体分析主语和话题的问题时,仍然存在很大分歧。对于主语和话题所属的语法范畴究竟是相同还是不同的问题至今没有一致的意见。特别是在主语和话题范畴各有哪些形式特征、析句过程中采用什么样的标准,以及如何为二者下一个简单明确的定义等方面,学者们虽提出了一些有启发性的看法,如王力(1943)、申小龙(1986)等,但把句子的主脑称为主语还是话题、主题语、施事语等只是一个名称问题,并不能解决实际问题。而且,正如沈家煊(1999)所言,句法、语义和语用实际上并没有明确的界限,只是为了研究的方便才分为三个不同的层面。

总起来说,从汉语语言事实来看,前两派学者要么否认汉语中的主语,要么否认汉语中的话题,对于二者在汉语语法分析中所表现出的差异和联系缺乏清晰的认识。相比较而言,承认汉语语法中既存在话题又存在主语的观点更接近汉语语言事实,对汉语语法分析的意义更大。而且,将主语和话题加以区别,把话题视为与主语所属平面相同、相互独立的不同句法成分的观点,一方面可以对汉语学界长期存在的一些因非常规投射而产生的句法现象作出合理的解释,另一方面,对推进主语和宾语问题的研究也有重要意义。

我们知道,话题在最初的语言平面是一个与作为句法概念的主语处于不同层面上的语用概念[①]，但它并非与句法和语义两个平面毫无关联。它可以通过语法化在句法结构中显现出来。汉语中主语和话题的语法化途径决定了二者之间虽然存在着千丝万缕的联系，但并非不能区分。首先，话题在形式特征和意义特征上都不同于主语。汉语中话题的特征主要包括具有位于句首和位于主语和谓语动词之间两种特定的位置，其后可以出现停顿、提顿词或话题标记，与谓语动词之间可以没有语义上的选择关系，在反身化、被动化（passivization）、同指名词删除、连动结构（verb serialization）、祈使化（imperativization）等过程中不起支配作用。其次，话题在语法化的途径、内容和程度上都与主语有别。汉语中话题的语法化途径包括改变语序、语音停顿、带提顿词、排斥焦点重音等，其所语法化的内容是话语功能。因为语法化途径的多样化，汉语的话题在语法化程度上远远高于主语的语法化。其直接结果是汉语中的许多语义角色在充当话题方面比较自由，而在充当主语方面则受到较多的限制。

汉语中的话题涉及句法、语义、语用三方面因素，在句法上占据句子的句首或主语和谓语之间两个特定的位置；在语义上具有[＋有定]或[＋通指]特征；在信息表达上通常代表已知信息；在话语功能上表现出"为所辖话语规定时间、空间或个体方面的背景、范围"，"提供语义相关性索引"，"提供话语的起点，并预示着它必须有后续成分"[②]等特点。充当话题的成分通过语序、语音停顿、提顿词和排斥焦点重音等手段固定下来的上述内容正是话题的话语功能。鉴于此，本书对话题的界定采用徐烈炯、刘丹青（1998）的观点，即话题是一个"句法结构概念"，它可以指"句法结构中某个特定的位置"，也可以指"出现在该位置上的词语"。[③] "作为句法成分的话题"是"话语功能的

---

① 范晓：《"NP受＋V"句说略》，《语文研究》1994年第2期，第8页。

② 徐烈炯、刘丹青：《话题的结构与功能》（1998），上海教育出版社2007年版，第181—182页。

③ 徐烈炯、刘丹青：《话题的结构与功能》，第28页。

语法化，其原型意义就是话题功能”。①

1.1.2 前置受事的语法属性

汉语中，受事论元的原型位置是在意义自足的最小主谓结构中充当二价动作动词的宾语或三价动作动词的直接宾语。但在动态句中，受事论元也可以通过非常规的句法投射出现于动词之前。对于这种前置受事的语法属性，学界一直存有争议，影响较大的有主语之说和话题之说两种。② 我们认为，要确定这种前置受事的究竟是主语还是话题，结合汉语的类型以及汉语中主语和话题的语法化程度进行辨析是一条行之有效的途径。

Tomlin(1986)从认知的角度对在句子的事件结构和信息结构方面合乎规律性的语序进行归纳，他指出，句子的语序在事件结构上遵循“有生居先原则”(Animated First Principle)，在信息结构上遵循“主位居先原则”(The Theme First Principle)。就汉语而言，在句子的事件结构和信息结构中，较合乎规律的语序是由主语到谓语，由话题到陈述。从 Tomlin(1986)的论述可以看出：句法上的主语和话语中的话题在功能上表现出一种自然交叉的倾向。类型学的研究也表明主语虽然并不必然兼有话题功能，但其在话语中兼有话题功能的情况也较常见。由此我们认为，汉语中由语义角色语法化而来的主语跟由话语功能语法化而来的话题之间既有联系又有区

---

① 徐烈炯、刘丹青：《话题的结构与功能》，第 179—181 页。

② 对受事位于述语动词之前施事主语之后的 APV 句式中受事成分的句法性质的认识，学界还存在“宾语前置说”的观点。代表人有黎锦熙(1924)、胡裕树(1987)、陈昌来(2000)、范晓(2001)等。上述学者认为，APV 句式是由于语用表达的需要而将受事提前的，句子的语义结构和句法结构关系不应该发生变化。句式中述语动词之前的受事成分还是句法上的宾语。在传统语法研究中，受事位于施事主语之前的 PAV 句式中的受事一般也被视为提前或倒装的宾语。20 世纪 50 年代前后，认为这种受事是主语的观点逐渐占据优势。代表人有朱德熙(1982)、吕叔湘(1946，1984)、陆俭明(1986)等。迄今为止，学界对 APV 和 PAV 两种句式中受事性质的认识上仍然未达成一致。我们认为，APV 句式中的受事在句法上是次话题，PAV 句式中的受事是话题。为方便起见，我们将次话题和话题放在一起加以论述。

别。二者之间存在着一种交叉的可能，虽然这种交叉的概率比较高，但并非必然。

语言是用来表达各种事物、情况、环境的工具。语法化是语言把所要表达的内容固定下来时所采用的方式之一。语言中的语法化是一个动态的过程，它是“一定的内容和一定的形式在特定语言的语法系统中实现结合，形成该语言的特定语法现象和语法范畴”。① 类型学的研究成果表明，人类语言在语法化方面表现出一些深层次的共性。自然语言在语法化过程中表现出的形态方面的蕴涵性共性部分地反映了语法化内容选择方面的优先序列。无论是个体语言还是类型学研究都显示，论元角色在充当主语或宾语上存在着强弱不同的层级差异。主语位置的优选论元是施事。语义上的施事和受事的不对称在句法上表现为主语和宾语的不对称。这一点，Fillmore(1968)、Silverstein(1976)、陈平(1994)等学者多有论述，②此不赘说。

主语和话题都可以发生语法化，但二者在语法化的程度上有所不同。这一点在语法化的途径、内容和结果上都有体现。总起来说，汉语中主语的语法化是以施事为原型的语义角色的语法化，其实现途径是改变语序或添加虚词标记。主语语法化导致了主语对原型施事以及宾语对原型受事偏离。虽然各种语义角色之间的边界不是截然分明的，但从汉语事实来看，能够进入到主语位置上的基本还是一些能够支配动作、行为的论元，如施事、当事。与原型施事特征相差极大的受事论元在主语化的过程中往往需要受到更多限制，如添加

---

① 徐烈炯、刘丹青：《话题与焦点新论》，上海教育出版社2003年版，第237页。

② Fillmore(1968：33)指出：“如果有一个A，那么它就成为主语；否则的话，如果有一个I，那么它就成为主语；否则的话主语就是O。”由此可见，他从是否适合做主语的角度对施事、工具、客体三种不同的论元角色作出的等级划分是：施事>工具>客体。Silverstein(1976：113)指出，名词、代词充当施事论元的等级序列是：第一人称>第二人称>第三人称>专有名词>人类名词>生物名词>非生物名词。陈平(1994)认为，汉语中作主语的成分就语义角色而言存在的优先序列是：施事>感事>工具>系事>地点>对象>受事。

介词标记等。① 相比较而言,汉语话题的语法化是话语功能的语法化。其实现途径有改变语序、语音停顿、带提顿词、排斥焦点重音等。语法化途径的多样化使汉语的话题化程度远远高于主语化。其结果是,受事充当话题时较为自由,而充当主语时则受到较多的限制。

可见,汉语中的前置受事既可以作主语,也可以作话题。它们分别是受事主语化和受事话题化的结果。当受事位于动词之前且句子中的述语动词或主语之前也出现了虚词标记时,它实际上是通过添加标记的方式前置,此时,动词的受事论元语法化为被动句的主语。而当受事位于动词之前,句子中没有出现添加的虚词标记时,它实际上是通过改变语序的方式前置于动词。此时,即使句子中具有施事或施事性倾向强的论元不出现,只出现受事这一种动词论元,无论从汉语本身的主语化程度还是从类型学研究所提供的适宜做主语的论元等级序列来看,受事论元都不是充当主语的最佳选项,因而不是句法上的主语。由于汉语的话题化程度高于主语化,这种前置的受事可以为实现一定的话语功能而语法化为话题。此外,受事主语化和受事话题化在程度上所表现出的差异,也通过一定的外在形式在句

---

① 受事通过添加虚词标记的方式发生主语化,形成被动句式。在被动句式中,前置受事论元充当的是被动主语,这与汉语中以施事为原型的主语有所不同。Sandra Chung(1975)研究印度尼西亚语(Indonesian)中的典型被动(canonical passive)和由宾语话题化而来的被动两种被动结构。他认为这两种被动结构都在一定程度上反映了普遍语法的一些特征。同时他还概括了典型被动的形式特征,即潜在的直接宾语充当句子的主语,潜在的主语出现在介词结构中,在动词上表现出特殊的标记,指出被动化的典型句法特征是创造主语,使一个无主句变为有主句。Colette G. Craig(1975)将主语特征概括为编码特征、行为特征和语义特征三类。他通过对Jacaltec语中基础主语和衍生主语特征的研究指出:"(Jacaltec语)中,被动主语继承了基本不及物句所有主语的编码特征,它可以进入到反身、疑问、同指名词删除等句法过程,被动主语与基础主语在语义特征上完全一致,在功能上基本一致,但在行为特征上受到部分限制。"Sandra Chung(1975)、Colette G. Craig(1975)的结论是在分别研究了SVO型的Indonesian和作格语言Jacaltec后得出的。这两种不同类型的语言中的被动都显示:被动句主语与基本主语之间在语义特征和功能特征上存在着很多一致。汉语中的被动句虽然不与主动句有直接的对立关系,主语概念在汉语中也没有像在印欧语中那么重要,但从类型学的角度来看,汉语被动句中的主语也具有普遍主语的特征,我们可以称之为被动主语。

法平面上加以体现。前者表现为原本以作宾语为原型的受事论元改变了位于述语动词之后的常见语序，前置到句首，通过添加虚词标记的语法手段成为句子的主语。后者除了表现为受事在句法平面上前置于动词，成为受事话题之外，还包括语音停顿、提顿词等话题标记的使用。

综上所述，汉语中的前置受事具有话题和主语两种语法属性。本书研究的是受事位于述语动词之前，动词或主语之前不出现虚词标记的句式。这种句式是汉语中常见的由受事充当话题的句子①。我们对受事话题句的定义是：由受动作行为影响且具有变化性、渐成性、受动性、静态性、附庸性特征的全部或部分特征的名词性成分或指称化的谓词性成分位于及物动词之前充当话题的句式。

1.2 研究回顾

1.2.1 现有的主要研究成果

受事话题句是能够反映汉语特点的一种重要句式。该句式在先秦文献中已大量出现，此后历经演变，在现代汉语中仍然有较高的使

① 传统上，汉语中受事论元位于动词之前的句式被称为“受事主语句”。我们认为，这种把位于动词之前的受事视为主语的句法分析方法实际模糊了汉语中的主语概念。汉语中的主语概念并没有印欧语那么重要，对汉语进行句法分析可以采用以语义为主、以句法位置为辅的原则。关于这一思想，吕叔湘(1946)已经为我们导夫先路，应该引起我们足够的重视。吕先生认为，汉语的句法分析比印欧语言困难的原因有两个，即“隐藏和省略的部分太多”、“缺少语形变化的依据”。因此，“我们所能凭藉的只有位置和施受关系这两项，而这两项评准给我们的答案有时候一致，有时候不一致”。在汉语主宾语的确定问题上，吕先生更偏重语义标准，“位置”只作为一种参考。他说：“原则上以施事词为主语，以受事词为宾语；但只有受事的句子里，要是受事词位置在动词之前，也算是主语。”他还说：“国语既没有语形等等的顾虑，又何妨把这个原则充分应用开来；除了极少数例外，每个句子里实体词和动词的施受关系是不难确定的。既把主语限制为施事词，没有施事词的句子就算没有主语，不必再有被动句的说法。可是我们必须承认这种分析法的前提：句子不必都有主语，要是觉得这样不合适，也不妨不立‘主语’和‘宾语’的名目，干脆就称‘施事’和‘受事’。‘甘愿冒重复啰嗦的危险，再把这个问题说一遍：分析国语的句子，是不是可以只讲施事受事不讲主语宾语……”(见《吕叔湘文集》(第2卷)，商务印书馆2004年版，第466—478页)

用频率。从目前学界关于此句式的研究现状来看，学者们的研究主要可以概括为四个方面，即：

（一）界定。包括对"受事"的概念和受事位于动词之前的句式的界定两方面。前者的代表人物主要有马建忠（1898）、吕叔湘（1946）、吕冀平（1955）、孟琮（1987）、张涤华等（1988）、Dowty（1991）、林杏光（1993）、陈平（1994）、范晓（1996）、Saeed（2003）；后者主要有龚千炎（1980）、蒋绍愚（2004）、徐烈炯和刘丹青（1998）等。

马建忠（1898）最早用施动、受动概念来确定汉语的主语、宾语。他认为动词本身有施受之分。在分析句子的组成部分时，他还指出："凡受其行之所施者曰止词。"[①]早期的一些语法论著谈及受事时，也大都将其与宾语联系在一起。早期的学者或是根据述语动词与名词性成分之间的语义关系，把受事等同于宾语，或是根据名词性成分在句子中的语序，把位于动词之前的成分称为主语，之后的成分称为宾语。如黎锦熙（1924）、吕叔湘（1946）、吕冀平（1955）、孟琮（1987）等。虽然也有一些学者把受事和宾语区别开来专门给受事下定义，如张涤华等（1988）认为，"'受事'同施事相对，一般指语义上主语同谓语、宾语同动词的受动关系"[②]。林杏光（1993）认为，受事指"事件中自发动作行为所涉及的已存在的直接客体"[③]。陈平（1994）认为，在具体句子中，同时具备所有的原型施事特征或原型受事特征的名词性成分并不常见，多数情况下，我们所说的施事成分或受事成分只具备原型特征群中的大部分相关特征，而并非全部特征。所谓施事或受事都有性质强弱的问题。在具体事件中，名词性成分表现出来的原型施事特征越多，其施事性就越强；原型受事特征的数目越多，其受事性就越强。原型特征的数目越少，其施事性或受事性就越弱，到了一

---

① 马建忠：《马氏文通》，第 144 页。

② 张涤华等：《汉语语法修辞词典》，安徽教育出版社 1988 年版，第 356 页。

③ 林杏光：《进一步深入研究现代汉语格关系》，《汉语学习》，1993 年第 5 期，第 12 页。

定程度就难分彼此。范晓(1996)认为:“受事指动作的承受者。它是自主动作动词联系着的客体动元,是施事发出动作时所涉及的已经存在着的客体。”①总起来说,这些界定在对受事内涵和外延的揭示方面是不清晰的。

自20世纪80年代起,学界对语义成分的研究进入了全新时期。学者们一方面放弃了把受事与宾语等同的主张,也不再根据句法位置来确定主语和宾语;另一方面,人们也逐渐认识到作为语义成分的受事与作为句法成分的宾语之间既有联系,又有区别。如朱德熙(1982)指出:“主语不一定是施事,宾语不一定是受事,不能把主语和宾语的区分理解为施事和受事的对立。”“主语、谓语是句法概念,施事、受事、与事等等是语义概念,这两方面虽然有联系,但不是一回事,不能混同。”②90年代以后,对语义角色与句法成分对应关系的研究成为汉语语法研究的热点。许多学者以某一或某些语义角色的语义特征及制约其句位实现的因素为专题,进行了深入研究。该时期,随着国外语言学理论的引进和应用以及对汉语语法事实的挖掘,关于语义结构的研究得到更多的重视,与受事相关的研究也取得了突破性进展。Dowty(1991)认为,最基本的语义角色只有原型施事和原型受事两种。各种论元角色是分布于以原型施事和原型受事为两极同一个连续体上的代表有关原型特征的某些典型组合,其他语义角色是基于与原型施事和原型受事特征的接近程度的基础上区分出来的。原型受事是具备变化性、渐成性、受动性、静态性、附庸性这样五个典型特征的论元。陈平(1994)提出两条语义角色优先序列,用以表现汉语中的主题、主语、宾语成分同各种语义成分的配位原则。这两条序列用高度概括的形式以简驭繁地说明了大量的语言现象,揭示了在变化多端的配位机制中起根本作用的有关因素。随后的很多

① 范晓:《关于动词配价研究的几个问题》,《三明职业大学学报》,1996年第1期,第13页。

② 朱德熙:《语法讲义》,商务印书馆1982年版,第111页。

相关研究都是建立在陈先生研究成果的基础上的。

明确对受事位于动词之前的句式作出界定的主要有龚千炎(1980)、蒋绍愚(2004)、徐烈炯和刘丹青(1998)。龚千炎(1980)研究现代汉语的受事话题句,他指出:"'受事'充当主语的句子可称为'受事主语句'也可称为'被动句'。""现代汉语要构造受事主语句,既可以采用被动的形式标志来表示,也可以不采用被动的形式标志来表示。""被字句跟主动句一样,着重叙述一个由某种动作构成的事件,而非被字句则着重说明一种由于某种动作而产生的状态。"①蒋绍愚(2004)指出:"凡是主语是动词的受事的句子都是受事主语句。"②从龚、蒋两位先生的界定可以看出,他们都认为动词之前的成分是句法上的主语,因而将此类句式称为"受事主语句"。徐烈炯、刘丹青(1998)认为此类句式是受事话题句。他们对受事类话题作出界定,指出:"所谓受事类话题,指充当话题的成分在语义关系上属于句子主要动词的广义受事性论元。""受事论元一旦前置充任话题,就不再是宾语,当然也不是主语。"上述学者的相关论述都涉及了对动词之前受事性质认识等问题,但总体看来在受事范围的大小、受事与动词类别的一致性或依存关系以及位于动词之前的受事在性质上是否存在内部同一性等问题上并未作出明确的限制和细致的考察。以龚千炎(1980)的观点为例,虽然此文在很大程度上为现代汉语受事话题句的研究奠定了基础,但将该句式与被动句等同的说法显然是值得商榷的。

(二) 分类。关于受事话题句分类的观点主要见于姚振武(1990,1999)、蒋绍愚(2004)。

姚振武(1990,1999)研究上古汉语受事话题句系统,将汉语中的受事话题句分为"意念句"、"遭遇义动词句"和"指称句"三大类。他

---

① 龚千炎:《现代汉语里的受事主语句》,《中国语文》,1980年第5期,第335页。

② 蒋绍愚:《受事主语句的发展与使役句到被动句的演变》,《意义和形式——古汉语语法论文集》,Lincom Studies in Asian Linguistic 3,第335页。

把先秦汉语中的被动式纳入到先秦受事话题句的共时系统中加以考察，对先秦汉语受事话题句系统中表达被动义的类型作了较为深入的探讨，提出了一些有启发性的观点，如：意念句“如果不靠语境限制和词语的语义选择限制，我们是无法辨别何为主动、何为被动的”。“凡是可以插入‘于’字的动宾结构，其‘于’字的作用就在于使原结构变为动补结构，从而强化该结构原有的语义关系。”“一般说，与施事主语句相比较，受事主语句只是比较特殊，所以人们在使用时总是倾向于使用有‘于’字的加强式，使语义更为显豁”①等。姚先生所谈及的受事话题句中，前置的受事从句法平面来看都是被动主语，因此其对所讨论的三类前置受事是主语的判定是正确的。但上古汉语受事话题句系统中除了姚先生所提及的三类情况之外，还有诸如“受事＋否定副词＋动词/动词词组”、“受事＋能愿动词＋动词”、“受事（＋主语）＋动词/动词词组＋代词”等不同类型。对于这些类型，姚先生并未谈及。

蒋绍愚(2004)在考察受事话题句的历史演变的基础上，探讨了该句式的发展与使役到被动的演变之间的关系。他把受事话题句分为“有标记的被动句”、“意念上的被动句”和“话题—评论式的受事主语句”三类，认为在“话题—评论式的受事主语句”中处于句首的名词与其后面整个谓语的关系是话题和评论的关系，而不是表示被动，这一特点和使役句演变为被动句有密切的关系。蒋先生对受事话题句的类型划分及其发展趋势的揭示为我们研究受事话题句的类型及其历史演变奠定了基础。他从三个平面的语言观出发，对“话题—评论”式受事话题句中位于句首的成分的语用本质的揭示是非常准确的，但对此类受事话题句的前置成分性质的认识上也有可以进一步商榷的地方。

总起来说，姚、蒋两位先生都对汉语中受事话题句的类型作出了

---

① 姚振武：《上古汉语受事主语句系统》，《中国语文》，1999 年第 1 期，第 43、45 页。

明确的划分。由于其研究的出发点不同，在划分上也有同有异。相比较而言，蒋先生的划分与汉语受事话题句在文献中的实际分布更加接近，与我们观察到的受事话题句的类型更加一致。

（三）断代研究。目前所作的断代方面的研究集中在上古和近代。系统地描写此类句式在上述两个历史时期的成果主要有姚振武（1990，1999）、刁晏斌（1999）、金克中（2004）。

刁晏斌（1999）从构成成分、形式选择、语义选择、表意特点及其与"被"字句的区别等方面考察分析了近代汉语中的受事话题句。他认为，前置的受事是主语。就语义角度而言，其所表达的通常是已知的、确定的人或事，具有有定性的特征。充当此类句式述语的成分较多，但在结构上具有不能是光杆的一般动词的限制。他从形式和语义两方面分析了人们倾向于选择该句式的原因，认为该句式的选择在句法上满足受事者比较长或比较复杂、述语比较复杂、多个动作及于一个受事者、保持复句叙述角度的一致、在结构形式上与前后分句一致或施事者无法或无需交待的条件；在语义上则是出于把受事者当作话题或要强调受事者的原因。文章通过受事话题句与施事主语句和被字句的比较指出："相当一部分受事主语句在表意上的一个最重要的特点是不表示单纯的叙述，其着眼点通常落在表达主观上的企望或要求、判断或描述等，这一点构成了它们在表意上与施事主语句的最大不同。部分受事主语句单纯表达某一结果。"①刁文抓住了近代汉语受事话题句的句法和语义上的一些特点，但在讨论时基本上是把近代汉语作为一个泛时的平面。他把受事话题句看作与被字句在语法、语义关系上完全一致的句式，认为二者的区别仅在于"被"的有无，这一观点实际上没有清晰地认识这两种句式的本质差异。而其认为近代汉语中的受事话题句和被字句"是一对基本上可以互

---

① 刁晏斌：《论近代汉语受事主语句》，《辽宁师范大学学报》，1999年第5期，第43—44页。

补的句式”的观点有待于进一步研究。

金克中(2004)立足于语义,以对受事话题句中受事的指称性质和述语的发展的考察为突破点和全部研究的基点,较为全面地研究了近代汉语中的受事话题句。金文从施受关系中立化、体助词“了”产生等方面对句式的产生作了尝试性的解释,但在对句式成因的探讨上只是着眼于句法,对语义、语用因素缺乏必要的关注。此外,文章的立足点是研究前置受事的语义类型和动词的发展,因而在对受事话题句类型的考察方面只涉及了“施事＋受事＋动词”一种类型,对受事话题句的其他类型及其历史演变等问题缺乏细致的描写和充分的讨论。

(四) 专书研究。此方面的研究主要包括:以具体文献为对象的研究,与此类句式相关的问题的研究。代表性的成果有李文(1996)、宋慧曼(2003)、宋亚云(2005)、张赪(2005a, 2005b)、张赪和荣晶(2008)。

李文(1996)研究《敦煌变文集》中的受事话题句。文章依据是否出现被动标记,把受事话题句分为“Np＋V”和“Np＋Na＋V”两类。文章指出,“Np＋V”句式数量较多,其特征可以从V的复杂化及其对Np的作用以及整个句式在语言使用上的特点两方面加以观察。“Np＋Na＋V”句式数量较少,且绝大多数出现于诗句中。除了着眼于句法特征之外,文章还从语义表达的需要和汉语词、句发展的自身要求两方面探讨了句式产生的可能性原因。文章所作的定量探讨细致客观,但把被动标记作为划分受事话题句类型的依据实际上是把受事话题句与被动句这两类句式相混淆,这一点在理论上存在值得商榷之处。

宋慧曼(2003)在对《清初档案》中近200个意念被动句所作的考察的基础上,从形式上将受事话题句分为“N1＋VP”、“N1＋VP＋N2”、“N1＋N(主事者)＋V＋N2”三类。文章还比较了意念被动句与“把”字句及“被”字句的区别,论述了不同句式之间的转换关系。虽然没有对汉语中的"作格"(ergative)现象展开详细论述,但作者注意到了语言间既存在共性也存在差异,提出了一些值得进一步探讨的观点,如:"无论是在汉语中还是在英语中,都存在下面这种现象:有些动词既可以进入'N—V'格式,也可以进入'N1—V—N2'格式,而这两种格式都可以用被动形式来表达。""汉语中大部分的被动意义是通过观念被动句来表达"①等。

宋亚云(2005)研究汉语中的作格动词及其相关现象,文章穷尽统计了《左传》、《吕氏春秋》、《史记》、《论衡》、《世说新语》中的"反宾为主句",将见于句式中的作格动词分为"破"类、"出"类、"正"类,并对其历史演变作了深入细致地探讨,提出了一些有价值的新发现,如"破"类强及物性作格动词的及物性逐渐减弱,"出"类弱及物性作格动词的及物性进一步减弱或者丧失,"正"类作格动词逐渐脱离作格动词的范畴。

张赪(2005a)以具有有生特征的前置受事为研究对象,描写了此类受事话题句在上古和唐宋两个不同历史时期中的类型,讨论了唐宋叙事类指人受事话题句及其相关问题。张赪(2005b)以《敦煌变文集》和《祖堂集》为语料,通过对语料的细致分析,从结构构成、语义和功能三个方面细致描写了晚唐五代的受事话题句。文章指出:"晚唐五代的受事前置句正处于演变当中,这一时期最重要的变化是受事前置句谓语动词带的复指宾语消失。"②文章对晚唐五代受事话题句处于演变阶段的论断是正确的,但对该时期"动词带复指宾语消失"的论断值得商榷。

张赪、荣晶(2008)以先秦语录体文献《论语》、《孟子》和现代口语对话剧本《编辑部的故事》、《绝对控制》、《法不容情》为研究对象,从施事是否出现的角度把受事话题句分为带施句和无施句两大类。文

---

① 宋慧曼:《清初观念被动句》,《语言科学》,2003 年第 3 期,第 102 页。
② 张赪:《晚唐五代的受事前置句》,《语言科学》,2005 年第 2 期,第 81 页。

章在定量统计分析古今口语对话体受事话题句的基础上，比较了该句式在先秦和现代这两个不同历史时期的优势句型以及施事、受事和述语在结构构成方面的异同。提出了一些有启发性的观点，如："受事前置句的完句性并不只体现在补语上，状语也有相当大的影响，这一点从古而然。""结构特点的变化往往与句子的表义功能相关。在结构变化的同时，往往伴随着相应的表义功能的变化。""一般认为，在作为话题句方面 PAV 句比 PV 句更典型。这两种句型在不同时代使用频率上的差异意味着受事前置句的话题性在增强。"①

1.2.2 存在的问题

目前关于受事话题句的研究所存在的问题主要表现在五个方面：

（一）界定不统一。受事是一个语义概念，学界对其界定一直存在差异。从 Dowty(1991)、林杏光(1993)、范晓(1996)、Saeed(2000)、李福印(2006)几家的界定来看，同一个概念，有的学者依据实体的状态是否发生变化区分受事和主体这两种不同的论元角色；有的则不加区分。这说明，受事与其他语义角色之间的界限是不清晰的，就受事话题句的研究而言，对受事缺少一个统一的界定。

（二）分类有差别。姚振武(1990，1999)、蒋绍愚(2004)都把受事位于动词之前的句式称为"受事主语句"，并且在类型划分上都分为三类，但正如我们在上文已经分析过的，二者所划分的类型有交叉但并不完全相同。

（三）对受事话题句在汉语史上的历史演变轨迹缺乏系统的描写。迄今为止，学界关于受事话题句的研究多采用断代描写的方法。研究的重心集中在上古和近代。与中古汉语受事话题句有关的研究成果虽有出现，如蒋绍愚(2004)、朱冠明(2009)，但蒋先生侧重于讨

① 张赪、荣晶：《汉语受事主语句结构的演变及对比研究》，《语言教学与研究》，2008年第4期，第38—39页。

论句式的发展与使役到被动的演变关系，朱先生探讨的是译经影响汉语语法的模式。总体上说，对受事话题句在中古文献中的句法分布、语义表现、语用功能及其在整个汉语史上的历史演变轨迹缺少细致而系统的描写。

（四）对制约受事论元前置的要素的广度和深度的研究不充分。现有探讨受事论元前置的研究大都着眼于语义角度，成果总体比较贫乏，而且尚无把句法作为制约要素的研究成果；从语用平面探讨受事前置的研究成果虽有零星出现，但大多是泛泛而谈，缺乏充分的、历时的语料支持。整个受事论元前置方面的研究，缺乏一个基于历时语料考察基础上的充分、系统的描写和从句法、语义、语用三方面对隐藏在受事前置现象背后的制约因素的系统探讨。

（五）对前置受事语法性质的认识上存在差异。我们认为，对前置受事性质的认识与对主语和话题的界定是联系在一起的，由于国内外学者对汉语中主语和话题之间的区分问题尚未取得一致意见，汉语受事话题句的界定也因此而模糊不清。其突出表现是学者们对前置受事成分的性质的认识上存在很大差异。有的认为是主语，有的认为是话题，还有的对位于动词之前的受事的性质不加区分。这样，受事位于动词之前的句式就有了受事主语句、受事话题句、受事前置句等不同名称。从研究现状来看，倾向于把前置的受事视为主语的成果居多，而与施事共现并且具备话题特征的前置受事则一般被视为句法结构之外的语用平面的要素。这种处理方式表面看来比较干净利落，但其在面对具体的语言事实时所表现出的局限性极为明显。它使得前置的受事具有句法平面的主语和语用平面的话题双重身份。这一局限在受事已经在句法平面取得了独立的句法位置、表现出独立的语义特征和语用功能并且与施事共现的受事话题句类型中有突出的表现。如果把与施事共现前置的受事视为主语，即形成传统上我们称之为“主谓谓语句”的句子。这一处理方案一方面使汉语中的“主语”概念变得比较随意、缺乏明确的语义特征，另一方面也不能得到汉语事实和类型学研究成果的支持。

总之,从宏观上讲,受事话题句的研究缺乏一个历史层面上的系统性的细致描写和深入的阐释;从微观来看,共时层面的受事话题句在界定、分类标准、前置受事的语法性质、不同时期的类型分布、中古汉语受事话题句系统、施事出现的条件及其动因等问题上都缺乏充分的研究。鉴于此,本书拟基于对先秦至清代 32 部口语文献中受事话题句用例的实际考察,力求对上述问题有所突破。

1.3 选题意义

针对汉语史受事话题句缺乏细致的描写、系统性的研究以及深入探讨其前置动因的研究现状,本书试图从以下七个方面做出使现状有所改观的努力。

(一) 深入剖析并试图解决学界关于受事话题句的界定以及分类的问题。由于学界对汉语中受事的界定存在差异,如吕冀平(1955)、Dowty(1991)、Saeed(2000)、李福印(2006),而且语义角色之间的边界并非截然分明,因而在界定的问题上我们认为应该把理论和语料实际相结合。基于对原型理论已有研究成果及汉语事实的认识,我们主张采用广义的受事观,即把包括动作行为的承受者、目标、对象在内的动词论元都称为受事。在类型划分方面,我们主张采用形式和意义相结合的标准,把对受事话题句类型的考察与对动词句法功能和语义特征的研究结合起来。先依据述语的句法特征对受事话题句的类型作出划分,然后考察不同类型的受事话题句中述语动词的特点、前置受事的结构特点及其句法表现。

(二) 系统地描写汉语受事话题句的历史演变。论文选取先秦至清代有代表性的 32 部文献作为研究的语料,分别描写先秦、西汉、东汉、魏晋南北朝、晚唐五代、宋代、元明、清代 8 个不同历史时期中受事话题句的类型及其句法特征,分析不同类型受事话题句中受事话题、施事/当事主语以及述语在共时平面上的结构构成和语义特点。通过比较前后两个不同历史时期中同一性质的文献或同一历史时期的本土传世文献与汉译佛典、非戏曲文献与戏曲文献等不同性质的文献中受事话题句在类型和构成要素方面的差异，揭示受事话题句的发展演变。

（三）概括归纳先秦至清代受事话题句的主要变化，通过对考察文献中受事话题、述语、施事/当事主语在结构构成和使用频率等方面的主要演变轨迹的描写，从代词的发展、动词语法功能的变化、述补结构的产生与发展、体助词的产生与发展、处置式的影响、施事主语和受事话题与述语动词施受关系的中立化等方面寻找引起上述变化的语言系统内部的原因。

（四）从句法、语义和语用三方面深入探讨引发受事前置的制约条件。在定量考察文献、细致分析语料的基础上得出结论：受事话题句的形成与句法、语义和语用三要素密切相关。制约受事论元前置的句法因素包括：动词之前的状语成分、动词之后的补语成分、体助词的产生与发展以及特殊句式的影响等；语义因素包括：受事的指称语义特征、受事的生命度特征、述语动词的语义特征等；语用因素包括：汉语的话语结构模式、受事论元所负载的信息的性质、篇章语境的限制等。此外，还有一些受事话题句的形成是句法、语义和语用多重因素制约的结果。

（五）在分析汉语基本语序结构的基础上，从语义和语用两方面讨论受事论元前置的功能，揭示前置的受事论元在显示指称语义上的异同、语义量的大小以及受事话题句在实现话语功能、凸显述语焦点等方面的特殊功能。

（六）结合语言类型学和汉语的特点，讨论汉语中的主语、话题及其语法化等相关问题。基于汉语历史事实的分析，吸收 Fillmore (1968)、Silverstein (1976)、Tomlin (1986)、Comrie (1981)、陈平(1994)等学者的类型学理论或相关研究成果，即典型的主语是施事和话题的重合，语义上施事和受事的不对称在句法上表现为主语和宾语的不对称，论元角色在充当主语或宾语方面存在着强弱不同的层级差异，主语位置的优选论元是施事等，深入探讨汉语中以施事为原型语义角色的主语的语法化，与原型施事特征相差极大的受事的主语化、话题化以及述语的焦点化。

（七）将汉语受事话题句置于语言接触的视野中。基于汉语受事话题句在使用频率上所显示出的受到来自语言接触方面的影响的事实，从梵汉接触和蒙汉接触两方面探讨引起该句式使用频率变化的语言外部因素，揭示了受事话题句存在于汉语中是语言接触能够对其产生影响的前提。

1.4　研究材料和研究方法

1.4.1　研究材料

本书旨在研究汉语史上受事话题句的历史演变，以先秦至清代的32部文献为考察语料。在语料的选择上以口语性强或影响比较大的本土传世文献为主，同时也包括一些口语性强的汉译佛典。所选择的语料如下[①]：

先秦：《论语》、《左传》、《国语》、《晏子春秋》、《荀子》、《韩非子》、《吕氏春秋》

西汉：《韩诗外传》、《淮南子》

东汉：《新论》、《论衡》、《风俗通义》——（本土传世文献）

《道行般若经》、《杂譬喻经》、《修行本起经》、《中本起经》——（汉译佛典）

魏晋南北朝：《世说新语》、《颜氏家训》、《搜神记》——（本土传世文献）

《贤愚经》、《杂宝藏经》、《百喻经》——（汉译佛典）

① 语料版本详见本书第433页“引用书目”。

晚唐五代：《敦煌变文集》、《祖堂集》

宋代：《三朝北盟会编》(汇编本)、《朱子语类辑略》

元明：古本《老乞大》、《型世言》——(非戏曲文献)

《窦娥冤》、《西厢记》、《牡丹亭》——(戏曲文献)

清代：《红楼梦》(前八十回)

1.4.2 研究方法

我们所采用的研究方法是：共时研究和历时研究相结合，描写和解释相结合。即一方面采用量化统计的方法，细致考察各时期受事话题句的类型，分析描写其句法特征，通过对同一历史时期两种不同性质的文献或同一性质的文献在前后两个不同历史时期的比较，厘清受事话题句在汉语史上的发展演变脉络，揭示引发变化的语言内部的原因；另一方面，把观察到的语言事实与相关语言学理论相结合，充分吸收国内外语言学理论和相关研究成果，把对受事话题句的研究纳入到语法化和类型学的研究视野中，揭示受事论元前置、施事/当事主语出现的制约条件和动因，讨论汉语中主语和话题的语法化以及述语的焦点化等相关问题。

第二章
先秦至清代受事话题句类型及其句法特征

2.1 先秦时期的受事话题句

2.1.1 基本类型及句法特征

先秦时期，我们调查了《论语》、《左传》、《国语》、《晏子春秋》、《荀子》、《韩非子》、《吕氏春秋》七部文献，受事话题句共出现 1 092 例，七部文献中的用例依次是 68、172、109、73、215、210、245。根据述语动词是否出现前附或后附成分分为两种类型①：

一、光杆述语

此类受事话题句出现 152 例，根据述语在结构构成方面的不同分为两类：

（一）受事话题＋光杆述语动词②。如：

(1) 两者合而天下取，诸侯后同者先危。（《荀子·王霸》）

(2) 田常徒用德而简公弑，子罕徒用刑而宋君劫。（《韩非子·二柄》）

---

① 在统计用例数量时，对于否定副词或能愿动词与其他词类同时出现在动词之前的用例，我们分别将其归入否定副词和能愿动词类，其他情况下则是根据最靠近动词的成分的词类属性加以划分。

② 本书的受事话题简称“受事”，施事/当事主语简称“主语”，述语动词简称“动词”。

此类受事话题句出现 151 例，约占用例总数的 13.8%。见于七部文献，其用例依次是 3、19、7、8、17、43、54。充当受事的有体词性和谓词性两种成分，前者 146 例，后者 5 例。按照结构的不同，体词性受事分为光杆名词、“者”字结构、一般定中结构、联合结构四类，其用例依次是 86、15、34、11。谓词性受事分为光杆动词和联合结构两类，其用例分别是 3、2。

所涉及的动词有 82 个：问 2、焚 4、劓、殛、戮 2、车裂、陵、替、胜 2、觐、名、志、奏、启 2、发(打开)2、堙、刊、缮修、贯、迫 2、废 3、折 2、释、斩 3、鬻 2、距违、流 2、殪、刑 3、灭 3、垦辟、毁 2、破、亲、疏、治 3、行 6、取、修 2、守、格、得 22、拘、侵、忧、炙、腊、醢、束缚、分胣、弑 2、劫、掩蔽、拔 2、削 6、杀、阤、败 2、刻镂、雕琢、塞 2、听 2、制、知、赏、罚、诛、察、疑、用 2、除、易 2、举 2、扣、外、为 6、尊、信、论、决 2、轓(播)、废绝。受事直接用在动词之前，动词之后不出现其他成分。如例(2)中，受事“简公”直接出现在动词“弑”之前，动词之后不出现其他成分。

(二) 受事话题(＋施事/当事主语)＋动词词组①。如：

(3) 是以上下有礼，而谗慝黜远，由不争也，谓之懿德。(《左传·襄公十三年》)

此类受事话题句仅出现 1 例，约占用例总数的 0.09%。见于《左传》。充当受事的是谓词性成分，在结构上是联合结构。从动词词组及其前后成分的使用情况来看，所涉及的动词词组有 1 个：黜远。构成动词词组的动词在结构上是并列结构。

从主语的隐现情况来看，主语隐含。如例(3)，受事“谗慝”和述语“黜远”之间不出现动作的发出者。

---

① 本书的动词词组指的是由在结构上是并列、兼语结构的动词组合或由“而”字连接的状中结构，不包括动词前由副词、名词、形容词、介词短语、能愿动词充当的状语或动词之后出现宾语或补语的结构。

二、述语动词出现前附成分或后附成分

此类受事话题句出现 940 例，根据所出现的成分是前附成分还是后附成分分为两类：

（一）受事话题（＋主语）＋状语＋述语动词

此类受事话题句出现 720 例，约占用例总数的 65.9%。根据充当状语的成分在词类上的差异分为五类：

1. 受事（＋主语）＋副词＋动词

此类受事话题句出现 330 例，约占用例总数的 30.2%。根据副词词汇意义的不同分为六类：

① 受事（＋主语）＋否定副词＋动词。如：

（4）四体不勤，五谷不分，孰为夫子？（《论语·微子》）

（5）朋党比周之誉，君子不听；残贼加累之谮，君子不用；隐忌雍蔽之人，君子不近；货财禽犊之请，君子不许。（《荀子·致士》）

此类受事话题句出现 291 例。见于七部文献，其用例依次是 13、28、25、23、70、66、66。充当受事的有体词性和谓词性两种成分，前者 237 例，后者 54 例。按照结构的不同，体词性受事分为光杆名词、“者”字结构、“所”字结构、一般定中结构、联合结构五类，其用例依次是 71、27、1、99、39。谓词性受事分为光杆动词、联合结构、述宾结构、状中结构、陈述结构五类，其用例依次是 18、27、3、2、4。

所涉及的动词有 135 个：习、与 2、从 3、分 7、说（shuō）3、谏、咎、试 2、食 2、行 21、闻 6、说（yuè）、救 3、致、发 3、入 2、共、克 2、易 4、记、书 2、事 4、恤 2、废 5、害、使 2、作 2、封、赦 3、知 6、务、征、举 6、振、夷、泯、忘 2、愆、诛 2、受 3、略、则、赞、释、除、守 7、修 6、改、获 3、败、张 3、陈、镂刻、文、镂、给、听 10、信 5、用 23、削 2、剖、罢、灭、折、容、辩、劝、化 4、就、立 2、惩、见、丧、近、许、舍 2、攻、辨 2、扣、树、粪、断、理、积、施、罪 3、称、治 6、佩、逾、毁、雍、塞、距、破、成、侵、蔽、效 2、革 3、失 3、论3、爱3、亲、察、饰2、去、除、解2、尊、得6、参、完(修葺)、谈、翦、斫、饷、犯、援、敬、禁、葬、中、患、闭、广(旷)、愉(渝)、徙、就(追求)、竭、辟、辟易、职、饬、载。动词之前出现由否定副词充当的状语，所涉及的否定副词有“不”、“无”、“未”、“莫”。

从主语的隐现情况来看，主语出现的有20例①，所出现的主语位于受事和动词之间。如例(5)，受事“朋党比周之誉”和动词“听”之间出现动作的发出者“君子”。主语隐含的有271例，如例(4)，受事“五谷”和动词“分”之间不出现动作的发出者。

② 受事＋范围副词＋动词。如：

(6) 所求尽得，所欲尽成，此生于得圣人。(《吕氏春秋·劝学》)

(7) 精气日新，邪气尽去，及其天年，此之谓真人。(《吕氏春秋·先己》)

(8) 壹引其纪，万目皆起；壹引其纲，万目皆张。(《吕氏春秋·用民》)

此类受事话题句出现3例，见于《吕氏春秋》。充当受事的都是体词性成分。按照结构的不同，体词性受事分为“所”字结构、一般定中结构和联合结构三类，其用例各为1。

所涉及的动词有3个：得、张、去。动词之前出现由范围副词充当的状语，所涉及的范围副词是“尽”、“皆”。动词之后不出现其他句法成分。如例(6)，受事是“所求”，动词“得”之前出现由范围副词“尽”充当的状语。

③ 受事＋时间副词＋动词。如：

(9) 郑裨灶曰：“五年，陈将复封。封五十二年而遂亡。”(《左传·昭公九年》)

(10) 乃税马于华山，税牛于桃林，马弗复乘，牛弗复服。(《吕氏

① 见于《论语》、《左传》、《国语》、《荀子》、《韩非子》，其用例依次是1、2、5、8、4。

春秋·慎大》）

此类受事话题句出现 14 例，见于《左传》、《荀子》、《韩非子》、《吕氏春秋》，其用例依次是 3、1、1、9。充当受事的有体词性和谓词性两种成分，前者 12 例，后者 2 例。按照结构的不同，体词性受事分为光杆名词、"者"字结构、一般定中结构、联合结构四类，其用例依次是 6、1、2、3。谓词性受事在结构上都是光杆动词。

所涉及的动词有 12 个：封 2、弭、获、治、具、烹、得、谕、用 2、乘、服、泄。动词之前出现由时间副词充当的状语，所涉及的时间副词是"复"、"少"、"先"、"卒"、"已"、"将"、"方"、"且"。动词之后不出现其他句法成分。如例(9)受事是"陈"，动词"封"之前出现由时间副词"将"和"复"充当的状语。

④ 受事＋程度副词＋动词。如：

(11) 晏子为庄公臣，言大用，每朝赐爵益邑。(《晏子春秋·内篇杂上》)

(12) 救守之说出，则不肖者益幸也，贤者益疑矣。(《吕氏春秋·禁塞》)

此类受事话题句出现 4 例，见于《晏子春秋》、《韩非子》、《吕氏春秋》。充当受事的都是体词性成分，按照结构的不同分为光杆名词、"者"字结构、一般定中结构三类，其用例依次是 1、2、1。

所涉及的动词有 4 个：幸、疑、用、败。动词之前出现由程度副词充当的状语，所涉及的程度副词是"益"、"大"。动词之后出现语气词。如例(12)受事是"不肖者"和"贤者"，动词"幸"和"疑"之前都出现程度副词"益"，动词之后分别出现语气词"也"和"矣"。

⑤ 受事＋语气副词＋动词。如：

(13) 谋必得，事必成，有术乎？(《晏子春秋·内篇问上》)

(14) 物多末众，农弛奸胜，则国必削。(《韩非子·饬令》)

此类受事话题句出现15例，见于《左传》、《国语》、《晏子春秋》、《韩非子》、《吕氏春秋》，其用例依次是1、2、2、8、2。充当受事的有体词性和谓词性两种成分，前者13例，后者2例。按照结构的不同，体词性受事分为光杆名词、“者”字结构、一般定中结构三类，其用例依次是6、4、3。谓词性受事分为联合结构和陈述结构两类，其用例各为1。

所涉及的动词有10个：书、败、灭、得2、削3、赏2、罚、诛、构、侵2。动词之前出现由语气副词充当的状语，所涉及的语气副词是“用(庸)”、“必”。如例(14)，受事是“国”，动词“削”之前出现语气副词“必”。

⑥ 受事＋方式副词＋动词。如：

(15) 今日之战，不谷亲伤，所恃者司马也。(《韩非子·十过》)

此类受事话题句出现3例，见于《韩非子》、《吕氏春秋》，其用例分别是2、1。充当受事的都是体词性成分，在结构上都是光杆名词。

所涉及的动词有1个：伤3。动词之前出现由方式副词充当的状语。如例(15)，受事是“不谷”，动词“伤”之前出现方式副词“亲”。

2. 受事＋名词＋动词。如：

(16) 阿主之为有过，则主无以责之，则人主日侵，而人臣日得。(《吕氏春秋·君守》)

(17) 吾先君周公封于鲁，无山林溪谷之险，诸侯四面以达，是故地日削，子孙弥杀。(《吕氏春秋·长利》)

此类受事话题句出现3例，约占用例总数的0.3%，见于《吕氏春秋》。充当受事的都是体词性成分。按照结构的不同，分为光杆名词和一般定中结构两类，其用例分别是2、1。

所涉及的动词有2个：削2、侵。动词之前出现由名词充当的状语①。如例(16)，受事是“人主”，动词“侵”之前出现由普通名词“日”

① 充当状语的名词分为普通名词和数词两类，二者的用例依次是2、1。

充当的状语。

3. 受事＋形容词＋动词。如：

(18) 城固守，则秦必兴兵而围王一都，道不能则难必谋，其势不救。(《韩非子·存韩》)

(19) 若此人者固难得，其患虽得之有不智[①]。(《吕氏春秋·忠廉》)

此类受事话题句出现2例，约占用例总数的0.2%。见于《韩非子》、《吕氏春秋》，其用各为1。充当受事全部是体词性成分。按照结构的不同，分为光杆名词和“者”字结构两类，其用例各为1。

所涉及的动词有2个：守、得。动词之前出现由形容词充当的状语，所涉及的形容词是“固”、“难”。如例(19)，受事是“若此人者”，动词“得”之前出现由形容词“难”充当的状语。

4. 受事＋介词短语＋动词。如：

(20) 比干、苌弘以此死，箕子、商容以此穷，周公、召公以此疑，范蠡、子胥以此流，死生存亡安危从此生矣。(《吕氏春秋·离谓》)

(21) 太公望曰：“鲁自此削矣。”(《吕氏春秋·长见》)

此类话题句共出现9例，约占用例总数的0.8%，见于《吕氏春秋》。充当受事的有体词性和谓词性两种成分。前者8例，按照结构的不同分为光杆名词和联合结构两类，其用例分别是7、1；后者1例，是联合结构。

所涉及的动词有4个：削5、疑、流、生2。动词之前出现由介词短语充当的状语，所涉及的介词是“自”、“以”、“从”。动词之后出现

---

① 对于出现在述语动词之前的“难易”类词的词类属性，学界存在不同的意见。朱德熙(1982：66)认为这此类形容词有助动词的用法。我们认为从语法表现来看，“难易”类词很像助动词，但与助动词不同的是它们不能单说，本书将其归入形容词的类别。

语气词的有5例，其余用例的动词之后不出现句法成分。如例(20)受事分别由“周公、召公”，“范蠡、子胥”，“死生存亡安危”充当；动词“疑”、“流”之前分别出现由介词短语“以此”充当的状语，动词之后不出现语气词；动词“生”之前出现由介词短语“从此”充当的状语，其之后出现语气词“矣”。

5. 受事(＋主语)＋能愿动词＋动词①。如：

(22) 虽知其寒，恶不可取，子其死之！(《左传·闵公二年》)

(23) 故冬耕之稼，后稷不能羡也；丰年大禾，臧获不能恶也。(《韩非子·喻老》)

此类受事话题句出现375例，约占用例总数的34.3%。见于七部文献，其用例依次是25、95、46、10、59、67、73。充当受事的有体词性和谓词性两种成分，前者312例，后者63例。按照结构的不同，体词性受事分为光杆名词、“者”字结构、“所”字结构、一般定中结构、联合结构五类，其用例依次是141、21、2、139、9。谓词性受事分为光杆动词、联合结构、状中结构、述宾结构、陈述结构五类，其用例依次是17、34、2、4、7。

所涉及的动词有165个：知40、雕、圬、闻5、及4、陷、欺、夺4、废4、谏、追、毁、齐7、忍3、逾、求、畏4、除、失9、长、败3、厌、怀2、取6、得21、启2、玩、磨、为6、灭、数10、偿、纵、立2、歌、图、戮2、与3、问、从3、质、击2、念、忘3、用11、量3、偷、爱2、度、则、观3、法4、象、御、虞、任使、则效、犯2、易、俘、蓄、弑、俟、访、望、并、追、察19、亲、匡、救2、请、狃、壅、料2、改、飨、坏、支、无2、杀2、就、食3、及2、祚、逼、择2、渎、

① 对于“可”、“能”等词，学界存在两种不同的意见，一是将其视为能愿动词，二是将其视为主要动词。如果将它们视为主要动词，则其后出现的动词在句法上是其宾语。这样，无论是在充当宾语的动词之前还是之后都无法放进其受事论元。这与受事话题句的关系不大。本书主要是以述语动词是否出现前附或后附成分为框架来考察汉语中的受事话题句，所以我们采用将该类词视为能愿动词的观点。此外，对于“能愿动词＋动词”的语法关系，学界也存在述宾和状中两种观点，本书取后一种观点。

畜、赏、待6、去4、伐5、禁2、获、镂、窥、诛4、诬欺、羞称、偻售、循、识2、诈2、成、别、学、事、积、使2、御、举4、拔、有5、审用、患、测2、弊、饰、审3、闻见、审察、侮、见5、冀、论、释、害、斥、程、决、攻2、治、羡、恶、熟2、辞、争、衣、进用、革2、扩、具、两、兼、重、效、信、恃4、熟论、无有、专恃2、行、分、书、移、言、喻、校3、悔、载、听、持、割、守。动词之前出现由能愿动词充当的状语。所涉及的能愿动词有:“可”、“足”、“敢”、“能”、“得”、“宜”。

从主语的隐现情况来看,主语出现的有6例,①所出现的主语位于受事和动词之间。如例(23),受事“冬耕之稼”和动词“羡”之间出现动作的发出者“后稷”。主语隐含的有369例,如例(22),受事“恶”和动词“取”之间不出现动作的发出者。

(二) 受事话题(+状语)+述语动词+后附成分

此类受事话题句出现220例,约占用例总数的20.1%。按照后附成分的不同分为两类:

1. 受事话题(+状语)+述语动词+宾语

此类受事话题句出现167例,约占用例总数的15.3%。根据充当宾语的成分在词类上的差异分为两类:

① 受事+能愿动词+动词+名词。如:

(24) 三军可夺帅也,匹夫不可夺志也。(《论语·子罕》)

此类受事话题句出现2例。见于《论语》。充当受事的都是体词性成分,在结构上都是光杆名词。

所涉及的动词有1个:夺2。动词之前出现由能愿动词充当的状语,动词之后出现由名词充当的宾语。如例(24),动词“夺”之前出现能愿动词“可”,之后出现由名词“帅”和“志”充当的宾语。受事“三军”、“匹夫”在语义上分别领有“帅”和“志”。

---

① 见于《韩非子》和《吕氏春秋》,两部文献中的用例依次是4、2。

② 受事(＋主语)(＋状语)＋动词＋代词。如：

(25) 邦君之妻，君称之曰夫人，夫人自称曰小童；邦人称之曰君夫人，称诸异邦曰寡小君；异邦人称之，亦曰君夫人。(《论语·季氏》)

(26) 尔所不知，人其舍诸？(《论语·子路》)

(27) 君子之道，孰先传焉？(《论语·子张》)

(28) 天地百物，皆将取焉，胡可专也？(《国语·鲁语上》)

(29) 令柏巡氓，家室不能御者，予之金。(《晏子春秋·内篇谏上》)

(30) 生也者，其身固静，感而后知，或使之也。(《吕氏春秋·侈乐》)

此类受事话题句出现165例，约占用例总数的15.1%。充当宾语的代词有"之"、"诸"、"焉"，三者的用例依次是156、1、8。其中，由"之"充当回指代词的受事话题句包括"之"作二价动词的宾语和作三价动词的间接宾语两类，其用例分别是154、2。前者如例(25)，受事"邦君之妻"居句首，施事"异邦人"居动词"称"之前，动词之后出现回指代词"之"。这种类型的受事话题句在七部考察文献中均有所见①，充当受事的有体词性和谓词性两种成分，前者146例，后者8例。按照结构的不同，体词性受事分为光杆名词、"者"字结构、一般定中结构和联合结构四类，其用例依次是17、37、82、10。谓词性受事分为光杆动词、联合结构、状中结构和陈述结构四类，其用例依次是1、5、1、1。后者如例(29)，受事"家室不能御者"居句首，动词"予"是三价动词，其后出现间接宾语"之"和直接宾语"金"。这种类型的受事话题句仅见于《晏子春秋》。充当受事的都是体词性成分。按照结构的不同，分为"者"字结构和一般定中结构两类，其用例各为1。由"诸"充

① 七部文献中的用例依次是20、15、25、23、46、12、13。

当回指代词的受事话题句出现1例，见于《论语》。充当受事的是体词性成分，在结构上是一般定中结构。如例(26)。由"焉"充当回指代词的受事话题句出现8例，见于《论语》、《左传》、《国语》①。充当受事的有体词性和谓词性两种成分，前者6例，后者2例。按照结构的不同，体词性受事分为"者"字结构、一般定中结构和联合结构三类，其用例依次是1、3、2。谓词性受事在结构上是述宾结构。前者如例(29)，后者如例(28)。

所涉及的动词或动词词组有101个：言2、观、见2、闻3、废2、知3、与2、拒、称4、共、蔽、尚、贯、为6、行2、爱3、灭、讳、征、伐2、取6、思、由、从3、守8、殿、议2、和、用2、制4、恤、保、飨、有(拥有)3、惮、君、主、执而戮、问、葬、求、礼、胜、归4、说(yuè)3、戴2、掩2、服、赏、守、厌、恶3、殃、涂、宜、履、去、舍2、笑、化、愧、收而养、事、官施而衣食、修饰、拊循、致、阅、节、亲、招致2、敬4、错、诛2、非、妒、怨、恨、得2、墙、当2、擅、食、载、教、赦、憎、遇2、相、御、乘2、使、助2、杀、养3、予、诲、传、生2、吊、辩。动词之前不出现状语成分的有91例，出现状语的有74例。充当状语的有能愿动词、副词、名词或介词短语。

从主语的隐现情况来看，主语出现的有78例，所出现的主语位于受事和动词之间。如例(26)，受事是"尔所不知"，动词"舍"之前出现语气副词"其"，其后出现兼词"诸"。位于受事和动词之间的名词"人"是动作的发出者。主语隐含的有87例，如例(28)，受事"天地百物"和动词"取"之间不出现动作的发出者。

2. 受事(＋主语)(＋状语)＋动词(＋宾语)＋补语。如：

(31) 昭王之不复，君其问诸水滨！(《左传・僖公四年》)

(32) 每射，抽矢，菆，纳诸厨子之房。(《左传・宣公十二年》)

(33) 既，荣公为卿士，诸侯不享，王流于彘。(《国语・周语上》)

(34) 府藏朽蠹，而礼悖于诸侯，菽粟藏深，而积怨于百姓。(《晏

① 三部文献中的用例依次是2、3、3。

子春秋·问上》)

(35) 兵革器械者，彼将日日暴露毁折之中原；我将修饰之，拊循之，掩盖之于府库。(《荀子·王制》)

(36) 故伯乐不可欺以马，而君子不可欺以人，此明王之道也。(《荀子·君道》)

(37) 比干见刳，孔子拘匡。(《荀子·赋第》)

(38) 女以谏者为必用邪？吴子胥不磔姑苏东门外乎！(《荀子·宥坐》)

(39) 和氏之璧，不饰以五采，隋侯之珠，不饰以银黄。(《韩非子·解老》)

此类受事话题句出现 53 例，约占用例总数的 4.9%。根据动词之后是否出现兼词“诸”分为动词之后不出现兼词“诸”和动词之后出现兼词“诸”两类，其用例分别是 42、11。充当补语的有处所名词、形容词①、介词短语三类，其用例依次是 10、1、42。

充当受事的有体词性和谓词性两种成分，前者 52 例，后者 1 例。按照结构的不同，体词性受事分为光杆名词、一般定中结构、联合结构三类，其用例依次是 28、17、7。谓词性受事在结构上是联合结构。

所涉及的动词有 35 个：拘、磔、流 3、闻、毁 2、蔽 8、戮 3、捍、加、惑、枝解、逐、观、用、幸、行、睹、饰 2、藏、荐、羞、亲、欺 4、纳(内)2、传、入、砥砺、掩盖、聚、称、问、投、置 2、示、求。

从主语的隐现情况来看，主语出现的有 5 例。所出现的主语位于受事和述语动词之间。如例(35)，受事“兵革器械”与动词“掩盖”之间出现动作的发出者“我”。动词之后出现由介词短语“于府库”充当

① 由形容词充当补语的用例在考察文献中只出现 1 例，即例(34)。此例中，受事是“菽粟”，动词是“藏”，动词之后出现形容词“深”。吴则虞《晏子春秋集释》中没有对“深”加以解释。我们认为，从文意来看，此例中的形容词“深”是动词“藏”的补语。鉴于我们所考察的先秦文献中没有出现由形容词充当补语的其他用例，所以我们认为也不能排除此例中动词之后的“深”是后代改动的可能。本书暂时将其归入由形容词充当补语的类别中。

的补语。主语隐含的有48例。如例(37)中,受事"孔子"直接出现在动词"拘"之前,动词之后出现由处所名词"匡"充当的补语。

2.1.2 小结

先秦时期,带光杆述语和述语动词出现前附或后附成分的两类受事话题句中,优势类别分别是"受事(+主语)+光杆动词"和"受事(+主语)+状语+动词"。在后一类别中,充当状语的用例在词类上的多寡序列依次是能愿动词、副词、介词短语、形容词、名词。① 在由副词充当状语的次类中,不同词汇意义的副词在用例上的多寡序列依次是表示否定、语气、时间、范围、程度的类别;其中否定副词的用例比例最高。在带后附成分的次类中,后附成分是补语的用例占优势地位,其次是宾语。在带补语的次类中,充当补语的有处所名词、介词短语、形容词。三者在用例上的多寡序列依次是介词短语、处所名词、形容词。在后附成分是宾语的次类中,充当宾语的有代词和名词两类。在由代词充当的宾语中,所涉及的代词有"之"、"诸"、"焉"三个,其中使用"之"的用例占绝对优势。

该时期受事话题句的显著特点主要表现有三:其一,"受事话题+光杆述语动词"和动词之后出现回指代词"之"两种类型的受事话题句使用频率较高。前者中的述语动词主要是作格动词,后者则主要是一般及物动词。上述两种类型的受事话题句在先秦时期所占比例较高的情况反映了该时期作格动词使用相对频繁和一般及物动词通常要求其后出现宾语的语言事实。其二,副词(主要是否定副词)和能愿动词充当状语的用例分别约占全部用例总数的三分之一左右。这说明该时期受事话题句在述语结构的复杂性上主要是通过状语来体现。其三,由"者"字结构充当的受事所占比例较高,约为10.1%。

---

① 由形容词和介词短语充当状语的用例数量相同。

表 2－1　先秦时期受事话题的结构构成[①]

<table>
<tr><th rowspan="4" colspan="3">结构构成
类　型</th><th colspan="10">受事话题的结构构成</th><th rowspan="4" colspan="3">小　计</th></tr>
<tr><th colspan="5">体词性成分</th><th colspan="5">谓词性成分</th></tr>
<tr><th rowspan="2">光杆名词</th><th colspan="4">复杂结构</th><th rowspan="2">光杆动词</th><th colspan="4">复杂结构</th></tr>
<tr><th>者字结构</th><th>所字结构</th><th>定中结构</th><th>联合结构</th><th>联合结构</th><th>述宾结构</th><th>状中结构</th><th>陈述结构</th></tr>
<tr><td rowspan="4">受事＋动词（＋名词/形容词/介词短语）[②]</td><td colspan="2">受事＋动词</td><td>86</td><td>15</td><td>0</td><td>34</td><td>11</td><td>3</td><td>2</td><td>0</td><td>0</td><td>0</td><td colspan="2">151</td><td rowspan="4">177</td></tr>
<tr><td colspan="2">受事＋动词＋名词补语</td><td>1</td><td>0</td><td>0</td><td>0</td><td>0</td><td>0</td><td>0</td><td>0</td><td>0</td><td>0</td><td colspan="2">1</td></tr>
<tr><td colspan="2">受事＋动词＋形容词</td><td>0</td><td>0</td><td>0</td><td>0</td><td>0</td><td>0</td><td>1</td><td>0</td><td>0</td><td>0</td><td colspan="2">1</td></tr>
<tr><td colspan="2">受事＋动词＋介词短语</td><td>19</td><td>0</td><td>0</td><td>4</td><td>0</td><td>0</td><td>1</td><td>0</td><td>0</td><td>0</td><td colspan="2">24</td></tr>
<tr><td rowspan="8">受事＋副词＋动词（＋名词/介词短语）[③]</td><td rowspan="3">受事（＋主语）＋否定副词＋动词（＋名词/介词短语）</td><td>受事（＋主语）＋否定副词＋动词</td><td>71</td><td>27</td><td>1</td><td>99</td><td>39</td><td>18</td><td>27</td><td>3</td><td>2</td><td>4</td><td>291</td><td rowspan="3">297</td><td rowspan="8">336</td></tr>
<tr><td>受事＋否定副词＋动词＋名词补语</td><td>1</td><td>0</td><td>0</td><td>0</td><td>0</td><td>0</td><td>0</td><td>0</td><td>0</td><td>0</td><td>1</td></tr>
<tr><td>受事＋否定副词＋动词＋介词短语</td><td>2</td><td>0</td><td>0</td><td>2</td><td>1</td><td>0</td><td>0</td><td>0</td><td>0</td><td>0</td><td>5</td></tr>
<tr><td colspan="2">受事＋范围副词＋动词</td><td>1</td><td>0</td><td>0</td><td>1</td><td>1</td><td>0</td><td>0</td><td>0</td><td>0</td><td>0</td><td colspan="2">3</td></tr>
<tr><td colspan="2">受事＋时间副词＋动词</td><td>6</td><td>1</td><td>0</td><td>2</td><td>3</td><td>2</td><td>0</td><td>0</td><td>0</td><td>0</td><td colspan="2">14</td></tr>
<tr><td colspan="2">受事＋程度副词＋动词</td><td>1</td><td>2</td><td>0</td><td>1</td><td>0</td><td>0</td><td>0</td><td>0</td><td>0</td><td>0</td><td colspan="2">4</td></tr>
<tr><td colspan="2">受事＋语气副词＋动词</td><td>6</td><td>4</td><td>0</td><td>3</td><td>0</td><td>0</td><td>1</td><td>0</td><td>0</td><td>1</td><td colspan="2">15</td></tr>
<tr><td colspan="2">受事＋方式副词＋动词</td><td>3</td><td>0</td><td>0</td><td>0</td><td>0</td><td>0</td><td>0</td><td>0</td><td>0</td><td>0</td><td colspan="2">3</td></tr>
</table>

① 说明：光杆名词包括一般普通名词、光杆人名、地名、国名、官名、代词，一般定中结构指的是“形容词＋名词”、“代词＋名词”、“主语＋之＋谓语动词”、“数词＋名词”等。谓词性结构包括：陈述、述宾、状中、联合四类结构。下文同。

② 指的是由动词的受事论元充当话题的受事话题句类型。括号中的是表示动词之后出现由名词补语、形容词或介词短语充当的补语。下文同。

③ 指的是由动词的受事论元充当话题，动词之前出现由副词充当的状语的受事话题句类型。括号中的是表示动词之后出现由名词、介词短语充当的补语。下文同。

续 表

<table>
<tr><th colspan="3" rowspan="4">结构构成
类型</th><th colspan="10">受事话题的结构构成</th><th colspan="3" rowspan="4">小 计</th></tr>
<tr><th colspan="5">体词性成分</th><th colspan="5">谓词性成分</th></tr>
<tr><th rowspan="2">光杆名词</th><th colspan="4">复杂结构</th><th rowspan="2">光杆动词</th><th colspan="4">复杂结构</th></tr>
<tr><th>者字结构</th><th>所字结构</th><th>定中结构</th><th>联合结构</th><th>联合结构</th><th>述宾结构</th><th>状中结构</th><th>陈述结构</th></tr>
<tr><td colspan="3">受事＋名词＋动词①</td><td>2</td><td>0</td><td>0</td><td>1</td><td>0</td><td>0</td><td>0</td><td>0</td><td>0</td><td>0</td><td colspan="3">3</td></tr>
<tr><td colspan="3">受事＋形容词＋动词②</td><td>1</td><td>1</td><td>0</td><td>0</td><td>0</td><td>0</td><td>0</td><td>0</td><td>0</td><td>0</td><td colspan="3">2</td></tr>
<tr><td colspan="3">受事＋介词短语＋动词③</td><td>7</td><td>0</td><td>0</td><td>0</td><td>1</td><td>0</td><td>1</td><td>0</td><td>0</td><td>0</td><td colspan="3">9</td></tr>
<tr><td rowspan="4">受事＋能愿动词＋动词(＋名词/介词短语)④</td><td colspan="2">受事(＋主语)＋能愿动词＋动词</td><td>141</td><td>21</td><td>2</td><td>139</td><td>9</td><td>17</td><td>34</td><td>2</td><td>3</td><td>7</td><td colspan="2">375</td><td rowspan="4">388</td></tr>
<tr><td colspan="2">受事＋能愿动词＋动词＋名词宾语</td><td>2</td><td>0</td><td>0</td><td>0</td><td>0</td><td>0</td><td>0</td><td>0</td><td>0</td><td>0</td><td colspan="2">2</td></tr>
<tr><td colspan="2">受事＋能愿动词＋动词＋介词短语</td><td>5</td><td>0</td><td>0</td><td>2</td><td>3</td><td>0</td><td>0</td><td>0</td><td>0</td><td>0</td><td colspan="2">10</td></tr>
<tr><td colspan="2">受事＋能愿动词＋介词短语＋动词</td><td>0</td><td>0</td><td>0</td><td>0</td><td>0</td><td>0</td><td>0</td><td>1</td><td>0</td><td>0</td><td colspan="2">1</td></tr>
<tr><td rowspan="3">受事(＋主语)＋动词＋代词⑤</td><td rowspan="3">受事(＋主语)＋动(＋名词/介词短语</td><td>受事(＋主语)＋动词＋之</td><td>17</td><td>37</td><td>0</td><td>82</td><td>10</td><td>1</td><td>5</td><td>0</td><td>1</td><td>1</td><td>154</td><td rowspan="3">159</td><td rowspan="3">176</td></tr>
<tr><td>受事＋动词＋之＋名词宾语</td><td>0</td><td>1</td><td>0</td><td>1</td><td>0</td><td>0</td><td>0</td><td>0</td><td>0</td><td>0</td><td>2</td></tr>
<tr><td>受事(＋主语)动词＋之＋介词短语</td><td>0</td><td>0</td><td>0</td><td>1</td><td>2</td><td>0</td><td>0</td><td>0</td><td>0</td><td>0</td><td>3</td></tr>
</table>

① 指的是由动词的受事论元充当话题，动词之前出现由名词充当的状语的受事话题句类型。下文同。

② 指的是由动词的受事论元充当话题，动词之前出现由形容词充当的状语的受事话题句类型。下文同。

③ 指的是由动词的受事论元充当话题，动词之前出现由介词短语充当的状语的受事话题句类型。下文同。

④ 指的是由动词的受事论元充当话题，动词之前出现由能愿动词充当的状语的受事话题句类型。括号中的是表示动词之后出现由名词宾语充当的宾语和由介词短语充当的补语。下文同。

⑤ 指的是由动词的受事论元充当话题，动词之前出现或隐含主语，动词之后出现由代词“之”、“诸”、“焉”充当的宾语的受事话题句类型。

续　表

结构构成 / 类型	受事话题的结构构成										小　计
	体词性成分					谓词性成分					
	光杆名词	复杂结构				光杆动词	复杂结构				
		者字结构	所字结构	定中结构	联合结构		联合结构	述宾结构	状中结构	陈述结构	
受事(＋主语)＋动词＋诸	1	0	0	7	1	0	0	0	0	0	9
受事(＋主语)＋动词＋焉	0	1	0	3	2	0	0	2	0	0	8
受事＋动词词组	0	0	0	0	1	0	0	0	0	0	1
用例数(例)	373	110	3	383	84	41	72	8	6	13	1 092
	952					140					
百分比(％)	87.2					12.8					

表 2－2　先秦时期复杂述语的结构构成①

附加成分 / 数量	前修饰成分					后附成分			
	状　语					补　语		宾　语	
	能愿动词	副词	名词	形容词	介词短语	名词	介词短语	名词	代词
用例数(例)	375	330	3	2	9	11	42	2	165
	719					220			
百分比(％)	34.3	30.2	0.3	0.2	0.8	1	3.8	0.2	15.1
	65.8					20.1			

2.2　西汉时期的受事话题句

2.2.1　基本类型及句法特征

西汉时期，我们调查了《韩诗外传》、《淮南子》两部文献。受事话

① 既有“可”类情态动词又有其他前附成分的用例，归入“可”类。既有状语又有宾语或补语的分别归入“后附宾语”和“后附补语”类。下文同。

题句共出现 362 例，两部文献中的用例分别是 142、220。根据述语动词是否出现前附或后附成分分为两种类型：

一、光杆述语

此类受事话题句出现 74 例，根据述语在结构构成方面的不同分为两类：

（一）受事话题＋光杆述语动词。如：

（40）故禄过其功者削，名过其实者损。（《韩诗外传·卷一》）

此类受事话题句出现 64 例，约占用例总数的 17.7%。两部文献中的用例分别是 19、45。充当受事的有体词性和谓词性两种成分，前者 59 例，后者 5 例。按照结构的不同，体词性受事分为光杆名词、"者"字结构、一般定中结构和联合结构四类，其用例依次是 28、9、15、7。谓词性受事在结构上都是光杆动词。

所涉及的动词有 37 个：行、削 2、损、得 2、废 9、治 4、刑、立 6、施行、用、废坏、诛 3、烧、败、张、举、弑、灭 3、化、围、饰、制 2、成 3、伤 2、拘、伸、禁、赏、释、解 2、除、挫、积、蓄、析、集、存。受事直接用在光杆述语动词之前。如例(40)受事"禄过其功者"和"名过其实者"分别直接用在动词"削"和"损"之前，动词之后都不出现其他成分。

（二）受事＋动词词组（＋语气词）。如：

（41）无用之变，不争之灾，弃而不治。（《韩诗外传·卷二》）

（42）若夫君臣之义，父子之亲，男女之别，切差而不舍也。（《韩诗外传·卷二》）

此类受事话题句出现 10 例，约占用例总数的 2.8%。《韩诗外传》和《淮南子》中的用例分别是 4、6。充当受事的都是体词性成分，按照结构的不同，分为光杆名词、一般定中结构和联合结构三类，其用例依次是 5、2、3。

所涉及的动词词组有 10 个：弃而不治、切差(磋)而不舍、县(悬)而不用、行而废、祷而不祠、补而不制、立法而支解、刻削而车裂、侵地而灭、易得而难用。这些动词词组在结构上都是由连词“而”连接两个谓词性成分构成的联合结构或偏正结构，这是该时期新出现的现象。动词词组之前不出现状语，其后有的出现语气词，有的不出现。前者 2 例，如例(42)，后者 8 例，如例(41)。

二、述语动词出现前附成分或后附成分

此类受事话题句出现 296 例，根据所出现的成分是前附成分还是后附成分分为两类：

(一) 受事话题(＋主语)＋状语＋述语动词

此类受事话题句出现 208 例，约占用例总数的 57.5%。根据充当状语的成分在词类上的差异分为两类：

1. 受事＋副词＋动词

此类受事话题句出现 81 例，约占用例总数的 22.4%。《韩诗外传》、《淮南子》中的用例分别是 43、38。根据副词词汇意义的不同分为六类：

① 受事(＋主语)＋否定副词＋动词。如：

(43) 五音不知，安能调琴？(《韩诗外传·卷一》)

(44) 昔吾先君与穆公交，天下莫不闻，诸侯莫不知。(《淮南子·齐俗训》)

此类受事话题句出现 64 例，《韩诗外传》和《淮南子》中的用例分别是 36、28。充当受事的有体词性和谓词性两种成分，前者 49 例，后者 15 例。按照结构的不同，体词性受事分为光杆名词、“者”字结构、一般定中结构和联合结构四类，其用例依次是 14、2、18、15。谓词性受事分为联合结构、述宾结构、陈述结构三类，其用例依次是 8、2、5。

所涉及的动词有 39 个：知 5、辞、爱、用 5、治、匡、修 6、琢、违 2、事、使、除 2、言、从、闻 7、翦 3、刻、饰、植、攻、薰、得、诛、刮、翦、伐、忧、藏、施、张、授、立 3、斫、画、缘、和、设、弃、拔。动词之前出现由否定副词充当的状语，所涉及的否定副词有“不”、“无”、“未（未尝）”、“弗”、“莫”。

从主语的隐现情况来看，主语出现的有5例①，所出现的主语位于受事和动词之间。如例(44)，受事是“吾先君与穆公交”，动词“闻”和“知”之前都出现否定副词“不”充当的状语，受事和动词之间分别出现动作的发出者“天下”和“诸侯”。主语隐含的有59例，如例(43)，受事是“五音”，动词是“知”，二者之间不出现动作的发出者。

② 受事＋范围副词＋动词。如：

(45) 风波毕除，荆爵为执圭。(《淮南子·道应训》)

此类受事话题句出现4例，见于《淮南子》。充当受事的都是体词性成分。按照结构的不同，分为光杆名词、一般定中结构、联合结构三类，其用例依次是1、2、1。

所涉及的动词有5个：禁、除、拔、行、举。动词之前出现由范围副词充当的状语，所涉及的范围副词是“毕”、“并”、“独”。如例(45)，受事是“风波”，动词“除”之前出现由范围副词“毕”充当的状语。

③ 受事＋时间副词＋动词。如：

(46) 中山既拔，无守之者，吾进先生。(《韩诗外传·卷三》)

(47) 城已破，诸城守者皆屠之。(《淮南子·人间训》)

此类受事话题句出现7例。《韩诗外传》和《淮南子》中的用例分别是4、3。充当受事的都是体词性成分。按照结构的不同，分为光杆名词和一般定中结构两类，其用例分别是4、3。

所涉及的动词有7个：拔、度、获、行、成(完成、实现)、灭、破。动词之前出现由时间副词充当的状语，所涉及的时间副词是“既”、“卒”、“已”、“数”(shuò)。如例(47)，受事是“城”，动词“破”之前出现

---

① 见于《韩诗外传》和《淮南子》。两部文献中的用例依次是1、4。

由时间副词“已”充当的状语。

④ 受事＋程度副词＋动词。如：

(48) 三军大败，不可诛也。(《韩诗外传·卷三》)

此类受事话题句出现 2 例，见于《韩诗外传》。充当受事的都是体词性成分，在结构上都是一般定中结构。

所涉及的动词有 1 个：败 2。动词之前出现由程度副词充当的状语，所涉及的副词都是“大”。如例(48)，受事是“三军”，动词“败”之前出现由“大”充当的状语。

⑤ 受事＋语气副词＋动词。如：

(49) 贵道果立，贵名果白，兼制天下，立国七十二，姬姓独居五十二。(《韩诗外传·卷四》)

(50) 是故名必成而后无余害矣。(《淮南子·兵略训》)

此类受事话题句出现 3 例。《韩诗外传》和《淮南子》中的用例分别是 1、2。充当受事的都是体词性成分。按照结构的不同，分为光杆名词和一般定中结构两类，其用例分别是 2、1。

所涉及的动词有 3 个：立(建立)、发觉、成。动词之前出现由语气副词充当的状语，所涉及的语气副词有“果”、“必”。如例(50)，受事是“名”，动词“成”之前出现由语气副词“必”充当的状语。

⑥ 受事＋方式副词＋动词。如：

(51) 不谷亲伤，所恃者司马也。(《淮南子·人间训》)

此类受事话题句出现 1 例。见于《淮南子》。充当受事的是体词性成分，在结构上是光杆名词。

所涉及的动词有 1 个：伤。动词之前出现由方式副词充当的状语，所涉及的方式副词是“亲”。

2. 受事＋能愿动词＋动词(＋语气词)。如：

(52) 此三威不可不审察也。(《韩诗外传·卷六》)

(53) 墓上振愤者不可胜数。(《韩诗外传·卷十》)

(54) 智者虽烦难之事,其不暗之效可见也。(《淮南子·主术训》)

此类受事话题句出现126例,约占用例总数的34.8%。《韩诗外传》和《淮南子》中的用例分别是33、93。充当受事的有体词性和谓词性两种成分,前者112例,后者14例。按照结构的不同,体词性受事分为光杆名词、"者"字结构、一般定中结构和联合结构四类。其用例依次是36、11、52、13。谓词性受事分为光杆动词、联合结构和陈述结构三类,其用例依次是6、7、1。

所涉及的动词有69个:乘、欺、长、守4、雕、假3、畏、夺4、爱2、忍2、伐、审察、正(纠正、修正)、诈3、观4、听3、好(喜爱、爱好)2、待2、考、惮、称、数4、睹2、食、嗜、为4、究、服、量2、见9、测3、握、循、用5、察5、承、毁、论、弃、际、审3、随、遏夺、刻镂、举、立2、制、蔽、调、别、道3、名(称说)2、得5、诱、效、及2、原、形、闻、言、探、取、受、求、尝、计2、识、写、知。动词之前出现能愿动词,所涉及的能愿动词有:"可"、"得"、"足"、"能"。动词之后出现语气词的有75例,所涉及的语气词是"也"、"哉"、"乎",其余51个用例中动词之后不出现语气词。如例(54),受事是"其不暗之效",动词"见"之前出现能愿动词"可",动词之后出现语气词"也"。

(二) 受事话题(+状语)+述语动词+后附成分

此类受事话题句出现88例,约占用例总数的24.3%。按照后附成分的不同分为两类:

1. 受事话题(+主语)+述语动词+宾语。如:

(55) 内不阿子弟,外不隐远人,能中是者取之。(《韩诗外传·卷四》)

(56) 山林薮泽,有能取疏食田猎禽兽者,野虞教导之。(《淮南子·时则训》)

此类受事话题句出现72例,约占用例总数的19.9%。动词之后出现由代词“之”充当的宾语。《韩诗外传》和《淮南子》中的用例分别是45、27。充当受事的有体词性和谓词性两种成分，前者67例，后者5例。按照结构的不同，体词性受事分为光杆名词、“者”字结构、一般定中结构和联合结构四类，其用例依次是7、38、16、6。谓词性受事分为联合结构和陈述结构两类，其用例分别是2、3。

所涉及的动词或动词词组有43个：听2、避2、威、杀5、畏3、妒、恶4、归2、知2、为5、推、钩、抑而损2、取、行2、当(执掌、担任)、放而事、官而衣食(yì sì)、求、安2、怀2、信2、去、得、收、遗、备、权、推而行、欲、虑、图、扶、见、学、食(喂养)、闻、识、能(胜任)、教导、助而奏、制2、屠。动词之前出现状语的有6例，充当状语的是方位名词、能愿动词、副词或介词短语①，动词之后出现由代词“之”充当的宾语。

从主语的隐现情况来看，主语出现的有35例②，所出现的主语位于受事和动词之间。如例(56)，受事是“有能取疏食田猎禽兽者”，动词是“教导”，二者之间出现动作的发出者“野虞”。主语隐含的有37例，如例(55)，受事是“能中是者”，动词是“取”，二者之间不出现动作的发出者。

2. 受事(＋主语)(＋状语)＋动词(＋代词)＋补语。如：

(57) 李兑用赵，饿主父于沙丘，百日而杀之。(《韩诗外传·卷四》)

(58) 内恕反情，心之所欲，其不加诸人，由近知远，由己知人，此仁智之所合而行也。(《淮南子·主术训》)

(59) 有义者不可欺以利，有勇者不可劫以惧，如饥渴者不可欺以虚器也。(《淮南子·缪称训》)

(60) 知此之道，不可求于人，斯得诸己也。(《淮南子·缪称训》)

---

① 四者的用例依次是1、3、1、1。

② 两部文献中的用例依次是26、9。

此类受事话题句出现 9 例，约占用例总数的 2.5%。动词之后出现由普通名词和介词短语充当的补语。充当受事的都是体词性成分，按照结构的不同，分为光杆名词、“者”字结构和联合结构三类，其用例依次是 4、4、1。

所涉及的动词有 7 个：用 2、欺 2、张、任、责、加、得。根据动词之后是否出现代词宾语分为不出现代词宾语和出现代词宾语两类，二者的用例分别是 7、2。充当补语的有名词和介词短语两类，前者 2 例①，如例(57)，受事“李兑”直接用在动词“用”之前，动词之后出现由专有名词“赵”充当的补语。后者 7 例，如例(59)，受事是“有义者、“有勇者”、“饥渴者”，介词短语“以利”、“以惧”、“以虚器”分别出现在动词“欺”之后，充当“欺”的补语。

2.2.2 小结

西汉时期，带光杆述语和述语动词出现前附成分或后附成分两个类型的受事话题句中，优势类别分别是“受事(＋主语)＋光杆动词”和“受事(＋主语)＋状语＋动词”。在后一类别中，充当状语的成分在词类上的多寡序列依次是能愿动词、副词、形容词、介词短语。在由副词充当状语的次类中，不同词汇意义的副词在用例上的多寡序列依次是表示否定、时间、范围、语气、方式的类别。在带后附成分的次类中，后附成分是宾语的用例占优势地位，其次是补语。充当宾语的都是代词“之”；充当补语的有名词和介词短语两类，其中介词短语补语的数量远远超过名词补语。

该时期受事话题句的显著特点主要表现有四：其一，分别由作格动词和一般及物动词充当述语动词的“受事话题＋光杆述语动词”和动词之后出现回指代词“之”两种类型的受事话题句使用频率仍然高。这说明作格动词使用相对频繁、一般及物动词通常要求其后出

---

① 充当补语的名词都是国名。

现宾语的情况在西汉时期仍然存在。特别是带回指代词宾语的用例使用频率较先秦上升了约为4.8%。其二,由副词充当状语的次类总体使用频率较前一时期下降幅度较大,这种差别主要表现在述语动词之前出现否定副词的类别上。副词状语总体下降幅度与否定副词状语的下降幅度基本持平。其三,由能愿动词充当状语的次类使用频率稍升,它跟述语动词之前出现副词的次类仍然是体现受事话题句述语复杂性的主要类别。其四,由“者”字结构充当受事话题的使用频率较先秦有所上升,增幅约为8.8%。这反映了“者”字结构在该时期使用仍然比较频繁是事实。

2.2.3　先秦至西汉受事话题句的历史演变①

从考察文献来看,先秦到西汉受事话题句在类型用例、受事话题、述语和主语的结构构成方面均发生一定的变化。

首先,在类型用例方面,两个时期的受事话题句在大的类型和优势句型方面基本一致,其差异主要表现在次类的增减以及相同次类使用频率的升降方面。前者主要表现为“受事＋否定副词＋动词＋介词短语”、“受事＋能愿动词＋动词＋名词宾语”、“受事＋动词＋之＋名词宾语”、“受事(＋主语)＋动词＋之＋介词短语”5个次类仅见于先秦文献。② 后者主要表现为“受事(＋主语)＋动词”、“受事＋动词词组”、“受事(＋主语)(＋状语)＋能愿动词＋动词”、“受事(＋主语)(＋状语)＋动词＋宾语”4个次类所占比例上升;次类“受事(＋

---

① 本书在涉及发展变化时所说的从某个时代到另一个时代的变化,实际上是基于我们所选取的不同历史时期的考察文献所得出的结论。它指的是某种语言现象从一个时代的考察文献到另一个时代的考察文献中所反映出来的事实。由于我们所做的是一种抽样调查,因此这种调查所得出的结果并非绝对反映某种现象在不同时代之间的变化。

② 考察文献显示:不同历史时期或同一时期的两种不同性质的文献中,受事话题句的次类有所差异。我们认为这些差异有的能够体现受事话题句的发展演变,有的则是因语料取样的不同而产生的。我们所讨论的主要是能够反映受事话题句历史演变的类别。第二章的相关内容皆同此。

主语)＋副词＋动词”所占比例下降。上述变化中,“受事(＋主语)＋动词”和“受事(＋主语)＋副词＋动词”两个次类的变化幅度最大,前者的增幅约为3.9%,后者的降幅约为7.8%。在出现副词状语的次类中,由否定副词、语气副词充当状语的次类呈下降趋势,由范围副词、时间副词、程度副词充当状语的次类呈上升趋势。在呈下降趋势的次类中,由否定副词充当状语的次类变化幅度最大,降幅达8.9%,其他次类在两个时期的升降幅度变化不大。在“受事(＋主语)(＋状语)＋动词＋宾语”的次类中,由代词充当宾语的用例使用频率上升,增幅约为4.8%。在“受事(＋主语)(＋状语)＋动词＋补语”的次类中,由介词短语充当补语的用例使用频率下降,降幅约为2.4%。

其次,在受事话题的构成方面,两个时期的受事都分别由体词性和谓词性两种成分构成,但二者的使用频率存在差异。先秦时二者的用例数分别是952和140,分别约占总数的87.2%和12.8%;西汉时二者用例数分别是323和39,分别约占总数的89.2%和10.8%。显然,在共时平面内,两个时期中的体词性受事在使用频率上都远远高于谓词性受事,二者形成很大的差距。在历时平面上,体词性受事所占比例增加,谓词性受事所占比例减少。

从体词性受事的内部结构来看,两个时期的体词性受事都以偏正结构为优势结构,其次是光杆名词。从先秦至西汉,光杆名词构成的受事呈下降趋势,降幅约为6.3%;偏正结构和联合结构的受事呈上升趋势,增幅分别是3.2%和5%。从谓词性受事的内部结构来看,两个时期的谓词性受事中,居首位的都是联合结构,其次是光杆动词。从先秦到西汉,谓词性结构的受事虽然都呈下降趋势,但除联合结构的受事降幅约为1.9%之外,其他结构的谓词性受事变化幅度都不大。

在述语的构成方面,两个时期中的述语可以是光杆述语,也可以带前附或后附两种成分。其中带前附成分的用例所占的比例分别约为65.8%和57.5%;带后附成分的用例所占的比例分别约为20.1%和24.3%。从前附成分的使用情况来看,两个时期充当状语的成分在用例上的多寡序列分别是能愿动词、副词、介词短语、形容词、名词和能愿动词、副词、形容词、介词短语、名词。从后附成分的使用情况来看,两个时期的后附成分都有宾语和补语两类。二者在不同时期所占的比例分别约为15.3%和19.9%、4.8%和2.5%。总起来说,在历时层面,动词带前附成分的用例在总体发展趋势上都呈下降趋势,而带后附成分的用例在发展趋势上与之相反。在后附成分内部,带宾语的使用频率上升,带补语的使用频率下降。但在充当前附或后附成分的词类内部,不同词类在发展趋势上存在个体差异。

从主语的结构构成来看,主语出现和隐含的用例分别是141、1 099。在主语出现的用例中,充当主语的成分包括专有名词(人名、国名、官职)、代词、普通名词(名词性短语)三类,其用例依次是31、29、81。从两个时期的用例情况来看,先秦和西汉时期主语出现的用例分别是101、40。充当主语的都有专有名词、代词、普通名词三类。① 从先秦至西汉,由专有名词和代词充当的主语使用频率下降,普通名词(名词性短语)的使用频率上升。在共时平面上,两个时期中充当主语的成分在结构上都分为光杆名词(代词)、"者"字结构、一般定中结构三类,②优势结构都是光杆名词(代词)。在历时平面上,充当主语的成分在结构上变化不大,都是以简单形式为主。所不同的是光杆名词(代词)结构的主语呈下降趋势,"者"字结构和一般定中结构的主语呈上升趋势。从词类属性来看,两个时期充当主语的成分在优势词类上表现一致,即都以普通名词为优势词类,专有名词次之,代词居第三位。

---

① 先秦时期三者的用例依次是26、25、50,西汉时期三者的用例依次是5、4、31。

② 先秦时期三者的用例依次是91、5、5,西汉时期三者的用例依次是30、4、6。

表 2－3　西汉时期受事话题的结构构成

类型＼结构构成		受事话题的结构构成										小　计	
		体词性成分					谓词性成分						
		光杆名词	复杂结构				光杆动词	复杂结构					
			者字结构	所字结构	定中结构	联合结构		联合结构	述宾结构	状中结构	陈述结构		
受事＋动词（＋名词）	受事＋动词	28	9	0	15	7	5	0	0	0	0	64	66
	受事＋动词＋名词补语	2	0	0	0	0	0	0	0	0	0	2	
受事＋副词＋动词	受事＋否定副词＋动词	14	2	0	18	15	0	8	2	0	5	64	81
	受事＋范围副词＋动词	1	0	0	2	1	0	0	0	0	0	4	
	受事＋时间副词＋动词	4	0	0	3	0	0	0	0	0	0	7	
	受事＋语气副词＋动词	1	0	0	2	0	0	0	0	0	0	3	
	受事＋程度副词＋动词	0	0	0	2	0	0	0	0	0	0	2	
	受事＋方式副词＋动词	1	0	0	0	0	0	0	0	0	0	1	
受事＋能愿动词＋动词（＋介词短语）	受事＋能愿动词＋动词	36	11	0	52	13	6	7	0	0	1	126	131
	受事＋能愿动词＋动词＋介词短语	0	4	0	0	1	0	0	0	0	0	5	
受事（＋主语）＋动词＋代词（＋介词短语/名词补语）	受事（＋主语）＋动词＋之	7	32	0	16	6	0	2	0	0	3	66	74
	受事＋动词＋之＋介词短语	0	6	0	0	0	0	0	0	0	0	6	
	受事＋动词＋诸＋名词补语	2	0	0	0	0	0	0	0	0	0	2	
受事＋动词词组		5	0	2	0	3	0	0	0	0	0	10	
用例数（例）		101	64	2	110	46	11	17	2	0	9	362	
		323					39						
百分比（%）		89.2					10.8						

表 2-4　西汉时期复杂述语的结构构成

数量 \ 附加成分	前修饰成分		后附成分		
	状语		补语		宾语
	能愿动词	副词	名词	介词短语	代词
用例数（例）	126	81	4	5	72
	207		81		
百分比（%）	34.8	22.4	1.1	1.4	19.9
	57.2		22.4		

2.3　东汉时期的受事话题句

东汉时期，我们调查了《新论》、《论衡》、《风俗通义》三部本土传世文献和《道行般若经》、《杂譬喻经》①、《修行本起经》、《中本起经》四部汉译佛典②。上述两类不同性质文献中受事话题句的用例分别是387、321。

2.3.1　东汉本土传世文献中的受事话题句

2.3.1.1　基本类型及其句法特征

东汉本土文献中受事话题句共出现387例，《新论》、《论衡》、《风俗通义》中的用例依次是34、300、53。根据述语动词是否出现前附或后附成分分为两种类型：

一、光杆述语

此类受事话题句出现86例，根据述语在结构构成方面的不同分为两类：

（一）受事话题（＋主语）＋光杆述语动词。如：

（61）圣贤距逆，非憎圣贤，不甘至言也。（《论衡·逢遇篇》）

---

① 对于《杂譬喻经》的作者和成书时代学界存在不同的观点，本书采用李维琦先生的观点，认为它是东汉支娄迦谶所著。

② 本书所考察的佛典均为汉译佛典，为了行文简洁简称佛典。

(62) 法令比例,吏断决也。(《论衡·程材篇》)

此类受事话题句出现 84 例,约占用例总数的 21.7%。《新论》、《论衡》、《风俗通义》中的用例依次是 2、72、10。充当受事的有体词性和谓词性两种成分,前者 79 例,后者 5 例。按照结构的不同,体词性受事分为光杆名词、一般定中结构和联合结构三类,其用例依次是 58、15、6。谓词性受事分为光杆动词和联合结构两类,其用例分别是 3、2。

所涉及的动词有 43 个:成 7、缺、弃捐、距逆、进用、得 2、灭 5、杀、解 2、禽获、弃 5、剖 3、烹 3、葅 2、蔽塞、挫、破、坏、审、败 2、立 10、削 2、废 3、拔、藏、治 3、修、设用、穿 2、除 5、判、容、纳、摧折、绝灭、断决、斥逐、顿废、放流、废顿、剖分、陵迟、原除。动词之前不出现状语,动词之后不出现补语。

从主语的隐现情况来看,主语出现的有 1 例,所出现的主语位于受事和动词之间。如例(62),受事是"法令比例",动词是"断决",二者之间出现动作的发出者"吏"。主语隐含的有 83 例,如例(61),受事是"圣贤",动词是"距逆",二者之间不出现动作的发出者。

(二) 受事+动词词组。如:

(63) 调饭也殊筐而居,甘酒也异器而处。虫堕一器,酒弃不饮;鼠涉一筐,饭捐不食。(《论衡·幸偶篇》)

此类受事话题句出现 2 例,约占用例总数的 0.5%。见于《论衡》。充当受事的都是体词性成分,在结构上都是光杆名词。

所涉及的动词词组有 2 个:排摈不用、捐不食。受事直接出现在由光杆动词词组充当的述语之前,构成述语的动词在结构上是联合关系。

二、述语动词出现前附成分或后附成分

此类受事话题句出现 301 例,根据所出现的成分是前附成分还是后附成分分为两类:

（一）受事话题（＋主语）＋状语＋述语动词

此类受事话题句出现243例，约占用例总数的62.8%。根据充当状语的成分在词类上的差异分为六类：

1. 受事（＋主语）＋副词＋动词

此类受事话题句出现74例，约占用例总数的19.1%。根据副词词汇意义的不同分为四类：

① 受事＋否定副词＋动词。如：

(64) 夫璧在地中，五子不知，相随入拜，远近不同。（《论衡·吉验篇》）

(65) 匈奴不灭，何以家为。（《风俗通义·过誉》）

此类受事话题句出现54例，见于《新论》、《论衡》、《风俗通义》，其用例依次是3、45、6。充当受事的有体词性和谓词性两种成分，前者42例，后者12例。按照结构的不同，体词性受事分为光杆名词、“者”字结构、“所”字结构、一般定中结构、联合结构五类，其用例依次是9、4、1、23、5。谓词性受事分为联合结构和陈述结构两类，其用例分别是11、1。

所涉及的动词有31个：有（拥有）、世（继承）、传2、灭5、除3、见3、剪、斫、刑2、用5、知4、觉、伤、举、弃4、畔、立、治、斩刈、减除、辱、加3、缮、修2、奏、闻、入、言、绝、禁、讳。动词之前出现由否定副词充当的状语，所涉及的否定副词是“不”、“未（未尝）”、“莫”。

从主语的隐现情况来看，主语出现的有1例，所出现的主语位于受事和动词之间。如例（64），受事是“璧在地中”，动词是“知”，二者之间出现动作的发出者“五子”。主语隐含的有53例，如例（65），受事是“匈奴”，动词是“灭”，二者之间不出现动作的发出者。

② 受事＋范围副词＋动词。如：

(66) 太子诸所与谋皆收夷，国除为九江郡。（《风俗通义·淮南王安神仙》）

此类受事话题句出现 2 例，见于《论衡》和《风俗通义》，其用例各为 1。充当受事的都是体词性成分，在结构上都是一般定中结构。

所涉及的动词有 2 个：除、收夷。动词之前出现由范围副词充当的状语，所涉及的范围副词是“并”、“皆”。

③ 受事＋时间副词＋动词。如：

(67) 今吴国已灭，夫差无类，吴为会稽，立置太守。(《论衡·书虚篇》)

此类受事话题句出现 14 例，见于《论衡》。充当受事的都是体词性成分。按照结构的不同，分为光杆名词、“者”字结构、一般定中结构和联合结构四类，其用例依次是 8、2、3、1。

所涉及的动词有 11 个：用 2、灭、毁伤、染、废、败 2、去、削、问、定立、立 2。动词之前出现由时间副词充当的状语，所涉及的时间副词有“已”、“将”、“且”、“乃”、“遂”。

④ 受事＋语气副词＋动词。如：

(68) 公不用，终伐宋，军果败。(《论衡·死伪篇》)

此类受事话题句出现 4 例，见于《论衡》。充当受事的有体词性和谓词性两种成分，前者 3 例，后者 1 例。按照结构的不同，体词性成分分为光杆名词(代词)和一般定中结构两类，其用例分别是 3、1。谓词性受事在结构上是联合结构。

所涉及的动词有 4 个：败、试、毁、得。动词之前出现由语气副词充当的状语，所涉及的语气副词有“果”、“其”、“自”。如例(68)，受事是“军”，动词“败”之前出现由语气副词“果”充当的状语。

2. 受事＋名词＋动词。如：

(69) 火夜举，光不灭；日暮入，独不见，非气验也。(《论衡·谈天篇》)

此类受事话题句出现 1 例，约占用例总数的 0.3%。见于《论衡》。充当受事的是体词性成分，在结构上是光杆名词。

所涉及的动词有 1 个：举。动词之前出现由名词“夜”充当的状语。

3. 受事＋形容词＋动词。如：

(70) 王者易辅，霸者难佐。(《新论·求辅》)

此类受事话题句出现 25 例，约占用例总数的 6.5%。见于《新论》、《论衡》、《风俗通义》，其用例依次是 7、13、5。充当受事的有体词性和谓词性两种成分，前者 23 例，后者 2 例。按照结构的不同，体词性受事分为光杆名词、“者”字结构、一般定中结构和联合结构四类，其用例依次是 7、7、8、1。谓词性受事分为光杆动词和联合结构两类，其用例各为 1。

所涉及的动词有 14 个：知 8、辅 2、佐 2、得、求、识、举 2、戮 2、见、移、追、用、坏、扬。动词之前出现由形容词充当的状语，所涉及的形容词是“易”、“难”、“极”、“默”、“大”。如例(70)，受事是“王者”、“霸者”，形容词“易”、“难”分别用在动词“辅”和“佐”之前充当状语。

4. 受事＋介词短语＋动词。如：

(71) 羊舌氏由是灭矣。(《论衡·本性篇》)

此类受事话题句出现 1 例，约占用例总数的 0.3%。见于《论衡》。充当受事的是体词性成分，在结构上是光杆名词。

所涉及的动词有 1 个：灭。动词之前出现由介词短语充当的状语，所涉及的介词是“由”。动词之后出现语气词。如例(71)，受事是“羊舌氏”，介词短语“由是”出现在动词“灭”之前，充当动词的状语，动词之后出现语气词“矣”。

5. 受事(＋主语)＋能愿动词＋动词/动词词组。如：

(72) 物之饮食,天不能知。(《论衡·雷虚篇》)。

(73) 亲不可辱,在我何伤。(《风俗通义·过誉》)

此类受事话题句出现140例,约占用例总数的36.2%。《新论》、《论衡》、《风俗通义》中的用例依次是14、111、15。构成受事的有体词性和谓词性两种成分,前者117例,后者23例。按照结构的不同,体词性受事分为光杆名词、"者"字结构、"所"字结构、一般定中结构和联合结构五类,其用例依次是36、9、3、62、7。谓词性受事分为联合结构、述宾结构、状中结构和陈述结构四类,其用例依次是15、1、1、6。

所涉及的动词或动词短语有66个:用11、为2、称道、知25、避、学、测、行、刑、宣布、保、数3、并、遇、得3、论3、察3、定5、说、从3、除2、灭、长、验2、审5、食3、杀、畜、听2、从3、治、雕、圬、教2、废、弃2、伐3、辨、见4、名、代、度2、观2、闻3、取、图、背、及、晓、思、毁伤2、灭除、信3、狎而骑、求而得、比屋而封、比屋而诛、据、作、辱、无、贡献、升、握、量、听。动词之前出现由能愿动词充当的状语,所涉及的能愿动词是"可"、"足"、"宜"、"能"、"当"。

从主语的隐现情况来看,主语出现的有2例,所出现的主语位于受事和动词之间。如例(72),受事是"物之饮食",动词是"知",二者之间出现动作的发出者"天"。主语隐含的有138例,如例(73),受事是"亲",动词是"辱",二者之间不出现动作的发出者。

6. 受事+数词+动词。如:

(74) 蔽惑不能审,则微子十去,比干五剖,未足痛也。(《论衡·累害篇》)

此类受事话题句出现2例,约占用例总数的0.5%。见于《论衡》。充当受事的都是体词性成分,在结构上都是光杆名词。

所涉及的动词有1个:剖2。动词之前出现由数词充当的状语。

（二）受事话题（＋状语）＋述语动词＋后附成分

此类受事话题句出现 58 例，按照后附成分的不同分为两类：

1. 受事话题（＋状语）＋述语动词＋宾语

此类受事话题句出现 29 例，约占用例总数的 7.5%。根据充当宾语的代词的不同，分为“受事（＋主语）（＋状语）＋动词＋之”、“受事＋主语＋动词＋诸＋名词”和“受事＋主语＋动词＋焉”三类，其用例依次是 24、1、4。如：

(75) 高者牛羊鸡豚而祭之，下及酒脯寒具。（《新论·启寤》）

(76) 太原郝子廉，饥不得食，寒不得衣，一介不取诸人。（《风俗通义·大将军掾敦煌宣度为师大常张文明制杖》）

(77) 丹青之文，贤圣惑焉。（《论衡·书虚篇》）

(78) 本传之虚，子产闻之，亦不能实。（《论衡·死伪篇》）

充当受事的有体词性和谓词性两种成分，前者 25 例，后者 4 例。按照结构的不同，体词性受事分为光杆名词、“者”字结构、一般定中结构和联合四类，其用例依次是 2、5、15、3。谓词性受事分为偏正结构和陈述结构两类，其用例分别是 1、3。

所涉及的动词或动词词组有 25 个：祭、驱、传、闻、诛、求、别、知 2、案而论、思、则、主、察 2、褒、察用、守、枝（支持、支撑）、受、从、取 3、治、息、如、惑、见。动词之前出现状语的有 15 例，充当状语的有副词、名词、形容词、介词短语四类①；不出现状语的有 14 例。动词之后出现由代词“之”、“诸”或“焉”充当的宾语。其中，由代词“之”充当宾语的用例见于《新论》、《论衡》、《风俗通义》，其用例依次是 2、8、14；由代词“诸”充当宾语的 1 例仅见于《风俗通义》；由代词“焉”充当宾语的用例见于《新论》、《论衡》，用例数各为 2。如例（75），受事是“高者”，名词“牛”、“羊”、“鸡”、“豚”连用于动词之前作状语，动词之后出现由代

① 四者的用例依次是 9、2、1、3。

词“之”充当的宾语。

从主语隐现的情况来看，主语出现的有 9 例①，所出现的主语位于受事和动词之间。如例(78)，受事是“本传之虚”，动词是“闻”，二者之间出现动作的发出者“子产”。主语隐含的有 20 例，如例(75)，受事“高者”跟动词“祭”之间不出现动作的发出者。

2. 受事(＋主语)(＋状语)＋动词＋补语

此类受事话题句出现 29 例，约占用例总数的 7.5％。根据充当补语的成分在词类上的差异分为三类：

① 受事(＋状语)＋动词＋名词/名词短语。如：

(79) 王莽起九庙，以铜为柱甍，大金银错镂其上。(《新论·谴非》)

(80) 音不通千曲以上，不足以为知音。(《新论·琴道》)

(81) 汤囚夏台，文王拘羑里，孔子厄陈、蔡。(《论衡·感虚篇》)

(82) 夫文挚而烹三日三夜，颜色不变，为一覆之故绝气而死，非得道之验也。② (《论衡·道虚篇》)

此类受事话题句出现 10 例，根据动词之前是否出现状语以及所出现的状语在词类上的不同分为“受事＋动词＋名词”、“受事＋副词＋动词＋名词短语”、“受事＋能愿动词＋动词＋名词”三个次类，其用例依次是 8、1、1。其中“受事＋动词＋名词”见于《新论》、《论衡》、《风俗通义》，其用例依次是 1、6、1；“受事＋副词＋动词＋名词短语”见于《新论》；“受事＋能愿动词＋动词＋名词”见于《论衡》。

充当受事的都是体词性成分。按照结构的不同，分为光杆名词和一般定中结构两类，其用例分别是 9、1。

所涉及的动词有 9 个：错镂、殛、囚 2、拘、厄、闻、流、通、烹。动词之前出现状语的有 2 例，充当状语的是副词和能愿动词。动词之后充

① 《论衡》、《风俗通义》中的用例依次是 3、6。

② 此例中的“而”黄晖《论衡校释》曰：“‘而’读作‘能’。”

当补语的都是处所名词或名词短语。如例(81),受事是“汤”和“文王”,名词“夏台”、“羑里”分别出现在动词“囚”和“拘”之后,充当动词的补语。再如例(80),动词“通”之前出现由否定副词“不”充当的状语,名词短语“千曲以上”用在动词之后,充当动词的补语。又如例(82),受事是“文挚”,动词“烹”之前出现“而(能)”,动词之后出现由名词短语“三日三夜”充当的补语。

② 受事(＋状语)＋动词＋动词。如:

(83) 子春惊曰:“朱君来言与?朱为诛,裤而糯,中绝者也。我当诛断也。”(《新论·见徵》)

(84) 是以王翁见攻而身死,宫室烧尽;更始帝为诸王假号而出走,令城郭残。(《新论·谴非》)

此类受事话题句出现14例,根据动词之前是否出现状语分为“受事＋动词＋动词”和“受事(＋主语)＋状语＋动词＋动词”两类,其用例分别是11、3。其中“受事＋动词＋动词”见于《新论》、《论衡》,其用例分别是1、10。“受事(＋主语)＋状语＋动词＋动词”见于《新论》、《论衡》,其用例分别是1、2。

充当受事的都是体词性成分。按照结构的不同,体词性受事分为光杆名词(代词)、一般定中结构、联合结构三类,其用例依次是10、1、3。

所涉及的动词有7个:烧、诛3、弃5、穿、除2、囚、学。动词之后出现由动词充当的补语①。如例(84),受事“宫室”直接用在动词“烧”之前,动词“烧”之后出现的动词“尽”,充当的是“烧”的补语。再如例(83),受事是“我”,动词“诛”之前出现能愿动词“当”,其后出现的动词“断”充当“诛”的补语。

③ 受事＋状语＋动词＋介词短语。如:

① 补语分为结果补语和趋向补语两类,其用例依次是13、1。

(85) 孔子不能容于世，周流游说七十余国，未尝得安。（《论衡·儒增篇》）

(86) 言鹤鸣九折之泽，声犹闻于天，以喻君子修德穷僻，名犹达朝廷也。（《论衡·艺增篇》）

(87) 汉德明著，莫立邦表之言，浩广之德未光于世也。（《论衡·须颂篇》）

(88) 今鲧远殛于羽山，人不与之处，何能知之？（《论衡·死伪篇》）

此类受事话题句出现 5 例，根据充当状语的成分在词类上的差异，分为“受事＋动词＋介词短语”、“受事＋副词＋动词＋介词短语”、“受事（＋主语）＋能愿动词＋动词＋介词短语”、“受事＋形容词＋动词＋介词短语”四类，其用例依次是 1、2、1、1。其中“受事＋副词＋动词＋介词短语”见于《论衡》，根据副词词汇意义的不同可以再分为“受事＋否定副词＋动词＋介词短语”和“受事＋语气副词＋动词＋介词短语”两个次类。次类“受事（＋主语）＋能愿动词＋动词＋介词短语”见于《新论》。

充当受事的都是体词性成分。按照结构的不同，分为光杆名词和一般定中结构两类，其用例分别是 4、1。

所涉及的动词有 4 个：光、闻、容、殛 2。动词之前出现由否定副词、语气副词或能愿动词充当的状语，动词之后出现由介词短语充当的补语。如例(87)，动词“光”之前出现由否定副词“未”充当的状语，介词短语“于世”用在动词之后充当补语，句末出现语气词“也”。再如例(86)，受事是“声”，动词之前出现由语气副词“犹”充当的状语，其后出现由介词短语“于天”充当的补语。又如例(85)，受事是“孔子”，动词“容”之前出现能愿动词“能”，其后出现由介词短语“于世”充当的补语。

2.3.1.2 小结

东汉本土文献带光杆述语和述语动词出现前附或后附成分的两类受事话题句中，优势类别分别是“受事（＋主语）＋光杆动词”和“受事(+主语)+状语+动词”。在后一类别中,充当状语的成分在词类上的多寡序列依次是能愿动词、副词、形容词、数词、名词、介词短语[①]。在由副词充当状语的次类中,不同词汇意义的副词在用例上的多寡序列依次是表示否定、时间、语气、范围的类别。在带后附成分的次类中,后附成分是补语的用例占优势地位,其次是宾语。在带补语的次类中,充当补语的有名词(名词短语)、动词、介词短语三类,其用例的多寡序列依次是动词、名词、介词短语。在带宾语的次类中,充当宾语的有代词和名词两类。充当宾语的代词有“之”、“诸”、“焉”三个,其中使用“之”的用例占绝对优势。

该时期本土传世文献中受事话题句的主要特点有六:其一,由光杆动词充当述语的使用频率上升,这反映了作格动词在东汉受事话题句中仍然得到比较频繁的使用,但其使用频率较先秦下降很大。其二,由形容词充当的状语的次类使用频率上升较大,由副词充当状语的次类下降较大,出现了由数词充当状语的用例,此类用例所占比例较低,所涉及的动词是作格动词。副词和能愿动词充当状语的总体使用频率虽然超过该时期受事话题句用例总数的一半,但该比例较前期呈下降趋势。这说明东汉时期受事话题句述语的复杂性虽然主要还是通过状语来体现,但充当状语的成分的内部,不同词类属性的状语在使用频率方面与此前两个时期相比有所不同。其三,动结式应用于受事话题句,由动词充当补语的次类产生。其四,动词之后出现回指代词“之”的次类使用频率大幅度下降,一般及物动词通常要求其后出现宾语的规则在该时期有所松动。其五,由“者”字结构充当的受事话题在该时期使用频率下降,降幅达11.9%,这反映了该时期“者”在汉语语法系统中的地位有所变化。其六,由程度副词充当状语的次类消失,程度副词一般不作为受事话题句状语的规则初步确立。

---

① 名词和介词短语状语的用例数量相同。

表 2－5　东汉本土传世文献中受事话题的结构构成

<table>
<tr><th colspan="3" rowspan="4">结构构成
类　型</th><th colspan="10">受事话题的结构构成</th><th colspan="3" rowspan="4">小　计</th></tr>
<tr><th colspan="5">体词性成分</th><th colspan="5">谓词性成分</th></tr>
<tr><th rowspan="2">光杆名词</th><th colspan="4">复杂结构</th><th rowspan="2">光杆动词</th><th colspan="4">复杂结构</th></tr>
<tr><th>者字结构</th><th>所字结构</th><th>定中结构</th><th>联合结构</th><th>联合结构</th><th>述宾结构</th><th>状中结构</th><th>陈述结构</th></tr>
<tr><td rowspan="3">受事（＋主语）＋动词（＋名词/动词）</td><td colspan="2">受事(＋主语)＋动词</td><td>58</td><td>0</td><td>0</td><td>15</td><td>6</td><td>3</td><td>2</td><td>0</td><td>0</td><td>0</td><td>84</td><td colspan="2" rowspan="3">103</td></tr>
<tr><td colspan="2">受事＋动词＋名词补语</td><td>7</td><td>0</td><td>0</td><td>1</td><td>0</td><td>0</td><td>0</td><td>0</td><td>0</td><td>0</td><td>8</td></tr>
<tr><td colspan="2">受事＋动词＋动词</td><td>6</td><td>0</td><td>0</td><td>0</td><td>5</td><td>0</td><td>0</td><td>0</td><td>0</td><td>0</td><td>11</td></tr>
<tr><td rowspan="7">受事＋副词＋动词（＋名词/动词/介词短语）</td><td rowspan="3">受事＋否定副词＋动词（＋名词/介词短语）</td><td>受事＋否定副词＋动词</td><td>9</td><td>4</td><td>1</td><td>23</td><td>5</td><td>0</td><td>11</td><td>0</td><td>0</td><td>1</td><td>54</td><td rowspan="3">56</td><td rowspan="7">77</td></tr>
<tr><td>受事＋否定副词＋动词＋名词补语</td><td>1</td><td>0</td><td>0</td><td>0</td><td>0</td><td>0</td><td>0</td><td>0</td><td>0</td><td>0</td><td>1</td></tr>
<tr><td>受事＋否定副词＋动词＋介词短语</td><td>0</td><td>0</td><td>0</td><td>1</td><td>0</td><td>0</td><td>0</td><td>0</td><td>0</td><td>0</td><td>1</td></tr>
<tr><td colspan="2">受事＋范围副词＋动词</td><td>0</td><td>0</td><td>0</td><td>2</td><td>0</td><td>0</td><td>0</td><td>0</td><td>0</td><td>0</td><td colspan="2">2</td></tr>
<tr><td colspan="2">受事＋时间副词＋动词</td><td>8</td><td>2</td><td>0</td><td>3</td><td>1</td><td>0</td><td>0</td><td>0</td><td>0</td><td>0</td><td colspan="2">14</td></tr>
<tr><td rowspan="2">受事＋语气副词＋动词（＋介词短语）</td><td>受事＋语气副词＋动词</td><td>2</td><td>0</td><td>0</td><td>1</td><td>0</td><td>0</td><td>1</td><td>0</td><td>0</td><td>0</td><td>4</td><td rowspan="2">5</td></tr>
<tr><td>受事＋语气副词＋动词＋介词短语</td><td>1</td><td>0</td><td>0</td><td>0</td><td>0</td><td>0</td><td>0</td><td>0</td><td>0</td><td>0</td><td>1</td></tr>
<tr><td colspan="3">受事＋名词＋动词</td><td>3</td><td>0</td><td>0</td><td>0</td><td>0</td><td>0</td><td>0</td><td>0</td><td>0</td><td>0</td><td colspan="3">3</td></tr>
<tr><td rowspan="2">受事＋形容词＋动词（＋介词短语）</td><td colspan="2">受事＋形容词＋动词</td><td>7</td><td>7</td><td>0</td><td>8</td><td>1</td><td>1</td><td>1</td><td>0</td><td>0</td><td>0</td><td>25</td><td colspan="2" rowspan="2">26</td></tr>
<tr><td colspan="2">受事＋形容词＋动词＋介词短语</td><td>1</td><td>0</td><td>0</td><td>0</td><td>0</td><td>0</td><td>0</td><td>0</td><td>0</td><td>0</td><td>1</td></tr>
</table>

续　表

<table>
<tr><th colspan="2" rowspan="4">结构构成
类　型</th><th colspan="10">受事话题的结构构成</th><th colspan="2" rowspan="4">小　计</th></tr>
<tr><th colspan="5">体词性成分</th><th colspan="5">谓词性成分</th></tr>
<tr><th rowspan="2">光杆名词</th><th colspan="4">复杂结构</th><th rowspan="2">光杆动词</th><th colspan="4">复杂结构</th></tr>
<tr><th>者字结构</th><th>所字结构</th><th>定中结构</th><th>联合结构</th><th>联合结构</th><th>述宾结构</th><th>状中结构</th><th>陈述结构</th></tr>
<tr><td colspan="2">受事＋介词短语＋动词</td><td>1</td><td>0</td><td>0</td><td>0</td><td>0</td><td>0</td><td>0</td><td>0</td><td>0</td><td>0</td><td colspan="2">1</td></tr>
<tr><td rowspan="4">受事(＋主语)＋能愿动词＋动词(＋名词/动词/介词短语)</td><td>受事(＋主语)＋能愿动词＋动词</td><td>36</td><td>9</td><td>3</td><td>62</td><td>7</td><td>0</td><td>15</td><td>1</td><td>1</td><td>6</td><td>140</td><td rowspan="4">145</td></tr>
<tr><td>受事＋能愿动词＋动词＋名词$_{补语}$</td><td>1</td><td>0</td><td>0</td><td>0</td><td>0</td><td>0</td><td>0</td><td>0</td><td>0</td><td>0</td><td>1</td></tr>
<tr><td>受事＋能愿动词＋动词＋动词</td><td>2</td><td>0</td><td>0</td><td>1</td><td>0</td><td>0</td><td>0</td><td>0</td><td>0</td><td>0</td><td>3</td></tr>
<tr><td>受事＋能愿动词＋动词＋介词短语</td><td>1</td><td>0</td><td>0</td><td>0</td><td>0</td><td>0</td><td>0</td><td>0</td><td>0</td><td>0</td><td>1</td></tr>
<tr><td rowspan="3">受事(＋主语)＋动词＋代词(＋名词)</td><td>受事(＋主语)＋动词＋之</td><td>2</td><td>3</td><td>0</td><td>13</td><td>3</td><td>0</td><td>0</td><td>0</td><td>1</td><td>3</td><td>25</td><td rowspan="3">30</td></tr>
<tr><td>受事(＋主语)＋动词＋诸＋名词</td><td>0</td><td>0</td><td>0</td><td>1</td><td>0</td><td>0</td><td>0</td><td>0</td><td>0</td><td>0</td><td>1</td></tr>
<tr><td>受事(＋主语)＋动词＋焉</td><td>0</td><td>2</td><td>0</td><td>2</td><td>0</td><td>0</td><td>0</td><td>0</td><td>0</td><td>0</td><td>4</td></tr>
<tr><td colspan="2">受事＋动词词组</td><td>2</td><td>0</td><td>0</td><td>0</td><td>0</td><td>0</td><td>0</td><td>0</td><td>0</td><td>0</td><td colspan="2">2</td></tr>
<tr><td colspan="2" rowspan="2">用例数
(例)</td><td>148</td><td>27</td><td>4</td><td>133</td><td>28</td><td>4</td><td>30</td><td>1</td><td>2</td><td>10</td><td colspan="2" rowspan="3">387</td></tr>
<tr><td colspan="5">340</td><td colspan="5">47</td></tr>
<tr><td colspan="2">百分比(%)</td><td colspan="5">87.9</td><td colspan="5">12.1</td></tr>
</table>

表 2－6　东汉本土传世文献中复杂述语的结构构成

<table>
<tr><th rowspan="3">附加成分
数量</th><th colspan="6">前修饰成分</th><th colspan="4">后附成分</th></tr>
<tr><th colspan="6">状　语</th><th colspan="3">补　语</th><th>宾语</th></tr>
<tr><th>能愿动词</th><th>副词</th><th>名词</th><th>数词</th><th>形容词</th><th>介词短语</th><th>名词</th><th>动词</th><th>介词短语</th><th>代词</th></tr>
<tr><td rowspan="2">用例数
(例)</td><td>140</td><td>74</td><td>1</td><td>2</td><td>25</td><td>1</td><td>10</td><td>14</td><td>5</td><td>29</td></tr>
<tr><td colspan="6">243</td><td colspan="4">58</td></tr>
<tr><td rowspan="2">百分比
(%)</td><td>36.2</td><td>19.9</td><td>0.3</td><td>0.5</td><td>6.5</td><td>0.3</td><td>2.6</td><td>3.6</td><td>1.3</td><td>7.5</td></tr>
<tr><td colspan="6">62.8</td><td colspan="4">15</td></tr>
</table>

2.3.2 东汉佛典中的受事话题句

2.3.2.1 基本类型及其句法特征

东汉佛典中受事话题句共出现321例,《道行般若经》、《杂譬喻经》、《修行本起经》、《中本起经》中的用例依次是224、26、40、31,根据述语动词是否出现前附或后附成分分为两种类型:

一、受事话题(+施事/当事主语)+光杆述语动词。如:

(89) 般若波罗蜜者是菩萨护。(《道行般若经》)

(90) 我但一穗蒲桃施耳。(《杂譬喻经》)

(91) 王见惶怖,疑解心伏,即出诣佛,叩头自悔。(《修行本起经》)

此类受事话题句出现65例,约占用例总数的20.2%。《道行般若经》、《杂譬喻经》、《修行本起经》、《中本起经》中的用例依次是32、4、24、5。充当受事的有体词性和谓词性两种成分,前者36例,后者29例。按照结构的不同,体词性受事分为光杆名词、"者"字结构、一般定中结构和联合结构四类,其用例依次是18、1、16、1;谓词性受事分为光杆动词、联合结构和状中结构三类,其用例依次是18、2、9。

所涉及的动词有16个:行21、护2、学2、识2、念、供养2、逮、信2、折、解4、状(描绘)、施、灭20、举、解脱3、断灭。动词之前不出现状语,动词之后不出现补语。

从主语的隐现情况来看,主语出现的有2例。所出现的主语有位于句首和位于受事与动词之间两种情况。前者如例(90),受事"一穗蒲桃"直接用在动词"施"之前,动词之后出现语气词"耳",主语"我"位于句首。后者如例(89),受事是"般若波罗蜜",动词是"护",二者之间出现动作的发出者"是菩萨"。主语隐含的有63例,如例(91),受事是"疑",动词是"解",二者之间不出现动作发出者。

二、述语动词出现前附成分或后附成分

此类受事话题句出现256例,根据所出现的成分是前附成分还是

后附成分分为两类：

（一）受事话题（＋主语）＋状语＋述语动词

此类受事话题句出现 199 例，约占用例总数的 62%。根据充当状语的成分在词类上的差异分为五类：

1. 受事（＋主语）＋副词＋动词

此类受事话题句出现 62 例，约占用例总数的 19.3%。《道行般若经》、《杂譬喻经》、《修行本起经》、《中本起经》中的用例依次是 46、8、6、2。根据副词词汇意义的不同分为四类：

① 受事（＋主语）＋否定副词＋动词。如：

(92) 色痛痒思想生死识不受。（《道行般若经》）

(93) 是故菩萨般若波罗蜜亦不受。（《道行般若经》）

此类受事话题句出现 33 例。《道行般若经》、《杂譬喻经》、《修行本起经》、《中本起经》中的用例依次是 25、6、1、1。充当受事的有体词性和谓词性两种成分。前者 27 例，后者 6 例。按照结构的不同，体词性受事分为光杆名词、“所”字结构、一般定中结构、联合结构四类，其用例依次是 8、3、10、6；谓词性受事分为光杆动词、联合结构、述宾结构和陈述四类，其用例依次是 3、1、1、1。

所涉及的动词有 20 个：知、了（了解）、受 12、见 3、增 3、减、轻 2、生、护、共（供奉）、失、观视、通、设、晓、开解、废舍、污、得、闻。动词之前出现由否定副词充当的状语，所涉及的否定副词有“不”、“未（未曾）”。

从主语的隐现情况来看，主语出现的有 3 例，所出现的主语有位于受事之前和位于受事和动词之间两类。如例（93），受事是“菩萨般若波罗蜜”，动词是“受”，受事之前出现动作的发出者“菩萨”。主语隐含的有 30 例。如例（92），受事是“色”、“痛痒”、“思想”、“生死”、“识”，动词是“受”，二者之间不出现动作的发出者。

② 受事（＋主语）＋范围副词＋动词。如：

(94) 阿罗汉所行菩萨悉知。(《道行般若经》)

(95) 古世之事悉知见。(《修行本起经》)

此类受事话题句出现 22 例。《道行般若经》、《修行本起经》、《中本起经》中的用例依次是 17、4、1。充当受事的都是体词性成分。按照结构的不同,分为光杆名词、一般定中结构和联合结构三类,其用例依次是 2、17、3。

所涉及的动词有 17 个:学、晓 2、了知、重、哀、受 2、行、晓知 2、晓了、弃舍、知、断、破坏、摧伤、见 2、弃、毁废。动词之前出现由范围副词充当的状语,所涉及的范围副词有"皆"、"悉"、"遍"。

从主语的隐现情况来看,主语出现的有 4 例,所出现的主语位于受事和述语动词之间。如例(94),受事是"阿罗汉所行",动词"知"之前出现范围副词"悉",主语"菩萨"位于受事和动词之间。主语隐含的有 18 例,如例(95),受事是"古世之事",动词是"知见",二者之间不出现动作的发出者。

③ 受事+时间副词+动词。如:

(96) 毒即去。(《道行般若经》)

此类受事话题句出现 5 例。《道行般若经》、《杂譬喻经》、《修行本起经》中的用例依次是 3、1、1。充当受事的都是体词性成分。按照结构的不同,分为光杆名词和一般定中结构两类,其用例分别是 2、3。

所涉及的动词有 5 个:得、去、生、存、解。动词之前出现由时间副词充当的状语,所涉及的时间副词有"已"、"即"。如例(96),受事是"毒",动词"去"之前出现由时间副词"即"充当的状语。

④ 受事+语气副词+动词。如:

(97) 所求者必得。(《道行般若经》)

此类受事话题句出现 2 例,《道行般若经》、《杂譬喻经》中的用例各为 1。充当受事的都是体词性成分,按照结构的不同分为光杆名词和“所”字结构两类，其用例各为1。所涉及的动词有2个：得、追。动词之前出现由语气副词充当的状语。如例(97)，受事是“所求者”，动词是“得”，动词之前出现由语气副词“必”充当的状语。

2. 受事+名词+动词。如：

(98) 财物日耗，人所蚩笑。(《杂譬喻经》)

此类受事话题句出现2例，约占用例总数的0.6%。《道行般若经》、《杂譬喻经》中的用例各为1。充当受事的都是体词性成分。按照结构的不同，分为一般定中结构和联合结构两类，其用例各为1。

所涉及的动词有2个：解脱、耗。动词之前出现由名词充当的状语[①]。如例(98)，受事是“财物”，动词“耗”之前出现由普通名词“日”充当的状语。

3. 受事+形容词+动词。如：

(99) 十方人道难得。(《道行般若经》)

此类受事话题句出现10例，约占用例总数的3.1%。《道行般若经》、《中本起经》中的用例分别是7、3。充当受事的有体词性和谓词性两种成分，前者8例，后者2例。按照结构的不同，体词性受事分为光杆名词、“所”字结构和一般定中结构三类，其用例依次是2、1、5。谓词性受事在结构上都是陈述结构。

所涉及的动词有6个：了、得3、及2、了知2、值、堪。动词之前出现由形容词充当的状语，所涉及的形容词是“难”。如例(99)，受事是“十方人道”，动词“得”之前出现由形容词“难”充当的状语。

4. 受事+介词短语+动词。如：

(100) 一切心于是中书。(《道行般若经》)

此类受事话题句出现1例，约占用例总数的0.3%。见于《道行

---

① 充当状语的名词分为普通名词和数量短语两类，其用例各为1。

般若经》。受事是体词性成分，在结构上是一般定中结构。

所涉及的动词有 1 个：书。动词之前出现由介词短语充当的状语。如例(100)，受事是“一切心”，动词“书”之前出现由介词短语“于是”充当的状语。

5. 受事(+主语)+能愿动词+动词。如：

(101) 此饭不可妄食。(《杂譬喻经》)

(102) 甘露当开，谁应次闻。(《中本起经》)

此类受事话题句出现 124 例，约占用例总数的 38.6%。《道行般若经》、《杂譬喻经》、《修行本起经》、《中本起经》中的用例依次是 99、6、5、14。充当受事的有体词性和谓词性两种成分，前者 108 例，后者 16 例。按照结构的不同，体词性受事分为光杆名词、“者”字结构、“所”字结构、一般定中结构和联合结构五类，其用例依次是 33、5、2、64、4；谓词性受事分为光杆动词、联合结构、述宾结构和陈述结构四类，其用例依次是 4、4、5、3。

所涉及的动词有 41 个：计 33、得 16、及说、逮 8、见 11、行 2、了知、闻 2、知 9、解、言、议、称 3、思、量 3、用、证、数、见闻、获持、见闻、受 2、度、了、求、学 2、废、食、称载、乐、测、灭、称道、咽、度量、轻 4、胜、思议、食噉、待、蹈。动词之前出现由能愿动词充当的状语，所涉及的能愿动词是“可”、“能”、“当”、“应”、“宜”。

从主语的隐现情况来看，主语出现的有 1 例，所出现的主语位于受事和动词之间。如例(102)，受事是“甘露当开”，动词“闻”之前出现能愿动词“应”，受事和动词之间出现动作的发出者“谁”。主语隐含的有 123 例，如例(101)，受事是“此饭”，动词“食”之前出现由能愿动词“可”充当的状语，受事和动词之间不出现动作的发出者。

(二) 受事话题(+状语)+述语动词+后附成分

此类受事话题句出现 57 例，按照后附成分的不同分为两类：

1. 受事话题(+主语)(+状语)+动词(+动词)+宾语。如：

此类受事话题句出现34例，约占用例总数的10.6%。根据充当宾语的成分在词类上的差异分为两类：

① 受事（＋状语）＋动词＋名词/名词短语。如：

(103) 国付太子。（《修行本起经》）

(104) 金银珍宝、车马牛羊、衣被缯彩、履屣、七宝之盖、锡杖澡罐，最聪明智慧者，应受斯物。（《修行本起经》）

此类受事话题句出现4例，约占用例总数的1.2%。根据动词之前是否出现状语成分分为“受事＋动词＋名词”和“受事＋主语＋动词＋名词短语”两类，其用例分别是3、1。前者见于《修行本起经》、《中本起经》，其用例分别是2、1。后者见于《修行本起经》。

充当受事的都是体词性成分。按照结构的不同，分为光杆名词、“者”字结构、一般定中结构、联合结构四类，其用例各为1。

所涉及的动词有4个：付、供养、施与、受。动词之后出现的由名词或名词短语充当的宾语。如例(103)，受事“国”直接用在动词“付”之前，动词之后出现由名词“太子”充当的宾语。再如例(104)，受事是“金银珍宝、车马牛羊、衣被缯彩、履屣、七宝之盖、锡杖澡罐”，动词“受”之前出现能愿动词“应”，名词短语“斯物”用在动词之后充当宾语。

从主语的隐现情况来看，主语出现的有1例，所出现的主语位于受事和述语动词之间。如例(104)，主语“最聪明智慧者”出现在受事“金银珍宝、车马牛羊、衣被缯彩、履屣、七宝之盖、锡杖澡罐”和动词“受”之间。主语隐含的有3例，如例(103)，受事“国”和动词“付”之间不出现动作的发出者。

② 受事（＋主语）（＋状语）＋动词（＋动词）＋之。如：

(105) 诸未度者悉当度之。（《道行般若经》）

(106) 三界众邪吾等已扑灭之。（《杂譬喻经》）

此类受事话题句出现30例，约占用例总数的9.3%。根据动词之后代词之前是否出现由动词充当的补语，分为“受事(＋主语)(＋状语)＋动词＋之”和“受事＋主语＋状语＋动词＋动词＋之”两类。前者29例，见于《道行般若经》、《杂譬喻经》、《修行本起经》，其用例依次是23、5、1。后者1例，见于《杂譬喻经》。

受事由体词性和谓词性两种成分充当，前者29例，后者1例。按照结构的不同，体词性受事分为光杆名词、“者”字结构、“所”字结构、一般定中结构和联合结构五类，其用例依次是3、6、1、15、4；谓词性受事在结构上是陈述结构。

所涉及的动词或动词词组有21个：知5、说、供养、见2、教2、受、习、敬、度、脱、得2、灭2、与2、弃、尊贵敬爱、劝乐2、试、去、食、受、扑。动词之前出现状语的有29例，充当状语的有能愿动词、副词和介词短语；不出现状语的有2例。动词之后出现由代词“之”充当的宾语。

从主语的隐现情况来看，主语出现的有10例，所出现的主语位于受事和述语动词之间。如例(106)，受事是“三界众邪”，动词“扑”之前由出现时间副词“已”充当的状语，其后出现由代词“之”充当的宾语，主语“吾等”位于受事和动词之间。主语隐含的有20例，如例(105)，受事“诸未度者”和动词“度”之间不出现动作的发出者。

2. 受事(＋主语)(＋状语)＋动词＋补语

此类受事话题句出现23例，约占用例总数的7.2%。根据充当补语的成分在词类上的差异分为三类：

① 受事(＋状语)＋动词＋名词/名词短语。如：

(107) 颜面垢秽，衣服污尘，身体疲劳，嘘唏悲啼。(《中本起经》)

(108) 右夫人字该容，执行仁爱，虔敬肃恭，清素约己，文不加身。(《中本起经》)

(109) 诸事火具，悉弃水中。(《中本起经》)

此类受事话题句出现5例，根据动词之前是否出现状语成分分为“受事＋动词＋名词”和“受事＋状语＋动词＋名词”两类。前者2例，见于《中本起经》;后者3例,见于《道行般若经》、《中本起经》。在出现状语的次类中,充当状语的都是副词,按照副词词汇意义的不同,分为"受事+否定副词+动词+名词"和"受事+范围副词+动词+名词"两类。

充当受事的都是体词性成分。按照结构的不同,分为光杆名词、一般定中结构、联合结构三类,其用例依次是2、2、1。

所涉及的动词有5个:污、脱置、加、分布、弃。动词之后出现由名词或名词短语充当的补语。如例(107),受事"衣服"直接出现在动词"污"之前,名词"尘"出现在动词之后,充当动词的补语。例(108),受事是"文",动词"加"之前出现由否定副词"不"充当的状语,动词之后出现由名词"身"充当的补语。例(109),受事是"诸事火具",动词"弃"之前出现范围副词"悉",其后出现由处所名词"水中"充当的补语。

② 受事(+主语)(+状语)+动词+动词

此类受事话题句出现16例,根据是否出现状语分为两类:

A. 受事+动词+动词。如:

(110) 般若波罗蜜书已。(《道行般若经》)

此类受事话题句出现5例。见于《道行般若经》。充当受事的都是体词性成分,按照结构的不同范围光杆名词和一般定中结构两类,其用例分别是1、4。

所涉及的动词有4个:学、成2、书、写。受事直接用在动词之前,动词之后出现由动词充当的补语。如例(110)。受事是"般若波罗蜜",动词"书"之前不出现状语,其后出现由动词"已"充当的补语。

B. 受事(+主语)+状语+动词+动词

此类受事话题句出现11例。根据充当状语的成分在词类属性上的差异分为三类:

B1. 受事+副词+动词+动词

此类受事话题句出现6例，根据副词词汇意义的不同分为两类：

a. 受事＋范围副词＋动词＋动词。如：

(111) 诸所欲法悉除去。(《道行般若经》)

(112) 聋盲瘖哑、瘫残百疾，皆悉除愈。(《修行本起经》)

此类受事话题句出现2例。《道行般若经》、《修行本起经》中的用例各为1。充当受事的都是体词性成分。按照结构的不同，分为一般定中结构和联合结构两类，其用例各为1。

所涉及的动词有1个：除2。动词之前出现由范围副词充当的状语，动词之后出现由动词充当的补语。如例(111)，受事是"诸所欲法"，动词"除"之前出现由范围副词"悉"充当的状语，其后出现由趋向动词"去"充当的补语。

b. 受事＋时间副词＋动词＋动词。如：

(113) 魔悔愁毒即时灭去。(《杂譬喻经》)

此类受事话题句出现4例。《道行般若经》、《杂譬喻经》中的用例分别是3、1。充当受事的都是体词性成分，在结构上都是一般定中结构。

所涉及的动词有2个：除3、灭。动词之前出现由时间副词充当的状语，动词之后出现由动词充当的补语。如例(113)，受事是"魔悔愁毒"，动词"灭"之前出现由时间副词"即时"充当的状语，其后出现由动词"去"充当的补语。

B2. 受事＋介词短语＋动词＋动词。如：

(114) 佛从是般若波罗蜜中学成。(《道行般若经》)

此类受事话题句出现2例。见于《道行般若经》。受事都由体词性成分充当。按照结构的不同，分为光杆名词和"者"字结构两类，其用例各为1。

所涉及的动词有1个：学。动词之前出现由介词短语充当的状语，其后出现由动词充当的补语。如例(114)，受事是“佛”，动词“学”之前出现由介词短语“从是般若波罗蜜中”充当的状语，其后出现由动词“成”充当的补语。

B3. 受事＋能愿动词＋动词＋动词。如：

(115) 空处可计尽不耶？(《道行般若经》)

此类受事话题句出现3例。见于《道行般若经》。充当受事的有体词性和谓词性两种成分。按照结构的不同，体词性受事分为光杆名词和一般定中结构两类，其用例各为1。谓词性受事在结构上是光杆动词。

所涉及的动词有2个：计2、学。动词之前出现由能愿动词充当的状语，所涉及的能愿动词是“可”、“当”，其后出现由动词充当的补语。如例(115)，受事为“空处”，动词“计”之前出现由能愿动词“可”充当的状语，其后出现由动词“尽”充当的补语。

③ 受事(＋状语)＋动词＋介词短语。如：

(116) 无上法音闻于三千大千世界。(《中本起经》)

(117) 父母及身皆闭在牢狱。(《道行般若经》)

此类受事话题句出现2例，根据动词之前是否出现状语成分分为“受事＋动词＋介词短语”和“受事＋状语＋动词＋介词短语”两类。前者1例，见于《中本起经》；后者1例，见于《道行般若经》。在出现状语的次类中，充当状语的是范围副词。

充当受事的都是体词性成分，按照结构的不同，分为一般定中结构和联合结构两类，二者的用例各为1。

所涉及的动词有2个：闻、闭。动词之后出现由介词短语充当的补语。如例(116)，受事是“无上法音”，动词“闻”之前不出现状语，其后出现由介词短语“于三千大千世界”充当的补语。再如例(117)，受事为“父母及身”，动词“闭”之前出现由范围副词“皆”充当的状语，动词之后出现由介词短语“在牢狱”充当的补语。

2.3.2.2 小结

东汉佛典中，带光杆述语和述语动词出现前附或后附成分的两类受事话题句中，优势类别分别是“受事（＋主语）＋光杆动词”和“受事（＋主语）＋状语＋动词”。在后一类别中，充当状语的成分在词类上的多寡序列依次是能愿动词、副词、形容词、介词短语、名词。在由副词充当状语的次类中，不同词汇意义的副词在用例上的多寡序列依次是表示否定、范围、时间、语气的类别。在带后附成分的次类中，后附成分是宾语的用例占优势地位，其次是补语的用例。在带补语的次类中，充当补语的有名词（名词短语）、动词和介词短语三类，其用例的多寡序列依次是动词、名词、介词短语。在带宾语的次类中，充当宾语的有代词和名词两类。前者中充当宾语的都是代词“之”。

该时期佛典中受事话题句的主要特点有五：其一，由光杆动词充当述语的使用频率虽然较西汉和东汉本土传世文献稍微有所下降，但仍然高于先秦。这反映出作格动词在东汉佛典中仍有较高的使用频率。其二，由形容词充当状语的次类使用频率较本土传世文献下降了近一半，由副词充当状语的次类除了较本土传世文献有所下降之外，与其前两个时期相比下降幅度也比较大。副词和能愿动词充当状语的总体使用频率虽然占该时期受事话题句用例总数的一半以上，但该比例实际也呈下降趋势。其三，动结式在受事话题句中进一步发展，由动词充当补语的次类使用频率上升。这说明东汉佛典中受事话题句述语的复杂性虽然主要还是通过状语来体现，但补语也开始在表现述语复杂性方面起作用。其四，动词之后出现回指代词“之”的次类使用频率较本土传世文献有所上升，但在总体发展趋势上比前面两个时期下降4%左右，一般及物动词通常要求其后出现宾语的规则在东汉佛典中也表现出有所松动的特点。其五，由“者”字结构充当的受事话题在佛典中的使用频率下降幅度高于本土传世文献。

表 2－7　东汉佛典中受事话题的结构构成

<table>
<tr><th colspan="3" rowspan="4">结构构成
类　型</th><th colspan="10">受事话题的结构构成</th><th colspan="3" rowspan="4">小　计</th></tr>
<tr><th colspan="5">体词性成分</th><th colspan="5">谓词性成分</th></tr>
<tr><th rowspan="2">光杆名词</th><th colspan="4">复杂结构</th><th rowspan="2">光杆动词</th><th colspan="4">复杂结构</th></tr>
<tr><th>者字结构</th><th>所字结构</th><th>定中结构</th><th>联合结构</th><th>联合结构</th><th>述宾结构</th><th>状中结构</th><th>陈述结构</th></tr>
<tr><td rowspan="5">受事(＋主语)＋动(＋名词/介词短语)</td><td colspan="2">受事(＋主语)＋动词</td><td>18</td><td>1</td><td>0</td><td>16</td><td>1</td><td>18</td><td>2</td><td>0</td><td>9</td><td>0</td><td>65</td><td colspan="2" rowspan="5">78</td></tr>
<tr><td colspan="2">受事＋动词＋名词宾语</td><td>1</td><td>0</td><td>0</td><td>1</td><td>1</td><td>0</td><td>0</td><td>0</td><td>0</td><td>0</td><td>3</td></tr>
<tr><td colspan="2">受事＋动＋名补语</td><td>1</td><td>0</td><td>0</td><td>1</td><td>0</td><td>0</td><td>0</td><td>0</td><td>0</td><td>0</td><td>2</td></tr>
<tr><td colspan="2">受＋动词＋动词</td><td>1</td><td>0</td><td>0</td><td>6</td><td>0</td><td>0</td><td>0</td><td>0</td><td>0</td><td>0</td><td>7</td></tr>
<tr><td colspan="2">受事＋动词＋介词短语</td><td>0</td><td>0</td><td>0</td><td>1</td><td>0</td><td>0</td><td>0</td><td>0</td><td>0</td><td>0</td><td>1</td></tr>
<tr><td rowspan="9">受事＋副词＋动词(＋名词/动词/介词短语)</td><td rowspan="2">受事＋否定副词＋动词(＋名词)</td><td>受＋否副＋动</td><td>8</td><td>0</td><td>3</td><td>10</td><td>6</td><td>3</td><td>1</td><td>1</td><td>0</td><td>1</td><td>33</td><td rowspan="2">34</td><td rowspan="9">71</td></tr>
<tr><td>受＋否副＋动＋名补语</td><td>1</td><td>0</td><td>0</td><td>0</td><td>0</td><td>0</td><td>0</td><td>0</td><td>0</td><td>0</td><td>1</td></tr>
<tr><td rowspan="4">受事＋范围副词＋动词(＋名词/动词/介词短语)</td><td>受事＋范围副词＋动词</td><td>2</td><td>0</td><td>0</td><td>17</td><td>3</td><td>0</td><td>0</td><td>0</td><td>0</td><td>0</td><td>22</td><td rowspan="4">27</td></tr>
<tr><td>受事＋范围副词＋动词＋名词补语</td><td>0</td><td>0</td><td>0</td><td>1</td><td>1</td><td>0</td><td>0</td><td>0</td><td>0</td><td>0</td><td>2</td></tr>
<tr><td>受事＋范围副词＋动词＋动词</td><td>0</td><td>0</td><td>0</td><td>1</td><td>1</td><td>0</td><td>0</td><td>0</td><td>0</td><td>0</td><td>2</td></tr>
<tr><td>受事＋范围副词＋动词＋介词短语</td><td>1</td><td>0</td><td>0</td><td>0</td><td>0</td><td>0</td><td>0</td><td>0</td><td>0</td><td>0</td><td>1</td></tr>
<tr><td rowspan="2">受事＋时间副词＋动词(＋动词)</td><td>受事＋时间副词＋动词</td><td>2</td><td>0</td><td>0</td><td>3</td><td>0</td><td>0</td><td>0</td><td>0</td><td>0</td><td>0</td><td>5</td><td rowspan="2">7</td></tr>
<tr><td>受事＋时间副词＋动词＋动词</td><td>0</td><td>0</td><td>0</td><td>2</td><td>0</td><td>0</td><td>0</td><td>0</td><td>0</td><td>0</td><td>2</td></tr>
<tr><td colspan="2">受事＋语气副词＋动词</td><td>1</td><td>0</td><td>1</td><td>0</td><td>0</td><td>0</td><td>0</td><td>0</td><td>0</td><td>0</td><td colspan="2">2</td></tr>
</table>

续　表

类型＼结构构成		受事话题的结构构成										小　计	
		体词性成分					谓词性成分						
		光杆名词	复杂结构				光杆动词	复杂结构					
			者字结构	所字结构	定中结构	联合结构		联合结构	述宾结构	状中结构	陈述结构		
受事＋名词＋动词		0	0	0	1	1	0	0	0	0	0	2	
受事＋形容词＋动词		2	0	1	5	0	0	0	0	0	2	10	
受事＋介词短语＋动词（＋动词）	受事＋介词短语＋动词	0	0	0	1	0	0	0	0	0	0	1	3
	受事＋介词短语＋动词＋动词	1	1	0	0	0	0	0	0	0	0	2	
受事（＋主语）＋能愿动词＋动词（＋动词）	受事（＋主语）＋能愿动词＋动词	33	5	2	64	4	4	4	5	0	3	124	127
	受事＋能愿动词＋动词＋动词	1	0	0	1	0	1	0	0	0	0	3	
受事（＋主语）＋动词＋（＋动词）＋之（＋名词短语）	受事（＋主语）＋动词＋之	3	6	1	14	4	0	0	0	0	1	29	31
	受事＋主语＋动词＋动词＋之	0	0	0	1	0	0	0	0	0	0	1	
	受事＋主语＋动词＋名词短语	0	1	0	0	0	0	0	0	0	0	1	
用例数（例）		75	15	7	146	23	26	7	6	9	7	321	
		266					55						
百分比（%）		82.9					17.1						

表 2－8　东汉佛典中复杂述语的结构构成

数量＼附加成分	前修饰成分					后附成分				
	状　语					补　语		宾　语		
	能愿动词	副词	名词	形容词	介词短语	名词	动词	介词短语	名词	代词
用例数（例）	124	62	2	10	1	5	16	2	4	30
	199					57				
百分比（%）	38.6	19.3	0.6	3.1	0.3	1.6	5	0.6	1.2	9.3
	62					17.8				

2.3.3　东汉佛典与本土传世文献中受事话题句之比较

从所考察文献来看，东汉时期的本土传世文献和佛典中，受事话题句在类型用例、受事话题、述语和主语的结构构成方面均有所不同。

从基本类型来看，两类文献基本一致，其差异主要表现在次类的增减以及相同次类使用频率的升降方面。前者表现为“受事＋数词＋动词”、“受事＋否定副词＋动词＋介词短语”2 个次类仅见于本土文献。“受事＋范围副词＋动词＋名词补语”、“受事＋范围副词＋动词＋动词”2 个次类仅见于佛典。后者表现为“受事＋形容词＋动词”在本土传世文献中的使用频率高于佛典，增幅约为 3.4%；而“受事（＋主语）＋能愿动词＋动词”、“受事（＋主语）（＋状语）＋动词＋宾语”2 个次类的使用频率与之相反，降幅分别是 2.4%和 3%。在出现副词状语的次类中，表示否定、时间和语气的类别在本土传世文献中的使用频率高于佛典，表示范围的类别低于佛典。其中由否定副词和范围副词充当状语的次类变化幅度较大，前者的降幅为 3.7%，后者的增幅为 6.4%。在带宾语的次类中，由代词充当宾语的用例在佛典中所占比例稍高于本土传世文献，二者的差幅约为 1.8%。在带补语的次类中，由名词、介词短语充当补语的用例在佛典中所占比例稍低于本土传世文献，由动词充当补语的用例在佛典中的比例高于本土传世文献，但上述三类补语的变化幅度都不大，最大增幅仅为 1.5%。

其次，在受事话题的构成方面，在佛典和本土传世文献这两种不同性质文献中，受事都分别由体词性和谓词性两种成分构成，但二者在使用频率方面存在差异。佛典中二者用例数分别是 266 和 55，分别约占总数的 82.9%和 17.1%；本土传世文献中二者的用例数分别是 340 和 47，分别约占总数的 87.9%和 12.1%。显然，在共时平面内，两种不同性质文献中的体词性受事在使用频率上都远远高于谓词性受事。相比较而言，佛典中体词性受事的使用频率低于本土传世文献,而谓词性受事则高于本土传世文献。

从体词性受事的内部结构来看,两种不同性质文献中的体词性受事都以偏正结构为优势结构,其次是光杆名词。偏正结构、联合结构体词性受事在佛典中的使用频率高于本土文献,特别是偏正结构的受事增幅达9.9%,而光杆名词结构的受事在佛典中的使用频率远远低于本土传世文献,降幅为14.6%。从谓词性受事的内部结构来看,两种不同性质文献中的谓词性受事都有光杆动词、联合结构、述宾结构、状中结构、陈述结构五种结构。佛典中的优势结构是联合结构,所占比例约为7.8%,而本土传世文献中的优势结构是光杆动词,所占的比例约为8.1%。现有考察结果显示:佛典中光杆动词、述宾结构、状中结构的受事所占的比例都低于本土文献,联合结构、陈述结构的受事都高于本土文献。

在述语的构成方面,两种性质的文献中,述语可以是光杆述语,也可以带前附或后附成分。其中带前附成分的用例比例分别约为62%和62.8%,带后附成分的用例比例分别约为17.8%和15%。从前附成分的使用情况来看,在两类不同性质的文献中,充当状语的成分在用例上的多寡序列都是能愿动词、副词、形容词、名词、介词短语[①]。从后附成分的使用情况来看,两类文献中动词后出现宾语的用例比例分别约为10.5%和7.5%;补语所占的比例分别约为7.2%和7.5%。总起来说,在共时平面,述语动词带前附成分的用例在佛典中所占的比例低于本土传世文献,而带后附成分的用例在佛典中所占的比例高于本土传世文献。在后附成分方面,述语动词带宾语的差幅较大,带补语的差幅较小。在充当前附或后附成分的词类内部,不同词类的分布也存在个体差异。在充当前附成分的词类中,佛典中由副词、名词、形容词充当的状语所占比例低于本土传世文献,由介词短语和能愿动词充当的状语与之相反。在充当后附成分的词类

① 东汉佛典中由名词和介词短语充当状语的用例数量相同。

内部，佛典中由名词、介词短语充当补语的用例低于本土传世文献，由动词充当的补语和由名词、代词充当的宾语用例高于本土传世文献。

从主语的结构构成来看，佛典和本土传世文献中主语出现的用例分别是21、15。充当主语的有专有名词、代词、普通名词三类。①由专有名词和普通名词充当的主语在佛典中的使用频率低于本土传世文献，而由代词充当的主语高于不同传世文献。在共时平面上，两类文献中充当主语的成分在结构上都是以简单形式为主，但有所变化。前者分为光杆名词（代词）和一般定中结构、联合结构三类，后者分为光杆名词（代词）、“者”字结构、一般定中结构、联合结构四类。两类文献中的主语都以光杆名词（代词）为优势结构，但佛典中该结构的主语在使用频率上低于本土传世文献。从词类属性来看，两类文献之间也存在差异。佛典中充当主语的优势词类是专有名词，其次是代词。本土文献中普通名词是优势词类，其次是专有名词。

2.3.4　西汉至东汉本土传世文献中受事话题句的历史演变

从考察文献来看，西汉到东汉本土传世文献中的受事话题句在类型用例、受事话题、述语的结构构成、主语的结构构成方面均发生一定的变化。

首先，在类型用例方面，两个时期的受事话题句在大的类型和优势句型方面基本一致，其差异主要表现在次类的增减以及相同次类使用频率的升降方面。前者表现为“受事＋动词＋之＋介词短语”仅见于西汉。“受事＋动词＋动词”、“受事＋能愿动词＋动词＋动词”2个次类仅见于东汉。后者表现为“受事（＋主语）＋动词”、“受事（＋主语）（＋状语）＋动词＋补语”2个次类所占比例上升，“受事＋动词

① 东汉佛典和本土传世文献中三者的用例依次是10、8、3和6、2、7。

词组”、“受事(＋主语)＋副词＋动词”、“受事(＋主语)(＋状语)＋能愿动词＋动词”、“受事(＋主语)(＋状语)＋动词＋宾语”4 个次类所占比例下降。上述变化中，动词之后带宾语和补语、由光杆动词和光杆动词词组充当述语以及动词之前出现副词、能愿动词状语的次类变化幅度较大，特别是动词之后带宾语的次类在东汉时期使用频率急剧下降，降幅达 12.4％。在带副词状语的次类中，表示否定、范围、程度的次类呈下降趋势，表示时间、语气的次类呈上升趋势。其中由否定副词充当状语的次类变化较大，降幅达 3.7％，其他次类虽有变化，但升降幅度都不大。在带补语的不同次类中，由名词(名词短语)和介词短语充当补语的用例虽然都呈上升趋势，但上升幅度都不大。

其次，在受事话题的构成方面，两个时期的受事都分别由体词性和谓词性两种成分构成，但二者在使用频率方面存在差异。西汉时二者用例数分别是 323 和 39，分别约占总数的 89.2％和 10.8％；东汉时二者的用例数分别是 340 和 47，分别约占总数的 87.9％和 12.1％。显然，在共时平面内，两个时期中的体词性受事在使用频率上都远远高于谓词性受事，二者形成很大的差距。在历时平面上，体词性受事使用频率下降，谓词性受事使用频率上升。

从体词性受事的内部结构来看，两个时期的体词性受事都以偏正结构为优势结构，其次是光杆名词。从西汉至东汉，光杆名词构成的体词性受事呈上升趋势，且增长幅度较大，约为 10.3％；偏正结构和联合结构的受事呈下降趋势，降幅分别是 6.2％和 5.5％。从谓词性受事的内部结构来看，西汉时期居首位的是联合结构，其次是光杆动词。东汉时期居首位的仍然是联合结构，但其次是陈述结构，光杆动词居第三位。从西汉到东汉，联合结构和陈述结构的受事变化比较明显。前者的降幅为 2％，后者的增幅为 3.1％。

在述语的构成方面，两个时期的述语可以是光杆述语，也可以带前附或后附成分。其中带前附成分的用例比例分别约为 57.5％和

62.8%，带后附成分的用例比例分别约为 24.3%和 15%。从前附成分的使用情况来看，两个时期充当状语的成分中，使用频率居前两位的都分别是能愿动词和副词。所不同的是，东汉时期形容词状语的使用频率也比较高。从后附成分的使用情况来看，两个时期的后附成分都有宾语和补语两类。二者在不同时期所占的比例分别约为 19.9%和 7.5%、2.5%和 7.5%。总起来说，在历时层面，动词带前附成分的用例总体呈上升趋势，带后附成分的用例呈下降趋势。但在后附成分方面，述语动词之后带宾语的用例呈下降趋势，带补语的用例呈上升趋势。在充当前附或后附成分的词类内部，不同词类在发展趋势上存在个体差异。

最后，从主语的结构构成来看，主语出现和隐含的用例分别是 55、671。在主语出现的用例中，充当主语的成分有专有人名、代词、普通名词（名词性短语）三类，其用例依次是 11、6、38。从两个时期的用例情况来看，主语出现的用例分别是 40、15。充当主语的都有专有名词、代词、普通名词三类。① 从西汉至东汉，由专有名词充当的主语使用频率上升，而由代词和普通名词充当的主语使用频率下降。在共时平面上，西汉时期中充当主语的成分在结构上分为光杆名词（代词）、“者”字结构、一般定中结构三类，东汉时分为光杆名词（代词）、“者”字结构、一般定中结构、联合结构四类②。光杆名词（代词）充当的主语呈上升趋势，但增幅不大，“者”字结构和一般定中结构的主语呈下降趋势。在历时层面上，充当主语的成分在结构上虽然都是以简单形式为主，但东汉时期出现了联合结构充当主语的用例。从词类属性来看，两个时期充当主语的成分在优势词类上相同。普通名词都是居首位的词类，专有人名居第二位，代词居第三位。

① 东汉时期三者的用例依次是 6、2、7。
② 东汉时期四者的用例依次是 12、1、1、1。

2.4 魏晋南北朝时期的受事话题句

魏晋南北朝时期，我们调查了《世说新语》、《颜氏家训》、《搜神记》①三部本土文献和《贤愚经》、《杂宝藏经》、《百喻经》三部汉译佛典。上述两类不同性质文献中，受事话题句的用例分别是155、334。

2.4.1 魏晋南北朝本土传世文献中的受事话题句

2.4.1.1 基本类型及其句法特征

魏晋南北朝时期，本土传世文献中受事话题句共出现155例，其用例依次是53、42、60，根据述语动词是否出现前附或后附成分分为两种类型：

一、受事话题＋光杆述语动词。如：

(118) 权潸然对曰："亡伯令问夙彰，而无有继嗣；虽名播天听，然胤绝圣世。"(《世说新语·言语》)

此类受事话题句出现11例，约占用例总数的7.1％。《世说新语》、《搜神记》中的用例分别是1、10。充当受事的都是体词性成分，按照结构的不同分为光杆名词和一般定中结构两类，其用例分别是

---

① 今本《搜神记》有二十卷本、八卷本（稗海本）、敦煌本（唐人句道兴辑）和一卷本四个不同的版本。稗海本《搜神记》的语料性质及成书时代江蓝生（1987）、汪维辉（2000，2001）已有定论。本书所考察的是二十卷本的《搜神记》。对于该版本的语料性质和成书时代学界存在一定的争议。余嘉锡《四库提要辨证》认为："此书似出后人缀辑，但十之八九出于干宝原书。"范宁（1964）考证原本《搜神记》的体例，指出："二十卷本已经不是干宝原书，也不是传世古本。他是后人从类书中搜辑起来的。"我们认为范宁的观点是合理的。二十卷本《搜神记》是一种辑录书籍，语料构成比较复杂。从某种程度上说，将其作为魏晋南北朝语料具有一定的缺陷。我们在使用该文献时参照汪绍楹（1979）的校注，将唐宋时期的材料排除在外。我们的考察结果如下：该文献中的受事话题句共出现60例，后代类书明确标明见于《搜神记》的有43例，另有17例虽然在后代类书中没有标注为出自《搜神记》，但其中有15例出处都是魏晋南北朝时期的《后汉书》或《幽明录》。另外有2例没有明确的出处，只标注为"故事本见《汉书》"，此类材料所属时代虽然属于西汉，但在后代文献中此类用例仍有出现，其在魏晋南北朝时期的分布情况并不影响现有的结论。所以我们将其纳入到统计数据中。

5、6。

所涉及的动词有10个：播、穿2、进(提拔)、疏、销、立、出(产生)、丧、毁、成(完成)。受事直接出现在动词之前，动词之后不出现其他成分。如例(118)，受事“名”直接用在光杆动词“播”之前。

二、述语动词出现前附成分或后附成分

此类受事话题句出现143例，根据所出现的成分是前附成分还是后附成分分为两类：

(一) 受事话题(＋主语)＋状语＋述语动词/动词词组

此类受事话题句出现116例，约占用例总数的74.8%。根据充当状语的成分在词类上的差异分为五类：

1. 受事(＋主语)＋副词＋动词/动词词组

此类受事话题句出现37例，约占用例总数的23.9%。《世说新语》、《颜氏家训》、《搜神记》中的用例依次是12、3、22。根据副词词汇意义的不同分为四类：

① 受事＋否定副词＋动词。如：

(119) 法畅曰：“廉者不求，贪者不与，故得在耳。”(《世说新语·言语》)

此类受事话题句出现19例。《世说新语》、《颜氏家训》、《搜神记》中的用例依次是7、2、10。充当受事的有体词性和谓词性两种成分，其用例分别是17、2。按照结构的不同，体词性成分分为光杆名词、“者”字结构、一般定中结构和联合结构四类，其用例依次是5、1、10、1；谓词性受事分为述宾结构和联合结构两类，其用例各为1。

所涉及的动词有15个：举、判、彰、改、与、显、教2、应(应允、响应)、去、知2、损3、生、变、取、忘。动词之前出现由否定副词充当的状语，所涉及的否定副词有“不”、“未”。如例(119)，受事是“贪者”，动词“与”之前出现由否定副词“不”充当的状语。

② 受事＋范围副词＋动词。如：

(120) 钿车青牛上,饮食皆备。(《搜神记·卷一》)

此类受事话题句出现6例。《世说新语》、《搜神记》中的用例分别是1、5。充当受事的都是体词性成分。按照结构的不同分为一般定中结构和联合结构两类,其用例分别是5、1。

所涉及的动词有5个:燔、霑接、备2、诛、捕。动词之前出现由范围副词充当的状语,所涉及的范围副词有皆、悉等。

③ 受事+时间副词+动词/动词词组。如:

(121) 吾时月不见黄叔度,则鄙吝之心已复生矣。(《世说新语·德行》)

(122) 己之府奥,早已倾泻而见;殷陈势浩汗,众源未可得测。(《世说新语·赏誉》)

(123) 鲲即极力而牵之,其臂遂脱。(《搜神记·卷十八》)

此类受事话题句出现11例。《世说新语》、《颜氏家训》、《搜神记》中的用例依次是3、1、7。充当受事的都是体词性成分,按照结构的不同分为光杆名词和一般定中结构两类,其用例分别是10、1。

所涉及的动词或动词词组有11个:摧屈、生、锁闭、倾泻而见、露、脱、发引、定、兴(产生)、作、解。动词或动词词组之前出现由时间副词充当的状语,所涉及的时间副词有"复"、"辄"、"已"、"且"、"乃"、"遂"等。

④ 受事+语气副词+动词。如:

(124) 桓公问桓子野:"谢安石料万石必败,何以不谏?"(《世说新语·方正》)

此类受事话题句出现1例,见于《世说新语》。充当受事的是体词性成分,在结构上是光杆名词。

所涉及的动词有1个:败。动词之前出现由语气副词"必"充当的状语。

2. 受事＋名词＋动词。如：

(125) 李答曰："北门之叹，久已上闻；穷猿奔林，岂暇择木？"(《世说新语·言语》)

此类受事话题句出现 2 例，约占用例总数的 1.3%。见于《世说新语》。充当受事的都是体词性成分，按照结构的不同，分为光杆名词和一般定中结构两类，其用例各为 1。

所涉及的动词有 2 个：闻、败。动词之前出现由名词充当的状语[①]。如例(125)，受事是"北门之叹"，动词"闻"之前出现由方位名词"上"充当的状语。

3. 受事＋形容词＋动词。如：

(126) 李元礼尝叹荀淑、锺皓曰："荀君清识难尚，锺君至德可师。"(《世说新语·德行》)

此类受事话题句出现 6 例，约占用例总数的 3.9%。《世说新语》、《搜神记》中的用例各为 3。充当受事的都是体词性成分，按照结构的不同，分为光杆名词和一般定中结构两类，其用例各为 3。

所涉及的动词有 5 个：尚、得 2、消、煮、杀。动词之前出现由形容词充当的状语，所涉及的形容词有"难"、"易"。

4. 受事＋介词短语＋动词。如：

(127) 谢中郎在寿春败，临奔走，犹求玉帖镫。(《世说新语·规箴》)

此类受事话题句出现 1 例，约占用例总数的 0.6%，见于《世说新语》。充当受事的是体词性成分，在结构上是光杆人名。

所涉及的动词有 1 个：败。动词之前出现由介词短语充当的状语，所涉及的介词是"在"。

---

① 充当状语的名词分为方位名词和处所名词两类，二者的用例各为 1。

5. 受事＋能愿动词＋动词。如：

(128) 简文云："不知便可登峰造极不？然陶练之功，尚不可诬。"（《世说新语·文学》）

此类受事话题句出现70例，约占用例总数的45.2%。《世说新语》、《颜氏家训》、《搜神记》中的用例依次是29、27、14。充当受事的有体词性和谓词性两种成分，前者59例，后者11例。按照结构的不同体词性受事分为光杆名词、"者"字结构、一般定中结构和联合结构四类，其用例依次是10、6、37、6。谓词性受事分为光杆动词、联合结构和陈述结构三类，其用例依次是3、7、1。

所涉及的动词有50个：念2、听2、师、见、测4、称、用、谏、追、宥、诬2、言3、放、嘉、枕、漱、得4、乐咏、怜、观听、毁伤、遗、数2、慕、惜3、修、论2、晓、观4、看、知3、诫、畏、治、思量、记、算、代、保、依、责、耐、览、载、畏、免、平、验、别、去。动词之前出现由能愿动词充当的状语，所涉及的能愿动词是"可"、"足"、"能"。如例(128)，受事是"陶练之功"，动词"诬"之前出现由能愿动词"可"充当的状语。

（二）受事话题（＋状语）＋述语动词＋后附成分

此类受事话题句出现27例。约占用例总数的17.4%。按照后附成分的不同分为两类：

1. 受事话题（＋主语）（＋状语）＋述语动词＋宾语。如：

(129) 共叔之死，母实为之。（《颜氏家训·教子》）

(130) 历象之要，可以晷景测之。（《颜氏家训·省事》）

(131) 王甲、李乙，吾皆与之。（《搜神记·卷五》）

此类受事话题句出现16例，约占用例总数的10.3%。根据充当宾语的代词的不同分为"受事（＋主语）（＋状语）＋动词＋之"和"受事（＋状语）＋动词＋焉"两类。前者15例，见于《世说新语》、《颜氏家训》、《搜神记》。后者1例，见于《搜神记》。

充当受事的有体词性和谓词性两种成分，前者15例，后者1例。

按照结构的不同，体词性受事分为“者”字结构、一般定中结构和联合结构三类，其用例依次是 3、10、2。谓词性受事在结构上是陈述结构。

所涉及的动词有 16 个：共(共用)、拒、为、使、代换、废、测、避、讨论、显称、勉行、证、与、知、犯、存。动词之前出现状语的有 12 例，充当状语的有副词、介词短语或能愿动词；不出现状语的有 4 例。动词之后出现由代词“之”或“焉”充当的宾语。

从主语隐现的情况来看，主语出现的有 5 例，所出现的主语位于受事和动词之间。如例(129)，受事是“共叔之死”，动词“为”之前出现由语气副词充当的状语，其后出现由代词“之”充当的宾语，主语“母”位于受事和动词之间。主语隐含的有 11 例，如例(130)，受事“历象之要”位于动词“测”之前，动词之后出现由代词“之”充当的宾语，受事和动词之间不出现动作的发出者。

2. 受事(＋状语)＋动词(＋宾语)＋补语

此类受事话题句出现 11 例，约占用例总数的 7.1％。根据充当补语的成分词类属性的不同分为三类：

① 受事(＋状语)＋动词(＋宾语)＋名词/名词短语。如：

(132) 纷纭之议，裁之圣鉴。(《世说新语·言语》)

(133) 书之玉版，藏诸金匮。(《颜氏家训·教子》)

(134) 夫不降席而匡天下者，求之己也。(《搜神记·卷十一》)

此类受事话题句出现 4 例。根据动词之前是否出现状语以及所出现的状语在词类上的差异，分为“受事＋动词＋之＋名词短语/代词”和“受事＋动词＋诸＋名词”两类。前者 3 例，见于《世说新语》、《搜神记》；后者 1 例，见于《颜氏家训》。

受事都由体词性成分充当，按照结构的不同分为“者”字结构和一般定中结构两类，其用例分别是 1、3。

所涉及的动词有 4 个：加、裁、求、藏。如例(132)，受事“纷纭之议”直接用在动词“裁”之前，动词之后分别出现由“之”充当的宾语和由名词短语“圣鉴”充当的补语。再如例(133),受事是“书之玉版”,动词“藏”之后分别出现由代词“诸”充当的宾语和由名词“金匮”充当的补语。

② 受事＋动词＋动词。如：

(135) 自光武中兴至黄巾之起,未盈二百一十年,而天下大乱,汉祚废绝,实应三七之运。(《搜神记·卷六》)

此类受事话题句出现3例,见于《搜神记》。充当受事的是体词性成分,按照结构的不同分为光杆名词、一般定中结构、联合结构三类,其用例各为1。

所涉及的动词有3个：诛、废、残。受事直接出现在动词之前,动词之后出现由动词充当的补语。如例(135),受事“汉祚”直接用在动词“废”之前,动词之后出现由动词“绝”充当的补语。

③ 受事(＋状语)＋动词(＋之)＋介词短语。如：

(136) 元方曰：“老父在太丘,强者绥之以德,弱者抚之以仁,恣其所安,久而益敬。”(《世说新语·政事》)

(137) 夜光之珠,不必出于孟津之河;盈握之璧,不必采于昆仑之山。(《世说新语·言语》)

此类受事话题句出现4例,根据动词之前是否有状语分为“受事＋动词＋之＋介词短语”和“受事＋状语＋动词＋介词短语”两类,二者均见于《世说新语》,其用例各为2。出现于动词之前的状语都是语气副词,所涉及的语气副词是“必”。

充当受事的都是体词性成分,按照结构的不同,分为“者”字结构和一般定中结构两类,其用例各为2。

所涉及的动词有4个：绥、抚、出、采。动词之后出现由介词短语充当的补语。如例(136),受事“强者”、“弱者”直接用在动词“绥”、“抚”之前,动词之后除了出现宾语“之”之外,还出现由介词短语“以德”、“以仁”充当的补语。再如例(137),受事是“夜光之珠”和“盈握之璧”，动词“出”和“采”之后分别出现由介词短语“于孟津之河”和“于昆仑之山”充当的补语。

（三）受事＋连词＋动词。如：

（138）上智不教而成，下愚虽教无益，中庸之人，不教不知也。（《颜氏家训·教子》）

此类受事话题句出现1例，见于《颜氏家训》。约占用例总数的1.3%。充当受事的是谓词性成分，在结构上是状中结构。所涉及的动词有1个：教。动词之前出现连词“虽”，动词之后出现复句的另一个分句。①

2.4.1.2　小结

魏晋南北朝本土文献带光杆述语和述语动词出现前附或后附成分的两类受事话题句中，优势类别分别是“受事＋光杆动词”和“受事（＋主语）＋状语＋动词”。在后一类别中，充当状语的成分在词类上的多寡序列依次是能愿动词、副词、名词、形容词、介词短语②。在由副词充当状语的次类中，不同词汇意义的副词在用例上的多寡序列依次是表示否定、时间、语气、范围的类别。在带后附成分的次类中，后附成分是补语的用例占优势地位，其次是宾语。在带补语的次类中，充当补语的有名词短语、动词和介词短语，其用例的多寡序列是动词、介词短语、名词。在带宾语的次类中，充当宾语的都是代词“之”。

该时期本土传世文献中，受事话题句的主要特点有五：其一，从先秦开始在受事话题句中一直有较高使用频率的作格动词在魏晋南北朝时期使用频率大幅度下降。这与始于西汉末期的作格动词的衰减有关。其二，由副词充当状语的次类在使用频率上除了比先秦时期下降了6.1%之外，比西汉和东汉两个时期都高。能愿动词充当状

---

①　我们认为，此类用例是一个复句形式。连词和其后的动词是复句前一分句，动词之后的部分是复句的另一个分句。

②　由形容词和介词短语充当状语的用例数量相同。

语的使用频率超过其前所有时期。由副词和能愿动词充当状语的总体使用频率占该时期受事话题句的近70%。这说明状语在体现魏晋南北朝本土传世文献中受事话题句的述语的复杂性上表现出绝对的优势。其三，动词之后出现回指代词“之”的次类使用频率较东汉时期有所上升，但在总体发展趋势上比先秦和西汉下降4%左右，一般及物动词通常要求其后出现宾语的规则在该时期本土传世文献也表现出松动的特点。其四，连词用于述语动词之前的次类出现。[①] 其五，“者”字结构的受事话题在使用频率上较东汉本土传世文献稍有回升，这可能与材料取样有关。“所”字结构的受事话题消失。

表2-9 魏晋南北朝本土传世文献中受事话题的结构构成

<table>
<tr><td colspan="3" rowspan="4">结构构成
类型</td><td colspan="10">受事话题的结构构成</td><td colspan="3" rowspan="4">小计</td></tr>
<tr><td colspan="5">体词性成分</td><td colspan="5">谓词性成分</td></tr>
<tr><td rowspan="2">光杆名词</td><td colspan="4">复杂结构</td><td rowspan="2">光杆动词</td><td colspan="4">复杂结构</td></tr>
<tr><td>者字结构</td><td>所字结构</td><td>定中结构</td><td>联合结构</td><td>联合结构</td><td>述宾结构</td><td>状中结构</td><td>陈述结构</td></tr>
<tr><td rowspan="3">受事＋动词＋（名词/动词）</td><td colspan="2">受事＋动词</td><td>5</td><td>0</td><td>0</td><td>6</td><td>0</td><td>0</td><td>0</td><td>0</td><td>0</td><td>0</td><td>11</td><td colspan="2" rowspan="3">15</td></tr>
<tr><td colspan="2">受事＋动词＋名词补语</td><td>1</td><td>0</td><td>0</td><td>0</td><td>0</td><td>0</td><td>0</td><td>0</td><td>0</td><td>0</td><td>1</td></tr>
<tr><td colspan="2">受事＋动词＋动词</td><td>1</td><td>0</td><td>0</td><td>1</td><td>1</td><td>0</td><td>0</td><td>0</td><td>0</td><td>0</td><td>3</td></tr>
<tr><td rowspan="4">受事＋副词＋动词（＋介词短语）</td><td colspan="2">受事＋否定副词＋动词</td><td>5</td><td>1</td><td>0</td><td>9</td><td>2</td><td>0</td><td>1</td><td>1</td><td>0</td><td>0</td><td colspan="2">19</td><td rowspan="4">40</td></tr>
<tr><td colspan="2">受＋范围副词＋动词</td><td>0</td><td>0</td><td>0</td><td>5</td><td>1</td><td>0</td><td>0</td><td>0</td><td>0</td><td>0</td><td colspan="2">6</td></tr>
<tr><td rowspan="2">受事＋时间副词＋动词（＋动词）</td><td>受事＋时间副词＋动词</td><td>7</td><td>0</td><td>0</td><td>4</td><td>0</td><td>0</td><td>0</td><td>0</td><td>0</td><td>0</td><td>11</td><td rowspan="2">12</td></tr>
<tr><td>受事＋时间副词＋动词（＋而＋动词）</td><td>0</td><td>0</td><td>0</td><td>1</td><td>0</td><td>0</td><td>0</td><td>0</td><td>0</td><td>0</td><td>1</td></tr>
</table>

① 此类受事话题句仅见于魏晋南北朝本土传世文献，在其他各时期都没有出现。其原因待查。

续　表

类型＼结构构成		受事话题的结构构成										小计	
		体词性成分					谓词性成分						
		光杆名词	复杂结构				光杆动词	复杂结构					
			者字结构	所字结构	定中结构	联合结构		联合结构	述宾结构	状中结构	陈述结构		
受事＋语气副词＋动词(＋介词短语)	受事＋语气副词＋动词	1	0	0	0	0	0	0	0	0	0	1	3
	受事＋语气副词＋动词＋介词短语	0	0	0	2	0	0	0	0	0	0	2	
受事＋名词＋动词		1	0	0	1	0	0	0	0	0	0	2	
受事＋形容词＋动词		1	0	0	4	0	0	0	0	0	0	5	
受事＋介词短语＋动词		1	0	0	0	0	0	0	0	0	0	1	
受事＋能愿动词＋动词		10	6	0	37	6	3	7	0	0	1	70	
受事＋连词＋动词		1	0	0	0	0	0	0	0	1	0	2	
受事(＋主语)＋动词＋代词(＋名词补语)	受事(＋主语)＋动词＋之	1	5	0	9	2	0	0	0	0	1	18	20
	受事＋动词＋诸＋名词补语	0	0	0	1	0	0	0	0	0	0	1	
	受事＋动词＋焉	0	0	0	1	0	0	0	0	0	0	1	
用例数(例)		35	12	0	81	12	3	8	1	1	2	155	
		140					15						
百分比(%)		90.3					9.7						

表 2－10　魏晋南北朝本土传世文献中复杂述语的结构构成

数量＼附加成分	前修饰成分					后附成分				其他
	状语					补语			宾语	
	能愿动词	副词	名词	形容词	介词短语	名词	动词	介词短语	代词	
用例数(例)	70	37	2	6	1	4	3	4	16	1
	116					27				
百分比(%)	45.2	23.9	1.3	3.9	0.6	2.6	1.9	2.6	10.3	0.6
	74.8					17.4				

2.4.2 魏晋南北朝佛典中的受事话题句

2.4.2.1 基本类型及其句法特征

魏晋南北朝佛典中的受事话题句共出现334例,《贤愚经》、《杂宝藏经》、《百喻经》中的用例依次是174、105、55,根据述语动词是否出现前附或后附成分分为两种类型:

一、光杆述语

此类受事话题句出现27例,根据述语在结构构成方面的不同分为两类:

(一)受事话题(+施事/当事主语)+光杆述语动词。如:

(139) 小者二百人挽,中者三百人挽,大者五百人挽。(《贤愚经》)

(140) 昔有二人,共种甘蔗,而作誓言:"种好者赏;其不好者,当重罚之。"(《百喻经》)

此类受事话题句出现26例,约占用例总数的7.8%。《贤愚经》、《杂宝藏经》、《百喻经》中的用例依次是13、8、5。充当受事的有体词性和谓词性两种成分,前者17例,后者9例。按照结构的不同,体词性受事分为光杆名词、"者"字结构、一般定中结构和联合结构四类,其用例依次是3、6、6、2。谓词性受事分为联合结构和状中结构两类,其用例分别是1、8。

所涉及的动词有17个:挽3、闻7、供给2、解、粪除、除、忍、集、拥护、消灭、解脱、证知、用、赏、败灭、设计、丧失。受事直接出现在动词之前,动词之后不出现补语。

从主语的隐现情况来看,主语出现和隐含的用例各为13。所出现的主语位于受事和述语动词之间。如例(139),受事"小者"、"中者"、"大者"与动词"挽"之间分别出现动作的发出者"二百人"、"三百人"、"四百人"。主语隐含的如例(140),受事"种好者"直接出现在动词“赏”之前，它与动词之间不出现动作的发出者。

（二）受事＋动词词组。如：

(141) 金银七宝、车马辇舆、园田六畜，称意而与。（《贤愚经》）

此类受事话题句出现1例，约占用例总数的0.3%。见于《百喻经》。受事直接出现在动词词组之前，充当受事的是联合结构的体词性成分。述语由并列结构的动词词组构成。如例(141)，受事是“金银七宝、车马辇舆、园田六畜”，述语由连词“而”连接的两项动词构成，在结构上是状中结构。

二、述语动词出现前附成分或后附成分

此类受事话题句出现307例，根据所出现的成分是前附成分还是后附成分分为两类：

（一）受事话题(＋施事/当事主语)＋状语＋述语动词

此类受事话题句出现247例，约占用例总数的74%。根据充当状语的成分在词类上的差异分为四类：

1. 受事(＋主语)＋副词＋动词

此类受事话题句出现97例。约占全部用例总数的29%。充当受事的有体词性和谓词性两种成分。前者90例，后者7例。根据副词词汇意义的不同分为三类：

① 受事＋否定副词＋动词/动词词组。如：

(142) 贪欲之心，永不复生。（《贤愚经》）

(143) 世尊残食，莫令我啾。（《贤愚经》）

此类受事话题句出现35例。《贤愚经》、《杂宝藏经》、《百喻经》中的用例依次是22、9、4。充当受事的有体词性和谓词性两种成分，前者31例，后者4例。按照结构的不同，体词性受事分为光杆名词、“者”字结构和一般定中结构三类，其用例依次是14、1、16。谓词性受事分为述宾结构、状中结构和陈述结构三类，其用例依次是1、2、1。

所涉及的动词或动词词组有32个：说2(shuō)、释、尽、休、息、忧、供、闻知、除2、出、用4、失、减、忍、逮、获、忘失、与我著、令我噉、令失脱、造、别、闻2、作、信、废、练、取、损坏、消灭、施与、染著。动词之前出现由否定副词充当的状语，所涉及的否定副词有“不”、“勿”。

② 受事(＋主语)＋范围副词＋动词。如：

(144) 沙门诸果，我悉备办。(《贤愚经》)

(145) 如彼猕猴，失其一豆，一切都弃。(《百喻经》)

此类受事话题句出现46例。《贤愚经》、《杂宝藏经》、《百喻经》中的用例依次是18、7、21。充当受事的有体词性和谓词性两种成分，前者45例，后者1例。按照结构的不同，体词性受事分为光杆名词、一般定中结构和联合结构三类，其用例依次是16、19、10。谓词性受事在结构上是联合结构。

所涉及的动词有29个：备有2、具有、备办、有(拥有)、备3、供给、凌辱、备知、灭、弃3、失10、破、除4、取、练、护惜、缺、兴现、污、分与、除舍、消化、覆灭、毁、具备、伤损、捐弃、散失。动词之前出现由范围副词充当的状语，所涉及的范围副词有“悉”、“皆”、“都”、“尽”等①。

从主语的隐现情况来看，主语有出现和隐含两种情况，前者3例，所出现的主语位于受事和动词之间。如例(144)，受事是“沙门诸果”，动词是“办”，二者之间出现动作的发出者“我”。后者43例，如例(145)，受事是“一切”，动词是“弃”，二者之间不出现动作的发出者。

③ 受事＋时间副词＋动词。如：

---

① 由范围副词充当状语的次类中，有些用例的动词之前还出现了两个或三个范围副词连用的情况。如：“一切所须，悉皆供给。”(《贤愚经》)；“端正妇女入其意者，皆悉凌辱。”(《贤愚经》)

(146) 疑网即除。(《杂宝藏经》)

(147) 汝今喜嗔、仓卒之相即时现验。(《百喻经》)

此类受事话题句出现16例。见于《杂宝藏经》和《百喻经》,其用例分别是14、2。充当受事的有体词性和谓词性两种成分,前者15例,后者1例。按照结构的不同,体词性受事分为光杆名词和一般定中结构两类,其用例分别是2、13。谓词性受事在结构上是联合结构。

所涉及的动词有6个:失、现验、灭2、除10、消灭、行。动词之前出现由时间副词充当的状语,所涉及的时间副词有"已"、"既"、"即时"、"即"、"常"。

2. 受事+形容词+动词。如:

(148) 所梦树者,殊妙难量。(《贤愚经》)

(149) 人命难知,计算喜错。(《百喻经》)

此类受事话题句出现41例,约占用例总数的12.3%。《贤愚经》、《杂宝藏经》、《百喻经》中的用例依次是35、5、1。充当受事的有体词性和谓词性两种成分,前者31例,后者10例。按照结构的不同,体词性受事分为光杆名词、"者"字结构、一般定中结构和联合结构四类,其用例依次是13、1、16、1。谓词性受事分为光杆动词、联合结构、述宾结构和陈述结构四类,其用例依次是1、3、1、5。

所涉及的动词有25个:得4、消、息、染2、计5、数、量6、明、知2、值3、闻、保、及、差(瘥)、愈、信、称极、计数、值遇、解、别、用、成、灭、酬报。动词之前出现由形容词充当的状语,所涉及的形容词有"易"、"难"、"吉"、"微"、"重"。

3. 受事+介词短语+动词。如:

(150) 一切由行得。(《杂宝藏经》)

此类受事话题句出现6例,约占用例总数的1.8%。《贤愚经》、《杂宝藏经》、《百喻经》中的用例依次是1、3、2。充当受事的全部是体词性成分。按照结构的不同，分为光杆名词、一般定中结构和联合结构三类，其用例依次是1、3、2。

所涉及的动词有6个：灭除、得、灭、殄灭、生、出(产生)。动词之前出现由介词短语充当的状语，所涉及的介词有“从”、“由”、“于”。

4. 受事(+主语)+能愿动词+动词。如：

(151) 贪欲慎毒，皆得消除。(《贤愚经》)

(152) 如是殷勤，志不可夺。(《贤愚经》)

(153) 如此大恶旷野鬼神，佛能降伏。(《杂宝藏经》)

(154) 远来之物，不得自看。(《杂宝藏经》)

此类受事话题句出现103例，约占用例总数的30.8%。《贤愚经》、《杂宝藏经》、《百喻经》中的用例依次是60、39、4。充当受事的有体词性和谓词性两种成分，前者77例，后者26例。按照结构的不同，体词性受事分为光杆名词、“者”字结构、“所”字结构、一般定中结构和联合结构五类，其用例依次是14、6、17、36、4。谓词性受事分为光杆动词、联合结构、述宾结构和陈述结构四类，其用例依次是7、11、2、6。

所涉及的动词有59个：得7、言2、违、尊、尚、卖3、作2、畏4、量2、从、取、夺2、轻、观2、试、济、睹、将、逮及2、思议8、限量、给与、消除、供给、违逆、供养、摄持、计数3、称量、称数5、称计6、破2、信、令得、告敕、陈2、获、知、堪、爱、嬉、用3、食2、获3、求、灭3、镇、看、消、漂、烧、夺、劫、道、消灭、救济、降伏、恭敬、噉食。动词之前出现由能愿动词充当的状语，所涉及的能愿动词是“可”、“应”、“能”、“得”、“当”、“敢”、“宜”、“足”、“愿”。除了主语之外，能愿动词与动词之间都不再插入其他成分。能愿动词之前不出现状语成分的有18例，出现状语成分的有85例。充当状语的是副词、形容词或介词短语。

从主语的隐现情况来看，主语出现的有2例。所出现的主语有位于受事与动词之间和位于能愿动词与动词之间两种情况。前者如例(153)，主语“佛”出现在受事“如此大恶旷野鬼神”和动词“降伏”之间。后者如例(154)，主语“自”出现在能愿动词和动词之间。主语隐含的有101例，如例(151)，受事“贪欲嗔毒”与动词“消除”之间不出现动作的发出者。

（二）受事话题(＋状语)＋述语动词＋后附成分

此类受事话题句出现60例，约占用例总数的18%。按照后附成分的不同分为两类：

1. 受事话题(＋状语)＋述语动词＋宾语

此类受事话题句出现27例，约占用例总数的8.1%。根据充当宾语的成分在词类上的差异分为两类：

① 受事(＋状语)＋动词＋名词。如：

(155) 此钵与恶生王。(《杂宝藏经》)

此类受事话题句出现2例。见于《杂宝藏经》和《百喻经》，其用例各为1。充当受事的都是体词性成分，按照结构的不同，分为“者”字结构和一般定中结构两类，其用例各为1。

所涉及的动词有2个：与、策使。受事直接出现在动词之前，动词之后出现由名词充当的宾语。如例(155)，受事“此钵”直接出现在动词“与”之前，专有指人名词“恶生王”出现在动词之后，充当动词的间接宾语。

② 受事(＋主语)(＋状语)＋动词＋代词

(156) 然此雉者，不宜便食，应先试之。(《杂宝藏经》)

(157) 若欲得王意者，王之形相，汝当效之。(《百喻经》)

(158) 一切经藏，悉付嘱汝。(《贤愚经》)

(159) 男子之事不得语汝。(《杂宝藏经》)

此类受事话题句出现25例，根据充当宾语的代词的不同，分为“受事(＋主语)(＋状语)＋动词＋之”和“受事＋状语＋动词＋汝”两类。前者 23 例，见于《贤愚经》、《杂宝藏经》、《百喻经》，其用例依次是 14、5、4。后者 2 例，根据充当状语的成分词类属性的不同，分为“受事＋范围副词＋动词＋汝”和“受事＋能愿动词＋动词＋汝”两类，分别见于《贤愚经》和《杂宝藏经》，用例各为 1。

充当受事的有体词性和谓词性两种成分，前者 22 例，后者 3 例。按照结构的不同，体词性受事分为光杆名词、“者”字结构和一般定中结构三类，其用例依次是 1、6、15。谓词性受事分为联合结构和陈述结构两类，其用例分别是 1、2。

所涉及的动词有 17 个：效、知 3、罚、破、食 5、忍、问、求、请 2、焚、取、见、试、付嘱、语、种、与 2。动词之前出现状语的有 21 例，充当的状语有副词、能愿动词、名词、形容词①。动词之后出现由代词“之”充当的宾语。

从主语隐现的情况来看，主语出现的有 9 例。所出现的主语位于受事和动词之间。如例(157)，受事是“王之形相”，动词是“效”，二者之间出现由代词“汝”充当的主语。主语隐含的有 16 例。如例(159)，受事是“男子之事”，述语动词是“语”，二者之间不出现动作的发出者。

2. 受事(＋主语)(＋状语)＋动词＋补语

此类受事话题句出现 33 例，约占用例总数的 9.9％。根据充当补语的成分在词类上的差异分为四类：

① 受事＋状语＋动词＋名词。如：

(160) 呼嗟之音，周闻天下。(《杂宝藏经》)

此类受事话题句出现 2 例。见于《杂宝藏经》。充当受事的是体词性成分，在结构上都是一般定中结构。

所涉及的动词有 2 个：闻、著。动词之前出现由范围副词充当的

---

① 四者的用例依次是 8、10、2、1。

状语,其后出现由名词充当的补语。如例(160),受事是“呼嗟之音”,动词“闻”之前出现由范围副词“周”充当的状语,其后出现由处所名词“天下”充当的补语。

② 受事(+主语)(+状语)+动词+动词

此类受事话题句出现 25 例,根据是否出现状语成分分为两类:

A. 受事(+主语)+动词+动词。如:

(161) 被镇打已,情甚懊恼,即入王田胡麻地中,蹋践胡麻,苗稼摧折。(《杂宝藏经》)

(162) 未得一豆,先所舍者鸡鸭食尽。(《百喻经》)

此类受事话题句出现 9 例。见于《杂宝藏经》、《百喻经》,其用例分别是 6、3。充当受事的都是体词性成分,按照结构的不同,分为光杆名词、“者”字结构、一般定中结构和联合结构四类,其用例依次是 2、2、1、4。

所涉及的动词有 7 个:伤 2、破 2、毁、摧、得、食、踏。动词之前不出现状语,动词之后出现由动词充当的补语。

从主语的隐现情况来看,主语出现的有 1 例,所出现的主语位于受事和动词之间。如例(162),受事是“先所舍者”,动词是“食”,二者之间出现动作的发出者“鸡鸭”,动词之后出现由动词“尽”充当的补语。主语隐含的有 8 例,如例(161),受事“苗稼”直接用在动词“摧”之前,“摧”之后出现由动词“折”充当的补语,受事与述语动词之间不出现动作的发出者。

B. 受事(+主语)+状语+动词+动词

此类受事话题句出现 16 例。根据充当状语的成分在词类上的差异分为两类:

B1. 受事(+主语)+副词+动词+动词。如:

(163) 事不获已,当杀于母。(《贤愚经》)

(164) 汝今所应作者,皆已作竟。(《贤愚经》)

(165) 一切所有,贼尽持去。(《百喻经》)

此类受事话题句出现13例。《贤愚经》、《杂宝藏经》、《百喻经》中的用例依次是10、2、1。充当受事的都是体词性成分。按照结构的不同,分为光杆名词、一般定中结构、联合结构三类,其用例依次是2、9、2。

所涉及的动词有8个:遣、获2、放、持、具5、售、作、敕。动词之前出现由否定副词、范围副词或语气副词充当的状语,其用例依次是2、10、1。动词之后出现由动词充当的补语。

从主语的隐现情况来看,主语出现的有1例。所出现的主语位于受事和动词之间,如例(165),受事是"一切所有",动词"持"之后出现由趋向动词"去"充当的补语,主语"贼"出现在受事和动词之间。主语隐含的有12例,如例(164),受事是"汝今所应作者",动词是"作",二者之间不出现动作的发出者。

B2. 受事(+主语)+能愿动词+动词+动词。如:

(166) 夫人食已,病得除愈。(《贤愚经》)

(167) 好甜美者,汝当买来。(《百喻经》)

此类受事话题句出现3例。见于《贤愚经》、《百喻经》,其用例分别是1、2。充当受事的都是体词性成分,按照结构的不同分为光杆动词和"者"字结构两类,其用例分别是2、1。所涉及的动词有3个:除、买、证。动词之前出现由能愿动词充当的状语,动词之后出现由动词充当的补语①。

从主语的隐现情况来看,主语出现的有1例,所出现的主语位于受事和动词之间。如例(167),受事是"好甜美者",动词"买"之前出现由能愿动词"当"充当的状语,其后出现由趋向动词"来"充当的补语,主语"汝"位于受事和动词之间。主语隐含的有2例,

---

① 动词补语按照意义的不同分为趋向补语和结果补语两类,其用例依次是1、2。

如例(166),受事是“病”,动词是“除”,二者之间不出现动作的发出者。

③ 受事＋状语＋动词＋介词短语。如:

(168) 诸商人物,皆入于贼。(《杂宝藏经》)

此类受事话题句出现1例。见于《杂宝藏经》。充当受事的是体词性成分,在结构上是一般定中结构。所涉及的动词有1个:入。动词之前出现由范围副词充当的状语,所涉及的范围副词是“皆”,动词之后出现由介词短语充当的补语。

④ 受事(＋状语)＋动词＋数量短语。如:

(169) 现所有物,破作二分。(《百喻经》)

(170) 衣裳中割作二分。(《百喻经》)

(171) 盘、瓶亦复中破作二分。(《百喻经》)

此类受事话题句出现5例。见于《百喻经》。根据是否出现状语成分分为“受事＋动词＋数量短语”和“受事＋名词＋动词＋数量短语”两类,[①]其用例分别是3、2。

充当受事的都是体词性成分,按照结构的不同,分为光杆名词、一般定中结构和联合结构三类,其用例依次是2、1、2。

所涉及的动词有2个:割作、破作4。动词之后出现由数量短语充当的补语。如例(169),受事是“现所有物”,动词是“破作”,动词之后出现的数量短语“二分”充当的是动词的补语。例(170),受事是“衣裳”,动词“割作”之前出现由方位名词“中”充当的状语,其后出现由数量短语“二分”充当的补语。

2.4.2.2　小结

从考察文献来看,魏晋南北朝佛典中带光杆述语和述语动词出现前附成分或后附成分的两类受事话题句中,优势次类分别是“受事

---

① 在后一次类中,充当状语的是方位名词。

(＋主语)＋光杆述语动词”和“受事(＋主语)＋状语＋述语动词”。在后一类别中，充当状语的成分在词类上的多寡序列依次是能愿动词、副词、形容词、介词短语、名词。在由副词充当状语的次类中，不同词汇意义的副词在用例上的多寡序列依次是表示否定、范围、时间、疑问的类别。在带后附成分的次类中，后附成分是补语的用例占优势地位，其次是宾语。在带补语的次类中，充当补语的有名词、动词、介词短语、数量短语四类，其中，由动词充当补语的用例最多。在带宾语的次类中，充当宾语的有代词和名词短语两类。前者中充当宾语的代词有“之”和“汝”两个，其中宾语为“之”的用例占绝对优势。先秦两汉本土文献中由“诸”、“焉”充当宾语的用例该时期未出现。

该时期佛典中，受事话题句的主要特点有六：其一，由作格动词充当述语动词的次类使用频率虽然高于同时期的本土传世文献，但与其前三个时期相比，使用频率大幅度下降。始于西汉末期的作格动词的衰减在佛典中也有体现。其二，由副词充当状语的次类在使用频率上除了比先秦时期下降1.2%之外，比西汉和东汉乃至同时期本土传世文献都高。能愿动词充当状语的使用频率比其前所有时期都低。由副词和能愿动词充当状语的总体使用频率占该时期受事话题句用例的59.8%。这说明状语在体现魏晋南北朝本土传世文献中受事话题句的述语的复杂性上表现出绝对的优势。其三，由动词充当补语的次类使用频率较同时期的本土传世文献和其前两个时期都高。这与动结式在魏晋南北朝时期的普遍使用有关。其四，动词之后出现回指代词“之”的次类使用频率较同时期的本土传世文献和其前三个时期都低，最大降幅达到7.6%。一般及物动词通常要求其后出现宾语的规则在该时期松动性增强。其五，由数量短语充当补语的次类出现，但所占比例较小，仅为1.5%。其六，“者”字结构和“所”字结构的受事话题使用频率都高于东汉佛典，二者在发展趋势上都表现出反复的特点。

表 2－11　魏晋南北朝佛典中受事话题的结构构成

<table>
<tr><th colspan="3" rowspan="4">结构构成
类型</th><th colspan="10">受事话题的结构构成</th><th colspan="3" rowspan="4">小计</th></tr>
<tr><th colspan="5">体词性成分</th><th colspan="5">谓词性成分</th></tr>
<tr><th rowspan="2">光杆名词</th><th colspan="4">复杂结构</th><th rowspan="2">光杆动词</th><th colspan="4">复杂结构</th></tr>
<tr><th>者字结构</th><th>所字结构</th><th>定中结构</th><th>联合结构</th><th>联合结构</th><th>述宾结构</th><th>状中结构</th><th>陈述结构</th></tr>
<tr><td rowspan="4">受事（＋主语）＋动词（＋名词/动词/数量短语）</td><td colspan="2">受事（＋主语）＋动词</td><td>3</td><td>6</td><td>0</td><td>6</td><td>2</td><td>0</td><td>1</td><td>8</td><td>0</td><td>0</td><td colspan="2">26</td><td rowspan="4">40</td></tr>
<tr><td colspan="2">受事＋动词＋名词$_{\text{宾语}}$</td><td>0</td><td>1</td><td>1</td><td>0</td><td>0</td><td>0</td><td>0</td><td>0</td><td>0</td><td>0</td><td colspan="2">2</td></tr>
<tr><td colspan="2">受事（＋主语）＋动词＋动词</td><td>2</td><td>2</td><td>0</td><td>1</td><td>4</td><td>0</td><td>0</td><td>0</td><td>0</td><td>0</td><td colspan="2">9</td></tr>
<tr><td colspan="2">受事＋动词＋数量短语</td><td>2</td><td>0</td><td>0</td><td>1</td><td>0</td><td>0</td><td>0</td><td>0</td><td>0</td><td>0</td><td colspan="2">3</td></tr>
<tr><td rowspan="8">受事＋副词＋动词（＋名词/动词/介词短语）</td><td rowspan="2">受事＋否定副词＋动词(＋动词)</td><td>受事＋否定副词＋动词</td><td>14</td><td>1</td><td>0</td><td>16</td><td>0</td><td>0</td><td>0</td><td>1</td><td>2</td><td>1</td><td>35</td><td rowspan="2">37</td><td rowspan="8">114</td></tr>
<tr><td>受事＋否定副词＋动词＋动词</td><td>2</td><td>0</td><td>0</td><td>0</td><td>0</td><td>0</td><td>0</td><td>0</td><td>0</td><td>0</td><td>2</td></tr>
<tr><td rowspan="4">受事＋范围副词＋动词(＋名词/动词/介词短语)</td><td>受事＋范围副词＋动词</td><td>15</td><td>0</td><td>0</td><td>20</td><td>10</td><td>0</td><td>1</td><td>0</td><td>0</td><td>0</td><td>46</td><td rowspan="4">60</td></tr>
<tr><td>受事＋范围副词＋动词＋名词$_{\text{补语}}$</td><td>0</td><td>0</td><td>0</td><td>2</td><td>0</td><td>0</td><td>0</td><td>0</td><td>0</td><td>0</td><td>2</td></tr>
<tr><td>受事＋范围副词＋动词＋动词</td><td>0</td><td>0</td><td>0</td><td>9</td><td>2</td><td>0</td><td>0</td><td>0</td><td>0</td><td>0</td><td>11</td></tr>
<tr><td>受事＋范围副词＋动词＋介词短语</td><td>0</td><td>0</td><td>0</td><td>1</td><td>0</td><td>0</td><td>0</td><td>0</td><td>0</td><td>0</td><td>1</td></tr>
<tr><td colspan="2">受事＋时间副词＋动词</td><td>2</td><td>0</td><td>0</td><td>13</td><td>0</td><td>0</td><td>1</td><td>0</td><td>0</td><td>0</td><td colspan="2">16</td></tr>
<tr><td colspan="2">受事＋语气副词＋动词＋动词</td><td>0</td><td>0</td><td>0</td><td>1</td><td>0</td><td>0</td><td>0</td><td>0</td><td>0</td><td>0</td><td colspan="2">1</td></tr>
<tr><td colspan="3">受事＋名词＋动词＋数量短语</td><td>0</td><td>0</td><td>0</td><td>0</td><td>2</td><td>0</td><td>0</td><td>0</td><td>0</td><td>0</td><td colspan="3">2</td></tr>
</table>

续 表

<table>
<tr><th colspan="2" rowspan="4">结构构成
类 型</th><th colspan="10">受事话题的结构构成</th><th colspan="2" rowspan="4">小 计</th></tr>
<tr><th colspan="5">体词性成分</th><th colspan="5">谓词性成分</th></tr>
<tr><th rowspan="2">光杆名词</th><th colspan="4">复杂结构</th><th rowspan="2">光杆动词</th><th colspan="4">复杂结构</th></tr>
<tr><th>者字结构</th><th>所字结构</th><th>定中结构</th><th>联合结构</th><th>联合结构</th><th>述宾结构</th><th>状中结构</th><th>陈述结构</th></tr>
<tr><td colspan="2">受事＋形容词＋动词</td><td>13</td><td>1</td><td>0</td><td>16</td><td>1</td><td>1</td><td>3</td><td>1</td><td>0</td><td>5</td><td colspan="2">41</td></tr>
<tr><td colspan="2">受事＋介词短语＋动词</td><td>1</td><td>0</td><td>0</td><td>3</td><td>2</td><td>0</td><td>0</td><td>0</td><td>0</td><td>0</td><td colspan="2">6</td></tr>
<tr><td rowspan="3">受事（＋主语）＋能愿动词＋动词（＋代词/动词）</td><td>受事（＋主语）＋能愿动词＋动词</td><td>14</td><td>6</td><td>17</td><td>36</td><td>4</td><td>7</td><td>11</td><td>2</td><td>0</td><td>6</td><td>103</td><td rowspan="3">107</td></tr>
<tr><td>受事＋能愿动词＋动词＋汝</td><td>0</td><td>0</td><td>0</td><td>1</td><td>0</td><td>0</td><td>0</td><td>0</td><td>0</td><td>0</td><td>1</td></tr>
<tr><td>受事（＋主语）＋能愿动词＋动词＋动词</td><td>2</td><td>1</td><td>0</td><td>0</td><td>0</td><td>0</td><td>0</td><td>0</td><td>0</td><td>0</td><td>3</td></tr>
<tr><td colspan="2">受事（＋主语）＋动词＋之</td><td>2</td><td>5</td><td>0</td><td>13</td><td>0</td><td>0</td><td>1</td><td>0</td><td>0</td><td>2</td><td colspan="2">23</td></tr>
<tr><td colspan="2">受事＋动词词组</td><td>0</td><td>0</td><td>0</td><td>0</td><td>1</td><td>0</td><td>0</td><td>0</td><td>0</td><td>0</td><td colspan="2">1</td></tr>
<tr><td colspan="2" rowspan="2">用例数（例）</td><td>72</td><td>23</td><td>18</td><td>137</td><td>28</td><td>8</td><td>18</td><td>12</td><td>3</td><td>15</td><td colspan="2" rowspan="3">334</td></tr>
<tr><td colspan="5">278</td><td colspan="5">56</td></tr>
<tr><td colspan="2">百分比（%）</td><td colspan="5">83.2</td><td colspan="5">16.8</td></tr>
</table>

表 2－12 魏晋南北朝佛典中复杂述语的结构构成

<table>
<tr><th rowspan="3">附加成分
数量</th><th colspan="4">前修饰成分</th><th colspan="6">后 附 成 分</th></tr>
<tr><th colspan="4">状 语</th><th colspan="4">补 语</th><th colspan="2">宾 语</th></tr>
<tr><th>能愿动词</th><th>副词</th><th>形容词</th><th>介词短语</th><th>名词</th><th>动词</th><th>介词短语</th><th>数量短语</th><th>名词</th><th>代词</th></tr>
<tr><td rowspan="2">用例数（例）</td><td>103</td><td>97</td><td>41</td><td>6</td><td>2</td><td>25</td><td>1</td><td>5</td><td>2</td><td>25</td></tr>
<tr><td colspan="4">247</td><td colspan="6">60</td></tr>
<tr><td rowspan="2">百分比（%）</td><td>30.8</td><td>29</td><td>12.3</td><td>1.8</td><td>0.6</td><td>7.5</td><td>0.3</td><td>1.5</td><td>0.6</td><td>7.5</td></tr>
<tr><td colspan="4">74</td><td colspan="6">18</td></tr>
</table>

2.4.3 魏晋南北朝佛典与本土传世文献中受事话题句之比较

从考察文献来看，魏晋南北朝时期的本土传世文献和佛典中，受事话题句在类型用例、受事话题、述语和主语的结构构成方面均有所不同。

从基本类型来看，两类文献基本一致。其差异主要表现在次类的增减以及相同次类使用频率的升降方面。其主要表现是“受事＋动词＋数量短语”、“受事＋否定副词＋动词＋动词”、“受事＋范围副词＋动词＋名词宾语”、“受事＋语气副词＋动词＋动词”、“受事＋名词＋动词＋数量短语”5 个次类新出现于佛典中。后者主要表现为“受事＋副词＋动词”、“受事＋形容词＋动词”、“受事（＋主语）（＋状语）＋动词＋动词”3 个次类在佛典中的使用频率高于本土文献；“受事（＋主语）＋能愿动词＋动词”、“受事（＋主语）（＋状语）＋动词＋宾语”2 个次类在佛典中的使用频率低于本土文献。上述次类中，动词之前带由副词、形容词和能愿动词充当的状语的次类变化幅度比较大，前两者的增幅分别是 5.1％和 8.4％，第三者的降幅为 14.4％。在带副词状语的次类中，不同语义类别的副词状语在两种不同性质文献中的变化幅度都比较大。其中表示否定、时间、语气的次类在佛典所占比例低于本土文献，降幅分别是 1.8％、2.3％、3％；而表示范围的次类在佛典中所占的比例远远高于本土文献，增幅高达 9.9％。在带宾语的次类中，由代词充当宾语的用例低于本土传世文献。降幅约为 2.8％。在带补语的次类中，由数量短语充当补语的用例始见于佛典，由名词、动词、介词短语充当补语的用例在两种不同性质的文献中均有所见。其中由名词和介词短语充当的补语在佛典中的使用频率低于本土文献，降幅分别是 2％和 2.3％，由动词充当补语的用例在佛典中所占比例高于本土文献，增幅为 5.6％。

其次，在受事话题的构成方面，两种不同性质文献中的受事都分别由体词性和谓词性两种成分构成，但二者在使用频率方面存在差异。佛典中二者用例数分别是 278 和 56，分别约占总数的 83.2％和 16.8％；本土传世文献中，二者的用例数分别是 140 和 15，分别约占总数的 90.3％和 9.7％。显然，在共时平面内，体词性受事的使用频率都远远高于谓词性受事。相比较而言，佛典中体词性受事的使用频率低于本土传世文献，谓词性受事与之相反。

从体词性受事的内部结构来看，两种不同性质文献中的体词性受事都以偏正结构为优势结构，其次是光杆名词。在体词性受事的用例中，联合结构的受事在两类文献中的使用频率相同。光杆名词、偏正结构的受事在佛典中的使用频率均低于本土文献。前者变化幅度不大，而后者变化比较明显，它在两类文献中的差幅约为 6.1%。谓词性受事在佛典中所占比例均高于本土传世文献。从内部结构来看，佛典和本土传世文献中的谓词性受事在结构上都分为光杆动词、联合结构、述宾结构、状中结构、陈述结构五类，其优势结构虽然都是联合结构，但该结构的受事在两种不同性质文献中的变化幅度不大，降幅仅为 0.2%，相比较而言，居第二位的陈述结构的受事在两种不同性质的文献中变化幅度较大，降幅约为 3.3%。

在述语的构成方面，两种不同性质文献中的述语可以是光杆述语，也可以带前附或后附两种成分。从前附成分的内部分布来看，佛典和传世文献中充当状语的成分在用例上的多寡序列都是能愿动词、副词、形容词、介词短语、名词①。带前附成分的用例在本土传世文献中的比例稍高于佛典，而带后附成分的用例与之相反。从后附成分的使用情况来看，两类文献中，动词后带宾语的用例所占的比例分别约为 7.5%和 10.3%；补语所占的比例分别约为 9.9%和 7.1%。总起来说，在共时平面，述语动词出现前附和后附成分的使用频率在两类文献中有所不同。在充当前附或后附成分的词类内部，不同词类的分布也存在个体差异。

从主语的结构构成来看，两种不同性质文献中，主语出现的用例分别是 29、5。佛典中充当主语的都有专有名词、代词、普通名词三

① 名词状语仅见于本土传世文献。

类，本土传世文献中，充当主语的有代词和普通名词两类。① 在共时平面上，两类文献中充当主语的成分在结构上都是以简单形式为主，但有所变化。前者分为光杆名词（代词）、“者”字结构、一般定中结构、联合结构四类，后者都是光杆名词（代词）。② 佛典中除了有光杆名词（代词）充当的主语使用频率低于本土传世文献之外，其他结构的主语都高于本土传世文献。从词类属性来看，两类文献之间也存在差异。佛典中充当主语的优势词类是代词，其次是普通名词、专有名词用例最少。本土文献中，充当主语的优势词类是普通名词，其次是代词，专有名词充当主语的用例没有出现。

2.4.4　东汉至魏晋南北朝受事话题句的历史演变

2.4.4.1　东汉至魏晋南北朝本土传世文献中受事话题句的历史演变

从考察文献来看，东汉到魏晋南北朝本土文献中的受事话题句在类型用例、受事话题、述语和主语的结构构成方面均发生一定的变化。

首先，在类型用例方面，两个时期的受事话题句在大的类型和优势句型方面基本一致，其差异主要表现在次类的增减以及相同次类使用频率的升降方面。前者主要表现为“受事＋否定副词＋动词＋名词补语”、“受事＋否定副词＋动词＋介词短语”2 个次类仅见于东汉，至魏晋南北朝时期消失；而“受事＋连词＋动词”仅见于魏晋南北朝，在其他历史时期都没有出现。后者主要表现为“受事（＋主语）＋副词＋动词”、“受事＋能愿动词＋动词”、“受事（＋主语）（＋状语）＋动词＋代词”3 个次类使用频率上升；“受事＋动词”、“受事＋形容词＋动词”2 个次类使用频率下降。上述变化中，由光杆动词充当述语以及动词之前带副词和能愿动词状语的次类变化幅度较大。前两

① 魏晋南北朝佛典和本土传世文献中的用例依次是 1、16、12 和 2、3。
② 魏晋南北朝佛典中的用例依次是 21、5、1、2，本土传世文献中的用例是 5。

者的增幅分别是4.6%和9%;第三者的降幅约为14.6%。在带副词状语的次类中,不同语义类别的副词状语在上述两个时期的变化幅度都很大。其中由否定副词充当状语的次类呈下降趋势,降幅约为1.7%;表示范围、时间、语气的次类呈上升趋势,增幅依次是2.4%、3.5%、2.3%。在带宾语的次类中,由名词充当宾语的次类未见于魏晋南北朝,由代词充当宾语的次类使用频率上升,增幅为2.8%。在带补语的次类中,由介词短语充当补语的用例使用频率上升,由名词和动词充当补语的使用频率下降,三者的变化幅度都不大。

其次,在受事话题的构成方面,两个时期的受事都分别由体词性和谓词性两种成分构成,但二者在使用频率方面有差异。东汉时二者的用例数分别是340和47,分别约占总数的87.9%和12.1%;魏晋南北朝时二者的用例数分别是140和15,分别约占总数的90.3%和9.7%。显然,在共时平面内,两个时期中的体词性受事的使用频率都远远高于谓词性受事,二者的差幅较大。在历时平面上,体词性受事的使用频率上升,谓词性受事的使用频率下降。

从体词性受事的内部结构来看,两个时期的体词性受事都以偏正结构为优势结构,其次是光杆名词。从东汉至魏晋南北朝,光杆名词和偏正结构结构的受事变化幅度较大。前者呈下降趋势,降幅约为15.4%;后者呈上升趋势,增幅约为17.4%。从谓词性受事的内部结构来看,东汉时期居首位的是联合结构,其次是陈述结构,光杆动词居第三位。魏晋南北朝时期居首位的是联合结构,其次是光杆动词、陈述结构。光杆动词、述宾结构、状中结构的谓词性受事都呈上升趋势,但增幅都不大,最大不超过1%;联合结构和陈述结构的谓词性受事呈下降趋势,降幅分别是2.6%和1.3%。

在述语的构成方面,两个时期的述语可以是光杆述语,也可以带前附或后附两种成分。就光杆述语而言,其在东汉时期的使用频率远远低于魏晋南北朝时期。两个时期的差幅约为15.1%。带前附和后附成分的用例所占的比例在前后两个时期均有变化,其中带前附状语的用例变化较大，增幅达12%；相比较而言，带后附成分的用例所占比例虽有上升，但增幅约为2.7%。从前附成分的内部分布来看，两个时期中充当状语的成分在用例上的多寡序列都是能愿动词、副词、形容词、名词、介词短语。从后附成分的使用情况来看，两个时期的后附成分都有宾语和补语两类。二者在不同时期所占的比例分别约为8.4%和10.3%、8.1%和7.1%。总起来说，在历时层面，动词带前附和后附两种成分的用例在总体发展趋势上都呈上升趋势。但在后附成分方面，动词带宾语的用例呈上升趋势，带补语的用例呈下降趋势。在充当前附或后附成分的词类内部，不同词类在发展趋势上存在个体差异。

从主语的结构构成来看，主语出现和隐含的用例分别是20、522。在主语出现的用例中，充当主语的成分包括专有人名、代词、普通名词（名词性短语）三类，用例依次是6、4、10。从各时期的用例情况来看，两个时期主语出现的用例分别是15、5。东汉时充当主语的有专有名词、代词、普通名词三类，魏晋南北朝时期充当主语的只有代词和普通名词两类。① 从东汉至魏晋南北朝，由专有名词充当的主语使用频率下降，而由代词和普通名词充当的主语使用频率上升。在共时平面上，东汉时充当主语的成分在结构上分为光杆名词（代词）、“者”字结构、一般定中结构、联合结构四类，②魏晋南北朝时期，充当主语的成分在结构上的是光杆名词（代词）。在历时层面上，充当主语的成分虽然都是以简单形式为主，但在结构上发生变化。由光杆名词（代词）充当的主语呈上升趋势，其他结构的主语呈下降趋势。从词类属性来看，充当主语的成分在优势词类上有所不同。东汉时居首位的是普通名词，其次是专有名词，代词是居第三位的词类；魏晋南北朝时期普通名词成为充当主语的优势词类，代词居第二位，专

---

① 魏晋南北朝时期的用例依次是2、3。
② 东汉时期的用例依次是12、1、1、1。

有人名充当主语的用例没有出现。

2.4.4.2 东汉至魏晋南北朝佛典中受事话题句的历史演变

从考察文献来看，东汉到魏晋南北朝佛典中的受事话题句在类型用例、受事话题、述语和主语的结构构成方面均发生一定的变化。

首先，在类型用例方面，两个时期佛典中的受事话题句在大的类型和优势句型方面基本一致，其差异主要表现在次类的增减以及相同次类使用频率的升降方面。前者主要表现为“受事＋否定副词＋动词＋名词补语”仅见于东汉，至魏晋南北朝时期消失；次类“受事＋时间副词＋动词＋动词”新产生于东汉，“受事＋语气副词＋动词＋动词”和“受事＋名词＋动词＋数量短语”新产生于魏晋南北朝。后者主要表现为“受事＋副词＋动词”、“受事＋形容词＋动词”、“受事(＋主语)(＋状语)＋动词＋动词”3个次类使用频率上升；“受事＋动词”、“受事(＋主语)＋能愿动词＋动词”、“受事(＋主语)(＋状语)＋动词＋代词”3个次类使用频率下降。其中，由副词和形容词充当状语的次类上升幅度较大，增幅分别为9.7％和9.2％。由光杆动词充当述语和动词带能愿动词状语以及动词带宾语的次类下降幅度较大，降幅依次是12.4％、7.8％、2.4％。在带副词状语的次类中，除了由语气副词充当状语的次类在两个时期的使用频率相同之外，表示否定、范围、时间的类别都呈上升趋势。由范围副词和时间副词充当状语的次类增幅较大，分别为6.9％和3.2％。在带宾语的次类中，由名词和代词充当宾语的次类使用频率都呈下降趋势，相比较而言，名词宾语的降幅不大，而代词宾语的降幅稍高，约为2.8％。在带补语的次类中，由介词短语充当补语的用例使用频率稍降，由动词充当补语的用例增加，二者的变化幅度都不大。

其次，在受事话题的构成方面，两个时期的受事都分别由体词性和谓词性两种成分构成，但二者在使用频率方面存在差异。东汉时二者的用例数分别是266和55，分别约占总数的82.9％和17.1％；

魏晋南北朝时二者的用例数分别是 278 和 56，分别约占总数的 83.2%和 16.8%。显然，在共时平面内，两个时期的体词性受事的使用频率都远远高于谓词性受事，二者差幅较大。在历时平面上，体词性受事的使用频率稍降，谓词性受事的使用频率稍升。

从体词性受事的内部结构来看，两个时期的体词性受事都以偏正结构为优势结构，其次是光杆名词。在各时期体词性受事的用例中，偏正结构和联合结构的受事呈上升趋势，但增幅不大；光杆名词的受事呈下降趋势，降幅仅为 1.8%。从谓词性受事的内部结构来看，东汉时期居首位的是光杆动词，其次是状中结构、陈述结构、联合结构、述宾结构①。魏晋南北朝时期居首位的是联合结构，其次是陈述结构、述宾结构、光杆动词、状中结构。虽然联合结构、陈述结构、述宾结构的受事都呈上升趋势，光杆动词和状中结构的受事都呈下降趋势，但除了联合结构的受事变化幅度较大，增幅达到 3.2%之外，其他结构的受事变化幅度都不大。

在述语的构成方面，两个时期的述语可以是光杆述语，也可以带前附或后附两种成分。其中带前附成分的用例所占的比例分别约为 62%和 74%；带后附成分的用例所占的比例分别约为 17.8%和 18%。从前附成分的内部分布来看，两个时期中充当状语的成分在用例上的多寡序列分别是能愿动词、副词、形容词、名词、介词短语和能愿动词、副词、形容词、介词短语、名词。从后附成分的使用情况来看，两个时期的后附成分都有宾语和补语两类。二者在不同时期所占的比例分别约为 10.6%和 8.1%、7.2%和 9.9%。总起来说，在历时层面，动词带前附成分的用例总体呈上升趋势，带后附成分的用例呈下降趋势。在后附成分方面，动词带宾语的用例呈下降趋势，带补语的用例呈上升趋势。在充当前附或后附成分的词类内部，不同词类在发展趋势上存在个体差异。

---

① 东汉时期联合结构和陈述结构的谓词性受事用例数量相同。

从主语的结构构成来看，主语出现和隐含的用例分别是50、605。在主语出现的用例中，充当主语的成分有专有人名、代词、普通名词（名词性短语）三类，其用例依次是11、24、15。从各时期的用例情况来看，两个时期中主语出现的用例总数分别是21、29。充当主语的都有专有名词、代词、普通名词三类。① 从东汉至魏晋南北朝由专有名词和代词充当的主语在佛典中的使用频率下降，而由普通名词充当的主语使用频率上升。在共时层面上，东汉佛典中充当主语的成分有光杆名词（代词）和一般定中结构两类，魏晋南北朝时期有光杆名词、"者"字结构、一般定中结构、联合结构四类。② 在历时层面上，充当主语的成分在结构上虽然都以简单形式为主，但结构上发生变化。东汉佛典中光杆名词结构的主语占优势地位，其次是一般定中结构。魏晋南北朝佛典中主语的优势结构虽然仍然是光杆名词，但"者"字结构是居第二位的结构。光杆名词和一般定中结构的主语呈下降趋势，"者"字结构和联合结构的主语呈上升趋势。从词类属性来看，在优势词类上有所不同。东汉时居首位的是代词，其次是专有名词，普通名词充当主语的用例最少；魏晋南北朝时期代词仍然是充当主语的优势词类，但其次是普通名词，专有人名充当主语的用例最少。

2.5　晚唐五代时期的受事话题句

2.5.1　基本类型及句法特征

晚唐五代时期，我们调查了《敦煌变文集》和《祖堂集》。两部文献中受事话题句共出现680例，《敦煌变文集》502例，《祖堂集》178例。根据述语动词是否出现前附或后附成分分为两种类型：

① 魏晋南北朝的用例依次是1、16、12。

② 魏晋南北朝时期的用例依次是21、5、1、2。

一、光杆述语

此类受事话题句出现 103 例，约占用例总数的 15.1%。根据述语结构的不同分为两类：

（一）受事话题（＋施事/当事主语）＋光杆述语动词。如：

（172）南槽龙马子孙乘，北牖香车妻妾用。（《敦煌变文集·大目乾连冥间救母变文》）

（173）师展手云："茶盐钱布施。"（《祖堂集·赵州和尚》）

此类受事话题句出现 82 例，约占用例总数的 12.1%。《敦煌变文集》和《祖堂集》中的用例分别是 75、7。充当受事的有体词性和谓词性两种成分，前者 63 例，后者 19 例。体词性受事按结构分为光杆名词、"者"字结构、一般定中结构和联合结构四类，其用例依次是 16、2、35、10。谓词性受事按其结构分为光杆动词、联合结构、述宾结构和陈述结构四类，其用例依次是 6、5、6、2。

所涉及的动词有 57 个：摧 2、灭 3、逐、杀 2、吃 2、伤 2、破、催、见、求、受 3、穿、作、知、献 2、闻 7、踦驱、念、倾、撒、及、执、除 4、诉、生、解、遮、傍、当 2、乘、用、支解、除丧、解散、败散、殄除、断灭 2、辨别、消除 2、消灭 2、绝灭、减除、布施 2、迁移、遣收、答、剸裁、恶贱、枉诛、解取、告报、听受、粉碎、看、传、设用、知解。动词前后不出现状语和补语等句法成分。

从主语的隐现情况来看，主语出现和主语隐含的用例分别是 16、66。所出现的主语位于受事和动词之间。前者如例（172），后者如例（173）。

（二）受事＋动词词组。如：

（174）和尚棒教什摩人吃？（《祖堂集·保福和尚》）

（175）此问请和尚择。（《祖堂集·齐云和尚》）

此类受事话题句出现 21 例，约占用例总数的 3.1%。《敦煌变文集》和《祖堂集》中的用例分别是 15、6。受事由体词性和谓词性成分充当，在结构上都是一般定中结构。

从述语的构成情况来看，充当述语的是使令结构或联合结构的动词词组。所涉及的述语动词有18个：爱、传3、审详、解说、般将、破用、驱使、得、求、行、添、画、消除、尝、录、吃、择、还2。受事直接出现在使令结构或联合结构的述语之前，使令结构第二个动词或联合结构之后不出现补语。

从主语的隐现情况来看，主语出现和隐含的用例分别是15、6。在主语出现的用例中，主语都是位于使令结构中的使令动词之后、第二个动词之前。如例(174)。

二、述语动词出现前附成分或后附成分

此类受事话题句出现577例，根据所出现的成分是前附成分还是后附成分分为两类：

(一) 受事话题(＋施事/当事主语)＋状语＋述语动词。如：

此类受事话题句出现495例，约占用例总数的72.8%。根据状语成分在词类上的差异分为五类：

1. 受事(＋主语)＋副词＋动词

此类受事话题句出现224例，约占用例总数的32.9%。根据充当副词词汇意义的不同分为五类：

① 受事＋否定副词＋动词。如：

(176) 汉贼不打，如何自死？(《敦煌变文集·李陵变文》)

此类受事话题句出现147例。《敦煌变文集》和《祖堂集》中的用例分别是97、50。充当受事的有体词性和谓词性两种成分，前者109例，后者38例。按照结构的不同，体词性受事分为光杆名词、"者"字结构、一般定中结构、联合结构四类，其用例依次是21、1、73、14。谓词性受事分为光杆动词、联合结构、状中结构、述宾结构和陈述结构五类，其用例依次是2、20、3、3、10。

所涉及的动词有75个：说2、惜、闭、闻9、打、受2、卖、损、画、辨

3、解5、言、治、用2、伤2、理、殄、知7、畏、论、负、逢3、除5、侵、染、要2、庇、遣、梳、辞、餐2、修2、舍2、扫、思议、听、学、悟、测、知闻、裁2、识3、会、折、思议15、测量、将货、开、作4、为、啜、酤、偷、捻、顾、挂、无、传3、见2、得6、问3、断、拘2、触、为2、识2、商量、接、借、体会、问6、取、思量、造作、解读。动词之前出现由否定副词充当的状语,所涉及的否定副词有“不”、“未”、“莫”。

② 受事+范围副词+动词。如:

(177) 世间之事,尽总皆知。(《敦煌变文集·庐山远公话》)

(178) 一切皆放舍,犹若未生时如何?(《祖堂集·洞山和尚》)

此类受事话题句出现31例。《敦煌变文集》和《祖堂集》中的用例分别是26、5。充当受事的有体词性和谓词性两种成分,前者28例,后者3例。按照结构的不同,体词性受事分为光杆名词、一般定中结构和联合结构三类,其用例依次是4、17、7。谓词性受事分为联合结构和陈述结构两类,其用例分别是2、1。

所涉及的动词有29个:知3、修、备、遣、闻、悟2、说2、解、抄录、钦仰、除弃、护惜、怃恤、锁闭、厌弃、起引、见、受、知委、除改、焚、开、除散、丧、落破、录2、书、放舍、造。动词之前出现由范围副词充当的状语,所涉及的范围副词有“尽”、“皆”、“具(俱)”、“全”、“悉”等。

③ 受事(+主语)+时间副词+动词。如:

(179) 诸漏已尽,烦恼顿除。(《敦煌变文集·八相变》)

(180) 如是之法汝今已得,更无阙少,与佛无殊,更无别法可得成佛。(《祖堂集·牛头和尚》)

此类受事话题句出现32例。《敦煌变文集》和《祖堂集》中的用例分别是25、7。充当受事的有体词性和谓词性两种成分,前者28例,后者4例。按照结构的不同,体词性受事分为光杆名词、一般定中结构和联合结构三类,其用例依次是4、23、1。谓词性受事在结构上都是联合结构。

所涉及的动词有 22 个：尽、除 3、知、灭 3、施行、捉、遣 2、灭 2、设、陈、说、移、立 4、败、诛戮、断灭、整、奏、闻、得、舍 2、施。动词之前出现由时间副词充当的状语，所涉及的时间副词有“顿”、“已”、“即”、“既”、“将”、“常”、“时”、“便”。

从主语的隐现情况来看，主语出现的有 2 例，所出现的主语位于受事和动词之间。如例(180)中，受事“如是之法”和动词“得”之间出现由代词“汝”充当的主语；主语隐含的有 30 例，如例(179)中，受事“烦恼”和动词“除”之间不出现动作的发出者。

④ 受事＋语气副词＋动词。如：

(181) 断才闻世尊名字，镬汤烟焰总消除。(《敦煌变文集·难陀出家缘起》)

此类受事话题句出现 8 例。《敦煌变文集》和《祖堂集》中的用例分别是 5、3。充当受事的有体词性和谓词性两种成分，前者 6 例，后者 2 例。按照结构的不同，体词性受事分为一般定中结构和联合结构两类，其用例分别是 6、2。谓词性受事分为联合结构和陈述结构两类，其用例各为 1。

所涉及的动词有 8 个：知、见、申诉、捉、说、体会、消除、诠。动词之前出现由语气副词充当的状语，所涉及的语气副词有“岂”、“却”、“必”、“总(纵)”。如例(181)，受事是“镬汤烟焰”，动词“消除”之前出现由语气副词“总(纵)”充当的状语。

⑤ 受事(＋主语)＋方式副词＋动词。如：

(182) 此人功德我自知，于汝意云何？(《敦煌变文集·妙法莲华经讲经文》)

(183) 如人饮水，冷暖自知。(《祖堂集·弘忍和尚》)

此类受事话题句出现 6 例。《敦煌变文集》和《祖堂集》中的用例各为 3。充当受事的有体词性和谓词性两种成分，前者 2 例，后者 4

例。体词性受事都是一般定中结构。谓词性受事按照结构的不同，分为光杆动词和联合结构两类，其用例分别是1、3。

所涉及的动词有5个：知、吃2、持、嘱、除。动词之前出现由方式副词充当的状语，所涉及的方式副词有“亲”、“自”。如例(182)，受事是“此人功德”，动词“知”之前出现由方式副词“自”充当的状语。

从主语的隐现情况来看，主语出现的有5例，所出现的主语位于受事和动词之间，如例(182)。主语隐含的有1例，如例(183)。

2. 受事＋名词＋动词。如：

(184) 楼台玛瑙修，阶道琉璃布。(《敦煌变文集·佛说阿弥陀经讲经文》)

(185) 痴人棒打不死。(《祖堂集·龙迴和尚》)

此类受事话题句出现27例，约占用例总数的3.9%。《敦煌变文集》和《祖堂集》中的用例分别是23、4。充当受事的有体词性和谓词性两种成分，前者25例，后者2例。按照结构的不同，体词性受事分为光杆名词、一般定中结构和联合结构三类，其用例依次是3、19、3。谓词性受事分为光杆动词和陈述结构两类，其用例各为1。

所涉及的动词有20个：洒、攀、举、修、求、闻2、奏、发、藏3、得、观、布3、唤、陈、吹、吸、堆、造、解、打。动词之前出现由名词充当的状语。[①] 如例(184)，受事是“楼台”和“阶道”，动词“修”和“布”之前分别出现由名词“玛瑙”、“琉璃”充当的状语。

3. 受事＋形容词＋动词。如：

(186) 般若神珠妙难测，法性海中亲认得。(《祖堂集·丹霞

① 充当状语的名词分为数量短语(数词)、普通名词、处所名词、时间名词四类。四者的用例依次是8、7、11、1。

和尚》)

此类受事话题句出现48例,约占用例总数的7.1%。《敦煌变文集》和《祖堂集》中的用例分别是35、13。充当受事的有体词性和谓词性两种成分,前者45例,后者3例。按照结构的不同,体词性受事分为光杆名词、“所”字结构、一般定中结构和联合结构四类,其用例依次是9、1、29、6。谓词性受事分为联合结构、述宾结构和陈述结构三类,其用例各为1。

所涉及的动词有43个:收、立、分、舍、当、存、赦、求、过、论2、思、申说、陈、量、为、逢、枝梧(吱呜)、酬、败、拂、布、施2、知2、吃2、现、彰、传、然(燃)、移动、诱劝、流布、流传、听、寻觅、闻、测、定、收、治、得2、弁、谩、掷。动词之前出现由形容词充当的状语,所涉及的形容词有“广”、“难”、“易”、“早”、“依依”、“隐隐”等。

4. 受事+介词短语+动词。如:

(187) 看方不服药,病从何处除?(《祖堂集·庞居士》)

此类受事话题句出现30例,约占用例总数的4.4%。《敦煌变文集》和《祖堂集》中的用例分别是23、7。充当受事的有体词性和谓词性两种成分,前者28例,后者2例。按照结构的不同,体词性受事分为“者”字结构、一般定中结构和联合结构三类,其用例依次是4、22、2。谓词性受事在结构上都是联合结构。

所涉及的动词有22个:割、陈2、舍、合、行、造、擎3、识、宣3、吸2、藏、得2、开坼、割舍、取用、计料、留、分付2、诠、悟、除、剪拂。动词之前出现由介词短语充当的状语,所涉及的介词有“因”、“从”、“向”、“依”、“由”、“同”、“为”、“到”、“于”、“随”。

5. 受事(+主语)+能愿动词+动词。如:

(188) 黑羊之肉,岂可不食?(《敦煌变文集·晏子赋》)

(189) 人间短促,弟子常当知。(《敦煌变文集·欢喜国王缘》)

此类受事话题句出现 166 例,约占用例总数的 24.4%。《敦煌变文集》和《祖堂集》中的用例分别是 118、48。充当受事的有体词性和谓词性两种成分,前者 129 例,后者 37 例。按照结构的不同,体词性受事分为光杆名词、“者”字结构、一般定中结构、联合结构、“的(底)”字短语五类①,其用例依次是 35、3、81、8、2。谓词性受事分为联合结构、状中结构、述宾结构和陈述结构四类,其用例依次是 20、5、2、10。

所涉及的动词有 95 个:耐、知 15、念、忍 3、当 3、恋、惜、言 3、测 2、畏 2、教、学、事 2、敬、论 8、食、容、毁、撮、得 8、说 4、量 5、计 2、爱 2、誇、裁 3、议、名、侵、倍、信、羡、观 8、述、算、遇、偿、度、忘、染、闻 2、及、舍 8、敬奉、取、禳、听、割、招 2、入、摧 2、猜、进修、安排、称说、言说、思议 3、采拾、怜喜、施张、贪著 2、去除、违拒 2、戒省、记取、剃度、消除、伤、守、传、选、施、解、夺、见 4、有、污染、修 3、恻、除、救、问、行、取、酌、露、宣、据、寻、明、洗、量计 2、称计、供养、录。动词之前出现由能愿动词充当的状语,所涉及的能愿动词是“可”、“当”、“堪”、“须”、“用”、“能”、“忍”、“足”、“要”、“敢”、“得”、“欲”、“亦”、“愿”、“肯”。

从主语的隐现情况来看,主语出现的有 11 例,所出现的主语位于受事和动词之间。如例(189),受事是“人间短促”,动词是“知”,二者之间出现由名词“弟子”充当的主语。主语隐含的有 155 例,如例(188),受事是“黑羊之肉”,动词是“食”,二者之间不出现动作的发出者。

(二) 受事话题(+状语)+述语动词+后附成分

此类受事话题句出现 82 例。按照后附成分的不同分为两类:

1. 受事话题(+状语)+述语动词+宾语

此类受事话题句出现 17 例,约占用例总数的 2.5%。根据充当

---

① 《祖堂集》中出现 2 个“的(底)”字短语充当受事的用例。

宾语的成分在词类上的差异分为两类：

① 受事(＋状语)＋动词＋名词/名词短语。如：

(190) 此酒食可供将军兵士。(《敦煌变文集·伍子胥变文》)

(191) 此老还留与后人。(《敦煌变文集·燕子赋》)

(192) 问："其法付谁?"师云："有道者得，无心者得。"(《祖堂集·惠能和尚》)

此类受事话题句出现6例。《敦煌变文集》和《祖堂集》中的用例分别是4、2。根据是否出现状语成分，分为"受事＋动词＋名词"和"受事＋状语＋动词＋名词"两类，二者的用例各为3。前者见于《敦煌变文集》和《祖堂集》，两部文献中的用例分别是1、2。后者中，根据充当状语的成分在词类上的差异，分为"受事＋副词＋动词＋名词"和"受事＋能愿动词＋动词＋名词短语"两类，均见于《敦煌变文集》，其用例各为1。

充当受事的都是体词性成分。按照结构的不同，分为光杆名词和一般定中结构两类，其用例分别是1、5。

所涉及的动词有6个：付、闻、教、分付、与、供。受事直接出现在动词之前，动词之后出现由代词、名词或名词短语充当的宾语。如例(192)，受事是"其法"，动词"付"之后出现由疑问代词"谁"充当的宾语。例(191)，受事是"此老"，动词"留与"之前出现语气副词"还"，其后出现由名词"后人"充当的宾语。例(190)，受事是"此酒食"动词"供"之前出现能愿动词"可"，其后出现由名词短语"将军兵士"充当的间接宾语。

② 受事(＋状语)(＋主语)＋动词＋代词。如：

(193) 不净乍可食之，不欲当时受苦。(《敦煌变文集·目连缘起》)

(194) 此桃种之，一千年始生，二千年始长。(《敦煌变文集·前汉刘家太子传》)

(195) 然学与非学,唯我知焉。(《祖堂集·德山和尚》)

(196) 这个行者,何不教伊?(《祖堂集·丹霞和尚》)

(197) 个个慦须偿他始得。(《祖堂集·杉山和尚》)

此类受事话题句共出现11例。《敦煌变文集》和《祖堂集》中的用例分别是5、6。根据充当宾语的代词的不同,分为"受事(+状语)(+主语)+动词+之"、"受事+状语+主语+动词+焉"、"受事+状语+动词+伊"、"受事+状语+动词+他"四类,用例依次是8、1、1、1。其中"受事(+状语)(+主语)+动词+之"见于《敦煌变文集》和《祖堂集》,其用例分别是5、3,其他三个次类都见于《祖堂集》。

充当受事的有体词性和谓词性两种成分,前者9例,后者2例。按照结构的不同,体词性受事分为"者"字结构、一般定中结构和联合结构三类。其用例依次是1、7、1。谓词性受事分为联合结构和状中结构两类,其用例各为1。

此类受事话题句所涉及的动词有11个:种、见、食、解、取、继、试、置、知、教、偿。动词之前由出现能愿动词、副词或介词短语充当的状语①,动词之后出现由代词"之"、"焉"、"伊"、"他"充当的宾语。

从主语的隐现情况来看,主语出现的有1例,主语位于受事和动词之间。如例(195),动词之前出现由范围副词"唯"充当的状语,其后出现由代词"焉"充当的宾语。主语"我"位于在受事"学与非学"和动词"知"之间。主语隐含的有10例。如例(196),受事"这个行者"和动词"教"之间不出现动作的发出者。

2. 受事(+主语)(+状语)+动词+补语

此类受事话题句出现65例,约占用例总数的9.6%。《敦煌变文集》和《祖堂集》中的用例分别是52、13。根据充当补语的成分在词类

---

① 三者的用例依次是4、4、1。

上的差异分为四类：

① 受事(＋状语)＋动词＋名词/名词短语。如：

(198) 陵祖李广，名闻海内。(《敦煌变文集·李陵变文》)

(199) 孝行永标经史上，直教万代广流传。(《敦煌变文集·父母恩重经讲经文》)

此类受事话题句出现11例，见于《敦煌变文集》。根据充当状语的成分在词类上的差异，分为“受事＋动词＋名词”和“受事＋副词＋动词＋名词短语”两类，其用例分别是10、1。

充当受事的都是体词性成分。按照结构的不同，分为光杆名词、一般定中结构和联合结构三类，其用例依次是1、8、2。

所涉及的动词有10个：付、闻2、拨、浪、挂、奏彻、铺、拥、积、标。受事直接出现在动词之前，动词之后出现由名词或名词短语充当的补语。如例(198)，受事“名”直接出现在动词“闻”之前，动词之后出现由名词“海内”充当的补语。例(199)，动词之前出现由时间副词“永”充当的状语，动词之后出现由名词短语“经史上”充当的补语。

② 受事(＋主语)(＋状语)＋动词＋动词

此类受事话题句出现45例，根据动词之前是否出现状语成分分为两类：

A. 受事(＋主语)＋动词＋动词。如：

(200) 山岳擎来安掌里，江河捻来直下倾。(《敦煌变文集·破魔变》)

(201) 山上鸟，水里鱼，什摩人取得？(《祖堂集·灵云和尚》)

此类受事话题句出现21例，《敦煌变文集》和《祖堂集》中的用例分别是18、3。充当受事的都是体词性成分。按照结构的不同，分为光杆名词、一般定中结构和联合结构三类，其用例依次是2、12、7。

所涉及的动词有15个：烧、将4、擎、捻、摧4、吹、携、捻抛、把、摘、衔、判、抛、道、取得。动词之前出现状语的有 3 例，充当状语的是副词，动词之后出现由动词充当的补语。

从主语的隐现情况来看，主语出现和主语隐含的用例分别是 5、16。前者如例（201），受事"山上鸟"、"水里鱼"与动词"取"之间出现动作的发出者"什摩人"。后者如例（200），受事"山岳"、"江河"直接用在动词"擎"、"捻"之前，动词之后出现由动词"来"充当的补语。

B. 受事（＋主语）＋状语＋动词＋动词

此类受事话题句出现 24 例，根据充当状语的成分的不同分为两类：

B1. 受事（＋主语）＋副词＋动词＋动词

此类受事话题句出现 14 例，根据副词词汇意义的不同分为四类：

a. 受事（＋主语）＋否定副词＋动词＋动词。如：

（202）此老老人不将去。（《敦煌变文集·太子成道吟》）

（203）省超之时不守住，更须腾身俊前机。（《祖堂集·镜清和尚》）

此类受事话题句出现 5 例。《敦煌变文集》和《祖堂集》中的用例分别是 4、1。充当受事的都是体词性成分，在结构上都是一般定中结构。

所涉及的动词有 2 个：将、守。动词之前出现由否定副词充当的状语，动词之后出现由动词充当的补语。如例（202），动词"将"之后出现由趋向动词"去"充当的补语。

从主语的隐现情况来看，主语出现和隐含的用例分别是 4、1。所出现的主语位于受事和动词之间。前者如例（202），受事是"此老"，动词"将"之前出现由否定副词"不"充当的状语，其后出现由动词"去"充当的补语。主语"老人"位于受事和动词之间。后者如例（203），受事是"省超之时"，动词"守"之前出现由否定副词"不"充当的状语，其后出现由动词"住"充当的补语，受事和动词之间不出现动作的发出者。

b. 受事＋范围副词＋动词＋动词。如：

(204) 邪幢不久皆摧折。(《敦煌变文集·降魔变文》)

此类受事话题句出现2例。见于《敦煌变文集》。充当受事的都是体词性成分,按照结构的不同,分为光杆名词和联合结构两类,其各为1。

所涉及的动词有2个：破、摧。动词之前出现由范围副词充当的状语,动词后出现由动词充当的补语。如例(204)中,动词“折”用在“摧”之后,充当“摧”的补语。

c. 受事＋时间副词＋动词＋动词。如：

(205) 今债已偿了,勿致疑。(《敦煌变文集·庐山远公话》)

此类受事话题句出现4例。《敦煌变文集》和《祖堂集》中的用例各为2。充当受事的都是体词性成分。按照结构的不同分为光杆动词和一般定中结构两类,其用例分别是3、1。

所涉及的动词有3个：偿、彰露、置。动词之前出现由时间副词充当的状语,所涉及的时间副词有“已”、“既”。动词之后出现由动词充当的补语。[①] 如例(205)。

d. 受事＋语气副词＋动词＋动词。如：

(206) 楚卒闻言双泪垂,器械枪旗总抛却。(《敦煌变文集·季布诗詠》)

(207) 巨海骊珠如何取得?(《祖堂集·大普和尚》)

此类受事话题句出现3例。见于《敦煌变文集》。充当受事的都是体词性成分,在结构上是一般定中结构。所涉及的动词有3个：

① 充当补语的动词按照意义的不同分为趋向补语和结果补语两类,其用例依次是1、3。

取、抛、除。动词之前出现由副词充当的状语，动词之后出现由动词充当的补语。如例(206)，受事是“器械枪旗”动词“抛”之前出现由语气副词“总(纵)”充当的状语，其后出现由动词“却”充当的补语。

B2. 受事＋能愿动词＋动词＋动词。如：

(208) 吴国如何可投得？(《敦煌变文集·伍子胥变文》)

(209) 大海中水可饮尽。(《敦煌变文集·佛说阿弥陀经讲经文》)

(210) 汝若学我看经，牛皮也须穿过。(《祖堂集·药山和尚》)

此类受事话题句出现10例。《敦煌变文集》和《祖堂集》中的用例各为5。充当受事的有体词性和谓词性两种成分，前者8例，后者2例。按照结构的不同，体词性受事分为光杆名词和一般定中结构两类，其用例各为4。谓词性受事分为联合结构和陈述结构两类，其用例各为1。

所涉及的动词有9个：扫、饮、摧、投、除戒、将2、摈、观、穿。动词之前出现由能愿动词充当的状语，其后出现由动词充当的补语。如例(210)，动词“穿”之前出现能愿动词“须”，其后出现由动词“过”充当的补语。

③ 受事＋状语＋动词＋形容词。如：

(211) 师云：“道则亦不教多，但却两字。(《祖堂集·禾山和尚》)

此类受事话题句出现1例。见于《祖堂集》。充当受事的是体词性成分，在结构上是光杆名词。所涉及的动词有1个：教。动词之前出现由否定副词充当的状语，动词之后出现由形容词充当的补语。如例(211)，受事是“道”，动词“教”之前出现由否定副词充当的状语，其后出现由形容词“多”充当的补语。受事和动词之间不出现动作的发出者。

④ 受事(＋主语)(＋状语)＋动词＋数量短语。如：

(212) 锄禾刈麦，薄会些些。(《敦煌变文集·庐山远公话》)

(213) 三十二相与些些。(《敦煌变文集·金刚鬼女因缘》)

(214) 粮不畜一粒，逢饭但知餐。(《祖堂集·懒瓒和尚》)

此类受事话题句出现3例，根据是否出现状语成分分为“受事＋动词＋数量短语”和“受事＋状语＋动词＋数量短语”两类。前者1例，见于《敦煌变文集》；后者2例，按照充当状语的成分在词类上的差异，分为“受事＋副词＋动词＋数量短语”和“受事＋形容词＋动词＋数量短语”两类，二者的用例各为1。分别见于《祖堂集》和《敦煌变文集》。

充当受事的有体词性和谓词性两种成分，前者2例，后者1例。按照结构的不同，体词性受事分为光杆名词、一般定中结构两类，二者的用例各为1，谓词性受事在结构上是联合结构。

所涉及的动词有3个：与、畜、会。动词之后出现由数量短语充当的补语。如例(213)，受事“三十二相”直接出现在动词“与”之前，动词之后出现由数量短语“些些”充当的补语。如例(214)，受事是“粮”，动词“畜”之前出现否定副词“不”，其后出现由数量短语“一粒”充当的补语。如例(212)，受事是“锄禾刈麦”，动词“会”之前出现形容词“薄”，数量短语“些些”用在动词之后充当补语。

⑤ 受事(＋主语)(＋状语)＋动词＋介词短语。如：

(215) 过失推向将军上，汉家兵法任教虏。(《敦煌变文集·李陵变文》)

(216) 李陵所带胡乡之帽，弃在沙场。(《敦煌变文集·苏武李陵执别词》)

(217) 西来密旨，和尚如何指示于人？(《祖堂集·投子和尚》)

此类受事话题句出现5例，根据动词之前是否出现状语，分为“受事＋动词＋介词短语”和“受事＋语气副词＋动词＋介词短语”两类。前者4例，见于《敦煌变文集》；后者1例，见于《祖堂集》。

充当受事的有体词性和谓词性两种成分，其用例分别是4、1。体词性受事在结构上都是一般定中结构，谓词性受事在结构上是联合结构。

所涉及的动词有 5 个：推向、弃、记、取舍、指示。动词之后出现由介词短语充当的补语，所涉及的介词有“向”、“在”、“于”。如例(216)，受事“李陵所带胡乡之帽”直接用在动词“弃”之前，动词之后出现由介词短语“在沙场”充当的补语。例(217)受事是“西来密旨”，动词“指示”之前出现由语气副词“如何”充当的状语，动词之后出现由介词短语充当的补语。

从主语的隐现情况来看，主语出现的有 1 例，所出现的主语位于受事和动词之间，如例(217)。主语隐含的有 4 例，如例(215)，受事“过失”直接出现在动词“推”之前，动词之后出现由介词短语“向将军上”充当的补语。

2.5.2　小结

晚唐五代时期，带光杆述语和述语动词出现前附或后附成分的两类受事话题句中，优势类别分别是“受事(＋主语)＋光杆述语动词”和“受事(＋主语)＋状语＋述语动词”。在后一类别中，充当状语的成分在词类上的多寡序列依次是副词、能愿动词、形容词、介词短语、名词。在由副词充当状语的次类中，不同词汇意义的副词在用例上的多寡序列依次是表示否定、时间、范围、语气的类别。在带后附成分的次类中，后附成分是补语的用例占优势地位，其次是宾语。在带补语的次类中，充当补语的有名词、动词、形容词、介词短语、数量短语五类。它们在用例上的多寡序列依次是动词、名词、介词短语、数量短语、形容词。在带宾语的次类中，充当宾语的是名词(名词短语)和代词。后者中充当宾语的代词有“之”、“焉”、“伊”、“他”，其中使用“之”的用例占绝对优势。

该时期受事话题句的主要特点有六：其一，由光杆动词充当述语动词的次类使用频率较前一时期有所回升，但这些动词中有相当一部分是一般及物动词，而且这些动词都是在其前出现主语的情况下应用于受事话题句中的。但就作格而言，其在受事话题句中的使用频率仍然与其在汉语史上的衰亡趋势一致。其二，由副词和能愿动词充当状语的总体使用频率占该时期受事话题句用例的一半以上。二者仍然是体现晚唐五代受事话题句述语复杂性的优势词类。但由副词充当状语的次类在使用频率上超过其前所有时期，能愿动词充当状语的使用频率比其前所有时期都低，这与带副词和能愿动词状语类受事话题句的历史演变趋势一致。其三，由动词充当补语的次类使用频率较其前各时期都高。其四，由形容词充当补语的受事话题句真正出现。其五，动词之后出现回指代词“之”的次类使用频率急剧下降，与之前各时期相比，最大降幅达到 13.5%。一般及物动词通常要求其后出现宾语的规则在该时期松动性进一步增强。其六，“者”字结构的受事话题使用频率继续下降，“所”字结构的受事话题仅出现 1 例，出现了“的(底)”字结构的受事话题。

2.5.3　魏晋南北朝至晚唐五代受事话题句的历史演变①

从考察文献来看，魏晋南北朝到晚唐五代受事话题句在类型用例、受事话题、述语和主语的结构构成方面均发生一定的变化。

首先，在类型用例方面，两个时期口语文献中的受事话题句在大的类型和优势句型方面基本一致，其差异主要表现在次类的增减以及相同次类使用频率的升降方面。前者主要表现为晚唐五代时期新产生了“受事＋否定副词＋动词＋数量短语”、“受事＋否定副词＋动词＋形容词”、“受事＋时间副词＋动词＋名词补语”、“受事＋形容词＋动词＋数量短语”、“受事＋动词＋伊”、“受事＋动词＋他”6 个次类。后者主要表现为“受事(＋主语)＋动词”、“受事＋动词词组”、

---

①　本小节所讨论的魏晋南北朝文献指的是魏晋南北朝时期的本土传世文献，所涉及的数据不包括佛典中的用例情况。

"受事+副词+动词"、"受事+名词+动词"、"受事+形容词+动词"、"受事+介词短语+动词"、"受事(+主语)(+状语)+动词+动词"7个次类使用频率上升。其中,由光杆动词充当述语和由副词充当状语的次类上升幅度较大,增幅分别为5.1%和9%。"受事(+主语)+能愿动词+动词"和"受事(+主语)(+状语)+动词+代词"2个次类使用频率下降,且下降的幅度比较大,降幅分别为20.8%和8.7%。次类"受事+连词+动词"消失。在带副词状语的次类中,表示否定、范围的类别呈上升趋势,表示时间、语气的类别呈下降趋势。其中带否定副词和时间副词状语的次类变化幅度比较大,特别是前者,增幅达9.3%,后者的降幅为2.4%。在带宾语的次类中,由名词充当宾语的次类呈上升趋势,但变化幅度不大;由代词充当宾语的次类降幅较大。在带补语的次类中,由名词、介词短语充当补语的用例都呈下降趋势,由动词、形容词、数量短语充当补语的用例呈上升趋势。上述类别中,除了动词补语变化幅度较大,增幅约为4.7%以外,其他类别的补语变化幅度都不大。

在充当补语的动词小类方面,趋向动词和完结义动词作补语的用例虽已见于魏晋南北朝佛典,但用例较少。所出现的趋向动词是"来"和"去",完结义动词是"竟"。① 魏晋南北朝时期大多数补语仍然是由性状性特征较强的动词如"破"等充当。晚唐五代时期趋向动词和完结义动词做补语的用例在总体数量和作补语的语词数量上都显著增多。趋向补语和结果补语的用例分别是16、8,其中由"来"、"去"和"却"、"过"充当补语的用例占多数。② 该时期在由兼语结构构成的

---

① 趋向补语共出现3例,由趋向动词"来"和"去"充当补语的用例依次是1和2。完结义补语出现1例。

② 所出现的趋向动词有"来"、"去"、"出"、"下",完结义动词是"却"、"过"、"尽"、"了"。从单部文献来看,《敦煌变文集》中,趋向补语由"来"和"去"充当,其用例依次是5和4;完结义动词补语由"了"、"却"、"尽"充当,其用例各为1。《祖堂集》中,趋向补语由"来"、"去"、"出"、"下"充当,其用例依次是3、2、1、1;完结义动词补语由"了"、"过"和"却"充当,其用例依次是为2、1、2。

动词词组充当述语的用例中，第一动词在先前所使用的使令动词“令”的基础上又增加了“教”、“交”、“遣”等。

其次，在受事话题的构成方面，两个时期的受事都分别由体词性和谓词性两种成分构成，但二者在使用频率方面存在差异。魏晋南北朝时二者的用例数分别是140和15，分别约占总数的90.3%和9.7%；晚唐五代时二者用例数分别是558和122，分别约占总数的82.1%和17.9%。显然，在共时平面内，两个时期中的体词性受事在使用频率上都远远高于谓词性受事，二者形成很大的差距。在历时平面上，体词性受事所占比例下降，谓词性受事所占比例上升。

从体词性受事的内部结构来看，两个时期的体词性受事都以偏正结构为优势结构，其次是光杆名词。从魏晋南北朝至晚唐五代，光杆名词和偏正结构的体词性受事呈下降趋势，降幅分别为5.7%和4%；联合结构的受事呈上升趋势，增幅为1.3%。从谓词性受事的内部结构来看，魏晋南北朝时期居首位的是联合结构，其次是光杆动词、陈述结构、述宾结构和状中结构，①晚唐五代时期居首位的是联合结构，其次是陈述结构、述宾结构、光杆动词、状中结构。虽然联合结构、陈述结构、述宾结构、状中结构的受事都呈上升趋势，光杆动词构成的受事都呈下降趋势，但除了联合结构的谓词性受事增幅较大，约为4.1%之外，其他结构的谓词性受事变化幅度都比较小。

在述语的构成方面，两个时期的述语可以是光杆述语，也可以带前附或后附两种成分。其中带前附成分的用例所占的比例分别约为74.8%和72.8%，带后附成分的用例所占的比例分别约为17.4%和12.2%。从前附成分的使用情况来看，两个时期中充当状语的成分在用例上的多寡序列分别是能愿动词、副词、形容词、名词、介词短语和副词、能愿动词、形容词、介词短语、名词。从后附成分的使用情况

① 述宾结构和状中结构的用例数相同。

来看，两个时期中动词带宾语的用例所占的比例分别约为10.3%和2.5%；补语所占的比例分别约为7.1%和9.6%。总起来说，在历时层面，动词带前附和后附两种成分的用例的总体发展趋势都是下降。相比较而言，带前附成分的使用频率下降幅度较小，而带后附成分的使用频率下降幅度较大。

补语的发展与汉语动词由综合到分析、越来越多地借助后附成分表达相关意义有关。补语用例的上升对受事话题句产生积极的影响主要表现为，在一定程度上抵消了由代词"之"位于动词之后充当宾语的受事话题句用例的减少。从用例来看，虽然晚唐五代佛典中充当补语的动词小类较魏晋南北朝有所增加，但由于体助词和补语的使用在该时期还不太普遍，所以补语的增加并未改变受事话题句后附成分下降的趋势。

从主语的结构构成来看，主语出现和隐含的用例分别是78、757。在主语出现的用例中，充当主语的成分有专有人名、代词、普通名词（名词性短语）三类，其用例依次是1、63、32。从各时期主语的使用情况来看，两个时期中主语出现的用例总数分别是29、49，充当主语的都有专有名词、代词、普通名词三类。[①] 从魏晋南北朝至晚唐五代，由专有名词和代词充当的主语使用频率下降，由普通名词充当的主语使用频率上升。在共时层面上，魏晋南北朝时期充当主语的成分在结构上都是光杆名词（代词），晚唐五代时期分为光杆名词（代词）、一般定中结构、联合结构三类。[②] 在历时层面上，充当主语的成分都是以简单形式为主，在结构上有所变化。光杆名词（代词）结构的主语呈下降趋势，一般定中结构和联合结构的主语呈上升趋势。在词类属性两个时期的佛典中代词是都充当主语的优势词类，普通名词次之。

---

① 晚唐五代时期的用例依次是4、24、21。
② 晚唐五代时期的用例依次是37、7、5。

表 2－13　晚唐五代时期受事话题的结构构成

<table>
<tr><td colspan="3" rowspan="4">结构构成
类　型</td><td colspan="11">受事话题的结构构成</td><td colspan="3" rowspan="4">小　计</td></tr>
<tr><td colspan="6">体词性成分</td><td colspan="5">谓词性成分</td></tr>
<tr><td rowspan="2">光杆名词</td><td colspan="5">复杂结构</td><td rowspan="2">光杆动词</td><td colspan="4">复杂结构</td></tr>
<tr><td>者字结构</td><td>所字结构</td><td>定中结构</td><td>联合结构</td><td>的字结构</td><td>联合结构</td><td>述宾结构</td><td>状中结构</td><td>陈述结构</td></tr>
<tr><td colspan="2" rowspan="6">受事（＋主语）＋动词（＋名词/动词/数量短语/介词短语）</td><td>受事(＋主语)＋动词</td><td>16</td><td>2</td><td>0</td><td>35</td><td>10</td><td>0</td><td>6</td><td>5</td><td>6</td><td>0</td><td>2</td><td colspan="2">82</td><td rowspan="6">121</td></tr>
<tr><td>受事＋动词＋名词宾语</td><td>1</td><td>0</td><td>0</td><td>2</td><td>0</td><td>0</td><td>0</td><td>0</td><td>0</td><td>0</td><td>0</td><td colspan="2">3</td></tr>
<tr><td>受事＋动词＋名词补语</td><td>1</td><td>0</td><td>0</td><td>7</td><td>2</td><td>0</td><td>0</td><td>0</td><td>0</td><td>0</td><td>0</td><td colspan="2">10</td></tr>
<tr><td>受事＋动词＋数量短语</td><td>0</td><td>0</td><td>0</td><td>1</td><td>0</td><td>0</td><td>0</td><td>0</td><td>0</td><td>0</td><td>0</td><td colspan="2">1</td></tr>
<tr><td>受事(＋主语)＋动词＋动词</td><td>2</td><td>0</td><td>0</td><td>12</td><td>7</td><td>0</td><td>0</td><td>0</td><td>0</td><td>0</td><td>0</td><td colspan="2">21</td></tr>
<tr><td>受事＋动词＋介词短语</td><td>0</td><td>0</td><td>0</td><td>3</td><td>0</td><td>0</td><td>0</td><td>1</td><td>0</td><td>0</td><td>0</td><td colspan="2">4</td></tr>
<tr><td rowspan="6">受事＋副词＋动词（＋名词/形容词/动词/介词短语）</td><td rowspan="4">受事＋否定副词＋动词(＋数量短语/动词/形容词</td><td>受事＋否定副词＋动词</td><td>21</td><td>1</td><td>0</td><td>73</td><td>14</td><td>0</td><td>2</td><td>20</td><td>3</td><td>3</td><td>10</td><td>147</td><td rowspan="4">154</td><td rowspan="6">244</td></tr>
<tr><td>受事＋否定副词＋动词＋数量短语</td><td>1</td><td>0</td><td>0</td><td>0</td><td>0</td><td>0</td><td>0</td><td>0</td><td>0</td><td>0</td><td>0</td><td>1</td></tr>
<tr><td>受事(＋主语)否定副词＋动词＋动词</td><td>0</td><td>0</td><td>0</td><td>5</td><td>0</td><td>0</td><td>0</td><td>0</td><td>0</td><td>0</td><td>0</td><td>5</td></tr>
<tr><td>受事＋否定副词＋动词＋形容词</td><td>1</td><td>0</td><td>0</td><td>0</td><td>0</td><td>0</td><td>0</td><td>0</td><td>0</td><td>0</td><td>0</td><td>1</td></tr>
<tr><td rowspan="2">受事＋范围副词＋动词(＋动词/介词短语)</td><td>受事＋范围副词＋动词</td><td>4</td><td>0</td><td>0</td><td>17</td><td>7</td><td>0</td><td>0</td><td>2</td><td>0</td><td>0</td><td>1</td><td>31</td><td rowspan="2">33</td></tr>
<tr><td>受事＋范围副词＋动词＋动词</td><td>1</td><td>0</td><td>0</td><td>0</td><td>1</td><td>0</td><td>0</td><td>0</td><td>0</td><td>0</td><td>0</td><td>2</td></tr>
</table>

续　表

<table>
<tr><td rowspan="4" colspan="3">结构构成
类型</td><td colspan="11">受事话题的结构构成</td><td rowspan="4" colspan="3">小计</td></tr>
<tr><td colspan="6">体词性成分</td><td colspan="5">谓词性成分</td></tr>
<tr><td rowspan="2">光杆名词</td><td colspan="5">复杂结构</td><td rowspan="2">光杆动词</td><td colspan="4">复杂结构</td></tr>
<tr><td>者字结构</td><td>所字结构</td><td>定中结构</td><td>联合结构</td><td>的字结构</td><td>联合结构</td><td>述宾结构</td><td>状中结构</td><td>陈述结构</td></tr>
<tr><td rowspan="8"></td><td rowspan="3">受事+时间副词+动词(+介词短语)</td><td>受事+时间副词+动词</td><td>4</td><td>0</td><td>0</td><td>23</td><td>1</td><td>0</td><td>0</td><td>4</td><td>0</td><td>0</td><td>0</td><td>32</td><td rowspan="3">37</td><td rowspan="8"></td></tr>
<tr><td>受事+时间副词+动词+动词</td><td>1</td><td>0</td><td>0</td><td>3</td><td>0</td><td>0</td><td>0</td><td>0</td><td>0</td><td>0</td><td>0</td><td>4</td></tr>
<tr><td>受事+时间副词+动词+名词补语</td><td>1</td><td>0</td><td>0</td><td>0</td><td>0</td><td>0</td><td>0</td><td>0</td><td>0</td><td>0</td><td>0</td><td>1</td></tr>
<tr><td rowspan="4">受事+语气副词+动词(+名词)</td><td>受事+语气副词+动词</td><td>0</td><td>0</td><td>0</td><td>5</td><td>1</td><td>0</td><td>0</td><td>1</td><td>0</td><td>0</td><td>1</td><td>9</td><td rowspan="4">14</td></tr>
<tr><td>受事+语气副词+动词+名词宾语</td><td>0</td><td>0</td><td>0</td><td>2</td><td>0</td><td>0</td><td>0</td><td>0</td><td>0</td><td>0</td><td>0</td><td>2</td></tr>
<tr><td>受事+语气副词+动词+动词</td><td>0</td><td>0</td><td>0</td><td>2</td><td>1</td><td>0</td><td>0</td><td>0</td><td>0</td><td>0</td><td>0</td><td>3</td></tr>
<tr><td>受事+语气副词+动词+介词短语</td><td>0</td><td>0</td><td>0</td><td>1</td><td>0</td><td>0</td><td>0</td><td>0</td><td>0</td><td>0</td><td>0</td><td>1</td></tr>
<tr><td colspan="2">受事+方式副词+动词</td><td>0</td><td>0</td><td>0</td><td>2</td><td>0</td><td>0</td><td>1</td><td>3</td><td>0</td><td>0</td><td>0</td><td colspan="2">6</td></tr>
<tr><td colspan="3">受事+名词+动词</td><td>4</td><td>0</td><td>0</td><td>18</td><td>3</td><td>0</td><td>1</td><td>0</td><td>0</td><td>0</td><td>1</td><td colspan="3">27</td></tr>
<tr><td colspan="2" rowspan="2">受事+形容词+动词(+数量短语)</td><td>受事+形容词+动词</td><td>9</td><td>0</td><td>1</td><td>29</td><td>6</td><td>0</td><td>0</td><td>1</td><td>1</td><td>0</td><td>1</td><td>48</td><td colspan="2" rowspan="2">49</td></tr>
<tr><td>受事+形容词+动词+数量短语</td><td>0</td><td>0</td><td>0</td><td>0</td><td>0</td><td>0</td><td>0</td><td>1</td><td>0</td><td>0</td><td>0</td><td>1</td></tr>
<tr><td colspan="3">受事+介词短语+动词</td><td>4</td><td>0</td><td>0</td><td>22</td><td>2</td><td>0</td><td>0</td><td>2</td><td>0</td><td>0</td><td>0</td><td colspan="3">30</td></tr>
<tr><td rowspan="3">受事(+主语)+能愿动词+动词</td><td colspan="2">受事(+主语)+能愿动词+动词</td><td>35</td><td>3</td><td>0</td><td>81</td><td>8</td><td>2</td><td>0</td><td>20</td><td>5</td><td>2</td><td>10</td><td>166</td><td colspan="2" rowspan="3">177</td></tr>
<tr><td colspan="2">受事(+主语)+能愿动词+动词+名词补语</td><td>0</td><td>0</td><td>0</td><td>1</td><td>0</td><td>0</td><td>0</td><td>0</td><td>0</td><td>0</td><td>0</td><td>1</td></tr>
<tr><td colspan="2">受事(+主语)+能愿动词+动词+动词</td><td>4</td><td>0</td><td>0</td><td>4</td><td>0</td><td>0</td><td>0</td><td>1</td><td>0</td><td>0</td><td>1</td><td>10</td></tr>
</table>

续　表

结构构成 / 类型		受事话题的结构构成											小计	
		体词性成分						谓词性成分						
		光杆名词	复杂结构					光杆动词	复杂结构					
			者字结构	所字结构	定中结构	联合结构	的字结构		联合结构	述宾结构	状中结构	陈述结构		
受事（+主语）+动词+代词	受事+动词+之	0	1	0	5	1	0	0	0	0	1	0	8	11
	受事+动词+焉	0	0	0	0	0	0	0	1	0	0	0	1	
	受事+动词+伊	0	0	0	1	0	0	0	0	0	0	0	1	
	受事+动词+他	0	0	0	1	0	0	0	0	0	0	0	1	
受事+动词词组		3	0	0	15	1	0	1	1	0	0	0	21	
用例数（例）		113	7	1	369	66	2	11	63	15	6	27	680	
		558						122						
百分比（%）		82.1						17.9						

表 2－14　晚唐五代时期复杂述语的结构构成

附加成分 / 数量	前修饰成分					后附成分						
	状语					补语					宾语	
	能愿动词	副词	名词	形容词	介词短语	名词	动词	形容词	介词短语	数量短语	名词	代词
用例数（例）	166	224	27	48	30	11	45	1	5	3	6	11
	495					82						
百分比（%）	24.4	32.9	3.9	7.1	4.4	1.6	6.6	0.1	0.7	0.4	0.9	1.6
	72.8					12						

2.6　宋代受事话题句

2.6.1　基本类型及句法特征

宋代我们调查了《三朝北盟会编》和《朱子语类辑略》。两部文献中的受事话题句共出现 367 例，《三朝北盟会编》59 例，《朱子语类辑略》308 例。根据述语动词是否出现前附或后附成分分为两种类型：

一、光杆述语

此类受事话题句出现9例，根据述语在结构构成方面的不同分为两类：

（一）受事话题＋光杆述语动词。如：

（218）与妇人通者绞。（《朱子语类辑略·鬼神》）

（219）鸡犬放，则知求之；心放，则不知求。（《朱子语类辑略·训门人》）

此类受事话题句出现4例，约占用例总数的1.1%。见于《朱子语类辑略》。充当受事的都是体词性成分。按照结构的不同分为光杆名词、“者”字结构、联合结构三类，其用例依次是2、1、1。所涉及的动词有4个：斩、绞、放、行。述语动词前后都不出现其他句法成分。

（二）受事（＋主语）＋动词词组。如：

（220）如襄、汉州县，皆是大齐已有之地，何故却令岳飞侵夺？（《三朝北盟会编·绍兴甲寅通和录》）

（221）凡人欲边事，这个人断定不肯教自家做。（《朱子语类辑略·程子之书》）

此类受事话题句出现5例，约占用例总数的1.4%。《三朝北盟会编》和《朱子语类辑略》中的用例分别是2、3。充当受事的都是体词性成分。按照结构的不同，分为一般定中结构和联合结构两类，其用例分别是3、2。

所涉及的述语动词有5个：侵夺、割、做、示、发。动词词组在结构上分为状中结构和兼语结构两类。

从主语的隐现情况来看，主语出现和隐含的用例分别是2、3。所出现的主语都由位于使令动词之后的名词充当。如例（220）中使令动词“令”之后的名词“岳飞”是动作“侵夺”的发出者。

二、述语动词出现前附成分或后附成分

此类受事话题句出现358例，根据所出现的成分是前附成分还是

后附成分分为两类：

(一) 受事话题(＋主语)＋状语＋述语动词

此类受事话题句出现259例，约占用例总数的70.6%。根据充当状语的成分在词类上的差异分为五类：

1. 受事(＋主语)＋副词＋动词

此类受事话题句出现77例，约占用例总数的21%。根据副词词汇意义的不同分为三类：

① 受事＋否定副词＋动词。如：

(222) 我已言定岁添一百万贯，一字不依，更休来商量。(《三朝北盟会编·茅斋自叙》)

(223) 避嫌之事，贤者且不为，况圣人乎？(《朱子语类辑略·力行》)

(224) 一切不问而待之以厚邪？(《朱子语类辑略·力行》)

此类受事话题句出现68例。《三朝北盟会编》和《朱子语类辑略》中的用例分别是12、56。充当受事的有体词性和谓词性两种成分，前者66例，后者2例。按照结构的不同，体词性受事分为光杆名词、“者”字结构、“所”字结构、一般定中结构、联合结构、“的”字短语六类，其用例依次是16、2、1、40、4、3。谓词性受事都是联合结构。

所涉及的动词有42个：要2、得3、依、违、恤、用2、改、言及、见4、立4、失、成2、正、明2、放逸、存3、信、为、受、问、思、瘳、修、行3、晓得、闻、识5、读2、说、由、管、理会、泯、息(灭绝)、著、通2、赀、取3、作2、看、做得、考究2。动词之前出现由否定副词充当的状语，所涉及的否定副词有“不(不曾)”、“未”、“没”。

从主语的隐现情况来看，主语出现的有10例，所出现的主语位于受事和动词之间，如例(223)；隐含的有58例，如例(222)。

② 受事＋范围副词＋动词。如：

(225) 坐中诸公，有会做工夫底，有病痛底，至一一都看见，逐一

救正他。(《朱子语类辑略·总训门人》)

此类受事话题句出现3例。见于《朱子语类辑略》。充当受事的都是体词性成分。按照结构的不同，分为一般定中结构和联合结构两类，其用例分别是2、1。

所涉及的动词有2个：贯穿、看见2。动词之前出现由范围副词充当的状语，所涉及的范围副词有“都”、“一一”。

③ 受事+时间副词+动词。如：

(226) 且汝只知阻我过关，不道汝国人马又败。(《三朝北盟会编·燕云奉使录》)

(227) 今西京却已平定，奉还贵朝，可差军马交割。(《三朝北盟会编·茅斋自叙》)

(228) 此亦汉室不可复兴，天命不可再续而已，(《朱子语类辑略·历代》)

此类受事话题句出现6例，见于《三朝北盟会编》。充当受事的都是体词性成分。按照结构的不同，分为光杆名词、一般定中结构和联合结构三类，其用例依次是3、1、2。

所涉及的动词有5个：定(完成、规定)2、败、解、商量、平定。动词之前出现由时间副词充当的状语，所涉及的时间副词有“既”、“已”、“又”、“复”等。

2. 受事+名词+动词。如：

(229) 天下瓜分。(《三朝北盟会编·燕云奉使录》)

此类受事话题句出现1例，约占用例总数的0.3%。见于《三朝北盟会编》。充当受事的是体词性成分，其在结构上都是光杆名词。

所涉及的动词有1个：分。动词之前出现由名词充当的状语。[①]

---

① 充当状语的名词是普通名词。

3. 受事＋形容词＋动词。如：

(230) 况今已四月，虏亦难留，何虑不交？（《三朝北盟会编·燕云奉使录》）

(231) 世俗之学，所以与圣贤不同者，亦不难见。（《朱子语类辑略·小学》）

此类受事话题句出现11例，约占用例总数的3%。《三朝北盟会编》和《朱子语类辑略》中的用例分别是3、8。充当受事的有体词性和谓词性两种成分，前者10例，后者1例。按照结构的不同，体词性受事分为光杆名词、一般定中结构、联合结构三类，其用例依次是2、6、2。谓词性受事在结构上是光杆动词。

所涉及的动词有10个：决、从2、见、读、看、察、谩、养成、得、去看。动词之前出现由形容词充当的状语，所涉及的形容词有“难”、“暗”、“子细(仔细)”，主语都不出现。

4. 受事＋介词短语＋动词。如：

(232) 七篇之书如此看，是涵泳工夫否？（《朱子语类辑略·总训门人》）

此类受事话题句出现2例，约占用例总数的0.5%。见于《朱子语类辑略》。充当受事的都是体词性成分，其在结构上都是一般定中结构。

所涉及的动词有2个：议、看2。动词之前出现由介词短语充当的状语，所涉及的介词有“与”、“如”。

5. 受事(＋主语)＋能愿动词＋动词。如：

(233) 岂其险不足恃，而兵不堪用乎？（《三朝北盟会编·靖康大金山西军前和议录》）

(234) 如韩世忠掩袭事，某等实不豫闻。（《三朝北盟会编·绍兴甲寅通和录》）

(235) 一语一言可取，亦是惑人，况佛氏之说足以动人如此乎！(《朱子语类辑略·论诸子老释附》)

(236) 盖方我之甲士甲热不堪著手，则敌骑被甲来者其热可知。(《朱子语类辑略·历代》)

此类受事话题句出现 168 例，约占用例总数的 45.4%。《三朝北盟会编》和《朱子语类辑略》中的用例分别是 31、137。充当受事的有体词性和谓词性两种成分，前者 132 例，后者 36 例。体词性受事按结构分为光杆名词、"者"字结构、"所"字结构、一般定中结构、联合结构、"的"字短语六类，其用例依次是 32、5、1、85、7、2。谓词性受事分为光杆动词、联合结构、述宾结构和陈述结构四类，其用例依次是 15、9、4、8。

所涉及的动词或动词词组有 94 个：用 5、预、罢、破、弃、下、虑、闻、变 2、从、说、商量 3、斩、伪、成、使、图、攻、行 2、得 3、见 13、缓 2、爱、恕、治、决、知 15、道、信、参考、致、观 5、易 2、讲 2、尽、偏废、形容、思量 2、晓 3、乱、搀、救、无、言、看 5、去 4、理会 11、保、恃 3、靠、弛、法、阙、考而行、望 2、说、做 2、穿、疑 2、玩索、等候、惜、类推、乐、有、无 2、议论 2、废、取、封、作做、损、减、为、掩、当、措、服、学、耻、重、读、笑、道、克去、体究、兴、续、识、言 2、浊、实、说、制。动词之前出现由能愿动词充当的状语。所涉及的能愿动词是"可"、"当"、"能"、"足"、"堪"、"得"、"须"、"欲"、"用"、"好"、"要"、"敢"。

从主语的隐现情况来看，主语出现的有 2 例。所出现的主语位于受事和述语动词之间。如例(234)中，受事是"韩世忠掩袭事"，动词是"闻"，二者之间出现动作的发出者"某等"。主语隐含的有 166 例。如例(233)受事是"兵"，动词是"用"，二者之间不出现动作的发出者。

(二) 受事话题(+状语)+述语动词+后附成分

此类受事话题句出现 99 例，按照后附成分的不同分为两类：

1. 受事话题(+状语)+述语动词+宾语。如：

(237) 兼女真岂可以亲结之乎?(《三朝北盟会编·茅斋自叙》)

(238) 只是这个天地阴阳之气,人与万物皆得之。(《朱子语类辑略·太极天地》)

(239) 有咎伊川著书不以示门人者,再三诵之,先生不以为然也。(《朱子语类辑略·力行》)

(240) 先生曰:"我则异于是,越明眼底,越当面谩他。"(《朱子语类辑略·训门人》)

此类受事话题句出现65例,约占用例总数的17.7%。根据充当宾语的代词的不同,分为"受事(+主语)(+状语)+动词+之"和"受事(+主语)+动词+他"两类,二者的用例分别是61、4。前者61例,见于《三朝北盟会编》和《朱子语类辑略》,两部文献中的用例分别是1、60;后者4例,见于《朱子语类辑略》。

充当受事的有体词性和谓词性两种成分,前者62例,后者3例。按照结构的不同,体词性受事分为光杆名词、"者"字结构、一般定中结构、联合结构、"的"字结构五类,其用例依次是13、12、34、2、1。谓词性成分分为光杆动词、联合结构和陈述结构三类,其用例各为1。

所涉及的动词有42个:结、读、行2、分、言11、夺、忘、诵2、订、议、得3、喜2、观2、劳、待、扩而充、无、从2、违2、胜、谋、推、有4、应、去、存、责、为2、见、擢用、守、制、教2、譬、拒、绝、求、蔽、识、谩、救正、说著。动词之前不出现状语的有39例,出现状语的有26例。充当状语的是副词、形容词、能愿动词、述宾短语、介词短语、动词短语。① 动词之后出现由代词"之"或"他"充当的宾语。

从主语的隐现情况来看,主语出现的有7例,所出现的主语位于受事和动词之间,如例(238),受事"这个天地阴阳之气"和动词"得"之间出现动作的发出者"人与万物";主语隐含的有58例,如例(240),

① 六者的用例依次是10、5、3、1、5、2。

受事“越明眼底”和动词“谩”之间不出现动作的发出者。

2. 受事(＋主语)(＋状语)＋动词＋补语

此类受事话题句出现34例,约占用例总数的9.3%。根据充当补语的成分在词类上的差异分为三类：

① 受事(＋状语)＋动词＋名词短语。如：

(241) 事见前汉陆贾传。(《三朝北盟会编·绍兴甲寅通和录》)

(242) 世间万事,须臾变灭,皆不足置胸中。(《朱子语类辑略·小学》)

此类受事话题句出现3例,根据动词之前是否出现状语成分,分为“受事＋动词＋名词短语”和“受事＋能愿动词＋动词＋名词/名词短语”两类。前者1例,见于《三朝北盟会编》;后者2例,见于《朱子语类辑略》。

充当受事的是体词性成分。按照结构的不同,分为光杆名词和一般定中结构两类,其用例各为1。

所涉及的动词有2个：见、置。如例(241),受事“事”直接出现在动词“见”之前,动词之后出现由名词短语“前汉陆贾传”充当的补语。例(242),动词“置”之前由出现由副词“皆”、“不”和能愿动词“足”充当的状语,动词之后出现由名词短语“胸中”充当的补语。

② 受事(＋主语)(＋状语)＋动词＋动词

此类受事话题句出现30例,根据是否出现状语成分分为两类：

A. 受事＋动词＋动词。如：

(243) 曰:“不然,它气象局促,只如此了……圣人许多事业气象去不得了,宜其死也。”(《朱子语类辑略·历代》)

此类受事话题句出现13例。《三朝北盟会编》和《朱子语类辑略》中的用例分别是1、12。充当受事的都是体词性成分。按照结构的不同分为“所”字结构、一般定中结构和“的”字短语三类,其用例依次是

1、10、2。谓词性受事在结构上是联合结构。

所涉及的动词有 11 个：除、将、入、说 2、思索、思量、剖析、磨刮、识 2、去、晓。受事直接出现在动词之前。动词之后出现由动词充当的补语，按照补语意义的不同，分为结果补语、可能补语、趋向补语三类，其用例依次是 5、4、4。如例(243)，动词"不得"出现在动词"去"之后，充当"去"的可能补语。

B. 受事(＋主语)＋状语＋动词＋动词

此类受事话题句出现 17 例。根据充当状语的成分在词类上的不同分为三类：

B1. 受事＋副词＋动词＋动词

此类受事话题句出现 9 例，根据充当状语的副词词汇意义的不同分为三类：

a. 受事＋范围副词＋动词＋动词。如：

(244) 想经礼，圣人平日已说底都一一理会了，只是变礼未说，也须逐一问过。(《朱子语类辑略・训门人》)

(245) 因细视诸兵所耘处，草皆去不尽，悉复呼来再耘。(《朱子语类辑略・总训门人》)

(246)《吕氏家传》载荆公当时与申公极相好，新法亦皆商量来，故行新法时，甚望申公相助。(《朱子语类辑略・论本朝人物》)

此类受事话题句出现 7 例。见于《朱子语类辑略》。充当受事的都是体词性成分。按照结构的不同，分为光杆名词、一般定中结构和"的"字短语三类，其用例依次是 2、4、1。

所涉及的动词有 5 个：理会、去 2、商量、讲、认。动词之前出现由范围副词充当的状语，所涉及的范围副词有"皆"、"都"、"一一"。其后出现由动词充当的补语。按照补语的意义类型，分为结果补语和趋向补语两类，其用例分别是 6、1。

b. 受事＋语气副词＋动词＋动词。如：

(247) 气质之偏，如何救得？(《朱子语类辑略·小学》)

此类受事话题句出现1例。见于《朱子语类辑略》。充当受事的是体词性成分，在结构上是一般定中结构。

所涉及的动词有1个：救。动词之前出现由语气副词充当的状语，所涉及的语气副词是“如何”。动词之后出现由动词“得”充当的补语。

c. 受事＋程度副词＋动词＋动词。如：

(248) 虽然，这个也恁地把捉不得。(《朱子语类辑略·训门人》)

此类受事话题句出现1例。见于《朱子语类辑略》。充当受事的是体词性成分，在结构上是一般定中结构。

所涉及的动词有1个：把捉。动词之前出现由程度副词充当的状语，所涉及的程度副词是“恁地”。动词之后出现由动词“不得”充当的补语。

B2. 受事＋介词短语＋动词＋动词。如：

(249) 程子之论，又自《太极图》中见出来也。(《朱子语类辑略·历代》)

此类受事话题句出现2例。见于《朱子语类辑略》。充当受事的都是体词性成分，在结构上是一般定中结构。所涉及的动词有2个：见、写。动词之前出现由介词短语充当的状语，动词之后出现由趋向动词充当的补语。如例(249)，动词“出来”用在“见”之后，充当“见”的趋向补语。

B3. 受事＋能愿动词＋动词＋动词。如：

(250) 少保虽是力屈而降，上皇恩德亦何可忘得？(《三朝北盟会编·靖康城下奏使录》)

此类受事话题句出现 6 例。《三朝北盟会编》和《朱子语类辑略》中的用例分别是 1、5。充当受事的有体词性和谓词性两种成分，二者的用例各为 3。体词性受事在结构上都是一般定中结构，谓词性受事分为光杆动词和联合结构两类，其用例分别是 1、2。

所涉及的动词有 6 个：忘、收、说、疑、损、添。动词之前出现由能愿动词充当的状语，动词之后出现由动词充当的补语。

③ 受事＋动词＋数量短语。如：

(251) 心、性、理拈著一个，则都贯穿，惟观其所指处轻重如何。（《朱子语类辑略·性情心意等名义》）

此类受事话题句出现 1 例。见于《朱子语类辑略》。充当受事的是体词性成分。在结构上是联合结构。所涉及的动词有 1 个：拈。受事直接出现在动词之前，动词之后出现由数量短语充当的补语。

2.6.2 小结

宋代带光杆述语和述语动词出现前附或后附成分的两类受事话题句中，优势类别分别是“受事（＋主语）＋光杆述语动词”和“受事（＋主语）＋状语＋述语动词”。在后一类别中，充当状语的成分在词类上的多寡序列依次是能愿动词、副词、形容词、介词短语、名词。在由副词充当状语的次类中，不同词汇意义的副词在用例上的多寡序列依次是表示否定、范围、时间、语气的类别。在带后附成分的次类中，后附成分是补语的用例占优势地位，其次是宾语的用例。在带补语的次类中，充当补语的有名词短语、动词、数量短语三类，其用例的多寡序列是动词、名词、数量短语。在后附成分是宾语的次类中，充当宾语的都是代词，所出现的代词有“之”和“他”两个，其中，使用“之”的用例占绝对优势。

该时期受事话题句的主要特点有六：其一，由光杆动词充当述语动词的次类使用频率继续下降。其二，由副词充当状语的次类在使用频率上除了高于东汉时期之外，与其他历史时期相比都低，最大降幅达到11.4%。能愿动词充当状语的次类使用频率超过其前所有历史时期，出现了一些前期不曾见于受事话题句中的能愿动词，如“须”、“堪”、“用”等。宋代带副词和能愿动词状语类受事话题句的使用频率分别与其在汉语史上的发展趋势相反。造成这一现象的原因跟该时期考察文献的语料取样有关。其三，由副词和能愿动词充当状语的总体使用频率占该时期受事话题句的65%多。这说明宋代受事话题句述语的复杂性主要通过状语来体现，补语在体现述语的复杂性上不占主导地位，而且在状语内部，副词和能愿动词是体现述语复杂性的优势词类。其四，由动词充当补语的次类使用频率高于其前各时期。其五，动词之后出现回指代词“之”的次类使用频率超过其前各时期。对于这种现象的原因我们目前还不得而知。从现有材料来看，使用回指代词的用例约有94%是见于《朱子语类辑略》。我们推测，使用回指代词“之”的受事话题句次类在汉语史上的发展演变的进程可能因方言区的不同而有所差异。其六，“者”字结构的受事话题使用频率继续下降，“所”字结构的受事话题零星出现，“的（底）”字结构的受事话题使用频率上升。

2.6.3 晚唐五代至宋代受事话题句的历史演变

从考察文献来看，晚唐五代到宋代受事话题句在类型用例、受事话题、述语和主语的结构构成方面均发生一定的变化。

首先，在类型用例方面，两个时期中的受事话题句在大的类型和优势句型方面基本一致，其差异主要表现在次类的增减以及相同次类使用频率的升降方面。前者主要表现为是晚唐五代和宋代分别新产生了“受事＋动词＋伊”和“受事＋程度副词＋动词＋动词”两个次类。前者仅见于晚唐五代，此后消失；后者仅见于宋代。后者主要表现为“受事（＋主语）＋能愿动词＋动词”、“受事（＋主语）（＋状语）＋

动词+代词”2个次类使用频率上升;“受事+动词”、“受事+副词+动词”、“受事+名词+动词”、“受事+形容词+动词”、“受事+介词短语+动词”5个次类使用频率下降。其中,动词带能愿动词状语和动词带代词宾语的使用频率上升幅度较大,分别为21.4%、16.1%。由光杆动词充当述语和动词带副词状语的用例降幅较大,分别为11%和11.9%。在带副词状语的次类中,表示否定、范围、时间、语气的类别均呈上升趋势,其中由否定副词和时间副词充当状语的次类变化幅度较大,降幅均为3.1%。始见于先秦,但在西汉之后再未出现的带程度副词状语的次类在宋代重新出现。在带宾语的次类中,由名词充当宾语的次类未见于宋代,由代词充当宾语的次类所占比例上升。在带补语的次类中,由动词充当补语的用例使用频率上升。

在充当补语的动词小类方面,两个时期中充当补语的有表示趋向、完结和可能三种语义类的动词,其用例依次是20、18、5。晚唐五代时期趋向动词作补语的用例出现16例,充当补语的动词有“来”、“去”、“出”、“下”;完结义动词作补语的用例出现8例,充当补语的动词是“却”、“过”、“尽”、“了”。在由兼语结构构成的动词词组充当述语的用例中,处于第一动词的位置上的使令动词有“令”、“教”、“交”、“遣”等。宋代趋向动词作补语的用例出现4例,充当补语的动词有“来”、“去”、“出来”、“到”,其用例各为1;完结义动词作补语的用例共出现10例,充当补语的动词是“得”、“了”,其用例分别是9、1;可能义补语出现5例,充当补语的动词是“不得”。

其次,在受事话题的构成方面,两个时期的受事都分别由体词性和谓词性两种成分构成,但二者在使用频率方面存在差异。晚唐五代时二者用例数分别是558和122,分别约占总数的82.1%和17.9%;宋代时二者的用例数分别是322和45,分别约占总数的87.7%和12.3%。显然,在共时平面内,两个时期的体词性受事在使用频率上都远远高于谓词性受事,二者形成很大的差距。在历时平面上，体词性受事所占比例增加，谓词性受事所占比例减少。

从体词性受事的内部结构来看，两个时期的体词性受事都以偏正结构为优势结构，其次是光杆名词。从晚唐五代至宋代，光杆名词、定中结构、“的”字结构的受事呈上升趋势，增幅分别是 2.7%和 4.2%；联合结构的受事呈下降趋势，降幅是 3.7%。从谓词性受事的内部结构来看，晚唐五代时期居首位的是联合结构，其次是陈述结构、述宾结构、光杆动词、状中结构。宋代状中结构和述宾结构的谓词性受事没有出现。该时期居首位的是光杆动词，其次是联合结构、陈述结构、述宾结构。上述谓词性受事中，虽然光杆动词充当的受事呈上升趋势，联合结构、陈述结构、述宾结构的受事呈下降趋势，但除了联合结构的受事降幅较大，约为 5.5%之外，其他结构的谓词性受事变化幅度都不是很大。

在述语的构成方面，两个时期的述语可以是光杆述语，也可以带前附或后附两种成分。其中带前附成分的用例所占的比例分别约为 72.8%和 70.6%；带后附成分的用例所占的比例分别约为 12.2%和 27%。从前附成分的使用情况来看，两个时期中充当状语的成分在用例上的多寡序列分别是副词、能愿动词、形容词、介词短语、名词和能愿动词、副词、形容词、介词短语、名词。从后附成分的使用情况来看，两个时期中，动词带宾语的使用频率分别约为 2.5%和 17.7%；补语的使用频率分别是 9.6%和 9.3%。总起来说，在历时层面，动词带前附成分的用例总体出下降趋势，带后附成分的用例呈上升趋势。相比较而言，带前附成分的用例变化幅度较小，降幅约为 2.2%，而带后附成分的使用频率变化幅度较大，增幅达到 14.8%。在充当后附成分方面，动词带宾语的用例呈上升趋势，且增幅较大。在前附或后附成分的词类内部，不同词类在发展趋势上存在个体差异。

从主语的结构构成来看，主语出现和隐含的用例分别是 72、975。在主语出现的用例中，充当主语的成分有专有人名、代词、普通名词

（名词性短语）三类，其用例依次是7、30、35。从各时期主语的使用情况来看，两个时期中主语出现的用例分别是49、23，充当主语的成分都分为专有名词、代词、普通名词三类[①]。从晚唐五代到宋代，由专有名词和普通名词充当主语的使用频率上升，由代词充当主语的使用频率下降。在共时层面，充当主语的成分在晚唐五代时期按照结构分为光杆名词（代词）、一般定中结构、联合结构三类，在宋代分为光杆名词（代词）、一般定中结构、“者”字结构和联合结构四类[②]。在历时层面上，充当主语的成分在结构上有所变化，但都是以简单形式为主。其中，光杆名词（代词）和联合结构的主语呈下降趋势，一般定中结构和“者”字结构的主语呈上升趋势。在词类属性方面，唐五代时期代词是充当主语优势词类，其次是普通名词，专有名词用例最少。宋代普通名词是充当主语的优势词类，代词次之，专有名词充当主语的用例最少。

表2－15　宋代受事话题的结构构成

<table>
<tr><th colspan="2" rowspan="4">结构构成
类型</th><th colspan="11">受事话题的结构构成</th><th colspan="2" rowspan="4">小计</th></tr>
<tr><th colspan="6">体词性成分</th><th colspan="5">谓词性成分</th></tr>
<tr><th rowspan="2">光杆名词</th><th colspan="5">复杂结构</th><th rowspan="2">光杆动词</th><th colspan="4">复杂结构</th></tr>
<tr><th>者字结构</th><th>所字结构</th><th>定中结构</th><th>联合结构</th><th>的字结构</th><th>联合结构</th><th>述宾结构</th><th>状中结构</th><th>陈述结构</th></tr>
<tr><td rowspan="4">受事(＋主语)＋动词(＋名词/动 词/数量短语)</td><td>受事(＋主语)＋动词</td><td>2</td><td>1</td><td>0</td><td>0</td><td>1</td><td>0</td><td>0</td><td>0</td><td>0</td><td>0</td><td>0</td><td>4</td><td rowspan="4">19</td></tr>
<tr><td>受事＋动词＋名词短语补语</td><td>1</td><td>0</td><td>0</td><td>0</td><td>0</td><td>0</td><td>0</td><td>0</td><td>0</td><td>0</td><td>0</td><td>1</td></tr>
<tr><td>受事＋动词＋动词</td><td>0</td><td>0</td><td>1</td><td>10</td><td>0</td><td>2</td><td>0</td><td>0</td><td>0</td><td>0</td><td>0</td><td>13</td></tr>
<tr><td>受事＋动词＋数量短语</td><td>0</td><td>0</td><td>0</td><td>0</td><td>1</td><td>0</td><td>0</td><td>0</td><td>0</td><td>0</td><td>0</td><td>1</td></tr>
</table>

① 宋代的用例依次是3、6、14。

② 宋代的用例依次是17、4、1、1。

续 表

类型 \ 结构构成			受事话题的结构构成											小 计		
			体词性成分						谓词性成分							
			光杆名词	复杂结构					光杆动词	复杂结构						
				者字结构	所字结构	定中结构	联合结构	的字结构		联合结构	述宾结构	状中结构	陈述结构			
受事+副词+动词(+动词)	受事+否定副词+动词		16	2	1	40	4	3	0	2	0	0	0		68	86
	受事+范围副词+动词(+动词)	受事+范围副词+动词	0	0	0	2	1	0	0	0	0	0	0	3	10	
		受事+范副副词+动词+动词	2	0	0	4	0	1	0	0	0	0	0	7		
	受事+时间副词+动词		3	0	0	1	2	0	0	0	0	0	0		6	
	受事+语气副词+动词+动词		0	0	0	1	0	0	0	0	0	0	0		1	
	受事+程度副词+动词+动词		0	0	0	1	0	0	0	0	0	0	0		1	
受事+名词+动词			1	0	0	0	0	0	0	0	0	0	0			1
受事+形容词+动词			2	0	0	6	2	0	1	0	0	0	0			11
受事+介词短语+动词(+动词)	受事+介词短语+动词		0	0	0	2	0	0	0	0	0	0	0	2		4
	受事+介词短语+动词+动词		0	0	0	2	0	0	0	0	0	0	0	2		
受事(+主语)+能愿动词+动词(+名词/动词)	受事(+主语)+能愿动词+动词		32	5	1	85	7	2	15	9	4	0	8	168		176
	受事(+主语)+能愿动词+动词+名词补语		0	0	0	2	0	0	0	0	0	0	0	2		
	受事+能愿动词+动词+动词		0	0	0	3	0	0	1	2	0	0	0	6		
受事(+主语)+动词+代词	受事+动词+之		12	11	0	33	2	0	1	1	0	0	1	61		65
	受事+动词+他		1	1	0	1	0	1	0	0	0	0	0	4		
受事(+主语)+动词词组			0	0	0	3	2	0	0	0	0	0	0			5
用例数(例)			72	20	3	196	22	9	18	14	4	0	9			367
			322						45							
百分比(%)			87.7						12.3							

表 2－16　宋代复杂述语的结构构成

<table>
<tr><td rowspan="3">附加成分 / 数量</td><td colspan="5">前修饰成分</td><td colspan="4">后附成分</td></tr>
<tr><td colspan="5">状语</td><td colspan="3">补语</td><td>宾语</td></tr>
<tr><td>能愿动词</td><td>副词</td><td>名词</td><td>形容词</td><td>介词短语</td><td>名词</td><td>动词</td><td>数量短语</td><td>代词</td></tr>
<tr><td rowspan="2">用例数（例）</td><td>168</td><td>77</td><td>1</td><td>11</td><td>2</td><td>3</td><td>30</td><td>1</td><td>65</td></tr>
<tr><td colspan="5">259</td><td colspan="4">99</td></tr>
<tr><td rowspan="2">百分比（%）</td><td>45.8</td><td>21</td><td>0.3</td><td>3</td><td>0.5</td><td>0.8</td><td>8.2</td><td>0.3</td><td>17.7</td></tr>
<tr><td colspan="5">70.6</td><td colspan="4">27</td></tr>
</table>

2.7　元明时期的受事话题句

元明时期，我们调查了古本《老乞大》和《型世言》两部非戏曲文献和《窦娥冤》、《西厢记》、《牡丹亭》三部戏曲文献。两类不同文体的文献中受事话题句的用例分别是417、145。①

2.7.1　元明非戏曲文献中的受事话题句

2.7.1.1　基本类型及其句法特征

元明时期古本《老乞大》和《型世言》两部文献中受事话题句共出现417例，古本《老乞大》和《型世言》的用例分别是43、374。根据述语动词是否出现前附或后附成分分为两种类型：

一、光杆述语

此类受事话题句出现25例，根据述语在结构构成方面的不同分为两类：

（一）受事话题（＋施事/当事主语）＋光杆述语动词。如：

（252）姜举人道："贼，贼，贼，一个眼色丢，大家都不做声了。"

① 我们认为，从文学体裁的角度来看，古本《老乞大》、《型世言》与《窦娥冤》、《西厢记》、《牡丹亭》存在很大差异。前者基本可以归为散文（小说），而后者属于戏剧。相比较而言，前者在语言的使用上比较自由，而后者由于文体的限制，常常会受到字数或押韵的限制。

(《型世言·第十一回》)

(253) 学生的银子,师母落得用的,过几时我们公众偿还。(《型世言·第十一回》)

此类受事话题句出现 17 例,约占用例总数的 4.1%。见于《型世言》。充当受事的有体词性和谓词性两种成分,前者 15 例,后者 2 例。按照结构的不同,体词性受事分为光杆名词、一般定中结构和联合结构三类,其用例依次是 4、8、3。谓词性受事在结构上是陈述结构。

所涉及的动词有 15 个:戏辱、破 3、折、奉养、侵、开(打开)、丢、偿还、烧毁、给还、怜、惜、吃、送、供给。受事直接出现在动词之前,动词前后不出现状语或补语。

从主语的隐现情况来看,主语出现和隐含的用例分别是 5、12。所出现的主语位于受事和动词之间。前者如(252)中,受事"一个眼色"和动词"丢"之间不出现动作的发出者;后者如(253)中,受事"学生的银子"和动词"偿还"之间出现动作的发出者"我们"。

(二) 受事+动词词组。如:

(254) 巧手令人赏,何日得成双?(《型世言·第六回》)

(255) 徐铭果然回去,粥饭没心吃,在自己后园一个小书房里行来坐去,要想个计策。(《型世言·第二十一回》)

此类受事话题句出现 8 例,约占用例总数的 1.9%。古本《老乞大》和《型世言》中的用例分别是 1、7。充当受事的都是体词性成分。按照结构的不同,分为光杆名词(代词)、一般定中结构、联合结构和"的"字结构,其用例依次是 2、4、1、1。

所涉及的述语动词有 8 个:将、赏、吃、煮、吹、解、送还、图。从述语动词与其前出现的动词的结构关系来看,分为兼语结构和状中结构两类,其用例分别是 3、5。

二、述语动词出现前附成分或后附成分

此类受事话题句出现 392 例,根据所出现的成分是前附成分还是

后附成分分为两类：

（一）受事话题（＋主语）＋状语＋述语动词

此类受事话题句出现 233 例，约占用例总数的 55.9%。根据充当状语的成分在词类上的差异分为五类：

1. 受事（＋主语）＋副词＋动词

此类受事话题句出现 107 例，约占用例总数的 25.7%。根据副词词汇意义的不同分为四类：

① （连＋）受事（＋也）（＋主语）＋否定副词＋动词/动词词组

此类受事话题句出现例 79 例，根据是否出现“连……也”结构分为两类：

A. 受事（＋主语）＋否定副词＋动词/动词词组①。如：

(256) 咱每闲话且休说。（古本《老乞大》）

(257) 睡了半日，怕醉，酒一滴不吃。（《型世言·第六回》）

(258) 这事众人不知，我独晓得，怎么不说？（《型世言·第八回》）

此类受事话题句出现 78 例。古本《老乞大》和《型世言》中的用例分别是 14、64。充当受事的有体词性和谓词性两种成分，前者 66 例，后者 12 例。按照结构的不同，体词性受事分为光杆名词、一般定中结构、联合结构和“的”字结构四类，其用例依次是 14、38、11、3。谓词性受事分为光杆动词、联合结构、述宾结构和状中结构四类，其用例依次是 4、5、2、1。

所涉及的动词有 52 个：收 2、识 2、要 5、回避、说、爱惜、问、分、见、交、接济、挠、保 2、惜 3、知 6、行 2、舍 2、与、顾、闻、念、断、管、磨、成 4、吃 4、解、酬、识 2、贯通、为、入、染、得 3、除、绍、计、买 3、追征、骑、作、贪、就、佑、与、管、迷、忘、测、烧、定、来吃。动词之前出现由否定副词充当的状语，所涉及的否定副词有“不（不曾）”、“未”、“莫”、“没”。

---

① 其中有 1 例在句法上采用“主语＋受事＋否定副词＋动词”的形式。

从主语的隐现情况来看，此类受事话题句的主语出现的有 14 例。按照主语出现位置的不同，分为主语位于句首和主语位于受事和动词之间两类。前者如例(256)，受事“闲话”用在动词“说”之前，主语“咱每”位于句首。后者如例(258)，受事是“这事”，动词是“知”，主语“众人”位于二者之间。主语隐含的用例有 64 例，如例(257)，受事是“酒”，动词是“吃”，二者之间不出现动作的发出者。

B. 连＋受事＋也＋否定副词＋动词词组。如：

(259) 此后莫说粥饭不来吃，连水也不来吃。(《型世言·第三十四回》)

此类受事话题句出现 1 例。见于《型世言》。充当受事的是体词性成分，在结构上是光杆名词。

所涉及的动词有 1 个：吃。动词之前出现由否定副词充当的状语，所涉及的否定副词是“不”。

② 受事＋范围副词＋动词。如：

(260) 人虽无恙，只是不会经营，房产尽卖，如今衣食将绝。(《型世言·第十五回》)

(261) 至夜遍体邪热皆除，霍然病起，精神还比未病时更好些。(《型世言·第三十四回》)

此类受事话题句出现 12 例。见于《型世言》。充当受事的都是体词性成分。按照结构的不同，体词性受事分为一般定中结构和联合结构两类，其用例分别是 9、3。

动词及其前附成分的使用情况来看，所涉及的动词有 11 个：谢绝、勾、无 2、打听、断、管、验、除、有、卖、通。动词之前出现由范围副词充当的状语，所涉及的范围副词有“都”、“尽”、“俱”、“全”、“独”。

③ 受事(＋主语)＋时间副词＋动词。如：

(262) 李大哥,你的光景我已知道。(《型世言·第三十七回》)

(263) 日休老婆不曾得,惹个白虱子头上挠。(《型世言·第三十八回》)

此类受事话题句出现12例。见于《型世言》。充当受事的有体词性和谓词性两种成分,前者10例,后者2例。按照结构的不同,体词性受事分为光杆名词、一般定中结构和联合结构三类,其用例依次是1、8、1。谓词性受事分为联合结构和陈述结构两类,其用例各为1。

所涉及的动词有12个:行、接、知、断、擒、逼、看见、忘记、知道、周支、坏、撑持。动词之前出现由时间副词充当的状语,所涉及的时间副词有“便”、“已”、“再”、“渐渐”。

④ 受事+语气副词+动词。如:

(264) 王良止挣得一声道:“儿此仇必报。”(《型世言·第二回》)

(265) 首恶岂逋诛,已县稿街之首,胁从敢逃戮,终为京观之魂。(《型世言·第二十四回》)

此类受事话题句出现4例,见于《型世言》。充当受事的都是体词性受事。在结构上是一般定中结构。

所涉及的动词有4个:逋诛、报、言、医。动词之前出现由语气副词充当的状语,所涉及的语气副词是“必”、“便”。如例(264),受事是“此仇”,语气副词“必”用在动词“报”之前充当状语。

2. 受事(+主语)+名词+动词。如:

(266) 恁那绫绢绵子,就地头多少价钱买来?到王京多少价钱卖?(古本《老乞大》)

(267) 至于两人出外附学束脩,朋友交际、会文供给,这班寡妇都一力酬应。(《型世言·第十六回》)

此类受事话题句出现8例,约占用例总数的1.9%。古本《老乞大》和《型世言》中的用例分别是1、7。充当受事的有体词性和谓词性两种成分，前者 6 例，在结构上都是一般定中结构；后者 2 例，在结构上都是联合结构。

所涉及的动词有 8 个：卖、积、泄露、煮、锁、钩、酬应、撺掇。动词之前出现由名词或名词短语充当的状语。

从主语的隐现情况来看，主语出现的有 2 例，所出现的主语位于受事和动词之间，如例(267)；主语隐含的有 6 例，如例(266)。

3. 受事＋形容词＋动词。如：

(268) 这马怎么这般难拿？（古本《老乞大》）

(269) （算命先生）道："这我难断，再为你起一课，也只要你三厘。"（《型世言·第三十五回》）

此类受事话题句出现 31 例，约占用例总数的 7.4%。古本《老乞大》和《型世言》中的用例分别是 1、30。充当受事的有体词性和谓词性两种成分，前者 22 例，后者 9 例。按照结构的不同，体词性受事分为光杆名词、一般定中结构和联合结构三类，其用例依次是 5、16、1。谓词性受事分为联合结构、状中结构和陈述结构三类，其用例依次是 5、2、2。

所涉及的动词有 25 个：拿、做、当、定 2、服事、得 2、论、闻、制、料 5、期、逢、待、离间、防、逃、消、断、读、听、结、追寻、堪、用、播。动词之前出现由形容词充当的状语，所涉及的形容词有"难"、"易"、"细"、"好"、"远"。

从主语的隐现情况来看，主语出现的有 3 例。所出现的主语位于受事和动词之间。如例(269)，主语"我"出现在受事"这"和动词"断"之间。主语隐含的用例有 28 例，如例(268)，受事"这马"和动词"拿"之间不出现动作的发出者。

4. 受事＋介词短语＋动词。如：

(270) 那钱物则由那帮闲的人支使，他则粧孤，正面儿坐著做好汉。（古本《老乞大》）

(271) 先几碗饭与阮大吃，好等他田里做生活，次后把干粥与婆婆吃，道他年老饿不得。(《型世言·第三十三回》)

此类受事话题句出现5例，约占用例总数的1.2%。见于《型世言》。充当受事的都是体词性成分。按照结构的不同，体词性受事分为光杆名词和一般定中结构两类，其用例分别是1、4。

所涉及的动词有5个：支使、缄、作、吃、诉。动词之前出现由介词短语充当的状语，所涉及的介词有"由"、"到"、"在"、"同"、"与"。

5. 受事(＋主语)＋能愿动词＋动词。如：

(272) 这店我原道女人管不来，那不长进的银子不肯添，酒苦要添。(《型世言·第三回》)

(273) 只有平日寄在樊举人户下的，人不敢买，樊家却也就认做自己的了。(《型世言·第十五回》)

(274) 看附近田中禾稼，却被风雹打坏了好些，这珠究竟不能取去。(《型世言·第三十九回》)

此类受事话题句出现82例，约占用例总数的19.7%。见于《型世言》。充当受事的有体词性和谓词性两种成分，前者70例，后者12例。按照结构的不同，体词性受事分为光杆名词、一般定中结构、联合结构和"的"字结构四类，其用例依次是19、43、4、4。谓词性受事分为光杆动词、联合结构、述宾结构、状中结构和陈述结构五类，其用例依次是3、2、3、1、3。

所涉及的动词有55个：从、捐、诛、测5、恶5、知8、接、留、做2、检、添3、饶、逭、哀、领、污2、浼、得知、搁、解、亏2、怜、治、施2、杀、辱、比数、免、专、赎、息、投、过、言、倚、与、得6、买、错、求、雪、对、割、审、出、惜、鉴、提酌、应、束、戴、用、背、逼视、送。动词之前出现由能愿动词充当的状语，所涉及的能愿动词是"可"、"要"、"愿"、"肯"、"须"、"容"、"该"、"叵"、"能"、"好"、"足"、"得"、"堪"。

从主语的隐现情况来看，主语出现的有7例。所出现的主语有位于句首和位于受事和动词之间两种情况。前者如例(272)，受事“银子”用在动词“添”之前，主语“那不长进的”位于句首。后者如例(273)，受事是“平日寄在樊举人户下的”，动词是“买”，主语“人”出现在受事和动词之间。主语隐含的用例有75例，如例(274)，受事是“这珠”，动词是“取”，二者之间不出现动作的发出者。

(二) 受事话题(＋状语)＋述语动词＋后附成分

此类受事话题句出现156例，按照后附成分的不同分为三类：

1. 受事话题(＋状语)＋述语动词＋宾语

此类受事话题句出现15例，约占用例总数的3.6%。根据充当宾语的成分在词类上的差异分为两类：

① 受事＋动词＋名词。如：

(275) 家中整治些菜蔬，毕竟好的与婆婆，次些的与丈夫，然后自吃，并不贪嘴。(《型世言·第三十三回》)

此类受事话题句出现4例，见于《型世言》。充当受事的都是体词性成分。按照结构的不同，体词性受事分为光杆名词、一般定中结构和“的”字结构三类，其用例依次是1、1、2。

所涉及的动词有2个：典与、与3。受事直接出现在动词之前，动词之后出现由名词充当的间接宾语。

② 受事(＋主语)(＋状语)＋动词＋代词。如：

(276) 疮口可以纸灰塞之，数日可愈。(《型世言·第三回》)

(277) 日在上，断无负心，君其裁之。(《型世言·第七回》)

(278) 若在别家吃了来时，鸡也拿他，只去准折，略一违拗，便频差拨将来。(《型世言·第九回》)

(279) 这带箭老鸦，谁人要他。(《型世言·第二十六回》)

此类话题句出现11例，见于《型世言》。根据充当宾语的代词的不同，分为“受事(＋主语)(＋状语)＋动词＋之”和“受事(＋主语)＋动词＋他”两类，其用例分别是9、2。

充当受事的有体词性和谓词性两种成分，前者 9 例，后者 2 例。按照结构的不同，体词性受事分为光杆名词和一般定中结构两类，其用例分别是 2、7。谓词性受事分为述宾结构和陈述结构两类，其用例各为 1。

所涉及的动词有 11 个：专、犯、塞、裁、识、任、了(了结)、焚而照、当、拿、要。动词之前不出现状语的有 4 例，出现状语的有 7 例，充当状语的有副词、介词短语或能愿动词。动词之后出现由代词“之”或“他”充当的宾语。

从主语的隐现情况来看，主语出现的有 6 例。所出现的主语位于受事和动词之间。如例(277)，受事是“无负心”，动词是“裁”，主语“君”出现在二者之间。主语隐含的有 7 例，如例(278)，受事是“鸡”，动词是“拿”，二者之间不出现动作的发出者。

2. 受事(＋主语)(＋状语)＋动词＋补语

此类受事话题句出现 98 例，约占用例总数的 23.5%。根据充当补语的成分在词类上的差异分为四类：

① 受事(＋主语)(＋状语)＋动词＋动词

此类受事话题句出现 77 例，根据动词之前是否出现状语成分分为两类：

A. 受事(＋主语)＋动词＋动词。如：

(280) 拾来的粪将来，熰著些火者，热手脚。(古本《老乞大》)

(281) 一个猪舍不得，舍得性命？(《型世言・第一回》)

(282) 服事，家中少人，你也推不去。(《型世言・第三回》)

此类受事话题句出现 46 例。古本《老乞大》和《型世言》中的用例分别是 5、41。充当受事的有体词性和谓词性两种成分，前者 44 例，后者 2 例。按照结构的不同，体词性受事分为光杆名词、一般定中结构、联合结构和“的”字结构四类，其用例依次是 12、28、2、2。谓词性受事分为联合结构和陈述结构两类，其用例各为 1。

所涉及的动词有37个：将9、收将、请将、捉、打(支撑)、舍、供、提搁、打、推、管、唤、偿、传将、动弹、送、做、盘、攻打、知、说、搏、脱、拘、撞、捞、压、追、拿2、认、留、嗅、做、医、讨、拾、收。动词之前除了主语之外，不出现其他成分，动词之后出现由“上”、“下”、“来”、“去”、“回”、“出来”等充当的趋向补语，由“死”、“完”、“住”等充当的结果补语或由“得”充当的可能补语。

从主语的隐现情况来看，主语出现的有7例，所出现的主语位于受事和动词之间，如例(282)；主语隐含的有39例，如例(281)。

B. 受事(＋主语)＋状语＋动词＋动词

此类受事话题句出现31例，根据充当补语的成分在词类上的差异分为五类：

B1. 受事＋副词＋动词＋动词

此类受事话题句出现15例。根据充当状语的副词在词汇意义上的不同分为四类：

a. 受事＋否定副词＋动词＋动词。如：

(283) 这些人只要奉承家主，要他喜欢，那件不做出来，自然他亲你疏。(《型世言·第十六回》)

(284) 羊肉不吃得，惹了一身膻。(《型世言·第二十六回》)

此类受事话题句出现5例，见于《型世言》。充当受事的都是体词性成分。按照结构的不同，分为光杆动词和一般定中结构两类，其用例分别是3、2。

所涉及的动词有5个：偿、做、吃、收、赚。动词之前出现由否定副词充当的状语，动词之后出现由动词“得”或“出来”充当的补语。

b. 受事＋范围副词＋动词＋动词。如：

(285) 从前盘缠过了的火帐都算明白了。(古本《老乞大》)

(286) 船里一个强盗，把我母亲推下水去，又把我推落水中，箱子都抢去，是这样一个麻脸有二十多岁后生，如今我还要认

着他，问他要。(《型世言·第二十五回》)

此类受事话题句出现4例。古本《老乞大》和《型世言》中的用例分别是1、3。充当受事的都是体词性成分。按照结构的不同分为光杆名词和一般定中结构两类，其用例各为2。

所涉及的动词有4个：算计、拶、杀、抢。动词之前出现由范围副词充当的补语，动词之后出现由动词充当的补语。

c. 受事＋时间副词＋动词＋动词。如：

(287) 到房门口寻个人闩门，只见人已杀死。(《型世言·第五回》)

(288) 家中银子渐渐用完，渐渐去催房租。(《型世言·第十五回》)

此类受事话题句出现5例。见于《型世言》。充当受事的是体词性成分，按照结构的不同分为光杆名词和一般定中结构两类，其用例分别是2、3。

所涉及的动词有5个：杀、汆、保、了、用。动词之前出现由时间副词充当的状语，动词之后出现由动词充当的补语。例(288)中，动词"完"用在动词"用"之后作动词的结果补语。

d. 受事＋语气副词＋动词＋动词。如：

(289) 只愿将来你病好，钱财那惜得！(《型世言·第十回》)

此类受事话题句出现1例。见于《型世言》。充当受事的是体词性成分，在结构上是联合结构。

所涉及的动词有1个：惜。动词之前出现由语气副词充当的状语，动词之后出现由动词充当的补语。例(289)中，动词"惜"之前出现由语气副词"那"(哪)充当的状语，其后出现由动词"得"充当的补语。

B2. 受事＋名词短语＋动词＋动词。如：

(290) 恁那绫绢绵子，就地头多少价钱买来？(古本《老乞大》)

此类受事话题句出现 1 例，见于古本《老乞大》。充当受事的是体词性成分，在结构上是一般定中结构。

所涉及的动词有 1 个：买。动词之前出现由名词短语充当的状语，动词之后出现由动词充当的补语。如例(290)中，受事是"恁那绫绢绵子"，动词是"买"，动词之后出现由趋向动词"来"充当的补语。

B3. 受事＋介词短语＋动词＋动词。如：

(291) 且开怀，富贵原吾素，机缘听天付来。(《型世言·第十八回》)

此类受事话题句出现 1 例，见于《型世言》。充当受事的是体词性成分，在结构上是光杆名词。

所涉及的动词有 1 个：付。动词之前出现由介词短语充当的状语，所涉及的介词是"听"。动词之后出现由动词充当的补语。如例(291)中，受事是"机缘"，动词是"付"，动词之后出现由趋向动词"来"充当的补语。

B4. 受事＋能愿动词＋动词＋动词。如：

(292) 然一个朴实都可免得，只是一个妒字最难，一个相形，便不能禁遏。(《型世言·第三十五回》)

(293) 这珠究竟不能取去。(《型世言·第三卜九回》)

此类受事话题句出现 6 例。古本《老乞大》和《型世言》中的用例分别是 1、5。充当受事的都是体词性成分。按照结构的不同，体词性受事分为光杆名词和一般定中结构两类，其用例分别是 1、5。

所涉及的动词有 6 个：借、做、免、抗、认、取。动词之前出现由能愿动词充当的状语，动词之后出现由动词充当的补语。如例(293)，趋向动词"去"用在动词"取"之后作动词的补语。

B5. (连)＋受事＋也＋动词＋动词/动词词组。如：

(294) 有人问著，一句话也说不得时，教别人将咱每做甚么人看?

(古本《老乞大》)

(295) 落场掷着是跌八，尖五，身边几钱碎银输了，强要去复，连衣帽也除光，只得回家。(《型世言·第二十三回》)

(296) 张继良也立身不住，这朋友也难留得。(《型世言·第三十回》)

此类受事话题句出现8例。古本《老乞大》和《型世言》中的用例分别是1、7。充当受事的都是体词性成分，按照结构的不同，分为光杆名词、一般定中结构、联合结构和"的"字结构四类，其用例依次是2、4、1、1。

所涉及的动词有6个：说3、打、除、坏、留、得。受事位于句首或"连"字之后，动词之前都出现"也"，动词之后出现由动词充当的补语①。如例(294)中，受事"一句话"直接位于句首，动词"说"之前出现"也"，之后出现由动词词组"不得"充当的补语。例(295)中，受事"衣帽"位于"连"字之后，动词"除"之后出现由动词"光"充当的补语。

② 受事(+状语)+动词+介词短语。如：

(297) 被耿埴夺下来，却是个四五岁小厮，坐在里边，胡帽藏在身下。(《型世言·第五回》)

(298) 大都李公忠肝义胆，历久不磨，姜性桂质，至老不变，以忠激义，至于相成，两两都各传于后。(《型世言·第十一回》)

(299) 妇人一把扯住道："相公，我夫妇若被勾补，这身也不知丧在那里？今日之身原也是相公之身。"(《型世言·第三十一回》)

此类受事话题句出现8例，见于《型世言》，根据动词之前是否出现状语成分，分为"受事+动词+介词短语"和"受事+副词+动词+介词短语"、"受事+也+动词+介词短语"三类，三者的用例依次是

---

① 按照补语意义的不同，分为结果补语和可能补语两类，其用例各为4。

5、2、1。次类“受事＋动词＋介词短语”见于古本《老乞大》和《型世言》，两部文献中的用例分别是1、4；后两个次类均见于《型世言》。其中由副词充当状语的次类按照副词词汇意义的不同，分为“受事＋范围副词＋动词＋介词宾语”和“受事＋时间副词＋动词＋介词短语”两类，二者的用例各为1。

充当受事的都是体词性成分，按照结构的不同，分为光杆名词和一般定中结构两类，其用例分别是2、6。

所涉及的动词有7个：拾、传2、藏、解、留、断送、丧。动词之后出现由介词短语充当的补语。所涉及的介词有“在”、“于”、“至”。如例(297)，受事是“胡帽”，受事直接出现在动词“藏”之前，动词之后出现由介词短语“在身下”充当的补语。例(299)受事是“身”，动词“丧”之前出现由“也”充当的状语，动词之后出现由介词短语“在哪里”充当的补语。

③（主语＋）受事（＋状语）＋动词＋数量短语。如：

(300) 主人家别处快镘刀借一个去。（古本《老乞大》）

(301) 刘总兵身中飞箭，家丁已折了几个。（《型世言·第十七回》）

(302) 一到，要他酒饭吃，肉也得买一斤，烧刀子也要打两瓶请他。（《型世言·第九回》）

此类受事话题句出现6例，根据动词之前是否出现状语分为“（主语＋）受事＋动词＋数量短语”和“受事＋状语＋动词＋数量短语”两类。前者1例，见于古本《老乞大》；后者5例，根据充当状语的成分在词类上的差异，分为“受事＋副词＋动词＋数量短语”和“受事＋能愿动词＋动词＋数量短语”两类，其用例分别是2、3。

充当受事的都是体词性成分，按照结构的不同，分为光杆名词、一般定中结构和联合结构三类，其用例依次是4、1、1。

所涉及的动词有6个：借、折、吃、做、买、打（买）。动词之后出现由数量短语充当的补语。

从主语的隐现情况来看，主语出现的有1例，所出现的主语位于句首，受事位于主语之后，充当次话题。如例(300)，主语“主人家”位于句首。受事“快镘刀”直接位于动词“借”之前，充当次话题。动词之后出现有数量短语“一个”充当的补语。例(301)，受事是“家丁”，动词“折”之前出现由时间副词“已”充当的状语，其后出现由数量短语“一个”充当的补语。主语隐含的有5例，如例(302)，受事是“肉”和“烧刀子”，动词“买”和“打”之前分别出现由能愿动词“要”充当的状语，动词之后分别出现数量短语“一斤”和“两瓶”充当的补语，动作的发出者不出现。

④ 受事(＋状语)＋动词＋“得”字短语①。如：

(303) 那客人射的昏了，苏醒回来，恰好有捕盗官来那里巡警，那客人就告了。(古本《老乞大》)

(304) 恁是高丽人，却怎么汉儿言语说的好有？(古本《老乞大》)

(305) 其余都不曾赚得去。(《型世言·第五回》)

(306) 其余小事儿，他拿得定，便不与何知县，临审时三言两语，一点掇都与依他。(《型世言·第三十回》)

此类受事话题句出现7例。古本《老乞大》和《型世言》中的用例分别是2、5。根据动词之前是否出现状语成分，分为“受事＋动词＋‘得(的)’字短语”和“受事＋状语＋动词＋‘得(的)’字短语”两类。前者4例，见于古本《老乞大》和《型世言》，两部文献中的用例分别是3、1；后者3例，见于《型世言》。

充当受事的都是体词性成分，按照结构的不同，分为光杆名词和一般定中结构两类，其用例分别是2、5。

所涉及的动词有7个：射、说、做、吹、切、赚、拿。动词之前出现状语的3个用例中，充当状语的有副词和名词两类，其用例分别是2、1。动词之后出现由“得(的)”字短语充当的补语。如例(304)受事是

① “得”在有些用例中写作“的”。

“汉儿言语”，述语由“得(的)”字短语充当。例(305)受事是“其余”，动词“赚”之前出现由否定副词“不曾”充当的状语，其后出现由趋向动词“去”充当的补语。

从主语的隐现情况来看，主语出现的有1例，所出现的主语位于受事和动词之间。如例(306)，受事是“其余小事儿”，动词是“拿”，受事和动词之间出现动作的发出者“他”。主语隐含的有9例，如例(303)，受事“那客人”直接出现在动词“射”之前，动作的发出者没有出现。

3. 受事(＋主语)(＋状语)＋动词＋体助词/语气词。如：

(307) 父母名听辱磨了呵，别人唾骂也。(古本《老乞大》)

(308) 如今那贼现在官司牢里禁著有。(古本《老乞大》)

(309) 生意他去做着，就把人赶走了，亏我兜收得来，又十主九憎嫌，气苦万状。(《型世言·第三回》)

(310) 那日我这节事，众小厮都吩咐了，独不曾吩咐得一个。(《型世言·第二十七回》)

(311) 假官自刎，假校尉已拿了，请爷升堂。(《型世言·第二十二回》)

此类受事话题句出现43例，约占用例总数的10.3%。根据动词之前是否出现状语成分分为“受事(＋主语)＋动词＋体助词/语气词”和“受事＋状语＋动词＋体助词”两类。前者22例，见于古本《老乞大》和《型世言》，两部文献中的用例分别是14、8；后者21例，见于《型世言》。

充当受事的都是体词性成分，按照结构的不同，分为光杆名词、一般定中结构和联合结构三类，其用例依次是9、27、7。

所涉及的动词有38个：卖3、覆、辱磨、称、吃、摘、买、凉、整顿、放、盖、安、做2、收拾2、差(chāi)、捉、用、当(dàng)2、灭绝、封、打、捡、收、吩咐、破、打破、没、整治、相识、关、拿、见、当(dǎng)、想、禁、典当、去(除去)、收。动词之前出现“连……也”中的“也”或由副词、介词短语充当的状语，三者的用例依次是3、15、3。在由副词充当状语的用例中，按照副词词汇意义的不同，分为范围副词和时间副词两类，其用例分别是6、9。动词之后出现体助词“着”、“了”或语气词“么”、“者”。

从主语隐现的情况来看，主语出现的有7例，所出现的主语位于受事和动词之间。如例(309)，受事是“生意”，动词是“做”，二者之间出现动作的发出者“他”。主语隐含的有36例，如(307)，受事“父母名听”直接出现在动词“辱磨”之前，二者之间不出现动作的发出者。例(310)，受事是“众小厮”，动词“吩咐”之前出现范围副词“都”，其后出现体助词“了”。

2.7.1.2　小结

元明时期，非戏曲文献带光杆述语和述语动词出现前附或后附成分的两类受事话题句中，优势类别分别是“受事(＋主语)＋光杆述语动词”和“受事(＋主语)＋状语＋述语动词”。在一类别中，充当状语的成分在词类上的多寡序列依次是副词、能愿动词、形容词、名词、介词短语。在由副词充当状语的次类中，不同词汇意义的副词在用例上的多寡序列依次是表示否定、时间、范围、语气的类别。在带后附成分的次类中，后附成分是补语的用例占优势地位，其次是宾语的用例。在带补语的次类中，充当补语的有名词、动词、介词短语、数量短语、“得”字短语，其用例的多寡序列依次是动词、数量短语、介词短语、“得”字短语。在后附成分是宾语的次类中，充当宾语的有代词和名词短语两类。前者中充当宾语的代词有“之”和“他”两个，其中使用“之”的用例占绝对优势。

该时期的非戏曲文献中，受事话题句的主要特点有七：其一，由光杆动词充当述语动词的次类使用频率较宋代有所上升，但由作格动词充当述语动词的用例继续下降。其二，由副词充当状语的次类在使用频率上除了低于先秦、魏晋南北朝佛典和晚唐五代时期之外，与其他历史时期相比都高。能愿动词充当状语的使用频率比其前所有历史时期都低，最大降幅达到25.6%。由副词和能愿动词充当状语的总体使用频率虽然超过该时期受事话题句的40%多，但由形容词充当状语的次类超过其前所有时期。在体现述语复杂化的状语成分内部，形容词成为继副词和能愿动词之后的优势词类。其三，由动词充当补语的次类使用频率高于其前各时期，最大增幅达到16.3%。动词补语成为体现述语复杂性的重要因素。其四，动词之后出现回指代词“之”的次类用例回归到原先的发展轨道。元明时期，此类受事话题句在使用频率上与除了宋代之外的其他历史时期在发展趋势上表现出很大的一致性。一般及物动词通常要求带宾语的规则在该时期仍然表现出很大的松动性。其五，“得”字短语和体助词在受事话题句中得到应用。动词之后带“得”字短语和体助词的次类出现。其六，出现了由介词“连”引介受事的次类。其七，“者”字结构和“所”字结构的受事话题消失，“的(底)”字结构的受事话题使用频率继续上升。

表2-17　元明非戏曲文献中受事话题的结构构成

类型＼结构构成		受事话题的结构构成											小计	
		体词性成分						谓词性成分						
		光杆名词	复杂结构					光杆动词	复杂结构					
			者字结构	所字结构	定中结构	联合结构	的字结构		联合结构	述宾结构	状中结构	陈述结构		
受事(+主语)+动词(+动词/数量短语/介词短语)	受事(+主语)+动词	4	0	0	8	3	0	0	0	0	0	2	17	99
	(主语+)受事+动词+数量短语	0	0	0	1	0	0	0	0	0	0	0	1	
	受事+动词+动词	12	0	0	28	2	2	0	1	0	0	1	46	
	受事+动词+名词宾语	1	0	0	1	0	2	0	0	0	0	0	4	
	受事+动词+介词短语	1	0	0	4	0	0	0	0	0	0	0	5	
	受事+动词+“得”字短语	2	0	0	2	0	0	0	0	0	0	0	4	
	受事+动词+体助词/语气词	6	0	0	12	4	0	0	0	0	0	0	22	

续 表

<table>
<tr><th colspan="3" rowspan="3">结构构成
类 型</th><th colspan="11">受事话题的结构构成</th><th colspan="3" rowspan="3">小 计</th></tr>
<tr><th colspan="6">体词性成分</th><th colspan="5">谓词性成分</th></tr>
<tr><th rowspan="2">光杆名词</th><th colspan="5">复杂结构</th><th rowspan="2">光杆动词</th><th colspan="4">复杂结构</th></tr>
<tr><th colspan="3"></th><th>者字结构</th><th>所字结构</th><th>定中结构</th><th>联合结构</th><th>的字结构</th><th>联合结构</th><th>述宾结构</th><th>状中结构</th><th>陈述结构</th><th colspan="3"></th></tr>
<tr><td rowspan="9">受事＋副词＋动词（＋动词/“得”字短语/介词短语/数量短语）</td><td rowspan="4">受事＋否定副词＋动词/动词词组（动词/“得”字短语）</td><td>受事（＋主语）＋否定副词＋动词/动词词组</td><td>14</td><td>0</td><td>0</td><td>38</td><td>11</td><td>3</td><td>4</td><td>5</td><td>2</td><td>1</td><td>0</td><td>78</td><td rowspan="4">86</td><td rowspan="9">145</td></tr>
<tr><td>连＋受事＋也＋否定副词＋动词词组</td><td>1</td><td>0</td><td>0</td><td>0</td><td>0</td><td>0</td><td>0</td><td>0</td><td>0</td><td>0</td><td>0</td><td>1</td></tr>
<tr><td>受事＋否定副词＋动词＋动词</td><td>3</td><td>0</td><td>0</td><td>2</td><td>0</td><td>0</td><td>0</td><td>0</td><td>0</td><td>0</td><td>0</td><td>5</td></tr>
<tr><td>受事＋否定副词＋动词＋“得”字短语</td><td>0</td><td>0</td><td>0</td><td>2</td><td>0</td><td>0</td><td>0</td><td>0</td><td>0</td><td>0</td><td>0</td><td>2</td></tr>
<tr><td rowspan="5">受事＋范围副词＋动词（＋动词/介词短语）</td><td>受事＋范围副词＋动词</td><td>0</td><td>0</td><td>0</td><td>9</td><td>2</td><td>0</td><td>0</td><td>0</td><td>0</td><td>0</td><td>0</td><td>11</td><td rowspan="5">25</td></tr>
<tr><td>受事＋范围副词＋动词＋名词宾语</td><td>0</td><td>0</td><td>0</td><td>2</td><td>0</td><td>1</td><td>0</td><td>0</td><td>0</td><td>0</td><td>0</td><td>3</td></tr>
<tr><td>受事＋范围副词＋动词＋动词</td><td>2</td><td>0</td><td>0</td><td>2</td><td>0</td><td>0</td><td>0</td><td>0</td><td>0</td><td>0</td><td>0</td><td>4</td></tr>
<tr><td>受事＋范围副词＋动词＋介词短语</td><td>0</td><td>0</td><td>0</td><td>1</td><td>0</td><td>0</td><td>0</td><td>0</td><td>0</td><td>0</td><td>0</td><td>1</td></tr>
<tr><td>受事＋范围副词＋动词＋体助词</td><td>0</td><td>0</td><td>0</td><td>5</td><td>1</td><td>0</td><td>0</td><td>0</td><td>0</td><td>0</td><td>0</td><td>6</td></tr>
</table>

续　表

<table>
<tr><th colspan="3" rowspan="4">结构构成
类　型</th><th colspan="11">受事话题的结构构成</th><th colspan="3" rowspan="4">小　计</th></tr>
<tr><th colspan="6">体词性成分</th><th colspan="5">谓词性成分</th></tr>
<tr><th rowspan="2">光杆名词</th><th colspan="5">复杂结构</th><th rowspan="2">光杆动词</th><th colspan="4">复杂结构</th></tr>
<tr><th>者字结构</th><th>所字结构</th><th>定中结构</th><th>联合结构</th><th>的字结构</th><th>联合结构</th><th>述宾结构</th><th>状中结构</th><th>陈述结构</th></tr>
<tr><td rowspan="6"></td><td rowspan="5">受+时间副词+动词(动词/数量短语</td><td>受事＋时间副词＋动词</td><td>1</td><td>0</td><td>0</td><td>8</td><td>1</td><td>0</td><td>0</td><td>1</td><td>0</td><td>0</td><td>1</td><td>12</td><td rowspan="5">29</td><td rowspan="6"></td></tr>
<tr><td>受事＋时间副词＋动词＋数量短语</td><td>2</td><td>0</td><td>0</td><td>0</td><td>0</td><td>0</td><td>0</td><td>0</td><td>0</td><td>0</td><td>0</td><td>2</td></tr>
<tr><td>受事＋时间副词＋动词＋动词</td><td>2</td><td>0</td><td>0</td><td>3</td><td>0</td><td>0</td><td>0</td><td>0</td><td>0</td><td>0</td><td>0</td><td>5</td></tr>
<tr><td>受事＋时间副词＋动词＋介词短语</td><td>1</td><td>0</td><td>0</td><td>0</td><td>0</td><td>0</td><td>0</td><td>0</td><td>0</td><td>0</td><td>0</td><td>1</td></tr>
<tr><td>受事＋时间副词＋动词＋体助词</td><td>3</td><td>0</td><td>0</td><td>6</td><td>0</td><td>0</td><td>0</td><td>0</td><td>0</td><td>0</td><td>0</td><td>9</td></tr>
<tr><td colspan="2">受事＋语气副词＋动词</td><td>0</td><td>0</td><td>0</td><td>4</td><td>1</td><td>0</td><td>0</td><td>0</td><td>0</td><td>0</td><td>0</td><td colspan="2">5</td></tr>
<tr><td rowspan="3">受事(＋主语)＋名词＋动词(＋动词/“得”字短语)</td><td colspan="2">受事(＋主语)＋名词＋动词</td><td>0</td><td>0</td><td>0</td><td>6</td><td>0</td><td>0</td><td>0</td><td>2</td><td>0</td><td>0</td><td>0</td><td>8</td><td colspan="2" rowspan="3">13</td></tr>
<tr><td colspan="2">受事＋名词＋动词＋动词</td><td>0</td><td>0</td><td>0</td><td>4</td><td>0</td><td>0</td><td>0</td><td>0</td><td>0</td><td>0</td><td>0</td><td>4</td></tr>
<tr><td colspan="2">受事＋名词＋动词＋“得”字短语</td><td>0</td><td>0</td><td>0</td><td>1</td><td>0</td><td>0</td><td>0</td><td>0</td><td>0</td><td>0</td><td>0</td><td>1</td></tr>
<tr><td colspan="3">受事＋形容词＋动词</td><td>5</td><td>0</td><td>0</td><td>16</td><td>1</td><td>0</td><td>0</td><td>5</td><td>0</td><td>2</td><td>2</td><td colspan="3">31</td></tr>
<tr><td rowspan="2">受事＋介词短语＋动词(＋动词)</td><td colspan="2">受事＋介词短语＋动词</td><td>1</td><td>0</td><td>0</td><td>4</td><td>0</td><td>0</td><td>0</td><td>0</td><td>0</td><td>0</td><td>0</td><td>5</td><td colspan="2" rowspan="2">7</td></tr>
<tr><td colspan="2">受事＋介词短语＋动词＋动词</td><td>1</td><td>0</td><td>0</td><td>1</td><td>0</td><td>0</td><td>0</td><td>0</td><td>0</td><td>0</td><td>0</td><td>2</td></tr>
<tr><td rowspan="3">受事(＋主语)＋能愿＋动(＋动词/数量短语)</td><td colspan="2">受事(＋主语)＋能愿动词＋动词</td><td>19</td><td>0</td><td>0</td><td>43</td><td>4</td><td>4</td><td>3</td><td>2</td><td>3</td><td>1</td><td>3</td><td>82</td><td colspan="2" rowspan="3">91</td></tr>
<tr><td colspan="2">受事＋能愿动词＋动词＋动词</td><td>1</td><td>0</td><td>0</td><td>5</td><td>0</td><td>0</td><td>0</td><td>0</td><td>0</td><td>0</td><td>0</td><td>6</td></tr>
<tr><td colspan="2">受事＋能愿动词＋动词＋数量短语</td><td>2</td><td>0</td><td>0</td><td>0</td><td>1</td><td>0</td><td>0</td><td>0</td><td>0</td><td>0</td><td>0</td><td>3</td></tr>
</table>

续　表

结构构成 / 类型		受事话题的结构构成											小　计	
		体词性成分						谓词性成分						
		光杆名词	复杂结构					光杆动词	复杂结构					
			者字结构	所字结构	定中结构	联合结构	的字结构		联合结构	述宾结构	状中结构	陈述结构		
受事(＋主语)＋动词＋代词	受事＋动词＋之	1	0	0	6	0	0	0	0	1	0	1	9	11
	受事＋动词＋他	1	0	0	1	0	0	0	0	0	0	0	2	
受事＋动词词组		2	0	0	4	1	1	0	0	0	0	0	8	
连字句	(“连”＋)受事＋也＋动词＋动词/动词词组	3	0	0	4	1	1	0	0	0	0	0	9	12
	受事＋也＋动词＋介词短语	0	0	0	1	0	0	0	0	0	0	0	1	
	受事＋也＋动词＋体助词	0	0	0	0	2	0	0	0	0	0	0	2	
用例数(例)		91	0	0	234	35	14	7	16	6	4	10	417	
		374						43						
百分比(%)		89.7						10.3						

表 2－18　元明非戏曲文献中复杂述语的结构构成

附加成分 / 数量	前修饰成分					后附成分						
	状　语					补　语				体助词	宾　语	
	能愿动词	副词	名词	形容词	介词短语	动词	介词短语	数量短语	得字短语		名词	代词
用例数(例)	82	107	8	31	5	77	8	6	7	43	4	11
	233					156						
百分比(%)	19.7	25.7	1.9	7.4	1.2	18.5	1.9	1.4	1.7	10.3	1	2.6
	55.9					37.4						

2.7.2　元明戏曲文献中的受事话题句

2.7.2.1　基本类型及其句法特征

元明时期，戏曲文献中受事话题句共出现 145 例。《窦娥冤》、《西厢记》、《牡丹亭》的用例依次是36、49、60。根据述语动词是否出现前附或后附成分分为两种类型：

一、光杆述语

此类受事话题句出现14例，根据述语在结构构成方面的不同分为两类：

（一）受事（＋主语）＋动词。如：

（312）各人证候自知，人命关天关地。（《窦娥冤》）

（313）几件布帛收拾，出了咱家门里，送入他家坟地。（《窦娥冤》）

（314）你一小事依从，我情中你意中。（《牡丹亭》）

此类受事话题句出现12例，约占用例总数的8.3%。《窦娥冤》、《西厢记》、《牡丹亭》中的用例依次是4、2、6。充当受事的都是体词性成分。按照结构的不同，体词性受事分为光杆名词、“者”字结构和一般定中结构三类，其用例依次是4、1、7。

所涉及的动词有9个：知4、收养、收拾、见、守、依从、斩、发、消除。受事直接出现在动词之前，动词前后不出现状语或补语成分。

从主语隐现情况来看，主语出现的有7例，所出现的主语有位于句首和位于受事与动词之间两种情况，前者如例（314），后者如例（312）。主语隐含的有5例，如例（313）。

（二）受事＋动词词组。如：

（315）那书倩红娘将去，未见回话。（《西厢记》）

（316）则俺连篇累牍无人见。（《牡丹亭》）

此类受事话题句出现2例，约占用例总数的1.4%。见于《西厢记》和《牡丹亭》，其用例各为1。充当受事的都是体词性成分，在结构上都是一般定中结构。

所涉及的述语动词有2个：将、见。构成述语的动词词组在结构上有兼语和偏正两类，其用例各为1。

二、述语动词出现前附成分或后附成分

此类受事话题句出现131例，根据所出现的成分是前附成分还是后附成分分为两类：

(一) 受事话题(+主语)+状语+述语动词

此类受事话题句出现87例，约占用例总数的60%。根据充当状语的成分在词类上的差异分为四类：

1. 受事(+主语)+副词+动词

此类受事话题句出现47例，约占用例总数的32.4%。根据副词词汇意义的不同分为五类：

① 受事(+主语)+否定副词+动词[①]。如：

(317) 那羹本五味俱全，除了此，百事不知。(《窦娥冤》)

(318) 俺小姐至今脂粉未曾施，念到有一千番张殿试。(《西厢记》)

(319) 恁般景致，我老爷和奶奶再不提起。(《牡丹亭》)

此类受事话题句出现23例。《窦娥冤》、《西厢记》、《牡丹亭》中的用例依次是7、5、11。充当受事的有体词性和谓词性两种成分，前者16例，后者7例。按照结构的不同，体词性受事分为光杆名词、一般定中结构、联合结构三类，其用例依次是3、9、4。谓词性受事分为联合结构、状中结构和陈述结构三类，其用例依次是1、1、5。

所涉及的动词有18个：通、遂2、知4、生、信2、合、已、施、笑、题、琢、见、擎、灭、保、酬、有、提起。动词之前出现由否定副词充当的状语，所涉及的否定副词有“不”、“莫”、“未(未曾)”、“休”。

从主语的隐现情况来看，主语出现的有7例。所出现的主语有位于句首和位于受事和动词之间两类：前者2例，如例(318)，受事是“脂粉”，动词是“施”，动词之前出现由否定主语副词“未曾”充当的状语，主语“俺小姐”位于句首；后者5例，如例(319)，受事是“恁般景

---

① 有的用例在句法上采用“主语+受事+否定副词+动词”的形式。

致”，动词是“提起”，主语“我老爷和奶奶”出现在二者之间。主语隐含的有16例，如例(317)，受事是“百事”，动词是“知”，二者之间不出现动作的发出者。

② 受事(＋主语)＋范围副词＋动词。如

(320) 端云儿也，你这冤枉我已尽知，你且回去。(《窦娥冤》)

(321) 三日后不送出，伽蓝尽皆焚烧。(《西厢记》)

此类受事话题句出现9例。《窦娥冤》、《西厢记》、《牡丹亭》中的用例依次是2、3、4。充当受事的有体词性和谓词性两种成分，前者7例，后者2例。按照结构的不同，体词性受事分为一般定中结构和联合结构两类，其用例分别是6、1。谓词性受事分为联合结构和陈述结构两类，其用例各为1。

所涉及的动词有8个：知2、记得、焚烧、焚、猜着、有、说、斩。动词之前出现由范围副词充当的状语，所涉及的范围副词有“尽”、“皆”、“都”、“俱”。

从主语的隐现情况来看，主语出现的有4例，所出现的主语位于受事和动词之间，如例(320)，受事是“你这冤枉”，动词是“知”，主语“我”出现在二者之间。主语隐含的有5例，如例(321)，受事是“伽蓝”，动词是“焚烧”，二者之间不出现动作的发出者。

③ 受事(＋主语)＋时间副词＋动词。如：

(322) 这一宗文卷，我为头看过，压在文卷底下，怎生又在这上头？(《窦娥冤》)

(323) 颠不剌的见了万千，似这般可喜娘的庞儿罕曾见。(《西厢记》)

此类受事话题句出现12例。《窦娥冤》、《西厢记》、《牡丹亭》中的用例各为4。充当受事的有体词性和谓词性两种成分，前者9例，后者3例。按照结构的不同，体词性受事分为光杆名词、一般定中结构两类，其用例分别是1、8。谓词性受事分为联合结构和述宾结构两类,其用例分别是2、1。

所涉及的动词有10个:除、休2、看过、见2、通、解、成就、放怀、露、记怀。动词之前出现由时间副词充当的状语,所涉及的时间副词有“将”、“曾”、“即”、“已”等。

从主语的隐现情况来看,主语出现的有2例,所出现的主语位于受事和动词之间,如例(322),受事是“这一宗文卷”,动词是“看过”,主语“我”出现在二者之间。主语隐含的用例有13例,如例(323),受事是“似这般可喜娘的庞儿”,动词是“见”,二者之间不出现动作的发出者。

④ 受事+语气副词+动词。如:

(324) 赏罚若明,其计必成。(《西厢记》)

此类受事话题句出现1例,见于《西厢记》。充当受事的是体词性成分,在结构上是一般定中结构。

所涉及的动词有1个:成。动词之前出现由语气副词充当的状语,所涉及的语气副词是“必”。

⑤ 受事+疑问副词+动词。如:

(325) 你三年前要勒死蔡婆婆,赖他银子,这事怎么说?(《窦娥冤》)

此类受事话题句出现2例,见于《窦娥冤》和《西厢记》,其用例各为1。充当受事的都是体词性成分,在结构上都是一般定中结构。

所涉及的动词有2个:说、见。动词之前出现由疑问副词充当的状语,所涉及的疑问副词有“怎么”、“如何”。

2. 受事+名词+动词。如:

(326) 旧恩爱一笔勾,新夫妻两意投,枉教人笑破口。(《窦娥冤》)

此类受事话题句出现2例,约占用例总数的1.4%。见于《窦娥冤》和《西厢记》,其用例各为1。充当受事的都是体词性成分。按照结构的不同,体词性受事分为一般定中结构和联合结构两类,其用例各为1。

所涉及的动词有 2 个：勾、斩。动词之前出现由名词充当的状语，充当状语的都是普通名词。

3. 受事＋形容词＋动词。如：

(327) 亏杀前人在那里，更休说本性难移。(《窦娥冤》)

(328) 这其间性儿难按纳，一地里胡拿。(《西厢记》)

(329) 况且女学生一发难教，轻不得，重不得。(《牡丹亭》)

此类受事话题句出现 16 例，约占用例总数的 11％。见于《窦娥冤》、《西厢记》、《牡丹亭》，三部文献中的用例依次是 1、7、8。充当受事的都是体词性成分。按照结构的不同，体词性受事分为光杆名词、一般定中结构和联合结构三类，其用例依次是 3、10、3。

所涉及的动词有 16 个：移、勾引、亲近、保、抬、按纳、寄、收留、存、教、遣、见、销、讲、留、模。动词之前出现由形容词充当的状语，所涉及的形容词有“明”、“细”、“难”、“凄凄惶惶”。

4. (主语＋)受事＋能愿动词＋动词。如：

(330) 你道是天公不可期，人心不可怜，不知皇天也肯从人愿。(《窦娥冤》)

(331) 我经文也不会谈，逃禅也懒去参；戒刀头近新来钢蘸，铁棒上无半星儿土渍尘缄。(《西厢记》)

此类受事话题句出现 22 例，约占用例总数的 15.2％。见于《窦娥冤》、《西厢记》、《牡丹亭》，三部文献中的用例依次是 6、6、10。充当受事的有体词性和谓词性两种成分，前者 19 例，后者 3 例。按照结构的不同，体词性受事分为光杆名词和一般定中结构两类，其用例分别是 3、16。谓词性受事分为光杆动词和联合结构两类，其用例分别是 1、2。

所涉及的动词有 22 个：欺、期、怜、打、骂、报、还(huán)、谈、忘、违、奉、知、表、攀、担、温习、消遣、言、待、使、道、名。动词之前出现由能愿动词充当的状语。所涉及的能愿动词是“可”、“休”、“当”、“该”、“要”、“敢”、“会”、“须”。

从主语的隐现情况来看，主语出现的有 1 例，所出现的主语位于句首，如例(331)，受事是“经文”，动词是“谈”，主语“我”位于句首。主语隐含的有 20 例，如例(330)，受事分别是“天公”、“人心”，动词分别是“欺”、“怜”，受事和动词之间均不出现动作的发出者。

(二) 受事话题(+状语)+述语动词+后附成分

此类受事话题句出现 44 例，按照后附成分的不同分为三类：

1. 受事话题(+状语)+述语动词+宾语

此类受事话题句出现 12 例，约占用例总数的 8.3%。根据充当宾语的成分在词类上的差异分为两类：

① 受事(+状语)+动词+代词/名词短语。如：

(332) 这忧愁诉与谁？(《西厢记》)

(333) 这一节话再也休题，莺莺已与了别人了也。(《西厢记》)

此类受事话题句出现 4 例，见于《西厢记》和《牡丹亭》，两部文献中的用例分别是 3、1。充当受事的都是体词性成分，按照结构的不同，分为光杆名词和一般定中结构两类，其用例各为 2。

所涉及的动词有 3 个：付、付与、与。在动词之前出现状语的次类中，充当状语的都是副词，按照副词词汇意义的不同，分为“受事+范围副词+动词+名词短语”和“受事+时间副词+动词+名词”两类，其用例分别是 1、2。如例(332)，受事是“这忧愁”，动词是“诉与”，动词之后出现由代词“谁”充当的宾语。例(333)，受事是“莺莺”，动词是“与”。动词之前分别出现由时间副词“已”充当的状语，动词之后出现由名词充当的间接宾语。

② 受事+状语+动词+代词。如：

(334) 不待父母之命，媒妁之言，则国人父母皆贱之。(《牡丹亭》)

(335) 妾千金之躯，一旦弃之。(《西厢记》)

(336)《诗》三百，一言以蔽之，没多少，只“无邪”两字，会与儿家。

（《牡丹亭》）

(337) 这个就依你，打甚么不紧。（《窦娥冤》）

此类受事话题句出现8例，根据充当宾语的代词的不同分为“受事＋状语＋动词＋之”和“受事＋状语＋动词＋你”两类，其用例分别是7、1。前一次类见于《西厢记》和《牡丹亭》，两部文献中的用例分别是1、6；后一次类见于《窦娥冤》。次类“受事＋状语＋动词＋之”中，充当状语的有副词和介词短语两类，其用例分别是3、4。

受事由体词性和谓词性两种成分充当，前者6例，后者2例。按照结构的不同，体词性受事分为光杆名词、“者”字结构、一般定中结构三类，其用例依次是1、3、2。谓词性受事分为述宾结构和陈述结构两类，其用例各为1。所涉及的动词有6个：弃、有、贱、妻3、蔽、依。动词之后出现由代词“之”或“你”充当的宾语。

从主语的隐现情况来看，主语出现的有1例。所出现的主语位于受事和动词之间。如例(334)，受事是“不待父母之命，媒妁之言”，动词是“贱”，主语“国人”、“父母”位于二者之间。主语隐含的用例有7例，如例(335)，受事是“妾千金之躯”，动词是“弃”，二者之间不出现动作的发出者。例(337)，受事是“这个”，动词“依”之前出现由语气副词“就”充当的状语，其后出现代词“你”充当的间接宾语。

2. 受事（＋主语）（＋状语）＋动词＋补语

此类受事话题句出现20例，约占用例总数的13.8%。根据充当补语的成分在词类上的差异分为四类：

① 受事（＋主语）（＋状语）＋动词＋动词

此类受事话题句出现12例，根据动词之前是否出现状语成分分为两类：

A. 受事＋动词＋动词。如：

(338) 香饭盛来鹦鹉粒，清茶擎出鹧鸪斑。（《牡丹亭》）

此类受事话题句出现6例，《窦娥冤》、《西厢记》、《牡丹亭》中的用例依次是3、1、2。充当受事的都是体词性成分，按照结构的不同，分为"的"字结构和一般定中结构两类，其用例分别是1、5。从动词及其后附成分的使用情况来看，所涉及的动词有6个：医、忘、改正、安排、盛、擎。动词之后出现由动词充当的补语。如例(338)，受事分别是"香饭"和"清茶"，动词"盛"和"擎"之后分别出现由趋向动词"来"和"出"充当的补语。

B. 受事(＋主语)＋状语＋动词＋动词

此类受事话题句出现6例。根据充当状语的成分在词类上的差异分为三类：

B1. 受事＋副词＋动词＋动词

此类受事话题句出现4例。根据副词词汇意义的不同分为三类：

a. 受事＋时间副词＋动词＋动词

(339) 茶饭已安排定，淘下陈仓米数升，煠下七八碗软蔓青。(《西厢记》)

此类受事话题句出现1例。见于《西厢记》。充当受事的是体词性成分，在结构上是联合结构。所涉及的动词有1个：安排。动词之前出现由时间副词充当的状语，动词之后出现由动词充当的补语。如例(339)，动词"安排"之后出现由动词"定"充当的补语。

b. 受事(＋主语)＋语气副词＋动词＋动词

(340) 你的性命也顾不得，怕他见怎的？(《西厢记》)

(341) 我这病卢扁也医不得。(《西厢记》)

此类受事话题句出现2例。见于《西厢记》。充当受事的都是体词性成分，在结构上都是一般定中结构。

所涉及的动词有2个：顾、医。动词之前出现语气副词"也"，动词之后出现由动词充当的补语。

从主语的隐现情况来看，主语出现和隐含的用例各为1。所出现的主语位于受事和动词之间。前者如例(341)，受事是"我这病"，动词是“医”，二者之间出现动作的发出者“卢”、“扁”。后者如例(340)，受事是“你的性命”，动词是“顾”，二者之间不出现动作的发出者。

c. 受事＋疑问副词＋动词＋动词。如：

(342) 老夫人转关儿没定夺，哑谜儿怎猜破；黑阁落甜话儿将人和，请将来着人不快活。(《西厢记》)

此类受事话题句出现1例，见于《西厢记》。充当受事的是体词性受事。其在结构上是一般定中结构。所涉及的动词有1个：猜。动词之前出现由语气副词充当的状语，动词之后出现由动词充当的补语。如例(342)，动词“破”用在“猜”之后，充当“猜”的结果补语。

B2. 受事＋名词＋动词＋动词。如：

(343) 小贱人，这东西那里将来的？(《西厢记》)

此类受事话题句出现1例。见于《西厢记》。充当受事的是体词性成分，在结构上是一般定中结构。

所涉及的动词有1个：将。动词之前出现由名词充当的状语，动词之后出现由动词充当的补语。

从主语的隐现情况来看，主语位于句首。如例(343)，受事“这东西”用在动词“将来”之前，主语“小贱人”位于句首。动词“来”用在述语动词“将”之后，充当补语，表示趋向。

B3. 受事＋介词短语＋动词＋动词。如：

(344) 哪个是原告，哪个是被告？从实说来。(《窦娥冤》)

此类受事话题句出现1例。见于《窦娥冤》。充当受事的是谓词性成分，其在结构上是两个陈述结构联合。

所涉及的动词有1个：说。动词之前出现由介词短语充当的状语，所涉及的介词是“从”。动词之后出现由趋向动词充当的补语。

② 受事＋动词＋介词短语。如：

(345) 秀才，这春容得从何处？(《牡丹亭》)

此类受事话题句出现 1 例。见于《牡丹亭》。充当受事的是体词性成分，在结构上是一般定中结构。所涉及的动词有 1 个：拾。受事直接出现在动词之前，动词之后出现由介词短语充当的补语。例(345)中，受事是“这春容”，动词是“得”，动词之后出现由介词短语“从何处”充当的补语。

③ 受事(＋主语)(＋状语)＋动词＋数量短语。如：

(346) 美妇人我见过万千向外，不似这小妮子生得十分憃赖。(《窦娥冤》)

(347) 颠不剌的见了万千，似这般可喜娘的庞儿罕曾见。(《西厢记》)

(348) 一名闲物他也要些子些。(《牡丹亭》)

(349) 则问小姐前生事可记得些么？(《牡丹亭》)

此类受事话题句出现 4 例，根据动词之前是否出现状语，分为“受事(＋主语)＋动词＋数量短语”和“受事＋状语＋动词＋数量短语”两类。前者 3 例，见于《窦娥冤》、《西厢记》、《牡丹亭》，三部文献中的用例各为 1；后者 1 例，见于《牡丹亭》。

充当受事的都是体词性成分。按照结构的不同，体词性受事分为一般定中结构和“的”字结构两类，其用例各为 2。

所涉及的动词有 3 个：见 2、要、记得。动词之后出现由数量短语充当的补语，动词和数量短语之间出现体貌助词或副词。

从主语的隐现情况来看，主语出现的有 3 例，所出现的主语有位于句首以及位于受事和动词之间两类：前者 1 例，如例(349)，受事“前生事”用在动词“记得”之前，动词之后出现数量短语“(一)些”充当的补语，主语“小姐”位于句首；后者 2 例，如例(348)，受事是“一名闲物”，动词是“要”，二者之间出现动作的发出者“他”。主语隐含的有 1 例，如例(347)，受事是“颠不剌的”，动词是“见”，数量短语“万千”位于动词之后充当补语，动作的发出者不出现。

④ 受事＋动词＋“得”字短语。如：

(350) 好事收拾得早,道场毕诸人散了。(《西厢记》)

(351) 你道我宜梳妆的脸儿吹弹得破。(《西厢记》)

此类受事话题句出现3例。见于《西厢记》。充当受事的是体词性成分。在结构上都是一般定中结构。

所涉及的动词有2个:收拾、吹弹2。受事直接出现于动词之前,动词之后出现由"得"字短语充当的补语。

3. 受事(+主语)+动词+体助词/语气词。如:

(352) 婆婆,羊肚儿汤做成了,你吃些儿波。(《窦娥冤》)

(353) 满腹闲愁,数年禁受,天知否?(《窦娥冤》)

(354) 愁种心苗,情思我猜着。畅懊恼!(《西厢记》)

(355) 你的事发了也,如今夫人唤你来,将小姐配与你哩。(《西厢记》)

此类受事话题句出现12例,约占用例总数的8.3%。《窦娥冤》、《西厢记》、《牡丹亭》中的用例各为4。充当受事的是有体词性和谓词性两种成分,前者11例,后者1例。按照结构的不同,体词性受事分为光杆名词、一般定中结构和"的"字结构三类,其用例依次是5、5、1。谓词性受事在结构上是联合结构。

所涉及的动词有8个:医、知、做成、发4、猜2、除、讲、拾。动词之后出现体助词或语气词。

从主语的隐现情况来看,主语出现的有2例,所出现的主语位于受事和动词之间,如例(354),受事是"情思",动词是"猜",主语"我"位于二者之间。主语隐含的有10例,如例(352),受事"羊肚儿汤"和动词"做成"之间不出现动作的发出者。

2.7.2.2 小结

元明非戏曲文献中,带光杆述语和述语动词出现前附或后附成分的两类受事话题句的优势类别分别是"受事(+主语)+光杆述语动词"和"受事(+主语)+状语+述语动词"。在后一类别中,充当状语的成分在词类上的多寡序列依次是副词、能愿动词、形容词、名词、介词短语。在由副词充当状语的次类中，不同词汇意义的副词在用例上的多寡序列依次是表示否定、时间、范围、疑问、语气的类别。在带后附成分的次类中，后附成分是补语的用例占优势地位，其次是宾语。在带补语的次类中，充当补语的有动词、介词短语、数量短语、“得”字短语，其用例的多寡序列依次是动词、数量短语、“得”字短语、介词短语。在后附成分是宾语的次类中，充当宾语的有代词和名词两类。前者中充当宾语的代词有“之”和“你”两个，其中使用“之”的用例占绝对优势。

该时期戏曲文献中受事话题句的主要特点有七：其一，由作格动词充当述语动词的用例消失，由一般及物动词充当述语动词的次类使用频率较非戏曲文献有所上升。其二，由副词充当状语的次类在使用频率上超过以往各个历史时期，最大增幅达到 13.3%。能愿动词充当状语的使用频率比其前所有历史时期都低，最大降幅达到 30.1%。由副词和能愿动词充当状语的总体使用频率虽然占该时期受事话题句的 47.6%，但该比例除了比非戏曲文献高之外，总体呈下降趋势。由形容词充当状语的次类超过其前所有时期。在体现述语复杂化的状语成分内部，形容词仍然是继副词和能愿动词之后的优势词类。其三，由动词充当补语的次类使用频率除了比非戏曲文献低，均高于其他各时期。除了动词补语之外，在体现述语复杂性的补语成分内部，由数量短语和“得”字短语充当补语的次类使用频率上升。其四，动词之后出现回指代词“之”的次类用例虽然高于自晚唐五代以来的各时期。但其使用频率与汉语史次类话题句的发展趋势上基本一致。一般及物动词通常要求带宾语的规则仍然表现出较大的松动性。其五，动词之后带体助词的次类用例仍然出现但受文体的限制，其比例低于同时期的非戏曲文献。其六，由介词“连”引介受事的次类虽有出现，但使用频率低于同时期的非戏曲文献。其七，“的(底)”字结构的受事话题仍然出现，使用频率虽然低于非戏曲文献，但上升的趋势是不变的。

表 2－19　元明戏曲文献中受事话题的结构构成

<table>
<tr><td rowspan="4" colspan="3">结构构成
类型</td><td colspan="10">受事话题的结构构成</td><td rowspan="4" colspan="3">小计</td></tr>
<tr><td colspan="5">体词性成分</td><td colspan="5">谓词性成分</td></tr>
<tr><td rowspan="2">光杆名词</td><td colspan="4">复杂结构</td><td rowspan="2">光杆动词</td><td colspan="4">复杂结构</td></tr>
<tr><td>者字结构</td><td>定中结构</td><td>联合结构</td><td>的字结构</td><td>联合结构</td><td>述宾结构</td><td>状中结构</td><td>陈述结构</td></tr>
<tr><td rowspan="7">受事(＋主语)＋动词(＋数量短语/动词/介词短语)</td><td colspan="2">受事(＋主语)＋动词</td><td>4</td><td>1</td><td>7</td><td>0</td><td>0</td><td>0</td><td>0</td><td>0</td><td>0</td><td>0</td><td colspan="2">12</td><td rowspan="7">38</td></tr>
<tr><td colspan="2">受事＋动词＋代词宾语</td><td>0</td><td>0</td><td>1</td><td>0</td><td>0</td><td>0</td><td>0</td><td>0</td><td>0</td><td>0</td><td colspan="2">1</td></tr>
<tr><td colspan="2">受事＋动词＋动词</td><td>0</td><td>0</td><td>5</td><td>0</td><td>1</td><td>0</td><td>0</td><td>0</td><td>0</td><td>0</td><td colspan="2">6</td></tr>
<tr><td colspan="2">受事＋动词＋介词短语</td><td>0</td><td>0</td><td>1</td><td>0</td><td>0</td><td>0</td><td>0</td><td>0</td><td>0</td><td>0</td><td colspan="2">1</td></tr>
<tr><td colspan="2">受事＋动词＋“得”字短语</td><td>0</td><td>0</td><td>3</td><td>0</td><td>0</td><td>0</td><td>0</td><td>0</td><td>0</td><td>0</td><td colspan="2">3</td></tr>
<tr><td colspan="2">受事(＋主语)＋动词＋数量短语</td><td>0</td><td>0</td><td>2</td><td>0</td><td>1</td><td>0</td><td>0</td><td>0</td><td>0</td><td>0</td><td colspan="2">3</td></tr>
<tr><td colspan="2">受事＋动词＋体助词/语气词</td><td>5</td><td>0</td><td>5</td><td>0</td><td>1</td><td>0</td><td>1</td><td>0</td><td>0</td><td>0</td><td colspan="2">12</td></tr>
<tr><td rowspan="6">受事＋副词＋动词(＋名词/名词短语/动)</td><td colspan="2">受事(＋主语)＋否定副词＋动词</td><td>3</td><td>0</td><td>9</td><td>4</td><td>0</td><td>0</td><td>1</td><td>0</td><td>1</td><td>5</td><td colspan="2">23</td><td rowspan="6">54</td></tr>
<tr><td rowspan="2">受事＋范围副词＋动词(＋名词短语)</td><td>受事＋范围副词＋动词</td><td>0</td><td>0</td><td>6</td><td>1</td><td>0</td><td>0</td><td>1</td><td>0</td><td>0</td><td>1</td><td>9</td><td rowspan="2">10</td></tr>
<tr><td>受事＋范围副词＋动词＋名词短语宾语</td><td>1</td><td>0</td><td>0</td><td>0</td><td>0</td><td>0</td><td>0</td><td>0</td><td>0</td><td>0</td><td>1</td></tr>
<tr><td rowspan="3">受事＋时间副词＋动词(＋名词/动词)</td><td>受事＋时间副词＋动词</td><td>1</td><td>0</td><td>8</td><td>0</td><td>0</td><td>0</td><td>2</td><td>1</td><td>0</td><td>0</td><td>12</td><td rowspan="3">15</td></tr>
<tr><td>受事＋时间副词＋动词＋名词宾语</td><td>1</td><td>0</td><td>1</td><td>0</td><td>0</td><td>0</td><td>0</td><td>0</td><td>0</td><td>0</td><td>2</td></tr>
<tr><td>受事＋时间副词＋动词＋动词</td><td>0</td><td>0</td><td>0</td><td>1</td><td>0</td><td>0</td><td>0</td><td>0</td><td>0</td><td>0</td><td>1</td></tr>
</table>

续 表

<table>
<tr><th colspan="3" rowspan="4">结构构成
类 型</th><th colspan="10">受事话题的结构构成</th><th colspan="3" rowspan="4">小 计</th></tr>
<tr><th colspan="5">体词性成分</th><th colspan="5">谓词性成分</th></tr>
<tr><th rowspan="2">光杆名词</th><th colspan="4">复杂结构</th><th rowspan="2">光杆动词</th><th colspan="4">复杂结构</th></tr>
<tr><th>者字结构</th><th>定中结构</th><th>联合结构</th><th>的字结构</th><th>联合结构</th><th>述宾结构</th><th>状中结构</th><th>陈述结构</th></tr>
<tr><td rowspan="5"></td><td rowspan="3">受事+语气副词+动词(+名词/数量短语)</td><td>受事+语气副词+动词</td><td>0</td><td>0</td><td>1</td><td>0</td><td>0</td><td>0</td><td>0</td><td>0</td><td>0</td><td>0</td><td>1</td><td rowspan="3">3</td><td rowspan="5"></td></tr>
<tr><td>受事+语气副词+动词+名词$_{宾语}$</td><td>1</td><td>0</td><td>0</td><td>0</td><td>0</td><td>0</td><td>0</td><td>0</td><td>0</td><td>0</td><td>1</td></tr>
<tr><td>(主语+)受事+语气副词+动词+数量短语</td><td>0</td><td>0</td><td>1</td><td>0</td><td>0</td><td>0</td><td>0</td><td>0</td><td>0</td><td>0</td><td>1</td></tr>
<tr><td rowspan="2">受事+疑问副词+动词(+动词)</td><td>受事+疑问副词+动词</td><td>0</td><td>0</td><td>2</td><td>0</td><td>0</td><td>0</td><td>0</td><td>0</td><td>0</td><td>0</td><td>2</td><td rowspan="2">3</td></tr>
<tr><td>受事+疑问副词+动词+动词</td><td>0</td><td>0</td><td>1</td><td>0</td><td>0</td><td>0</td><td>0</td><td>0</td><td>0</td><td>0</td><td>1</td></tr>
<tr><td rowspan="2">受事+名词+动词(+动)</td><td colspan="2">受事+名词+动词</td><td>0</td><td>0</td><td>1</td><td>1</td><td>0</td><td>0</td><td>0</td><td>0</td><td>0</td><td>0</td><td colspan="2">2</td><td rowspan="2">3</td></tr>
<tr><td colspan="2">受事+名词+动词+动词</td><td>0</td><td>0</td><td>1</td><td>0</td><td>0</td><td>0</td><td>0</td><td>0</td><td>0</td><td>0</td><td colspan="2">1</td></tr>
<tr><td colspan="3">受事+形容词+动词</td><td>3</td><td>0</td><td>10</td><td>3</td><td>0</td><td>0</td><td>0</td><td>0</td><td>0</td><td>0</td><td colspan="3">16</td></tr>
<tr><td colspan="3">受事+介词短语+动词</td><td>0</td><td>0</td><td>0</td><td>0</td><td>0</td><td>0</td><td>1</td><td>0</td><td>0</td><td>0</td><td colspan="3">1</td></tr>
<tr><td colspan="3">(主语+)受事+能愿动词+动词</td><td>3</td><td>0</td><td>16</td><td>0</td><td>1</td><td>2</td><td>0</td><td>0</td><td>0</td><td>0</td><td colspan="3">22</td></tr>
<tr><td colspan="3">受事(+主语)+动词+之</td><td>1</td><td>3</td><td>1</td><td>0</td><td>0</td><td>0</td><td>0</td><td>1</td><td>0</td><td>1</td><td colspan="3">7</td></tr>
<tr><td colspan="3">受事+动词词组</td><td>0</td><td>0</td><td>2</td><td>0</td><td>0</td><td>0</td><td>0</td><td>0</td><td>0</td><td>0</td><td colspan="3">2</td></tr>
<tr><td colspan="3">“连”字句</td><td>0</td><td>0</td><td>2</td><td>0</td><td>0</td><td>0</td><td>0</td><td>0</td><td>0</td><td>0</td><td colspan="3">2</td></tr>
<tr><td colspan="3" rowspan="2">用例数
(例)</td><td>23</td><td>4</td><td>86</td><td>10</td><td>4</td><td>2</td><td>6</td><td>2</td><td>1</td><td>7</td><td colspan="3" rowspan="3">145</td></tr>
<tr><td colspan="5">127</td><td colspan="5">18</td></tr>
<tr><td colspan="3">百分比(%)</td><td colspan="5">87.5</td><td colspan="5">12.5</td></tr>
</table>

表 2-20 元明戏曲文献中复杂述语的结构构成

附加成分 数量	前修饰成分				后附成分						
	状语				补语				体助词	宾语	
	能愿动词	副词	名词	形容词	动词	介词短语	数量短语	得字短语		名词	代词
用例数(例)	22	47	2	16	12	1	4	3	12	4	8
	87				44						
百分比(%)	15.2	32.4	1.4	11	8.3	0.7	2.8	2	8.3	2.8	5.6
	60				30.3						

2.7.3 元明非戏曲文献与戏曲文献中受事话题句之比较

元明时期,我们考察了古本《老乞大》和《型世言》2 部非戏曲文献和《窦娥冤》、《西厢记》、《牡丹亭》3 部戏曲文献。两类文献中受事话题句的用例分别是 417、145。

从基本类型来看,两类文献基本一致。其差异主要表现在次类的增减以及相同次类使用频率的升降方面。前者主要表现为元明非戏曲文献中新产生了"'连'+受事+也+否定副词+动词词组"、"受事+否定副词+动词+'得'字短语"、"受事+范围副词+动词+体助词"、"受事+时间副词+动词+数量短语"、"受事+时间副词+动词+体助词"、"受事+能愿动词+动词+数量短语"、"'连'+受事+也+动词+动词/动词词组"、"受事+也+动词+介词短语"、"受事+也+动词+体助词"9 个次类。元明戏曲文献中新产生了"受事+动词+代词"、"受事+语气副词+动词+数量短语"、"受事+疑问代词+动词"、"受事+疑问副词+动词+动词"4 个次类。后者主要表现为"受事(+主语)+动词"、"受事+副词+动词"、"受事+形容词+动词"、"受事(+主语)(+状语)+动词+代词"4 个次类在非戏曲文献中的使用频率低于戏曲文献,降幅依次是 4.2%、6.7%、3.6%、4.7%。"受事(+主语)+能愿动词+动词"、"受事(+主语)

(＋状语)＋动词＋动词”2 个次类在非戏曲文献中的使用频率高于戏曲文献，增幅分别是 4.5%和 9.9%。在带副词状语的次类中，表示否定和语气的类别在非戏曲文献中的使用频率高于戏曲文献，表示范围、时间的类别在非戏曲文献中所占比例低于戏曲文献，其中变化比较大的是由否定副词和时间副词充当状语的次类，前者的增幅为 4%，后者的降幅为 4.9%。戏曲文献中还出现了由疑问副词充当状语的用例。在带宾语的次类中，由名词和代词充当宾语的用例在戏曲文献中所占比例都高于非戏曲文献，二者的变化幅度都不大，差幅分别约为 1.8%和 3%。在带补语的次类中，由名词、动词、介词短语、“得”字短语、数量短语充当补语的用例在非戏曲文献中所占比例均高于戏曲文献，但变化幅度不大。

其次，在受事话题的构成方面，两种不同性质文献中的受事都分别由体词性和谓词性两种成分构成，但二者在使用频率方面存在差异。非戏曲文献中二者用例数分别是 374 和 43，分别约占总数的 89.7%和 10.3%，戏曲文献中二者的用例数分别是 127 和 18，分别约占总数的 87.5%和 12.5%。显然，在共时平面内，两种不同性质文献中体词性受事在使用频率上都远远高于谓词性受事。相比较而言，非戏曲文献中体词性受事的使用频率高于戏曲文献，谓词性受事的使用频率低于戏曲文献。

从体词性受事的内部结构来看，在非戏曲文献和戏曲文献这两种不同性质文献中，体词性受事都以偏正结构为优势结构，其次是光杆名词。在体词性受事的用例中，非戏曲文献中光杆名词、联合结构、“的”字结构的受事高于戏曲文献，偏正结构的受事与之相反。其中，变化幅度较大的是光杆名词和偏正结构的受事。前者的降幅是 5.7%，后者的增幅是 5.6%。从谓词性受事的内部结构来看，非戏曲文献和戏曲文献中的谓词性受事都分为光杆动词、联合结构、述宾结构、状中结构、陈述结构五类。其中，光杆动词、联合结构、述宾结构、状中结构的谓词性受事在非戏曲文献中所占比例高于戏曲文献，陈述结构的受事与之相反。上述谓词性受事的变化幅度都不大，最大降幅为2.4%。

在述语的构成方面，两种不同性质文献中的述语可以是光杆述语，也可以带前附或后附两种成分。其中带前附成分的用例使用频率呈上升趋势，增幅约为4.1%；带后附成分的用例使用频率呈下降趋势，降幅为7.1%。从前附成分的使用情况来看，非戏曲文献和戏曲文献中充当状语的成分的多寡序列都是副词、能愿动词、形容词、名词、介词短语。从后附成分的使用情况来看，两类文献中动词带宾语的用例呈上升趋势，增幅为4.8%，带补语和体助词的用例呈下降趋势，降幅分别约为8.7%和2%。在共时平面，非戏曲文献中带前附成分的用例所占比例低于戏曲文献，带后附成分的用例所占比例高于戏曲文献。在充当前附或后附成分的词类内部，不同词类的分布也存在个体差异。

从主语的结构构成来看，非戏曲文献和戏曲文献中主语出现的用例分别是13、11。前者中充当主语的都有专有名词、代词、普通名词三类，后者中充当主语的有代词和普通名词两类。[①] 由专有名词和代词充当的主语在非戏曲文献中的使用频率高于戏曲文献，由普通名词充当的主语与之相反。在共时平面上，两类文献中充当主语的成分在结构上都是以简单形式为主，按照结构的不同，非戏曲文献中的主语分为光杆名词（代词）、一般定中结构、“的”字结构三类，戏曲文献中的主语分为光杆名词（代词）、一般定中结构和联合结构三类。[②] 从词类属性来看，两类文献之间也存在差异。非戏曲文献中充当主语的优势词类是普通名词，其次是代词。戏曲文献中充当主语的优势词类是代词，其次是普通名词。

2.7.4　宋代至元明受事话题句的历史演变

从所考察的非戏曲文献来看，宋代到元明时期受事话题句在类

① 非戏曲文献和戏曲文献中的用例分别依次是1、5、7和7、4。

② 非戏曲文献和戏曲文献中的用例分别依次是10、2、1和7、3、1。

型用例、受事话题、述语和主语的结构构成方面均发生一定的变化。

首先，在类型用例方面，两个时期非戏曲文献中的受事话题句在大的类型和优势句型方面基本一致，其差异主要表现在次类的增减以及相同次类使用频率的升降方面。前者主要表现为元明非戏曲文献中新产生了“受事＋动词＋‘得’字短语”、“受事＋动词＋体助词/语气词”、“‘连’＋受事＋也＋否定副词＋动词词组”、“受事＋否定副词＋动词＋‘得’字短语”、“受事＋范围副词＋动词＋体助词”、“受事＋时间副词＋动词＋数量短语”、“受事＋时间副词＋动词＋体助词”、“受事＋也＋动词＋体助词”8 个次类。元明戏曲文献中新产生了“（主语＋）受事＋语气副词＋数量短语”、“受事＋疑问副词＋动词”、“受事＋疑问副词＋动词＋动词”3 个次类。后者主要表现为“受事（＋主语）＋动词”、“受事＋副词＋动词”、“受事＋形容词＋动词”、“受事（＋主语）（＋状语）＋动词＋动词”4 个次类使用频率上升。其中后三者增幅较大，依次是 4.9％、4.4％、10％。“受事（＋主语）＋能愿动词＋动词”、“受事（＋主语）（＋状语）＋动词＋代词”2 个次类所占比例下降。二者的降幅都比较大，分别是 26.1％、15.1％。在带副词状语的次类中，表示否定、范围、时间、语气的类别呈上升趋势，表示程度的类别呈下降趋势。其中除了由时间副词充当状语的次类增幅为 2.5％之外，其他次类的变化幅度都不大。在带宾语的次类中，由名词充当宾语的用例呈上升趋势。相比较而言，名词宾语的增幅很小，而代词宾语的降幅很大。在带补语的不同次类中，由名词充当补语的用例减少，由动词、介词短语、“得”字短语、数量短语充当补语的用例使用频率上升。

按照补语意义的不同，两个时期中由动词充当的补语分为趋向补语、结果补语、可能补语、状态补语四类，其用例依次是 39、44、21、1。从单个时期的用例情况来看，宋代只出现前三类，其用例依次是 4、10、5，元明时期四者均出现，其用例依次是 35、34、16、1。

其次，在受事话题的构成方面，两个时期的受事都分别由体词性和谓词性两种成分构成，但二者在使用频率方面存在差异。宋代时二者的用例数分别是321和46，分别约占总数的87.5%和12.5%；元明时期二者用例数分别是374和43，分别约占总数的89.7%和10.3%。显然，在共时平面内，两个时期的体词性受事在使用频率上都远远高于谓词性受事，二者形成很大的差距。在历时平面上，体词性受事使用频率上升，谓词性受事使用频率下降。

从体词性受事的内部结构来看，两个时期的体词性受事都以偏正结构为优势结构，其次是光杆名词。在宋代至元明，光杆名词、联合结构、"的"字结构的受事都呈上升趋势，其中除了联合结构的受事增幅达2.4%之外，其他结构的受事增幅都不大；偏正结构的受事呈下降趋势，降幅为3.3%。从谓词性受事的内部结构来看，宋代居首位的是光杆动词，其次是联合结构、陈述结构、述宾结构，元明时期居首位的是联合结构，其次是陈述结构、光杆动词、述宾结构、状中结构。光杆动词、陈述结构充当的受事呈下降趋势，前者降幅较大，约为3.2%，后者变化幅度不大。联合结构、述宾结构的受事在两个时期的使用频率相同，状中结构的受事仅见于元明时期。

在述语的构成方面，两个时期的述语可以是光杆述语，也可以带前附或后附两种成分。其中带前附成分的用例所占的比例分别约为70.6%和55.9%；带后附成分的用例所占的比例分别约为27%和37.4%。从前附成分的使用情况来看，两个时期中充当状语的成分在用例上的多寡序列有所不同，宋代居首位的是能愿动词，其次是副词、形容词、介词短语、名词。而元明时期居首位的是副词，其次是能愿动词、形容词、名词、介词短语。从后附成分的使用情况来看，两个时期中，动词带宾语的用例的使用频率分别约为17.7%、3.6%；带补语的使用频率分别约为9.3%、23.5%。总起来说，在历时层面，述语动词带前附成分的用例总体呈下降趋势，带后附成分的用例呈上升趋势。二者的变化幅度都比较大，前者的降幅为14.7%，后者的增幅为10.4%。在后附成分方面，动词之后带宾语的用例呈下降趋势，带补语的用例呈上升趋势，其变化幅度也比较大，分别为 14.1%和 14.2%。在充当前附或后附成分的词类内部，不同词类在发展趋势上存在个体差异。特别是元明时期出现了动词带体助词的类别。

从主语的结构构成来看，主语出现和隐含的用例分别是 36、748。在主语出现的用例中，充当主语的有专有人名、代词、普通名词（名词性短语）三类，其用例依次是 4、21、11。从两个时期主语的使用情况来看，主语出现的用例分别是 23、13。所出现的主语都有专有名词、代词、普通名词三类。从宋代至元明，由专有名词和普通名词充当的主语使用频率上升，由代词充当的主语使用频率下降。在共时层面上，宋代充当主语的成分按照结构的不同分为光杆名词（代词）、一般定中结构、“者”字结构和联合结构四类，元明时期则分为光杆名词（代词）、一般定中结构、“的”字结构三类。在历时层面上，充当主语的成分都是以简单形式为主，但有所变化。光杆名词（代词）和“的”字结构的主语呈上升趋势，一般定中结构和联合结构的主语呈下降趋势。从词类属性来看，宋代普通名词是充当主语的优势词类，代词次之，专有名词充当主语的用例最少。元明时期代词仍然是优势词类，普通名词次之，专有名词用例最少。

2.8　清代的受事话题句

2.8.1　基本类型及句法特征

清代我们调查了《红楼梦》。该文献中受事话题句共出现 271 例，根据述语动词是否出现前附或后附成分分为两种类型：

一、光杆述语

此类受事话题句出现 8 例，根据述语在结构构成方面的不同分为两类：

（一）受事话题（＋施事/当事主语）＋光杆述语动词。如：

（356）门子笑道：“不瞒老爷说，不但这凶犯的方向我知道，一并

这拐卖之人我也知道,死鬼买主也深知道。(《红楼梦·第四回》)

(357) 谁先成者赏,佳者额外加赏。(《红楼梦·第七十八回》)

此类受事话题句出现4例,约占用例总数的1.5%。充当受事的全部是体词性成分。按照结构的不同,体词性受事分为光杆名词、“者”字结构和一般定中结构三类,其用例依次是1、1、2。

所涉及的动词有4个:行、发、赏、知道。动词之前除主语外不出现其他句法成分。

从主语的隐现情况来看,主语出现的有1例,所出现的主语位于受事和动词之间,如例(356)。主语隐含的有3例,如例(357)。

(二) 受事+主语+动词词组。如:

(358) 我且问你:“这诗社你到底管不管?”(《红楼梦·第四十五回》)

(359) 这事袭人知道不知道?(《红楼梦·第六十三回》)

此类受事话题句出现4例,约占用例总数的1.5%。充当受事的都是体词性成分,在结构上都是一般定中结构。从述语的构成情况来看,述语都由具有连动关系的动词构成。其中,采用正反问句形式的有3例,如例(359)。

二、述语动词出现前附成分或后附成分

此类受事话题句出现263例,根据所出现的成分是前附成分还是后附成分分为两类:

(一) 受事话题(+主语)+状语+述语动词

此类受事话题句出现176例,约占用例总数的64.9%。根据充当状语的成分在词类上的差异分为六类:

1. 受事(+主语)+副词+动词

此类受事话题句出现67例,约占用例总数的24.7%。根据副词词汇意义的不同分为四类:

① 受事(+主语)+否定副词+动词。如:

(360) 便是活着,人事不知,叫来也无用。(《红楼梦·第四十六回》)

(361) 我说的话儿你全不信,只叫你背地里细打听,才知道我疼你不疼!(《红楼梦·第二十八回》)

(362) 我看你也诸事太不留心了。(《红楼梦·第六十七回》)

此类受事话题句出现49例。充当受事的都是体词性成分。按照结构的不同,分为光杆名词、一般定中结构、联合结构和"的"字结构四类,其用例依次是9、35、4、1。

所涉及的动词有30个:成2、免、偿、见2、择、保2、知8、揭、信、发、知道8、记、靠、听、顾、裁、用2、管2、懂、留心、理会、吃4、忘2、休、领、听过、穿、传、言、使。动词之前出现由否定副词充当的状语,所涉及的否定副词有"不(不曾)"、"无"、"未"。

从主语的隐现情况来看,主语出现的有9例,所出现的主语有位于句首和位于受事和动词之间两种情况,前者如例(362),后者如例(361)。主语隐含的有40例,如例(360)。

② 受事(+主语)+范围副词+动词。如:

(363) 那从前丑事,我已尽知,说也无益。(《红楼梦·第六十五回》)

(364) 黛玉不时遣雪雁来探消息,这边事务尽知,自己心中暗叹。(《红楼梦·第五十七回》)

此类受事话题句出现9例。充当受事的全部是体词性成分,在结构上都是一般定中结构。所涉及的动词有4个:知道2、知5、除、百依百随。动词之前出现由范围副词充当的状语,所涉及的范围副词有"尽"、"皆"、"都"等。

从主语的隐现情况来看,主语出现的有7例,所出现的主语位于受事和动词之间,如例(363)。主语隐含的有2例,如例(364)。

③ 受事＋时间副词＋动词。如：

(365) 那宝琴年轻心热，且本性聪敏，自幼读书识字，今在贾府住了两日，大概人物已知。(《红楼梦·第四十九回》)

此类受事话题句出现 6 例。充当受事的有体词性和谓词性两种成分，前者 5 例，后者 1 例。按照结构的不同，体词性受事分为一般定中结构和联合结构两类，其用例分别是 1、4。谓词性受事在结构上是联合结构。

所涉及的动词有 6 个：定、知、亏、解、尝、通。动词之前出现由时间副词充当的状语，所涉及的时间副词有“既”、“已”、“顿”、“先”。

④ 受事(＋主语)＋语气副词＋动词。如：

(366) 林黛玉冷笑道：“他在别的上还有限，惟有这些人带的东西上越发留心。”(《红楼梦·第二十九回》)

(367) 只是一件，你的我才作，别的人我可不能。(《红楼梦·第四十三回》)

此类受事话题句出现 3 例。充当受事的全部是体词性成分。按照结构的不同，体词性受事分为一般定中结构和“的”字结构两类，其用例分别是 1、2。

所涉及的动词有 3 个：作、留心、知道。动词之前出现由语气副词充当的状语，所涉及的语气副词有“才”、“越发”、“却”。

从主语的隐现情况来看，主语出现的有 1 例，所出现的主语位于受事和动词之间，如例(367)。主语隐含的有 2 例，如例(366)。

2. 受事＋名词＋动词。如：

(368) 玉带林中挂，金簪雪里埋。(《红楼梦·第五回》)

此类受事话题句出现 4 例，约占用例总数的 1.5%。充当受事的全部是体词性成分。它们在结构上都是一般定中结构。

所涉及的动词有 4 个：挂、埋、诛、灭。动词之前出现由名词充当的状语①。

3. 受事(+主语)+形容词+动词。如:

(369) 然大概相貌,自是不改,熟人易认。(《红楼梦·第四回》)

(370) 虽数年之情难舍,但事关风化,亦无可如何了。(《红楼梦·第七十七回》)

此类受事话题句出现20例,约占用例总数的7.4%。充当受事的有体词性和谓词性两种成分,前者16例,后者4例。按照结构的不同,体词性受事分为光杆名词、一般定中结构、联合结构三类,其用例依次是3、11、2。谓词性受事分为光杆动词、联合结构、述宾结构和陈述结构四类,其用例各为1。

所涉及的动词有19个:知道、偿、牵念、平、得2、见、寻、留、解、烧、继、求、谋、舍、举、预定、猜、认、说。动词之前出现由形容词充当的状语,所涉及的形容词是"深"、"空"、"难"、"易"。

从主语的隐现情况来看,主语出现的有2例,所出现的主语位于受事和动词之间,如例(369)。主语隐含的有16例,如例(370),受事"数年之情"和动词"舍"之间不出现动作的发出者。

4. 受事+介词短语+动词。如:

(371) 宝玉道:"我心里的事也难对你说,日后自然明白。(《红楼梦·第二十八回》)

(372) 这九个媳妇委屈,便商议说:"……只说他好,只说他好,这委屈向谁诉去?"(《红楼梦·第五十四回》)

此类受事话题句出现3例,约占用例总数的1.1%。充当受事的有体词性和谓词性两种成分,其用例分别是2、1。体词性受事在结构上是一般定中结构,谓词性受事在结构上是联合结构。

所涉及的动词有2个:说、诉2。动词之前出现由介词短语充当

① 充当状语的名词分为普通名词和处所名词两类,其用例各为2。

的状语，所涉及的介词是“从”。

5. 受事(＋主语)＋能愿动词＋动词。如：

(373) 袭人道：“……这件事，老太太、太太断不肯行的。”(《红楼梦·第十九回》)

(374) 宝玉出了神，见袭人和他说话，……说道：“好妹妹，我的这心事，从来也不敢说，今儿我大胆说出来，死也甘心……”(《红楼梦·第三十二回》)

此类受事话题句出现37例，约占用例总数的13.7%。充当受事的有体词性和谓词性两种成分，前者36例，后者1例。按照结构的不同，体词性受事分为光杆名词、“者”字结构和一般定中结构三类，其用例依次是7、2、27。谓词性受事在结构上是联合结构。

所涉及的动词有26个：忘、知、恶、述、行、说6、诉、恨2、惜、吃、知道、给、改、置买、爱、记3、泄漏、犯、数2、看、收拾、敌、伤2、泄、施、听见。动词之前出现由能愿动词充当的状语，所涉及的能愿动词是“可”、“能”、“得”、“用”、“肯”、“敢”、“要”。

从主语的隐现情况来看，主语出现的有1例。所出现的主语位于受事和动词之间。如例(373)，受事是“这件事”，动词是“行”，主语“老太太、太太”出现在二者之间。主语隐含的用例有36例，如例(374)，受事是“我的这心事”，动词是“说”，二者之间不出现动作的发出者。

6. (连)＋受事＋(也/都/也都/还)＋动词。如：

(375) 翠缕道：“人规矩主子为阳，奴才为阴。我连这个大道理也不懂得?”(《红楼梦·第三十一回》)

(376) 怎么前儿他见了，连姓名还不知道，就把汗巾子给他了?(《红楼梦·第三十四回》)

(377) 宝玉道：“那里的谎话你也信了，偏又有个宝玉了?”(《红楼梦·第五十六回》)

此类受事话题句出现 45 例。充当受事的有体词性和谓词性两种成分,前者 44 例,后者 1 例。按照结构的不同,体词性受事分为光杆名词、一般定中结构、联合结构、“的”字短语四类,其用例依次是 13、25、4、2。谓词性受事在结构上是陈述结构。

所涉及的动词有 24 个：没有、知道 12、嘱咐、吃 6、认得、见过、拿、明白、打、懂得、辜负、放、沾一沾、忘、没 2、知、可怜可怜、赔、信、用、说 2、修饰、记得、动。

从主语的隐现情况来看,主语出现的有 7 例。所出现的主语有位于句首和位于受事和动词之间两种情况。前者 2 例,如例(375),受事“这个大道理”用在动词“懂得”之前,主语“我”位于句首。后者 5 例,如例(377),受事是“那里的谎话”,动词是“信”,主语“你”出现在二者之间。主语隐含的有 38 例,如例(376),受事是“姓名”,动词是“知道”,二者之间不出现动作的发出者。

(二) 受事话题(+状语)+述语动词+后附成分

此类受事话题句出现 87 例,按照后附成分的不同分为三类：

1. 受事话题+主语+述语动词+宾语

此类受事话题句出现 3 例,约占用例总数的 1.1%。根据充当宾语的成分在词类上的差异分为两类：

① 受事+主语+动词+名词短语。如：

(378) 贾母道:“这件事我交给珍哥媳妇了。越性叫凤丫头别操一点心,受用一日才算。”(《红楼梦·第四十三回》)

此类受事话题句出现 1 例,约占用例总数的 0.4%。充当受事的是体词性成分,在结构上都是一般定中结构。所涉及的动词有 1 个：交给。动词之前不出现状语成分,动词之后出现由名词短语充当的宾语。

从主语的隐现情况来看,所出现的主语位于受事和动词之间。如例(378)。受事是“这件事”,动词是“交给”,主语“我”位于二者之间，动词之后出现由名词短语“珍哥媳妇”充当的间接宾语。

② 受事＋动词＋代词。如：

(379) 这一个说：“那一片稻地交给我，一年这些顽的大小雀鸟的粮食不必动官中钱粮，我还可以交钱粮。”(《红楼梦·第五十六回》)

(380) 好酒者喜之，不饮者则不去亲近。(《红楼梦·第七十五回》)

此类受事话题句出现2例，约占用例总数的0.7%。充当受事的都是体词性成分，按照结构的不同分为“者”字结构和一般定中结构两类，二者的用例各为1。所涉及的动词有2个：交给、喜。动词之前不出现状语成分，动词之后出现由代词充当的宾语。如例(379)，受事“那一片稻地”直接出现在动词“交给”之前，动词之后出现由代词“我”充当的宾语。

2. 受事(＋主语)(＋状语)＋动词＋补语

此类受事话题句出现47例，约占用例总数的17.3%。根据充当补语的成分在词类上的差异分为五类：

① 受事(＋主语)(＋状语)＋动词＋动词

此类受事话题句出现41例，根据是否出现状语成分分为两类：

A. 受事(＋主语)＋动词＋动词。如：

(381) 干的我管不得，你是我屄里掉出来的，难道也不敢管你不成！(《红楼梦·第五十九回》)

(382) 这几件箱柜拿进去罢。(《红楼梦·第六十八回》)

此类受事话题句出现5例。充当受事的全部是体词性成分。按照结构的不同，分为一般定中结构和“的”字结构两类，其用例分别是4、1。

所涉及的动词有5个：送、管、拿、脱、留。动词之前除了主语之外不出现其他句法成分。动词之后出现由动词充当的补语。如例

(382),动词“拿”之后出现由动词“进去”充当的结果补语。

从主语的隐现情况来看,主语出现的有 2 例,所出现的主语位于受事和动词之间,如例(381);主语隐含的有 3 例,如例(382)。

B. 受事(+主语)+状语+动词+动词

此类受事话题句出现 36 例。根据充当状语的成分在词类上的差异分为四类:

B1. 受事+副词+动词+动词。如:

(383) 熙凤道:“月钱已放完了。……想是太太记错了?”(《红楼梦·第三回》)

(384) 一面又问婆子们:“林姑娘的行李东西可搬进来了?”(《红楼梦·第三回》)

(385) 三月香巢已垒成,梁间燕子太无情!(《红楼梦·第二十七回》)

(386) 一句话未说完,宝玉林黛玉二人心里有病,听了这话早把脸羞红了。(《红楼梦·第三十回》)

(387) 难道我素日在你身上的心都用错了?(《红楼梦·第三十二回》)

(388) 宝玉听了,忙披上灰鼠袄子出来一瞧,只见他三人被褥尚未叠起,大衣也未穿。(《红楼梦·第七十回》)

(389) 凡世上所无之事,都顽耍出来。如今且不消细说。(《红楼梦·第七十九回》)

此类受事话题句出现 15 例,根据充当副词词汇意义的不同分为“受事+否定副词+动词+动词”、“受事+范围副词+动词+动词”、“受事+时间副词+动词+动词”、“受事+语气副词+动词+动词”四类,其用例依次是 3、5、3、4。充当受事的是体词性成分,按照结构的不同,分为光杆名词和一般定中结构两类,其用例分别是 1、14。

所涉及的动词有 14 个:说 2、叠、唱、用、闻、耍、收、放、陈设、垒、种、搬、顾、拿。动词之前出现由副词充当的状语，动词之后出现由动词充当的补语。如例(386)，受事是“一句话”，动词是“说”，动词之前出现由否定副词是“未”充当的状语，其后出现由动词“完”充当的补语。例(387)，动词“用”之后出现由动词“错”充当的结果补语。例(389)中出现由趋向动词“出来”充当的趋向补语。例(384)，受事是“林姑娘的行李东西”，动词是“搬”，动词之前出现预期副词“可”，动词之后出现由趋向动词“进来”充当的补语。

B2. 受事＋形容词＋动词＋动词。如：

(390) 两个冤家，都难丢下，想着你来又记挂着他。(《红楼梦·第二十八回》)

此类受事话题句出现1例。充当受事的是体词性成分，在结构上是一般定中结构。

所涉及的动词有1个：丢。动词之前出现由形容词充当的状语，所涉及的形容词是“难”。动词之后出现由趋向动词“下”充当的补语。

B3. 受事＋能愿动词＋动词＋动词。如：

(391) 宝玉道：“这怕什么！古来闺阁中的笔墨不要传出去，如今也没有人知道了。”(《红楼梦·第四十八回》)

此类受事话题句出现6例。充当受事的是体词性成分，在结构上都是一般定中结构。

所涉及的动词有5个：放2、收、送、传、拿。动词之前出现由能愿动词程度的状语，动词之后出现由动词充当的补语①。如例(391)中，动词“传”之后出现由趋向动词“出去”充当的补语。

B4. (连)＋受事＋也/都/还＋动词＋动词。如：

(392) 晴雯听他说“我们”两个字，自然是他和宝玉了，不觉又添

① 补语在意义类型上都是由趋向动词充当。

了酸意,冷笑几声,道:"……明公正道,连个姑娘还没挣上去呢,也不过和我似的,那里就称上'我们'了!"(《红楼梦·第三十一回》)

(393) 宝玉叹了一口气,问道:"……连你的意思若体贴不着,就难怪你天天为我生气了。"(《红楼梦·第三十二回》)

此类受事话题句出现14例。充当受事的都是体词性成分。按照结构的不同,分为光杆名词、一般定中结构和"的"字结构,其用例依次是4、9、1。

所涉及的动词有14个:打(撞击)、挣、体贴、穿、骂、跟、打(殴打)、搜查、买、霸占、吃、掐、说、欺。动词之前出现"也"、"都"或"还",动词之后出现由动词充当的补语。例(392)中,受事是"姑娘",动词是"挣",动词之后出现趋向补语"上去"。例(393)中,受事是"你的意思",动词是"体贴",动词之后出现结果补语"不着"。

从主语的隐现情况来看,主语出现和隐含的用例分别是4、10。所出现的主语有位于句首和位于受事和动词之间两种情况,其用例分别是3、1。

② (主语+)+受事+也/都+动词+形容词。如:

(394) 姑娘们天天山珍海味的也吃腻了,这个吃个野意儿,也算是我们的穷心。(《红楼梦·第三十九回》)

(395) 宝玉道:"你快休动,只站着方好,不然连小衣儿膝裤鞋面都要拖脏。"(《红楼梦·第六十二回》)

此类受事话题句出现2例。充当受事的是体词性成分,在结构上是联合结构。所涉及的动词有2个:拖、吃。动词之前出现"也"或"都",动词之后出现由形容词充当的补语。例(395),动词之后出现由形容词"脏"充当的状态补语。

从主语的隐现情况来看,主语出现和隐含的用例各为1。所出现的主语位于句首。前者如例(394),主语"姑娘们"位于句首,受事是

“山珍海味的”，动词是“吃”，动词之后出现由形容词“腻”充当的补语。后者如(395)，受事是“小衣儿膝裤鞋面”，动词“拖”之前出现副词“都”，其后出现由形容词“脏”充当的补语。

③ 受事＋状语＋动词＋介词短语。如：

(396) 那些梯己只留于他，我们如今虽不配使，也别苦了我们。(《红楼梦·第二十二回》)

此类受事话题句出现1例。充当受事的是体词性成分，在结构上是一般定中结构。所涉及的动词有1个：留。动词之前出现由范围副词充当的状语，动词之后出现由介词短语充当的补语。例(396)，动词之后出现由介词短语“于他”充当的补语。

④ 受事(＋主语)(＋状语)＋动词＋数量短语。如：

(397) 宝玉道：“戏酒既不吃，这随便素的吃些何妨。”(《红楼梦·第四十三回》)

(398) 宝玉听说，心下猜疑道：“古今字画也都见过些，那里有个‘庚黄’？”(《红楼梦·第二十六回》)

此类受事话题句出现2例，根据动词之前是否出现状语成分，分为“受事＋动词＋数量短语”和“受事＋也都＋动词＋体助词＋数量短语”两类，二者的用例各为1。

此类受事话题句出现1例。充当受事的是体词性成分。按照结构的不同，分为一般定中结构和“的”字结构两类，二者的用例各为1。

所涉及的动词有2个：吃、见。动词之后出现由数量短语充当的补语。如例(397)受事是“这随便素的”直接出现在动词“吃”之前，动词之后出现由量词“些”充当的补语。例(398)，受事是“古今字画”，动词“见”之前出现副词“也都”，其后出现由量词“些”充当的补语。

⑤ 受事(＋主语)＋副词＋动词＋“得”(的)字短语 。如：

(399) 街上的那里听的见，这是咱们的那十几个女孩子们演习吹

打呢。(《红楼梦·第四十回》)

此类受事话题句出现1例。充当受事的是体词性成分,在结构上是“的”字结构。

所涉及的动词有1个:听。动词之前出现由语气副词充当的状语,所涉及的语气副词是“那里(哪里)”,动词之后出现“得”字结构。

3. 受事(+主语)(+状语)+动词(+动词)+体助词

此类受事话题句出现37例,约占用例总数的13.6%。根据动词之后是否出现补语成分分为两类:

① 受事(+主语)(+状语)+动词+体助词

A. 受事(+主语)+动词+体助词。如:

(400) 月钱放过了不曾?(《红楼梦·第三回》)

(401) 就是那三百两银子的利钱,旺儿媳妇送进来,我收了。(《红楼梦·第十一回》)

此类受事话题句出现11例。充当受事的都是体词性成分。按照结构的不同,体词性受事分为光杆名词、一般定中结构、联合结构、“的”字结构四类,其用例依次是1、5、4、1。

所涉及的动词有7个:放、吃2、说、记、收、忘4、见。动词之前除主语外不出现其他句法成分。动词之后出现体助词“着”、“了”、“过”。

从主语的隐现情况来看,主语出现的有5例,所出现的主语位于受事和动词之间,如例(401)。主语隐含的有1例,如例(400)。

B. 受事(+主语)+状语+动词+体助词

此类受事话题句出现25例,根据充当状语的成分在词类上的不同分为三类:

B1. 受事+副词+动词+体助词。如:

(402) 今儿甄家送了来的东西,我已收了。(《红楼梦·第七回》)

(403) 凡庄农动用之物,皆不曾见过。(《红楼梦·第十五回》)

(404) 你前儿送你姐姐们的,我已得了;今儿你亲自又送来,可见

是没忘了我。(《红楼梦·第三十二回》)

(405) 你们这些老亲戚,我都不记得了。(《红楼梦·第三十九回》)

(406) 那容易得的木头,你们也不收着了。(《红楼梦·第四十一回》)

(407) 众人都道:“老太太什么没听过!便没听过,也猜着了。”(《红楼梦·第五十四回》)

(408) 说着向鸳鸯道:“这两日因老太太的千秋,所有的几千两银子都使了。”(《红楼梦·第七十二回》)

(409) 凤姐冷笑道:“我也是一场痴心白使了。”(《红楼梦·第七十二回》)

此类受事话题句出现22例,根据副词词汇意义的不同,分为“受事+否定副词+动词+体助词/词尾”、“受事(+主语)+范围副词+动词+体助词/词尾”、“受事+主语+时间副词+动词+体助词”、“受事+语气副词+动词+体助词”四类,其用例依次是9、4、5、4。

充当受事都是体词性成分。按照结构的不同,分为光杆名词、一般定中结构、联合结构和“的”字结构四类,其用例依次是3、16、1、2。

所涉及的动词有12个:伤、见3、听、知道3、留心、收2、记4、使(用)2、得、用、忍、领。

从主语的隐现情况来看,主语出现的有14例。所出现的主语有位于句首和位于受事与动词之间两种情况。前者1例,如例(407),受事是“什么”,动词是“听”,主语“老太太”位于句首。后者13例,如例(406),受事是“那容易得的木头”,动词是“收”,主语“你们”出现在二者之间。主语隐含的有8例,如例(403),受事是“庄农动用之物”,动词是“见”,二者之间不出现动作的发出者。

B2. 受事+形容词+动词+体助词。如:

(410) 我爱吃的,听见姑娘也爱吃,连忙干干净净收着,等着姑娘来吃。(《红楼梦·第二十八回》)

此类受事话题句出现1例。充当受事的是体词性成分，在结构上是“的”字结构。

所涉及的动词有1个：收。动词之前出现由形容词充当的状语。所涉及的形容词是“干干净净”，动词之后出现体助词“着”。

B3. 受事＋能愿动词＋动词＋体助词。如：

(411) 这虚套竟可收了。(《红楼梦·第六十二回》)

此类受事话题句出现2例。充当受事的是体词性成分，按照结构的不同分为“者”字结构和一般定中结构两类，其用例各为1。

所涉及的动词有2个：收、虑及。动词之前出现能愿动词“可”、“无庸”，动词之后出现体助词“了”。

② 受事＋动词＋动词＋体助词。如：

(412) 酒吃完了，到底这杯子是什么木的？(《红楼梦·第四十一回》)

此类受事话题句出现1例。充当受事的是体词性成分，在结构上是光杆名词。

所涉及的动词有1个：吃。动词之前不出现状语成分，动词之后出现由动词充当的补语，补语之后出现体助词“了”。

2.8.2 小结

清代带光杆述语和述语动词出现前附或后附成分的两类受事话题句中，优势类别分别是“受事(＋主语)＋光杆述语动词”和“受事(＋主语)＋状语＋述语动词”。在后一类别中，充当状语的成分在词类上的多寡序列依次是副词、能愿动词、形容词、名词、介词短语。在由副词充当状语的次类中，不同词汇意义的副词在用例上的多寡序列依次是表示否定、范围、时间、语气的类别。在带后附成分的次类中，后附成分是补语的用例占优势地位，其次是宾语。在带补语的次类中，充当补语的有动词、形容词、介词短语、数量短语、“得”字短语五类，其中由动词充当补语的用例最多。在后附成分是宾语的次类中，充当宾语的有代词和名词（名词短语）两类。前者中充当宾语的代词有“我”和“他”两个，二者的用例数量相同。

该时期受事话题句的主要特点有七：其一，由作格动词充当述语动词的用例消失，由一般及物动词充当述语动词的次类使用频率大幅度下降。其二，由副词充当状语的次类在使用频率上较前一时期有所下降。由能愿动词充当状语的使用频率比其前所有历史时期都低，最大降幅达到31.6%。由副词和能愿动词充当状语的总体使用频率虽然占该时期受事话题句的38.4%，总体呈下降趋势。由形容词充当状语的次类低于元明戏曲文献，但与非戏曲文献持平。在体现述语复杂化的状语成分内部，形容词仍然是继副词和能愿动词之后的优势词类。其三，由动词充当补语的次类使用频率除了比非戏曲文献低之外，均高于其他各时期。除了动词补语之外，在体现述语复杂性的补语成分内部，由形容词、数量短语和“得”字短语充当补语的次类使用频率上升。其四，动词之后出现回指代词“之”的次类使用频率比其他各时期都低，最大降幅达到17.5%。一般及物动词通常要求带宾语的规则基本衰亡。其五，动词之后带体助词的次类的使用频率较前一时期有所上升。其六，“连”字句在该时期的使用频率急剧上升，由介词“连”引介受事的次类超过该时期受事话题句的用例总数五分之一。其七，“的（底）”字结构的受事话题仍然表现出上升趋势。

2.8.3　元明至清代受事话题句的历史演变

从考察文献来看，元明至清代受事话题句在类型用例、受事话题、述语和主语的结构构成方面均发生一定的变化。

首先，在类型用例方面，两个时期文献中的受事话题句在大的类型和优势句型方面基本一致，其差异主要表现在次类的增减以及相同次类使用频率的升降方面。前者主要表现为“受事＋名词＋动词+'得'字短语"、"受事+也+动词+体助词"2 个次类仅见于元明非戏曲文献。"受事+语气副词+动词+'得'字短语"、"受事+语气副词+动词+体助词"、"受事+形容词+动词+体助词"、(主语+)"受事+也/都+动词+形容词"、"受事+也都+动词+体助词+数量短语"、"受事+也/都+动词+数量短语"是清代新产生的次类。后者主要表现为"受事(+主语)+动词"、"受事(+主语)+能愿动词+动词"、"受事(+主语)(+状语)+动词+代词"、"受事(+主语)(+状语)+动词+动词"4 个次类使用频率下降,其中带能愿动词状语的次类降幅较大,约为 6%。"受事+副词+动词"、"受事+状语+动词+体助词"、"'连'字句"3 个次类使用频率上升,且上升幅度都比较大,增幅依次是 11%、7.8%、15.5%。在带副词状语的次类中表示否定和时间的类别呈下降趋势,表示范围和语气的类别呈上升趋势。但无论是增幅还是降幅变化都不大。在带宾语的次类中,除了代词宾语之外,名词宾语的使用频率也下降,在带补语的次类中,带动词、介词短语、数量短语、"得"字短语补语的用例呈下降趋势,带形容词补语的用例呈上升趋势。动词之后带体助词的用例使用频率上升。

在充当补语的动词小类方面,两个时期中的补语按照意义的不同,分为趋向补语、结果补语、可能补语、状态补语四类。[①] 上述四类不同语义类型的补语在两个时期的使用情况有所差异。除了状态补语在清代的使用频率高于元明时期之外,其他补语在元明时期的使用频率均高于清代。

其次,在受事话题的构成方面,两个时期的受事都分别由体词性和谓词性两种成分构成,但二者在使用频率方面存在差异。元明时期二者用例数分别是 374 和 43,分别约占总数的 89.7%和 10.3%;清代二者的用例数分别是 263 和 8,分别约占总数的 97%和 3%。显然,在共时平面内,两个时期中,体词性受事在使用频率上都远远高

① 元明时期和清代四者的用例分别依次是 35、34、16、1 和 20、21、1、3。

于谓词性受事，二者形成很大的差距。在历时平面上，体词性受事所占比例增加，谓词性受事所占比例减少。

从体词性受事的内部结构来看，两个时期的体词性受事都以偏正结构为优势结构，其次是光杆名词。从元明至清代，偏正结构、联合结构、“的”字结构的受事呈上升趋势，其中偏正结构的受事增幅较大，约为 10.4%，其他结构的受事增幅相对较小；光杆名词结构的受事呈下降趋势，降幅达 5%。从谓词性受事的内部结构来看，元明时期居首位的是联合结构，其次是陈述结构、光杆动词、述宾结构、状中结构。清代居首位的是联合结构，其次是光杆动词、陈述结构、述宾结构①。状中结构的受事仅见于元明时期，其他结构的受事都呈下降趋势，但降幅都不大，变化幅度最大的联合结构，降幅也仅为 2.3%。

在述语的构成方面，两个时期的述语可以是光杆述语，也可以带前附或后附两种成分。其中带前附成分的用例使用频率分别约为 55.9%和 48.3%；带后附成分的用例使用频率分别约为 37.4%和 32.1%。从前附成分的使用情况来看，两个时期充当状语的成分在用例上的多寡序列都是副词、能愿动词、形容词、名词、介词短语。从后附成分的使用情况来看，两个时期中，动词带宾语的用例的使用频率分别是 3.6%和 1.1%；带补语的用例的使用频率分别是 23.5%和 17.3%；带体助词的用例的使用频率分别是 10.3%和 13.7%。总起来说，在历时层面，述语动词带前附和后附两种成分的用例的总体发展趋势是下降，二者的降幅都在 6%左右。在后附成分方面，动词之后带宾语和补语的用例呈下降趋势，降幅分别为 2.5%和 8.3%，带体助词的用例呈上升趋势，增幅为 3.4%。在充当前附或后附成分的词类内部，不同词类在发展趋势上存在个体差异。

从主语的结构构成来看，主语出现和隐含的用例分别是 50、661。

---

① 清代光杆动词和陈述结构的谓词性受事用例数量相同。

在主语出现的用例中，充当主语的成分有专有人名、代词、普通名词(名词性短语)三类，用例依次是3、35、12。从各时期主语的使用情况来看，两个时期中主语出现的用例分别是13、37。充当主语的都有专有名词、代词、普通名词(名词短语)三类。① 从元明至清代，由专有名词和普通名词(名词短语)充当的主语使用频率下降，由代词充当的补语使用频率上升。在共时层面，元明时期充当主语的成分按照结构的不同，分为光杆名词(代词)、一般定中结构、“的“字结构三类，清代分为光杆名词(代词)和一般定中结构两类②。历时层面上，充当主语的成分都是以简单形式为主，但在结构上有所变化。光杆名词(代词)和一般定中结构的主语呈上升趋势，“的”字结构的主语呈下降趋势。从词类属性来看，元明时期和清代充当主语的优势词类都是代词，其次是普通名词、专有名词。

表2-21　清代受事话题的结构构成

类型＼结构构成		受事话题的结构构成									小计	
		体词性成分					谓词性成分					
		光杆名词	复杂结构				光杆动词	复杂结构				
			者字结构	定中结构	联合结构	的字结构		联合结构	述宾结构	陈述结构		
受事(+主语)+动词+(名词/动词/数量短语/体助词)	受事(+主语)+动词	1	1	2	0	0	0	0	0	0	4	24
	受事(+主语)+动词+名词(代词)宾语	0	1	2	0	0	0	0	0	0	3	
	受事(+主语)+动词+动词	0	0	4	0	1	0	0	0	0	5	
	受事+动词+数量短语	0	0	0	0	1	0	0	0	0	1	
	受事(+主语)+动词+体助词	1	0	5	4	1	0	0	0	0	11	

① 清代的用例依次是2、28、7。

② 清代的用例依次是31、6。

续　表

<table>
<tr><th colspan="3" rowspan="4">结构构成
类　型</th><th colspan="9">受事话题的结构构成</th><th colspan="3" rowspan="4">小　计</th></tr>
<tr><th colspan="5">体词性成分</th><th colspan="4">谓词性成分</th></tr>
<tr><th rowspan="2">光杆名词</th><th colspan="4">复杂结构</th><th rowspan="2">光杆动词</th><th colspan="3">复杂结构</th></tr>
<tr><th>者字结构</th><th>定中结构</th><th>联合结构</th><th>的字结构</th><th>联合结构</th><th>述宾结构</th><th>陈述结构</th></tr>
<tr><td rowspan="15">受事(＋主语)＋副词＋动词(＋名词/动词/体助词)</td><td rowspan="3">受事(＋主语)否定副词＋动词(＋动词/体助词)</td><td>受事(＋主语)＋否定副词＋动词</td><td>9</td><td>0</td><td>35</td><td>4</td><td>0</td><td>1</td><td>0</td><td>0</td><td>0</td><td>49</td><td rowspan="3">61</td><td rowspan="15">107</td></tr>
<tr><td>受事＋否定副词＋动词＋动词</td><td>0</td><td>0</td><td>3</td><td>0</td><td>0</td><td>0</td><td>0</td><td>0</td><td>0</td><td>3</td></tr>
<tr><td>受事＋否定副词＋动词＋体助词</td><td>1</td><td>0</td><td>7</td><td>0</td><td>1</td><td>0</td><td>0</td><td>0</td><td>0</td><td>9</td></tr>
<tr><td rowspan="5">受事(＋主语)＋范围副词＋动词(＋名词/动词/介词短语/体助词)</td><td>受事＋范围副词＋动词</td><td>0</td><td>0</td><td>9</td><td>0</td><td>0</td><td>0</td><td>0</td><td>0</td><td>0</td><td>9</td><td rowspan="5">20</td></tr>
<tr><td>受事＋范围副词＋动词＋名词短语宾语</td><td>0</td><td>0</td><td>1</td><td>0</td><td>0</td><td>0</td><td>0</td><td>0</td><td>0</td><td>1</td></tr>
<tr><td>受事＋范围副词＋动词＋介词短语</td><td>0</td><td>0</td><td>1</td><td>0</td><td>0</td><td>0</td><td>0</td><td>0</td><td>0</td><td>1</td></tr>
<tr><td>受事＋范围副词＋动词＋动词(＋体助词)</td><td>0</td><td>0</td><td>5</td><td>0</td><td>0</td><td>0</td><td>0</td><td>0</td><td>0</td><td>5</td></tr>
<tr><td>受事＋范围副词＋动词＋体助词</td><td>1</td><td>0</td><td>2</td><td>1</td><td>0</td><td>0</td><td>0</td><td>0</td><td>0</td><td>4</td></tr>
<tr><td rowspan="3">受事(＋主语)＋时间副词＋动词(＋动词/体助词)</td><td>受事＋时间副词＋动词</td><td>1</td><td>0</td><td>4</td><td>0</td><td>0</td><td>0</td><td>1</td><td>0</td><td>0</td><td>6</td><td rowspan="3">14</td></tr>
<tr><td>受事＋时间副词＋动词＋动词</td><td>1</td><td>0</td><td>2</td><td>0</td><td>0</td><td>0</td><td>0</td><td>0</td><td>0</td><td>3</td></tr>
<tr><td>受事(＋主语)＋时间副词＋动词＋体助词</td><td>1</td><td>0</td><td>3</td><td>0</td><td>1</td><td>0</td><td>0</td><td>0</td><td>0</td><td>5</td></tr>
<tr><td rowspan="4">受事(＋主语)＋语气副词＋动词(＋动词/体助词/“得”字短语</td><td>受事(＋主语)＋语气副词＋动词</td><td>0</td><td>0</td><td>2</td><td>0</td><td>1</td><td>0</td><td>0</td><td>0</td><td>0</td><td>3</td><td rowspan="4">12</td></tr>
<tr><td>受事＋语气副词＋动词＋动词</td><td>0</td><td>0</td><td>0</td><td>4</td><td>0</td><td>0</td><td>0</td><td>0</td><td>0</td><td>4</td></tr>
<tr><td>受事＋语气副词＋动词＋“得”字短语</td><td>0</td><td>0</td><td>0</td><td>0</td><td>1</td><td>0</td><td>0</td><td>0</td><td>0</td><td>1</td></tr>
<tr><td>受事＋语气副词＋动词＋体助词</td><td>0</td><td>0</td><td>0</td><td>4</td><td>0</td><td>0</td><td>0</td><td>0</td><td>0</td><td>4</td></tr>
</table>

续　表

<table>
<tr><td colspan="2" rowspan="4">结构构成
类　型</td><td colspan="9">受事话题的结构构成</td><td colspan="2" rowspan="4">小　计</td></tr>
<tr><td colspan="5">体词性成分</td><td colspan="4">谓词性成分</td></tr>
<tr><td rowspan="2">光杆名词</td><td colspan="4">复杂结构</td><td rowspan="2">光杆动词</td><td colspan="3">复杂结构</td></tr>
<tr><td>者字结构</td><td>定中结构</td><td>联合结构</td><td>的字结构</td><td>联合结构</td><td>述宾结构</td><td>陈述结构</td></tr>
<tr><td colspan="2">受事＋名词＋动词</td><td>2</td><td>0</td><td>2</td><td>0</td><td>0</td><td>0</td><td>0</td><td>0</td><td>0</td><td colspan="2">4</td></tr>
<tr><td rowspan="3">受事＋形容词＋动词（＋动词/体助词）</td><td>受事＋形容词＋动词</td><td>3</td><td>0</td><td>11</td><td>2</td><td>0</td><td>1</td><td>1</td><td>1</td><td>1</td><td>20</td><td rowspan="3">22</td></tr>
<tr><td>受事＋形容词＋动词＋动词</td><td>0</td><td>0</td><td>1</td><td>0</td><td>0</td><td>0</td><td>0</td><td>0</td><td>0</td><td>1</td></tr>
<tr><td>受事＋形容词＋动词＋体助词</td><td>0</td><td>0</td><td>0</td><td>0</td><td>1</td><td>0</td><td>0</td><td>0</td><td>0</td><td>1</td></tr>
<tr><td colspan="2">受事＋介词短语＋动词</td><td>0</td><td>0</td><td>2</td><td>0</td><td>0</td><td>0</td><td>1</td><td>0</td><td>0</td><td colspan="2">3</td></tr>
<tr><td rowspan="3">受事（＋主语）＋能愿动词＋动词（＋名词/动词/体助词）</td><td>受事（＋主语）＋能愿动词＋动词</td><td>7</td><td>2</td><td>27</td><td>0</td><td>0</td><td>0</td><td>1</td><td>0</td><td>0</td><td>37</td><td rowspan="3">45</td></tr>
<tr><td>受事＋能愿动词＋动词＋动词</td><td>0</td><td>0</td><td>6</td><td>0</td><td>0</td><td>0</td><td>0</td><td>0</td><td>0</td><td>6</td></tr>
<tr><td>受事＋能愿动词＋动词＋体助词</td><td>0</td><td>1</td><td>1</td><td>0</td><td>0</td><td>0</td><td>0</td><td>0</td><td>0</td><td>2</td></tr>
<tr><td colspan="2">受事＋主语＋动词词组</td><td>0</td><td>0</td><td>4</td><td>0</td><td>0</td><td>0</td><td>0</td><td>0</td><td>0</td><td colspan="2">4</td></tr>
<tr><td rowspan="4">“连”字句</td><td>（主语＋）＋受事＋也/都＋动词</td><td>13</td><td>0</td><td>25</td><td>4</td><td>2</td><td>0</td><td>0</td><td>0</td><td>1</td><td>45</td><td rowspan="4">62</td></tr>
<tr><td>（主语＋）＋受事＋也/都＋动词＋形容词</td><td>0</td><td>0</td><td>0</td><td>2</td><td>0</td><td>0</td><td>0</td><td>0</td><td>0</td><td>2</td></tr>
<tr><td>受事＋也都＋动词＋体助词＋数量短语</td><td>0</td><td>0</td><td>1</td><td>0</td><td>0</td><td>0</td><td>0</td><td>0</td><td>0</td><td>1</td></tr>
<tr><td>受事＋也/都＋动词＋动词</td><td>4</td><td>0</td><td>9</td><td>0</td><td>1</td><td>0</td><td>0</td><td>0</td><td>0</td><td>14</td></tr>
<tr><td colspan="2" rowspan="2">用例数（例）</td><td>45</td><td>5</td><td>176</td><td>25</td><td>11</td><td>2</td><td>4</td><td>1</td><td>2</td><td colspan="2" rowspan="3">271</td></tr>
<tr><td colspan="5">263</td><td colspan="4">8</td></tr>
<tr><td colspan="2">百分比（%）</td><td colspan="5">97</td><td colspan="4">3</td></tr>
</table>

表 2－22　清代复杂述语的结构构成

附加成分／数量	前修饰成分					后附成分							
	状语					补语					体助词	宾语	
	能愿动词	副词	名词	形容词	介词短语	动词	形容词	介词短语	数量短语	得字短语		名词	代词
用例数（例）	37	100	4	20	3	41	2	1	2	1	49	2	1
	164					99							
百分比（%）	13.7	36.9	1.5	7.4	1.1	15.1	0.7	0.4	0.7	0.4	18.1	0.7	0.4
	60.5					36.5							

第三章
受事话题句的主要变化及其原因

第二章我们对先秦至清代受事话题句的类型及其句法特征作了细致的描写，对该句式在前后两个不同的历史时期和同一历史时期两种不同性质的文献中的异同进行了比较全面的比较。[1] 从考察结

① 迄今为止，学界对佛典语言的性质主要存在两种代表性的观点。其代表人分别是朱庆之(2001)和遇笑容(2008)、曹广顺(2011)。朱庆之(2001)认为以翻译佛典的语言为代表的汉文佛教文献语言在词汇和语法方面与其他汉语文献有较为明显的不同。这种语言可以被视为汉语历史文献语言的一个非自然的独特变体，在性质上属于佛教混合汉语(Buddhist Hybrid Chinese)。Selinker(1969、1972)最早提出中介语假说并对中介语作出界定，他认为："(中介语)是二语习得者的一种独立的语言系统，该系统在结构上处于母语与目的语的中间状态。"(原文：The separteness of a second language learner's system, a system that has a structurally intermediate status between the native and target languages.)遇笑容(2008)、曹广顺(2011)认为中古译经语言是一种中介语。遇笑容(2008：75—76)指出："佛经汉语基本上是一种中介语，是西域僧人学习汉语的过程中不同阶段的记录。"这种语言中"虽然可以看到梵文的影响，但远没有达到改变其语言性质的地步"。曹广顺(2011：155—156)指出："中古译经语言是一种中介语性质的东西，是汉语的一个变体，其'特殊成分'是指其中存在不符合汉语规范、汉语之外的东西。严格地说，这些特殊语法成分只是一些外国人学汉语的语言错误。""从不同的角度看，汉译佛经有不同的语言性质。共时平面上，汉译佛经是一种混杂了若干梵文语法特征的汉语，如果我们不用严格的语言学定义，也可以宽泛地称之为梵汉'混合语'(这里与混合语的概念无关)。从历时发展上看，汉译佛经中的特殊语言现象只是早期西域译者做佛经翻译时出现的语法错误，这些错误当时没有被以汉语为母语的人所广泛接受，以后也少有融入汉语影响汉语发展的。从其产生和发展的过程看，汉译佛经的语言只是西域译者学习汉语过程中的一种中介语。"我们认为，汉译佛典语言是一种与本土传世文献性质不同的语言，属于中介语范畴。基本理由如下：(1) 本书所考察的汉译佛典取自东汉至魏晋南北朝两个时期，所涉及的译者有支娄迦谶、康孟详、慧觉、昙曜、求那毗地。上述译者除了慧觉之外都是西域僧人。西域译者在译经过程中虽然在译场中有汉人的帮助，但译经来源于梵文或巴利文原典的翻译，因而不可避免 (转下页)

果来看，受事话题句在汉语史上发生较大的变化。这些变化比较突出地表现在类型、受事话题、述语以及主语的结构构成和使用频率方面。由于我们所考察的佛典文献只见于东汉和魏晋南北朝，对于此类文献中受事话题句在上述两个不同时期的历史演变我们在2.3.4和2.4.4两节中已经作过详细的讨论，这一章我们在讨论汉译佛典中受事话题句的发展趋势时，只就与反映其在从东汉至魏晋南北朝这一段历史时期的演变相关的内容作简单描述。同时，为了确保最大限度地排除韵文因素对发展趋势的影响，本章所讨论的本土传世文献也不包括元代戏曲。

3.1 受事话题句的主要变化

3.1.1 类型的变化

前文我们分别描写了汉语史的不同历史时期中受事话题句在大

(接上页)地会受到佛典原文的影响。相比较而言，本土译者在译经过程中既可能保留梵文原典语言面貌，也可能受母语的影响对原典语言作出相应的改变。总体说来，母语不同的译者在译经过程中都无法完全脱离母语的影响。从中介语的特征来看，它是"学习者在某一阶段所建立起来的目的语知识系统，既包含母语的特征，也包含目标语特征。它不稳固，是逐渐变化的，在不断的重组之中逐渐接近目的语"(遇笑容，2011)。据此，可以说，本书所选取的佛典是西域和本土两类译者在东汉和魏晋南北朝时期所建立起的以汉语为目的语的知识系统。该时期的佛典语言既包含西域译者的母语——梵语或巴利语的特征，也包含汉语的特征。(2)从译经语言的习得过程和译经的目的来看，西域译者的母语是梵文或巴利文，"他们要忠实反映佛学思想，就必须尽可能地向目的语(汉语)靠近，而习得的过程是一个不断趋近的过程，当过程没有完结的时候，只是一个不断变化的'中介'阶段，它以完全习得为最终目的"(遇笑容，2011)。这一目的决定了译经语言从一开始就不是要独立于汉语，而是尽可能地向汉语靠近。(3)从现有研究成果来看，"除了个别特例之外，中古译经的语言性质在语言接触的特定环境之下还是一种受到梵文影响的汉语。其接近口语的程度，因人而异，也受到译者语言背景因素的影响"遇笑容(2008：74)。见于译经中的一些不符合中古汉语语法的特殊语言现象在开始出现时只是一个简单的语言错误，这些错误后来被汉语接受并在汉语中固定下来。总体来看，"佛经中出现的汉语中没有的现象数量很少。这些少数语言现象也只是同一语义表达手段之一，使用这些特殊的句式和语法格式只是选择之一，就比例说可能还是较少的一种选择。所谓的佛经汉语实际上只是包含这些翻译错误的中古汉语"(曹广顺，2011：155)。

类和次类方面的具体分布，并对前后相连的两个时期的异同作了相关的对比。考察结果显示：受事话题句的类型在前后两个不同历史时期之间表现出一定的差异。如果将其纳入到整个汉语史中作整体考察，就会发现：受事话题句在类型方面的变化表现出比较清晰的发展轨迹。概括说来，类型方面的历史演变主要表现在大类和次类两方面。

3.1.1.1　大类的变化

汉语受事话题句大类的变化主要表现在大类类型的历时演变和同一大类在不同历史时期使用频率的升降两方面。这一点在表 3－1 中有清晰的表现。通过表 3－1 我们可以看出：

表 3－1　先秦至清代不同类型受事话题句用例数量及百分比

类型 / 数量/百分比 / 时代		受事之前不出现介词										受事之前出现介词“连”	
		光杆述语		带前附成分		带后附成分							
				状语		补语		宾语		体助词			
		用例数	百分比	用例数	百分比	用例数	百分比	用例数	百分比	用例数	百分比	用例数	百分比
先秦		152	13.9	719	65.8	53	4.9	167	15.3	0	0	0	0
西汉		74	20.4	208	57.5	9	2.5	72	19.9	0	0	0	0
东汉	本土	86	22.2	243	62.8	29	7.5	29	7.5	0	0	0	0
	佛典	65	20.2	199	62	23	7.2	34	10.6	0	0	0	0
魏晋南北朝	本土	11	7.1	116	74.8	11	7.1	16	10.3	0	0	0	0
	佛典	27	8.1	247	74	33	9.9	27	8.1	0	0	0	0
晚唐五代		103	15.1	495	72.8	65	9.6	17	2.5	0	0	0	0
宋代		9	2.5	259	70.6	34	9.3	65	17.7	0	0	0	0
元明	非戏曲	25	6	233	55.9	98	23.5	15	3.6	43	10.3	12	3.2
	戏曲	14	9.7	87	60	20	13.8	12	8.3	12	8.3	2	1.4
清代		8	3	57	21	30	11.1	3	1.1	37	13.6	62	22.9

（一）根据构成述语的动词是否带前附或后附成分所得出的大类类型从先秦至清代基本没有发生变化，即都可以分为述语为光杆动

词和构成述语的动词带前附或后附成分这样两大类。而从受事话题之前是否出现介词成分的角度来看，先秦至魏晋南北朝时期，受事话题之前一般不出现介词，大约到了唐代中期，介词用在受事话题之前的用例出现。① 至此，持续了很长一段时间的受事话题之前不出现介词的受事话题句类型格局被打破。宋代“连”字句产生。此后由介词“连”位于受事话题之前，副词“也”、“都”或“也都”位于动词之前跟受事话题之前的介词“连”相呼应的受事话题句越来越频繁地出现，这为受事话题句增添了新的类型②。在所考察的元明时期的非戏曲文献中，以介词“连”字引介受事话题的用例虽有出现，但所占比例不大，仅为0.7%，清代文献中此类受事话题句的使用频率剧增，增幅约为15.5%。

（二）除类型之外，大类的变化在同一大类于不同历史时期使用频率的升降方面也有体现。其主要表现有四：

首先，光杆述语类受事话题句在汉语史上的总体发展趋势是下

---

① 我们通过对《韩非子》、《吕氏春秋》、《战国策》、《论衡》、《世说新语》、《颜氏家训》、《敦煌变文集》、《北里志》、《朝野佥载》、《次柳氏旧闻》、《大唐传载》、《大唐创业起居注》、《大唐新语》、《大业拾遗记》、《定命录》、《东城老父传》、《独异志》、《封氏闻见记》、《奉天录》、《广异记》、《桂苑丛谈》、《河东记》、《兼明书》、《鉴诫录》、《开天传信记》、《历代崇道记》、《明皇杂录》、《南岳小录》、《书断列传》、《隋唐嘉话》、《唐国史补》、《唐阙史》、《唐摭言》、《魏郑公谏录》、《五代新说》、《宣室志》、《玄怪录》、《因话录》、《周秦行记》、《唐会要》等文献的考察发现，先秦至宋代时期，“并”主要用作“连同”、“和同”义动词或副词，介词“并”大约出现于中唐时期。在上述考察文献中，由介词“并”引介受事话题且述语动词之前出现副词的句子仅于《唐会要》中出现1例，即：“德宗在春宫，处州旧名不改，并御史院同姓名者亦不改。”《唐会要》是宋人王溥在对《会要》、《续会要》等史料进行整理改易并新定一些子目、删节而成。见于《唐会要》中由介词“并”引介受事话题且述语动词之前出现副词的受事话题句为元和五年（公元810年）的杂录。董兴艳（2008：71—75）认为，今本《唐会要》大部分内容集中在唐初至贞元二十一年（公元805年）之间；贞元二十一年至大中六年（公元852年）的史料条数稍少于前段，但远远多于王溥所增补的史料；今本《唐会要》中所载大中六年以后的史料为王溥增补。据此可知，由“并”引介受事话题且述语动词之前出现副词的受事话题句至迟在中唐时期已经出现。

② 受事话题之前出现介词“并”的用例虽然在中唐时期已经出现，但用例非常少。在我们考察的文献中，介词“连”位于受事话题之前的类型最早出现于元明时期的非戏曲文献中。这一事实与曹小云（2000）“‘连’字结构，萌芽于宋，经明到清，应用日益广泛，功能也日渐多样”的观察大体一致。

降。这跟作格动词的衰微有关。它以东汉为界，在发展趋势上大致分为两个阶段：从先秦到东汉呈上升趋势；东汉以后的使用频率在前后相连的两个不同历史时期之间呈现出升降交替的特点，即东汉至魏晋南北朝呈下降趋势，魏晋南北朝至晚唐五代呈上升趋势，晚唐五代至宋代呈下降趋势，宋代至元明呈上升趋势，元明至清代呈下降发展趋势。此类受事话题句在晚唐五代和元明两个时期的使用频率分别较其前一历史时期上升 11.1%和 3.5%，跟总的发展趋势不一致。从考察材料来看，敦煌变文中的光杆述语主要出现在对偶、排比语境或用在韵文末尾。我们初步认为，该时期使用频率的上升跟变文的文体有关，而元明时期使用频率上升的规律性并不明显，可能跟语料取样有关。该类型的受事话题句在本土传世文献和汉译佛典中的发展趋势上表现出一致性，即从东汉至魏晋南北朝，其在两种不同性质的文献中都表现出下降趋势。所不同的是，本土传世文献中的降幅大于汉译佛典。此类受事话题句的基本演变过程可以表示为图3－1：

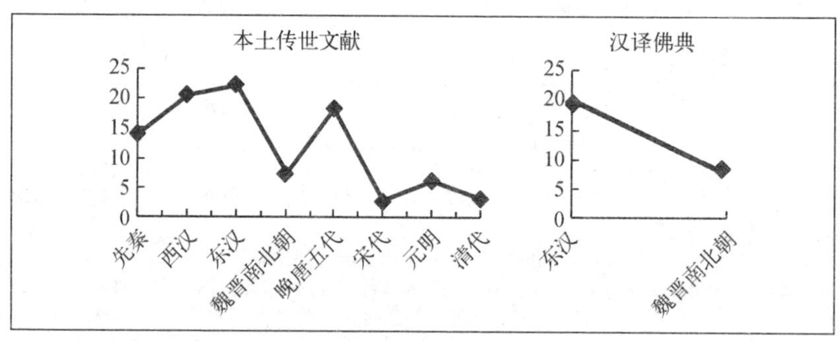

图 3－1

其次，带前附状语成分的受事话题句类型在汉语史上的总体发展趋势是下降。这跟后附成分使用频率的上升有关。特别是随着动结式和体助词的产生与发展，原先主要靠状语来体现述语的复杂性的局面发生变化，后附成分逐渐成为体现述语复杂性的重要因素。它以西汉为界，分为两个发展阶段：从先秦至西汉呈下降趋势；西汉以后的使用频率在前后相连的两个不同历史时期之间呈现出升降交替的特点，即西汉至魏晋南北朝呈上升趋势，魏晋南北朝至清代呈下降趋势。① 该类型的受事话题句在本土传世文献和汉译佛典中的发展趋势上表现出一致性，即从东汉至魏晋南北朝，其在两种不同性质的文献中都呈上升趋势。所不同的是，其在佛典中是单纯的上升，而在本土传世文献中，虽然从东汉至魏晋南北朝它也表现出上升趋势，但其总体发展趋势是下降。此类受事话题句的基本演变过程可以表示为图 3－2：

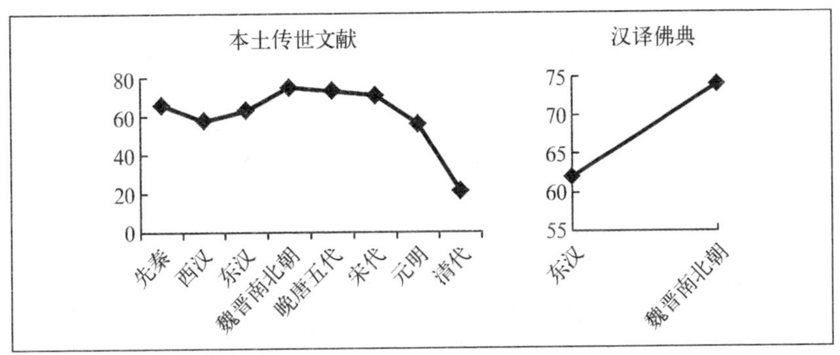

图 3－2

再次，带后附成分的受事话题句类型中，后附成分分为两类：一是补语和体助词，二是宾语。前两者都是汉语史上新产生的，其发展趋势都是上升。具体说来，当后附成分是补语时，其在汉语史上的总体发展趋势是上升。此类受事话题句虽然在前后相连的两个不同历史时期之间呈现出升降交替的特点，但元明以前最大增幅基本在 3% 左右。元明时期上升幅度最大，最大增幅达 19%。尽管清代时的使用频率低于明代，但仍然高于其他各个历史时期。大致说来，以元明

① 从总体发展趋势来看，虽然宋代的使用频率较晚唐五代稍有上升，但晚唐五代之后此类受事话题句表现出的下降趋势比较明显，因此我们认为宋代的使用频率跟语料取样有关。

时期为界，此类受事话题句在发展趋势上分为两个阶段，即从先秦到元明时期呈上升趋势，元明至清代呈下降趋势。它在本土传世文献和汉译佛典中的发展趋势上表现出一定的对立性，[①]即从东汉至魏晋南北朝，它在佛典中的发展趋势是上升，而在本土传世文献中则微降。此类受事话题句的基本演变过程可以表示为图 3-3：

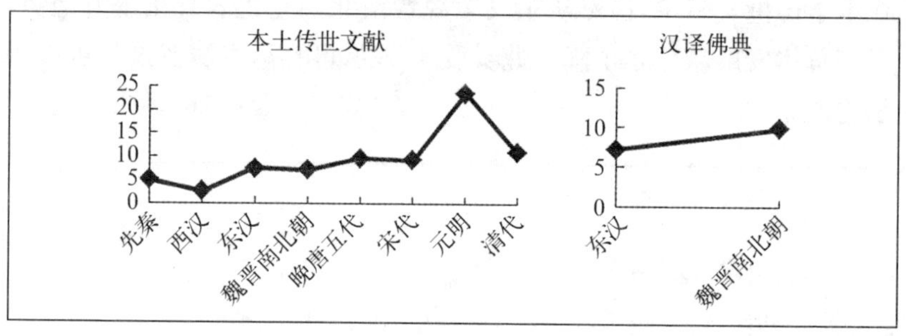

图 3-3

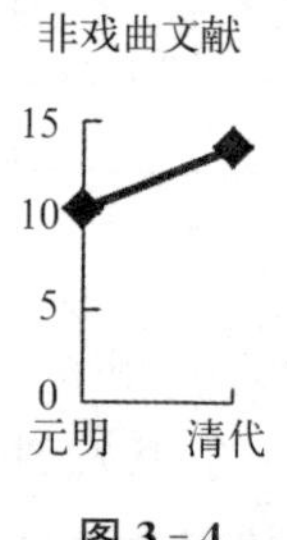

图 3-4

后附成分是体助词的受事话题句见于元明时期的考察文献。从元明至清，此类受事话题句总体表现出上升的发展趋势。虽然其在元明时期的非戏曲文献和戏曲文献中使用频率有所差异，但从元明至清代，两类文献中动词之后出现体助词的用例均呈上升趋势，二者的增幅分别是 3.3%和 5.3%。此类受事话题句在非戏曲文献中的基本演变过程可以表示为图 3-4：

① 形成对立的原因与补语的发展有关。东汉至魏晋南北朝时期，本土传世文献中充当补语的词类有名词、动词、介词短语三类。本土传世文献中，除了由介词短语充当的补语使用频率上升之外，其他两类不同词类的补语所占比例均下降。由于由名词和动词充当的补语下降幅度大于介词短语补语上升的比例，因此，补语在两个时期之间总体表现出下降趋势。而汉译佛典中充当补语的除了名词、动词、介词短语之外，还增加了由数量短语充当的补语。其中，使用频率上升的是由动词充当的补语，而由名词、介词短语充当的补语使用频率下降。由于由名词和介词短语充当的补语下降的幅度低于由动词充当的补语所上升的幅度和新出现的数量短语的使用频率之和，所以补语在两个时期之间表现出上升趋势。这样两类文献中的补语就在发展趋势上表现出一定的对立性。

当后附成分是宾语时，其在汉语史上的总体发展趋势是下降。此类受事话题句以西汉为界，在发展趋势上分为两个阶段：先秦至西汉上升趋势；西汉以后在前后相连的历史时期呈现出升降交替的特点，即西汉至东汉呈下降趋势，东汉至魏晋南北朝呈上升趋势，魏晋南北朝至晚唐五代呈下降趋势，晚唐五代至宋代呈上升趋势，宋代至清代呈下降趋势。[①] 该类型的受事话题句在本土传世文献和汉译佛典中的发展趋势上表现出一定的对立性，[②]即从东汉至魏晋南北朝，其在佛典中的发展趋势是下降，而本土传世文献中则是上升。此类受事话题句的基本演变过程可以表示为图 3－5：

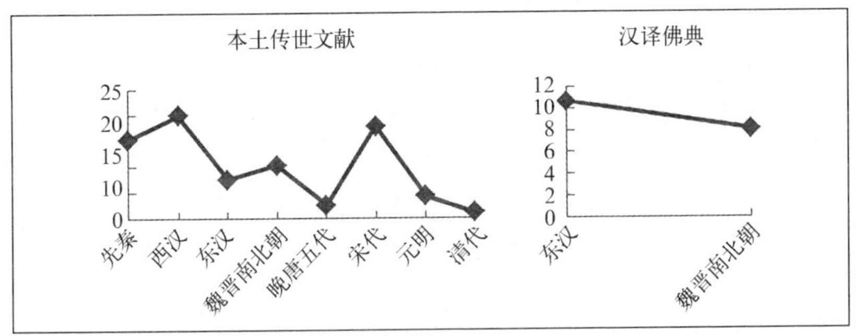

图 3－5

最后，在元明时期的考察文献中出现了受事之前加“连”字或述语动词之前加“也”、“都”、“也都”的受事话题句类型(简称“连”字句)。至

① 上述演变过程显示：魏晋南北朝以后，除了晚唐五代至宋代这一历史时期表现出上升趋势之外，其他各时期都呈下降趋势。考察宋代的文献用例可知：受事话题句在该时期用例比例急剧上升，主要是由带回指宾语“之”类受事话题句的用例大幅度增加所致。该时期带回指代词“之”的受事话题句共出现 61 例。除了有 1 例见于《三朝北盟会编》之外，其余 60 例都见于《诸子语类辑略》。结合代词“之”在东汉以后逐渐衰微的趋势，我们认为，宋代带回指代词宾语类受事话题句用例比例急剧上升与考察材料的仿古性有关。可以说魏晋南北朝以后，受事话题句在历代口语文献中的总体演变趋势是下降。

② 对于两种不同性质文献中此类受事话题句在发展趋势上形成对立的原因，我们认为与魏晋南北朝时期的语料取样有关。从带回指代词宾语类受事话题句的总体发展趋势来看，佛典中的发展趋势与此类受事话题句的总体发展趋势更加一致。

清代这种类型的受事话题句出现频率增多，在从元明至清的历史时期中表现出单纯的上升的发展趋势，增幅达到15.5%。此类受事话题句的基本演变过程可以表示为图3-6：

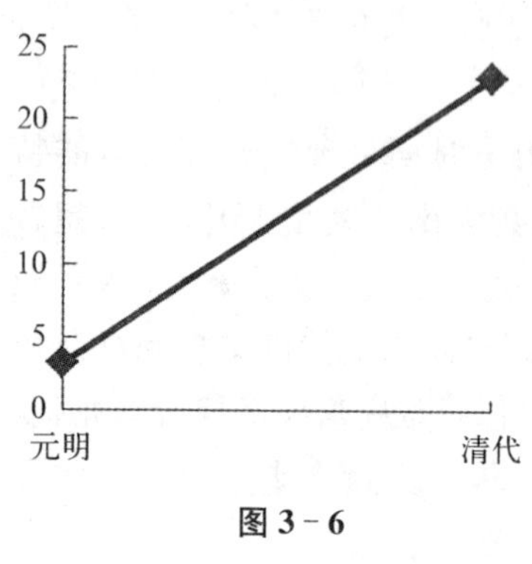

图 3-6

3.1.1.2 次类的变化

从先秦至清代，受事话题句的类型变化在大类上虽有体现，但相比较而言，各不同次类的发展变化（如表3-2、3-3、3-4所示）对其历史演变体现得更细致、更清晰。

表 3-2 先秦至清代不同述语结构受事话题句用例数量总表

数量（例） 述语类型 / 时代		带前附成分					带后附成分									光杆述语		其他
		状语					补语							宾语				
		能愿动词	副词	名词（数词）①	形容词	介词短语	名词	动词	形容词	介词短语	数量短语	"得"字短语	体助词	名词	代词	光杆动词	光杆动词词组	
先秦		375	330	3	2	9	11	0	0	42	0	0	0	2	165	151	1	0
西汉		126	81	0	0	0	4	0	0	5	0	0	0	0	72	64	10	0
东汉	本土	140	74	3	25	1	10	14	0	5	0	0	0	0	29	84	2	0
	佛典	124	62	2	10	1	5	16	0	2	0	0	0	4	30	65	0	0
魏晋南北朝	本土	70	37	2	6	1	4	3	0	4	0	0	0	0	16	11	0	2
	佛典	103	97	0	41	6	2	25	0	1	5	0	0	2	25	26	1	0
晚唐五代		166	224	27	48	30	11	45	1	5	3	0	0	6	11	82	21	0
宋代		168	77	1	11	2	3	30	0	0	1	0	0	0	65	4	5	0
元明	非戏曲	82	107	8	31	5	0	77	0	8	6	7	43	5	13	17	8	0
	戏曲	22	47	2	16	0	0	12	0	1	4	3	12	4	8	12	2	0
清代		37	100	4	20	3	0	41	2	1	2	1	49	2	1	4	4	0

① 由数词充当状语的用例仅见于东汉本土传世文献，用例数为2。

续　表

述语类型 \ 数量(例) \ 时代	带前附成分					带后附成分									光杆述语		其他
	状　语					补　语							宾语				
	能愿动词	副词	名词(数词)①	形容词	介词短语	名词	动词	形容词	介词短语	数量短语	“得”字短语	体助词	名词	代词	光杆动词	光杆动词词组	
总　计	1 413	1 236	52	210	58	50	263	3	74	21	11	104	25	435	520	54	2
	2 969					526							460		574		2
	4 530																

表 3-3　先秦至清代不同述语结构受事话题句用例百分比总表

述语类型 \ 百分比(%) \ 时代			先秦	西汉	东汉		魏晋南北朝		晚唐五代	宋代	元明		清代
					本土	佛典	本土	佛典			非戏曲	戏曲	
光杆述语		光杆动词	13.8	17.7	21.7	20.6	7.1	8.6	15.1	1.1	4.1	8.3	1.5
		光杆动词词组	0.09	2.8	0.5	0	0	0.3	3.1	1.4	1.9	1.4	1.5
带前附成分	状语	副　词	30.2	22.4	19.9	19.3	23.9	29	32.9	21	25.9	32.4	36.9
		名　词	0.3	0	0.3	0.6	1.3	0	3.9	0.3	1.9	1.4	1.5
		形容词	0.2	0	6.5	3.1	3.9	12.3	7.1	3	7.4	11	7.4
		介词短语	0.8	0	0.3	0.3	0.6	1.8	4.4	0.5	1.2	0	1.1
		能愿动词	34.3	34.8	36.2	38.6	45.2	30.8	24.4	45.8	19.7	15.2	13.7
		数　词	0	0	0.5	0	0	0	0	0	0	0	0
带后附成分	补语	名　词	0.9	1.1	2.6	1.6	2.6	0.6	1.6	0.8	0	0	0
		动　词	0	0	3.6	5	1.9	7.5	6.6	8.2	18.2	8.3	15.1
		形容词	0.09	0	0	0	0	0	0.1	0	0	0	0.7
		介词短语	3.8	1.4	1.8	0.6	2.6	0.3	0.7	0	1.9	0.7	0.4
		数量短语	0	0	0	0	0	1.5	0.4	0.3	1.4	2.8	0.7
		“得”字短语	0	0	0	0	0	0	0	0	1.7	2	0.4
	体助词		0	0	0	0	0	0	0	0	10.3	8.3	18.1
	宾语	名　词	0.2	0	0	1.2	0	0.6	0.9	0	1	2.8	0.7
		代　词	15.1	19.9	7.5	9.3	10.3	7.5	1.6	17.7	2.6	5.6	0.4
其他		受事＋连词＋动词	0	0	0	0	1.3	0	0	0	0	0	0
		“连”字句	0	0	0	0	0	0	0	0	0.7	0	16.2

表 3-4 先秦至清代受事话题句的用例类型总表

类型 \ 数量(例) \ 时代			先秦	西汉	东汉 本土	东汉 佛典	魏晋南北朝 本土	魏晋南北朝 佛典	晚唐五代	宋代	元明 非戏曲	元明 戏曲	清代	小计
受事(+主语)+动词(+名词/动词/介词短语/“得”字短语)	受事(+主语)+动词①		151	64	84	65	11	26	82	4	17	12	4	520
	受事(+主语)+动词+名词宾		0	0	0	3	0	2	3	0	4	1	3	16
	受事+动词+名词补		1	2	8	2	1	0	10	1	0	0	0	25
	受事(+主语)+动词+数量短语		0	0	0	0	0	3	1	1	1	3	1	10
	受事+动词+形容词		1	0	0	0	0	0	0	0	0	0	0	1
	受事(+主语)+动词+动词		0	0	11	7	3	9	21	13	46	6	5	121
	受事(+主语)+动词+介词短语		24	0	0	1	0	0	4	0	5	1	0	35
	受事+动词+“得”字短语		0	0	0	0	0	0	0	0	4	3	0	7
	受事+动词+体助词/语气词		0	0	0	0	0	0	0	0	22	12	11	45
受事+副词+动词(+/名词/数量短语/动词/形容词/介词短语/“得”字短语/体助词	受事+否定副词+动词(+/名词/数量短语/动词/形容词/介词短语/“得”字短语/体助词)	受事+否定副词+动词	291	64	54	33	19	35	147	68	78	23	49	861
		受事+否定副词+动词+数量短语	0	0	0	0	0	0	1	0	0	0	0	1
		受事+否定副词+动词+名词补语	1	0	1	1	0	0	0	0	0	0	0	3
		受事+否定副词+动词+介词短语	5	0	1	0	0	0	0	0	0	0	0	6

① 该次类中,“受事+动词”形式的受事话题句共出现488例,从先秦到清代各时期的用例数量依次是151、64、83、63、11、14、71、6、14、8、3。

续　表

类型		数量(例) 时代	先秦	西汉	东汉		魏晋南北朝		晚唐五代	宋代	元明		清代	小计
					本土	佛典	本土	佛典			非戏曲	戏曲		
		受事(＋主语)否定副词＋动词＋动词	0	0	0	0	0	2	5	0	5	0	3	15
		受事＋否定副词＋动词＋形容词	0	0	0	0	0	0	1	0	0	0	0	1
		受事＋否定副词＋动词＋“得”字短语	0	0	0	0	0	0	0	0	2	0	0	2
		受事＋否定副词＋动词＋体助词	0	0	0	0	0	0	0	0	0	0	9	9
	受事＋范围副词＋动词(＋名词/动词/介词短语/体助词)	受事＋范围副词＋动词	3	4	2	22	6	46	31	3	11	9	9	146
		受事＋范围副词＋动词＋名词宾语	0	0	0	0	0	0	0	0	3	1	1	5
		受事＋范围副词＋动词＋名词补语	0	0	0	2	0	2	0	0	0	0	0	4
		受事＋范围副词＋动词＋动词	0	0	0	2	0	11	2	7	4	0	5	31
		受事＋范围副词＋动词＋介词短语	0	0	0	1	0	1	0	0	1	0	1	4
		受事＋范围副词＋动词＋体助词	0	0	0	0	0	0	0	0	6	0	4	10

续 表

类型 \ 数量(例) \ 时代			先秦	西汉	东汉		魏晋南北朝		晚唐五代	宋代	元明		清代	小计
					本土	佛典	本土	佛典			非戏曲	戏曲		
	受事+时间副词+动词(+名词/动词/介词短语/数量短语/体助词)	受事+时间副词+动词	14	7	14	5	11	16	32	6	12	12	6	135
		受事+时间副词+动词+名词补语	0	0	0	0	0	0	1	0	0	0	0	1
		受事+时间副词+动词+名词宾语	0	0	0	0	0	0	0	0	0	2	0	2
		受事+时间副词+动词+动词	0	0	0	2	1	0	4	0	5	1	3	16
		受事+时间副词+动词+数量短语	0	0	0	0	0	0	0	0	2	0	0	2
		受事+时间副词+动词+介词短语	0	0	0	0	0	0	0	0	1	0	0	1
		受事(+主语)+时间副词+动词+体助词	0	0	0	0	0	0	0	0	9	0	5	14
	受事+语气副词+动词(+名词/动词/介词短语/体助词/“得”字短语/数量短语)	受事+语气副词+动词	15	3	4	2	1	0	8	0	5	1	3	42
		受事+语气副词+动词+名词宾语	0	0	0	0	0	0	2	0	0	1	0	3
		受事+语气副词+动词+动词	0	0	0	0	0	1	3	1	0	0	4	9
		受事+语气副词+动词+介词短语	0	0	1	0	2	0	1	0	0	0	0	4

续　表

类型 \ 数量(例) \ 时代			先秦	西汉	东汉		魏晋南北朝		晚唐五代	宋代	元明		清代	小计
					本土	佛典	本土	佛典			非戏曲	戏曲		
		受事＋语气副词＋动词＋体助词	0	0	0	0	0	0	0	0	0	0	4	4
		受事＋语气副词＋动词＋“得”字短语	0	0	0	0	0	0	0	0	0	0	1	1
		受事＋语气副词＋动词＋数量短语	0	0	0	0	0	0	0	0	0	1	0	1
	受事＋程度副词＋动词(＋动词)	受事＋程度副词＋动词	4	2	0	0	0	0	0	0	0	0	0	6
		受事＋程度副词＋动词＋动词	0	0	0	0	0	0	0	1	0	0	0	1
	受事＋方式副词＋动词		3	1	0	0	0	0	6	0	0	0	0	10
	受事＋疑问副词＋动词(＋动词)	受事＋疑问副词＋动词	0	0	0	0	0	0	0	0	0	2	0	2
		受事＋疑问副词＋动词＋动词	0	0	0	0	0	0	0	0	0	1	0	1
受事＋名词＋动词(＋动词/数量短语/“得”字短语)	受事＋名词＋动词		3	0	1	2	2	0	27	1	8	2	4	50
	受事＋名词＋动词＋动词		0	0	0	0	0	0	0	0	4	1	0	5
	受事＋名词＋动词＋数量短语		0	0	0	0	0	2	0	0	0	0	0	2
	受事＋名词＋动词＋“得”字短语		0	0	0	0	0	0	0	0	1	0	0	1

续 表

类型	数量(例)／时代	先秦	西汉	东汉		魏晋南北朝		晚唐五代	宋代	元明		清代	小计
				本土	佛典	本土	佛典			非戏曲	戏曲		
受事+形容词+动词(+动词/数量短语/体助词)	受事+形容词+动词	2	0	25	10	5	41	48	11	31	16	20	209
	受事+形容词+动词+介词短语	0	0	1	0	0	0	0	0	0	0	0	1
	受事+形容词+动词+动词	0	0	0	0	0	0	0	0	0	0	1	1
	受事+形容词+动词+数量短语	0	0	0	0	0	0	1	0	0	0	0	1
	受事+形容词+动词+体助词	0	0	0	0	0	0	0	0	0	0	1	1
受事+介词短语+动词(+动词)	受事+介词短语+动词	9	0	1	1	1	6	30	2	5	1	3	59
	受事+介词短语+动词+动词	0	0	0	2	0	0	0	2	2	0	0	6
受事(+主语)+能愿动词+动词(+名词/动词/数量短语/介词短语/体助词)	受事(+主语)+能愿动词+动词	375	126	140	124	70	103	166	168	82	22	37	1 413
	受事(+主语)+能愿动词+动+名词宾语	2	0	0	0	0	1	0	0	0	0	0	3
	受事+能愿动词+动词+名词补语	0	0	1	0	0	0	1	2	0	0	0	4
	受事(+主语)+能愿动词+动词+动词	0	0	3	3	0	3	10	6	6	0	6	37
	受事+能愿动词+动词+数量短语	0	0	0	0	0	0	0	0	3	0	0	3
	受事+能愿动词+动词+介词短语	10	5	1	0	0	0	0	0	0	0	0	16
	受事+能愿动词+介词短语+动词	1	0	0	0	0	0	0	0	0	0	0	1
	受事+能愿动词+动词+体助词	0	0	0	0	0	0	0	0	0	0	2	2
受事+数词+动词		0	0	2	0	0	0	0	0	0	0	0	2
受事+连词+动词		0	0	0	0	2	0	0	0	0	0	0	2

续 表

数量(例) 时代 / 类型		先秦	西汉	东汉		魏晋南北朝		晚唐五代	宋代	元明		清代	小计
				本土	佛典	本土	佛典			非戏曲	戏曲		
受事(+主语)+动词+代词/名词(+名词$_{补语}$/介词短语)	受事+动词+之	154	72	25	29	18	23	8	61	9	7	0	406
	受事+动词+之+名$_{宾}$	2	0	0	0	0	0	0	0	0	0	0	2
	受事+主语+动词+动词+之	0	0	0	1	0	0	0	0	0	0	0	1
	受事(+主语)动词+之+介词短语	3	0	0	0	0	0	0	0	0	0	0	3
	受事(+主语)+动词+诸	1	0	0	0	0	0	0	0	0	0	0	1
	受事+动词+诸+名词$_{补语}$	8	2	1	0	1	0	0	0	0	0	0	12
	受事+动词+焉	8	0	4	0	1	0	1	0	0	0	0	14
	受事+动词+伊	0	0	0	0	0	0	1	0	0	0	0	1
	受事+动词+他	0	0	0	0	0	0	1	4	2	0	0	7
	受事+主语+动词+名词短语$_{补语}$	0	0	0	1	0	0	0	0	0	0	0	1
受事(+主语)+动词词组		1	10	2	0	0	1	21	5	8	2	4	54
“连”字句	(主语+)受事+也/都/也都/还+动词	0	0	0	0	0	0	0	0	0	0	45	45
	“连”+受事+也+否定副词+动词/动词词组	0	0	0	0	0	0	0	0	1	0	0	1
	(“连”+)受事(+也/都)+动词+动词	0	0	0	0	0	0	0	0	9	0	14	23
	受事+也+动词+介词短语	0	0	0	0	0	0	0	0	1	0	0	1
	受事+也都+动词+体助词(+数量短语)	0	0	0	0	0	0	0	0	2	0	1	3
	受事+“连”+主语+也+动词+动词	0	0	0	0	0	0	0	0	0	2	0	2
	(主语+)+受事+(也/都)+动词+形容词	0	0	0	0	0	0	0	0	0	0	2	2
用例数(例)		1 092	362	387	321	155	334	680	367	417	145	271	4 531

表 3-2 和表 3-3 是在根据述语构成的不同对受事话题句作类型划分的基础上，再根据前附或后附成分在词类属性上的差异对先秦至清代八个不同历史时期中的受事话题句进行次类划分所得出的结果。表 3-4 是在表 3-2 和表 3-3 的基础上，根据词汇意义的不同，对词类属性相同的前附或后附成分作进一步划分的结果。三个表突出地反映出：从先秦至清代，受事话题句类型用例方面的变化在大类上虽有体现，但相比较而言，各不同次类的发展变化对其历史演变体现得更细致、更清晰。举例说来，如果要比较先秦和元明时期动词之后出现宾语的受事话题句的用例情况，通过表 3-1 我们只能得出前者在使用频率上高于后者的结论。而结合表 3-2、3-3、3-4，我们则可以进一步得知：除了大类的使用频率存在差异之外，两个时期中，在动词之后出现宾语的受事话题句内部，充当宾语的有名词和代词两类，二者之间在使用频率和内部成员的构成上都存在着不对称。就前者而言，先秦时期名词作宾语的使用频率低于元明时期，而代词作宾语的使用频率与之相反。就后者而言，先秦时期充当宾语的代词有"之"、"诸"、"焉"三个，元明时期"诸"和"焉"作宾语的用例消失。

总起来说，表 3-1～表 3-4 都是基于考察文献所得出的结果。鉴于所选择的不同历史时期的考察文献存在分量上的差异，我们认为，那些使用频率差异不大的次类的变化不足以充分说明语法演变的趋势。受事话题句的历史演变主要表现在升降幅度变化较大的次类和一些从有到无或从无到有的次类上。下面我们将结合考察结果，选择九个具有变化幅度较大或反映新生或消亡特征的受事话题句次类，分别概括其在汉语史上的历史演变轨迹。①

① 变化幅度大和具有新生或消亡特征的受事话题句次类之间的界限并不是截然清晰的。前者有时还包括从有到无的消亡过程或从无到有的新生过程。如动词之后出现代词的次类中，代词"之"、"诸"、"焉"的从有到无和"他"、"我"的从无到有的过程。随着使用频率的增加，新产生的次类在幅度上也可能发生较大变化，如由动词充当补语的类型。鉴于此，我们在归类时采用根据某次类在先秦时期是否出现的标准。如果出现于先秦时期，且在幅度上变化较大，我们则将其归入到"变化幅度较大"的次类类别中；如果先秦时期没有出现，即使其在产生以后的不同历史时期中满足幅度变化大的特点，我们也将其归入到"新产生的次类"类别中。

（一）升降幅度较大的次类及其历史演变

从考察结果来看，先秦汉语中的受事话题句主要包括述语为光杆作格动词、带能愿动词状语、带否定副词状语和用代词“之”回指句首受事四大类型。在我们统计的语料中，上述四种类型的受事话题句共 1 019 例，约占先秦受事话题句用例总数（1 092 例）的 93.3%。这说明该时期受事话题句基本上是以有形式标志为主。从先秦至清代，升降幅度变化较大的受事话题句次类主要有五个，分为两大类：

1. 先秦时期已经出现，但在后来的发展过程中使用频率下降。主要包括以下四个次类：

① 受事＋光杆述语动词

由光杆动词构成述语的次类在汉语史上的总体发展趋势是下降，这与作格动词语法功能的变化有关（见 3.2.2.1）。此类受事话题句以东汉为界，在发展趋势上分为两个阶段：从先秦到东汉呈上升趋势；东汉以后在发展趋势上呈现出升降交替的特点，即从东汉至魏晋南北朝呈下降趋势，降幅较大，约为 17.6%，魏晋南北朝至晚唐五代使用频率呈上升趋势，但仍然低于其在东汉之前的文献中所占的比例，元明时期的使用频率虽稍高于宋代，但增幅仅为 0.3%。因此，大致说来，从晚唐五代至清代，此类受事话题句呈下降趋势。光杆动词构成述语的受事话题句在佛典和本土传世文献中的发展趋势上表现出一致性，即从东汉到魏晋南北朝，其在两种不同性质的文献中都表现出急剧下降的发展趋势，降幅分别是 12.4%和 14.6%。所不同的是，佛典中的降幅低于本土传世文献。此类受事话题句的基本演变过程可以表示为图 3－7：

② 受事（＋主语）＋否定副词＋述语动词

由否定副词作状语的次类在汉语史上的总体发展趋势是先降后升。它以魏晋南北朝为界，在发展趋势上分为两个阶段：从先秦到魏晋南北朝时期呈下降趋势；魏晋南北朝以后在前后相连的历史时期

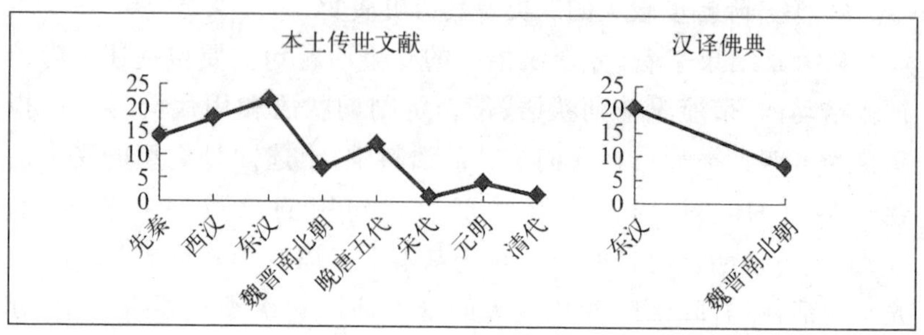

图 3-7

表现出升降交替的特点，即魏晋南北朝至晚唐五代使用频率急剧上升，与前期相比，最大增幅约为 9.3%，晚唐五代至宋代呈下降趋势，宋代至清代基本呈上升趋势。该类型的受事话题句在佛典和本土传世文献中的趋势上表现出一定的对立。① 即从东汉至魏晋南北朝，其在佛典中的发展趋势是上升，而在本土传世文献中则是下降。此类受事话题句的基本演变过程可以表示为图 3-8：

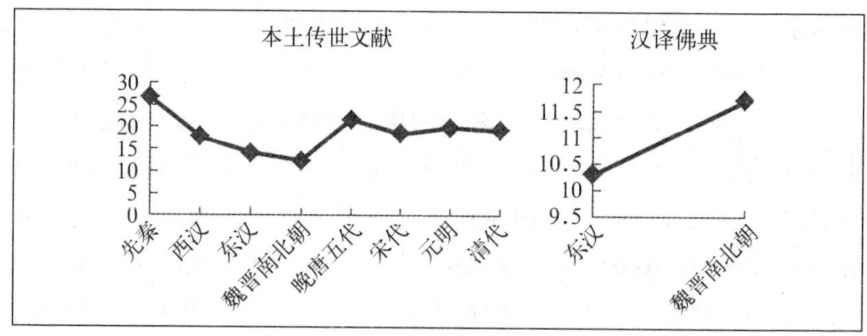

图 3-8

此类受事话题句在汉语史上表现出的先降后升的趋势是可以解释的。我们认为，这与汉语中“施受关系的中立化”和否定句中受事

① 两种不同性质文献中，此类受事话题句在发展趋势上形成对立的原因有待于进一步研究，我们初步认为可能与考察文献的取样有关。

论元的强[＋有定]特征有关。否定副词是一种很明显的形式标志，所以先秦时期由否定副词作状语的受事话题句占该时期受事话题句总数的 26.6%(即四分之一强)是合乎规律的。先秦以后，受事一般要有形式标志才能前置的规则逐渐被打破，规则之外的受事话题句用例逐渐增多，而其中以肯定式居多。相比较而言，否定类受事话题句所占比例下降，这种情况一直延续到魏晋南北朝。唐代汉语中出现了“施受关系中立化”，这对受事话题句的形成条件产生影响，使其由原先主要以形式标志为依据变为主要依据语义和语用。只要有语义和语用的需要，很多句子都可以由施事主语句变为受事话题句。名词性成分的有定性是前置的条件之一，否定句中的受事具有很强的[＋有定]特征。所以受事话题句中否定句所占的比例会高于施事主语句中否定句所占的比例。先秦以后，动词之前出现否定副词类受事话题句的使用频率虽然达不到先秦那样四分之一强的比例，但比魏晋南北朝本土传世文献中的比例(12.3%)要高。据我们考察，唐代以后带否定副词状语类受事话题句比例虽然偶有升降交替，但变化的幅度都很小。否定类受事话题句跟肯定类受事话题句的用例基本维持在 20%左右，这也是合乎规律的。

③ 受事(＋主语)＋能愿动词＋述语动词

由能愿动词作状语的次类在汉语史上总体发展趋势是先升后降。这与汉语发展过程中的“施受关系中立化”有关(见 3.2.6)。它以魏晋南北朝为界，在发展趋势上大致分为两个阶段：从先秦到魏晋南北朝大致呈上升趋势；[①]魏晋南北朝以后在前后相连的历史时期表现出升降交替的特点，即魏晋南北朝至晚唐五代呈急剧下降趋势，降幅达 20.8%，宋代较晚唐五代使用频率大幅度上升，使用频率甚至稍高于魏晋南北朝，宋代至清代呈下降趋势。总体说来，此

① 本土文献中，由能愿动词充当状语的受事话题句在东汉时期的使用频率稍低于西汉，差幅约为 0.1%，我们认为这与考察文献的取样有关。因此，先秦至魏晋南北朝，动词之前出现能愿动词状语的受事话题句大致呈上升趋势。

类受事话题句在佛典和本土传世文献中的发展趋势上表现出一定的对立。[①] 即从东汉到魏晋南北朝，其在佛典中的发展趋势是下降，而本土传世文献中则是上升。此类受事话题句的基本演变过程可以表示为图 3－9：

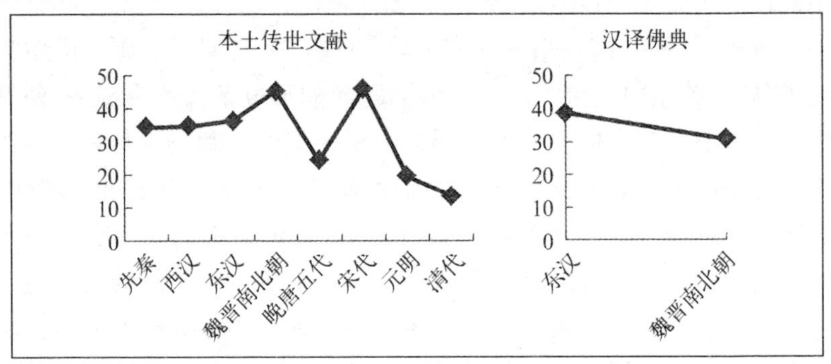

图 3－9

在带能愿动词状语的受事话题句中，所占比例最大的是由能愿动词“可”充当状语的类别。先秦时期，当“可”出现于述语动词之前时，动词的受事通常前置。直至现代汉语，此类情况仍然存在。我们认为，带状语“可”的受事话题句使用频率下降的原因可能在于：“可”后来有了“可以”的意思，其出现的句法环境发生变化，即也可以用于施事或当事主语句中，因而使受事话题句的比例下降(见 3.2.6.1 小节)。

④ 受事(＋主语)＋述语动词＋代词

由代词作宾语的次类在汉语史上的总体发展趋势是下降，这与代词的发展，特别是及物动词语法功能的变化即及物动词带宾语规

---

① 从述语动词之前出现由能愿动词充当状语的受事话题句在汉语史上的整体演变轨迹来看，下降趋势是主流。因此我们认为，此类受事话题句在东汉至魏晋南北朝时期的汉译佛典中的下降趋势是合乎发展规律的。下降的原因与能愿动词“可”自身以及“可”字之后述语动词语法功能的变化有关。至于其在东汉至魏晋南北朝本土传世文献中表现出不同于佛典的趋势的原因有待于进一步研究，我们初步认为可能跟考察文献的取样有关。

则的松动有关(见 3.2.1 和 3.2.2.2)。此类受事话题句以西汉为界,在发展趋势上分为两个阶段:从先秦到西汉呈上升趋势;西汉以后在前后相连的历史时期中表现出升降交替的特点,即西汉至东汉呈下降趋势,东汉至魏晋南北朝呈上升趋势,魏晋南北朝至晚唐五代,使用频率急剧下降,与前期相比,最大降幅约为 13.4%,至宋代,使用频率较晚唐五代急剧上升,增幅达到 16.2%,宋代至清代呈下降趋势,最大降幅约为 17.3%。此类受事话题句在佛典和本土传世文献中的发展趋势上表现出一定的对立。[①] 即从东汉到魏晋南北朝,它在佛典中的发展趋势是下降,而在本土传世文献中则是上升。其基本演变的过程可以表示为图 3-10:

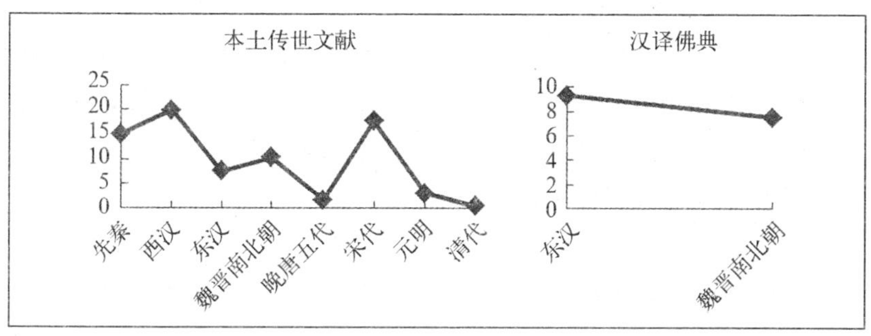

图 3-10

值得注意的是,如前所述,伴随着带代词宾语类受事话题句的升降变化,代词宾语的内部成员也发生变化。其在两类不同性质文献中的具体表现是:佛典中出现于动词之后的代词只有"之"。由"之"充当宾语的次类呈下降趋势。本土传世文献中充当宾语的有"之"、"诸"、"焉"。使用这些代词的次类在经历了一系列升降交替的变化后基本上走向衰亡。从衰亡的先后顺序来看,"诸"最早,其次是

① 对于两种不同性质文献中,此类受事话题句在发展趋势上形成对立的原因,我们认为与代词的历史演变有关。见于本土传世文献中用用以回指句首受事的"诸"、"焉"在佛典中没有出现。

"焉"，最后是"之"。上述三者衰亡的大致时间依次是魏晋南北朝、晚唐五代、清代。①

2. 先秦时期已经出现，在后来的发展过程中使用频率上升。这主要表现在次类"受事(＋主语)＋范围副词＋述语动词"上。

范围副词从古就有。先秦时期，范围副词在语义指向上主要三种情况。一是指向主语，如《论语·先进》："子曰：'从我于陈、蔡者，皆不及门也。'"二是指向受事话题，如《左传·襄公十一年》："庚辰，赦郑囚，皆礼而归之；纳斥候；禁侵掠。"三是指向宾语，如《左传·隐公元年》："小人有母，皆尝小人之食矣。"《左传·庄公二十五年》："晋侯围聚，尽杀群公子。"从文献用例来看，指向主语的用例使用频率远远高于其他两种情况。后来随着"已知信息居前"原则的确立，动词的受事论元前置，指向受事话题的句子逐渐增多，指向宾语的句子逐渐减少。这跟"把"字句把已知信息提前的机制一样。所以由范围副词作状语的次类在汉语史上的总体发展趋势是上升。这与此类句式中受事的强[＋有定]特征有关(见 4.3.1)。

带范围副词状语类受事话题句以西汉为界，在发展趋势上分为两个阶段：从先秦到西汉呈上升趋势；西汉以后在前后相连的历史时期中呈现出升降交替的特点，即西汉至东汉呈下降趋势，东汉至晚唐五代呈上升趋势，与前期相比，最大增幅约为 4.3%，晚唐五代到宋代使用频率下降，降幅达 2.1%，宋代到清代呈上升趋势。该类型的受事话题句在佛典和本土传世文献中的发展趋势上表现出一致性。即从东汉到魏晋南北朝，其在两种不同性质的文献中都呈上升趋势。但不同的是，其在佛典中的增幅高于本土传世文献。此类受事话题句的基本演变过程可以表示为图 3-11：

---

① 《红楼梦》是清代中期的作品，在其前八十回中，由代词"之"回指句首受事的用例只出现 1 例；后四十回出现 2 例，均见于第一百二十回。即：(1) 这一段奇缘，我先知之。(2) 雨村道："既然如此，现今宝玉的下落，仙长定能知之。"据此可知，由代词"之"回指句首受事的话题句类型消失的时间最早不会早于清代中期。

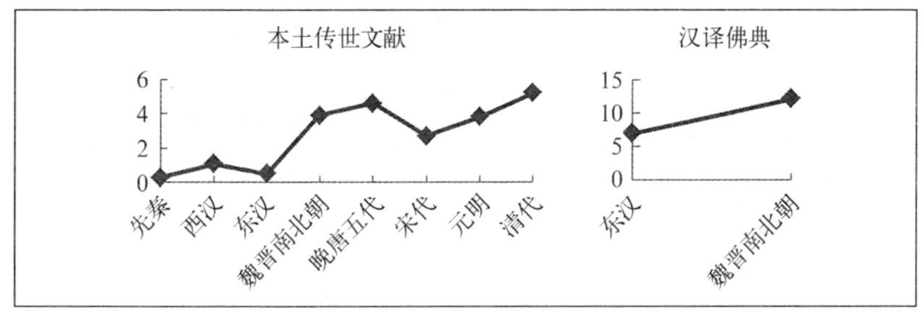

图 3 - 11

（二）新产生的次类及其历史演变

从述语动词所带不同前附或后附成分的角度来看，先秦至清代新产生的受事话题句次类主要有四个：

① 受事（＋主语）（＋状语）＋述语动词＋动词

由动词充当补语的受事话题句次类最早见于东汉，它在汉语史上的总体发展趋势是上升。这与汉语述补结构的产生和发展有关（见 3.2.3）。此类受事话题句在不同时期的发展趋势上表现出升降交替的特点。它以魏晋南北朝为界，在发展趋势上分为两个阶段：从东汉到魏晋南北朝呈下降趋势；魏晋南北朝到清代大致呈上升趋势。与前期相比，元明时期的最大增幅约为 16.3%。清代的使用频率虽然较元明时期有所下降，降幅约为 3.1%，但较之其他历史时期，使用频率仍然高得多。此类受事话题句在佛典和本土传世文献中的发展趋势上表现出一定的对立性。[①] 即从东汉至魏晋南北朝，它在佛典中的发展趋势是上升，而在本土传世文献中则是下降。其基本演变的过程可以表示为图 3 - 12：

② 受事（＋主语）（＋状语）＋述语动词＋“得”字短语

---

① 东汉时期，本土传世文献和佛典中都出现由动词充当的结果补语和趋向补语。魏晋南北朝时期，本土传世文献中使用频率下降，而佛典中使用频率上升，我们认为，造成这种对立形成的原因可能与考察文献的取样有关。

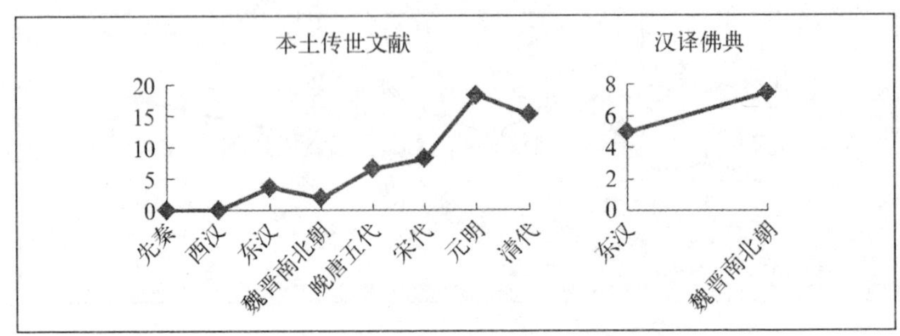

图 3-12

由“得”字短语充当补语的受事话题句次类最早见于元明时期的非戏曲文献，用例数量很少，仅占该时期受事话题句用例总数的1.7%。清代文献中此类受事话题句也有出现，但用例较前一历史时期有所减少，所占比例下降。从元明至清代两个时期的使用频率虽有差异，但不太明显，差幅仅为1.3%。从元明至清代此类受事话题句的总体发展趋势是略有下降。

③ 受事(+主语)(+状语)+述语动词+体助词

由体助词充当补语的受事话题句次类最早见于元明时期的非戏曲文献，所占比例较高，约占该时期受事话题句用例总数的10.3%。清代文献中此类受事话题句也有出现，其用例较前一历史时期有所增加。从元明至清代，该次类的使用频率呈上升趋势，增幅约为7.8%。

④ 受事(+主语)(+状语)+述语动词+数量短语

由数量短语充当补语的受事话题句次类最早见于魏晋南北朝佛典，用例数量很少，仅占该时期受事话题句用例总数的1.5%。晚唐五代以后的本土传世文献中，此类受事话题句用例虽有出现，但所占比例很小。各时期使用频率差异不太明显，最大差幅仅为2.5%。大致说来，从魏晋南北朝至清代此类受事话题句的总体发展趋势是下降。

值得注意的是，此类受事话题句的性质在魏晋南北朝和晚唐五代之后有所不同。前者如“物破作二分”（此类句子不能说成“破作二分物”），后者如“粮不蓄一粒”（此类句子可以说成“不蓄一粒粮”）。直至现代汉语中，后者还是比较常见的受事话题句，如“苹果吃了三个”等。从历史上看，带数量短语补语的受事话题句的使用频率在汉语史不同历史时期虽小有起伏，但基本上保持稳定。

综上所述，当动词之后出现动词补语、“得”字短语、体助词时，由于受“表面结构条件”的限制，原来处于动词之后的论元通常移前，这是受句法条件制约的结果（见 4.1.2.2）。而当动词之后出现数量补语时，受事的前置与否的决定性因素是语用。

3.1.2　受事话题的变化

先秦至清代，受事话题句中充当受事话题的成分按照词类属性的不同分为体词性受事和谓词性受事两类，其用例分别是 3 951、588，所占比例分别约为 87%和 13%。受事话题的历史演变主要表现在上述两个类别在用例数量和结构两方面的变化上。

3.1.2.1　用例数量的变化

体词性受事和谓词性受事在发展趋势上都表现出升降交替的特点。就体词性受事而言，它在汉语史上的总体发展趋势是上升。以晚唐五代为界，体词性受事的发展趋势大致分为两个阶段：晚唐五代之前，在前后相连的历史时期之间，体词性受事的发展表现出升降交替的特点，即先秦至西汉呈上升趋势，西汉至东汉呈下降趋势，东汉至魏晋南北朝呈上升趋势，魏晋南北朝至晚唐五代呈下降趋势；晚唐五代至清代呈上升趋势。与前期相比，清代的最大增幅约为 14.9%。谓词性受事的发展趋势与体词性受事相反，它在汉语史上的总体发展趋势是下降。在以晚唐五代为界所分成的两个不同发展阶段中，晚唐五代之前，谓词性受事在前后相连的历史时期之间表现出升降交替的特点，即先秦至西汉呈下降趋势，西汉至东汉呈上升趋势，东汉至魏晋南北朝呈下降趋势，魏晋南北朝至晚唐五代呈上升趋势；晚唐五代至清代则呈下降趋势。词类属性不同的两类受事在佛典和本土传世文献这两种不同性质的文献中的发展趋势上表现出一定程度的对立。佛典中，魏晋南北朝时期体词性受事的使用频率稍高于东汉，而谓词性受事的使用频率稍低于东汉，增幅和降幅都是 0.3%。本土传世文献中，体词性受事在魏晋南北朝时期的使用频率高于东汉，而谓词性受事与之相反。两类受事的基本演变过程可以分别表示为图 3－13：

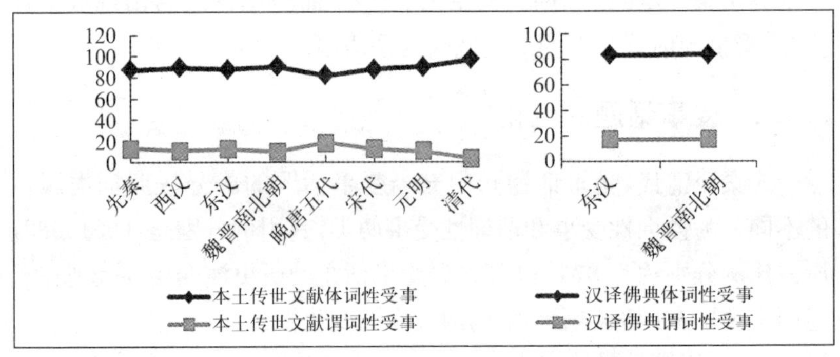

图 3－13

3.1.2.2　结构的变化

受事结构的变化主要表现在充当受事话题的成分在不同结构类型的数量上的变化和相同结构类型在不同时期用例数量的变化两个方面。对于东汉至魏晋南北朝的佛典中受事话题在结构上的相关变化，我们在第 2.4.4 节已经作了较为细致的比较，这里不再赘述。本小节只讨论先秦至清代本土传世文献中受事话题在结构上的历史演变。

从不同结构类型的数量变化来看，以晚唐五代为界分为两个阶段。先秦至魏晋南北朝，体词性受事在结构类型上分为五类，即光杆名词、“者”字结构、“所”字结构、一般定中结构、联合结构；从晚唐五代开始，体词性受事增加了“的”字短语的结构类型，这种情况一直延续到宋代。见于先秦的“者”字结构的受事在元明时期的文献中没有出现，但在清代仍有出现。“所”字结构的受事见于先秦，晚唐五代以前的文献中时有所见，但使用频率较低，宋代以后的考察文献中不再出现。谓词性受事在类型上变化不大，除西汉和宋代文献中没有出现状中结构的类型之外，在其他各时期的考察文献中，谓词性受事都出现五类，即光杆动词、联合结构、述宾结构、状中结构、陈述结构。

从在不同时期用例数量的变化情况来看，同一结构的体词性或谓词性受事在发展趋势上的具体表现大致如下：

（一）不同结构的体词性受事的历史演变

光杆结构的体词性受事在不同历史时期的体词性受事中都是居第二位的结构类型。它在汉语史上的总体发展趋势是下降。其使用频率在前后相连的历史时期中表现出升降交替的特点，即从先秦至西汉呈下降趋势，西汉至东汉呈上升趋势，东汉至晚唐五代呈下降趋势，晚唐五代至元明呈上升趋势，元明至清代呈下降趋势。其基本演变的过程可以表示为图 3－14：

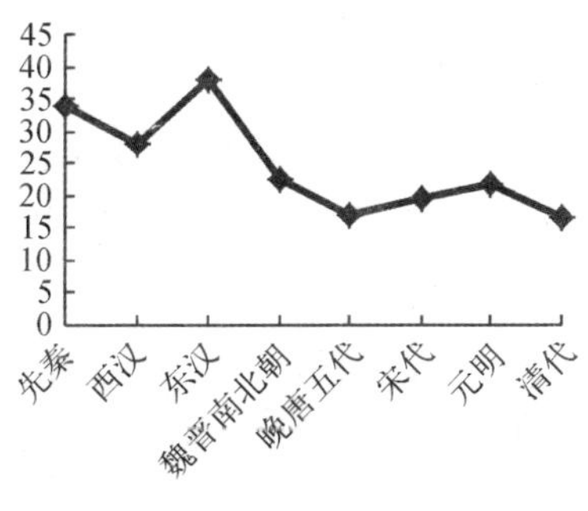

图 3－14

“者”字结构的体词性受事在汉语史上的总体发展趋势是下降。它在不同历史时期的位次变化较大。其在先秦和西汉都居第二位，东汉、晚唐五代和宋代都居第四位，魏晋南北朝时期居第三位，清代居末位。以西汉为界，分为两个发展阶段。从先秦至西汉呈上升趋势；西汉以后，此类受事的使用频率在前后相连的两个历史时期中呈现出升降交替的特点，即从西汉至东汉呈下降趋势，东汉至魏晋南北朝呈上升趋势，魏晋南北朝至晚唐五代呈下降趋势，降幅达 6.7％，晚

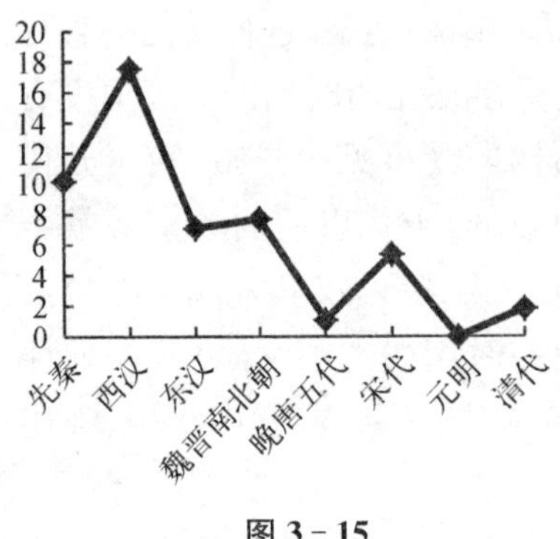

图 3-15

唐五代宋代呈上升趋势，宋代至元明呈下降趋势，元明至清代呈上升趋势。其基本演变的过程可以表示为图 3-15：

"所"字结构的体词性受事在不同历史时期的变化幅度不大，与其他结构的体词性受事不同的是，此类结构的受事在发展过程中出现几处间断，即魏晋南北朝、元明、清代的考察文献中，此类结构的受事没有出现。同时，在出现该结构的前后相连的历史时期中，"所"字结构的体词性受事的变化幅度很小，最大增幅仅为 0.7%。因此，根据现有的考察结果，我们只能得出：其在先秦到东汉呈上升趋势，晚唐五代至宋代呈上升趋势，宋代以后用例基本消失的结论。

"的"字结构的体词性受事最早出现于晚唐五代。从晚唐五代到清代，此类受事在发展过程中呈上升趋势。其基本演变的过程可以表示为图 3-16：

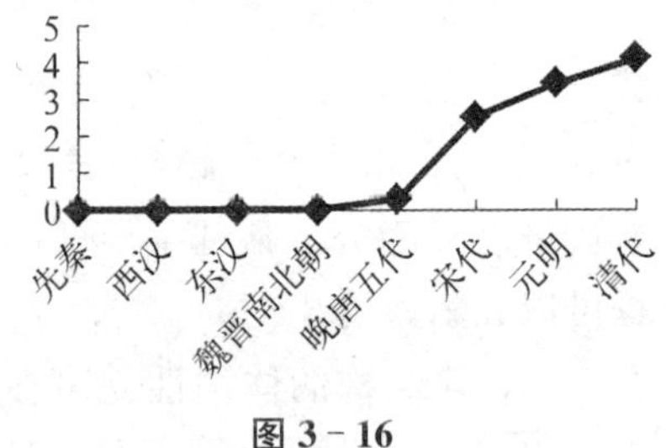

图 3-16

由"者"字结构、"所"字结构到"的"字结构的变化是一种历史替换。原先用"者"字结构和"所"字结构充当的受事后来都变成了"的"字结构。如《论语 · 微子》："往者不可谏，来者犹可追。"《吕氏春秋 · 审分》："今有人于此，求牛则名马，求马则名牛，所求必不得矣。"上述两例中的"往者"、"来者"、"所言"后来都分别用"以往的"、"未来的"和"求取的"等"的"字短语的形式表达。

一般定中结构的体词性受事在汉语史上的总体发展趋势是上升。它在各个不同历史时期都是居首位的结构。它的发展趋势比较清晰，以西汉为界大致分为两个发展阶段：先秦至西汉呈下降趋势；西汉至清代大致呈上升趋势。此类结构的受事基本演变的过程可以表示为图 3－17：

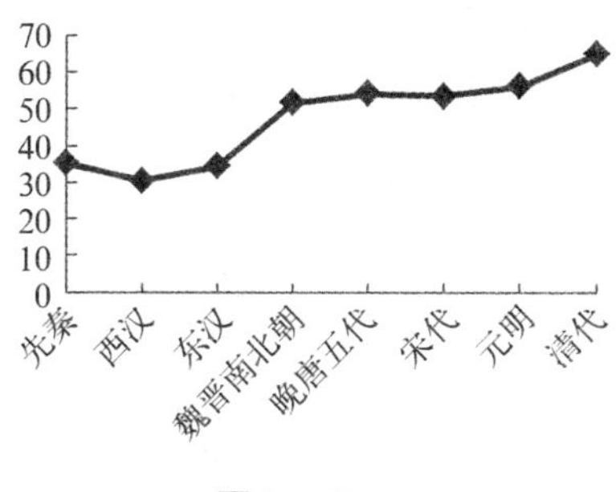

图 3－17

联合结构的体词性受事在汉语史上的总体发展趋势是上升。它在不同历史时期的位次变化不大。除了在先秦、西汉和魏晋南北朝三个时期居第四位之外，其在其他历史时期都是居第三位的体词性结构。此类结构的受事在发展趋势上以宋代为界，分为两个阶段：宋代之前，其发展趋势在前后相连的两个历史时期中呈现出升降交替的特点，即先秦至西汉呈上升趋势，西汉至东汉呈下降趋势，东汉至晚唐五代成上升趋势，晚唐五代至宋代呈下降趋势；宋代以后呈上升趋势。其基本演变的过程可以表示为图 3－18：

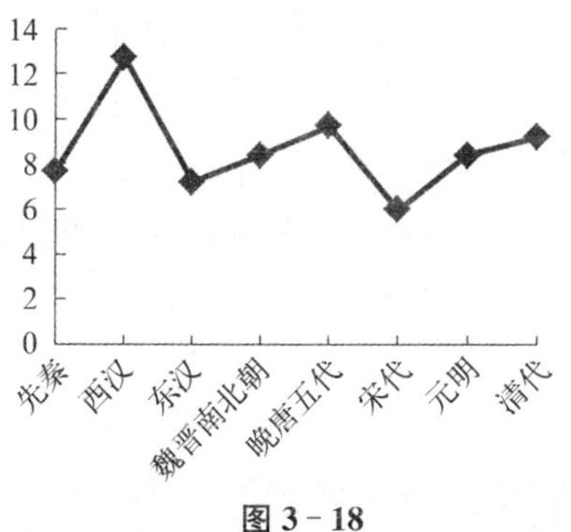

图 3－18

概括说来，“者”字结构、“所”字结构和“的”结构大体都是以单个的事物作话题，而一般定中结构和联合则使话题有了扩展的可能。如例(387)中的“我素日在你身上的心”、例(395)中的“小衣儿膝裤鞋面”，这说明受事话题比原先复杂了。

（二）不同结构的谓词性受事的历史演变

光杆结构的谓词性受事在不同历史时期的位次变化较大。其在先秦、西汉、魏晋南北朝和清代都居第二位；东汉和元明时期居第三位；晚唐五代居第四位；宋代则居首位。以东汉为界，其发展趋势分为两个阶段：先秦至东汉呈下降趋势；东汉至清代，其使用频率在前后相连的两个历史时期中呈现升降交替的特点，即东汉至魏晋南北朝呈上升趋势，魏晋南北朝至晚唐五代呈下降趋势，晚唐五代至宋代呈上升趋势，宋代至元明呈下降趋势，元明至清代成上升趋势。其基本演变的过程可以表示为图 3－19：

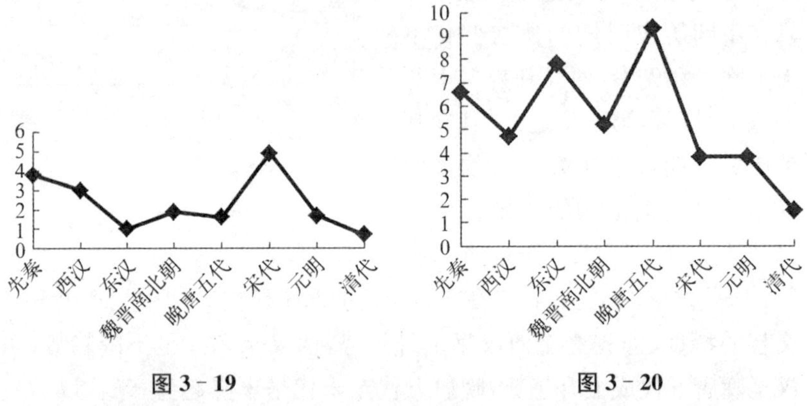

图 3－19　　图 3－20

联合结构的谓词性受事在汉语史上的总体发展趋势是下降。[①]此类结构的受事除了在宋代居第二位之外，其他各个历史时期都居首位。以东汉为界，其发展趋势大致分为两个阶段：先秦至东汉，其使用频率在前后相连的两个历史时期中呈现升降交替的特点，即先秦到西汉呈下降趋势，西汉到东汉呈上升趋势；东汉以后，除了魏晋南北朝至晚唐五代时期的使用频率稍微有所上升之外，晚唐五代至清代均呈下降趋势。其基本演变的过程可以表示为图 3－20：

述宾结构的谓词性受事在汉语史上的总体发展趋势是下降。它在不同历史时期的位次变化较大。其在先秦、西汉、魏晋南北朝、宋代、元明、清代六个时期都居第四位；东汉居第五位；晚唐五代居第三位。以东汉为界，其发展趋势分为两个阶段：先秦至东汉呈下降趋势；东汉以

① 晚唐五代时期，联合结构的谓词性受事所占比例微高于魏晋南北朝，我们认为这与考察文献的取样有关。

后，其使用频率在前后相连的两个历史时期中呈现升降交替的特点，即东汉至晚唐五代呈上升趋势，晚唐五代至宋代呈下降趋势，宋代至元明呈上升趋势，元明至清代呈下降趋势。总起来说，虽然期间经历了升降交替，但其使用频率在前后相连的两个历史时期中变化不大，最大增幅仅为 1.6%。其基本演变的过程可以表示为图3－21：

状中结构的谓词性受事在汉语史上的总体发展趋势是下降。除了在东汉时期的使用频率稍高于述宾结构之外，其他各时期此类结构的受事都居末位。以西汉为界，其发展趋势分为两个阶段：先秦到西汉呈下降趋势；西汉以后，其使用频率在前后相连的两个历史时期中呈现出升降交替的特点，即西汉至晚唐五代呈上升趋势，晚唐五代至宋代呈下降趋势，宋代至元明呈上升趋势，元明至清代呈下降趋势。其基本演变的过程可以表示为图 3－22：

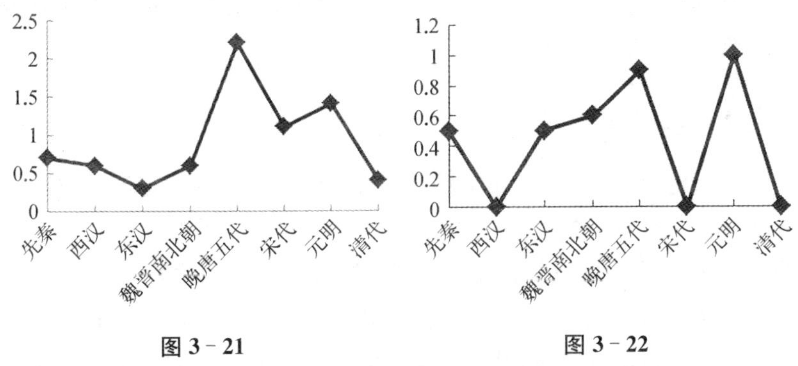

图 3－21　　**图 3－22**

陈述结构的谓词性受事在汉语史上的总体发展趋势是下降。此类结构的受事除了在魏晋南北朝、宋代和清代三个时期居第三位之外，在其他各时期都居第二位。以东汉和晚唐五代为界，其发展趋势分为三个阶段：先秦至东汉呈上升趋势；东汉至晚唐五代，其使用频率在前后相连的两个历史时期中呈现出升降交替的特点，即东汉至魏晋南北朝呈下降趋势，魏晋南北朝至晚唐五代呈上升趋势；晚唐五代至清代呈下降趋势。其基本演变的过程可以表示为图 3－23：

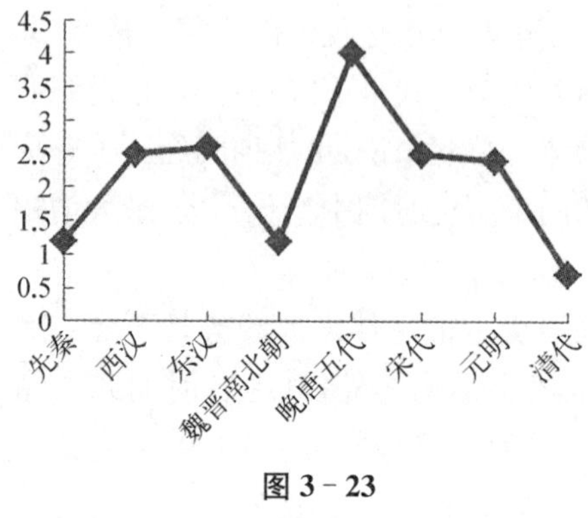

图 3-23

概括说来，谓词性受事的总体发展趋势是下降。即使出现频率相对较高的联合结构和陈述结构的受事也是如此。这说明虽然汉语受事话题句有时候可以选择谓词性的受事，将其所指称的事物视为动作的对象，但此类受事并不典型。如《敦煌变文集·降魔变文》中："太子下马报尊师：'须达买园君不知。'"此例中的受事由陈述结构"须达买园"充当，而动词"知"的对象则是指称化了陈述结构，即"须达买园这件事情"。鉴于此，尽管先秦汉语中已经出现谓词性受事，但在后代的发展过程中，充当受事的成分越来越倾向于选择比较典型的体词性受事。

3.1.3 述语的变化

汉语史上，受事话题句中的述语变化，主要表现在充当述语的成分在数量和结构上的变化两方面。关于不同述语类型以及相同类型的述语在不同时期用例数量的变化问题，我们在前文已经作过详细描写。从是否带前附或后附成分的角度来看，受事话题句的述语可以分为光杆述语①、带前附状语或后附成分的述语两大类。关于光杆动词述语和带前附状语的受事话题句，我们在 3.1.1 已作过详细论述，本小节我们主要讨论述语为光杆动词词组以及述语动词带后附宾语或补语等不同结构类型的述语的历史演变。

3.1.3.1 光杆述语的历史演变

先秦至清代，受事话题句中的光杆述语句共出现 579 例，其中述

① 光杆述语句指的是述语由光杆动词或动词词组构成的句子。

语为光杆动词和述语为光杆动词词组的用例分别是525、54。

由光杆动词充当述语的句子在汉语史上呈下降趋势(见3.1.1.1)。述语为光杆动词词组的受事话题句在汉语史上的总体发展趋势是上升。它以西汉为界,分为两个发展阶段。先秦至西汉呈上升趋势;西汉以后,它在前后相接的不同历史时期中表现出升降交替的特点。即从西汉至魏晋南北朝呈下降趋势;魏晋南北朝至晚唐五代呈上升趋势;虽然元明时期的使用频率稍高于其前后两个历史时期,但变化幅度不大,因此,从晚唐五代至清代此类受事话题句表现出下降趋势。虽然变化幅度不大,但它在佛典和本土传世文献中的发展趋势上表现出对立性。即从东汉到魏晋南北朝,其在本土传世文献中呈下降趋势,而在佛典中呈上升趋势。其基本演变的过程可以表示为图3-24:

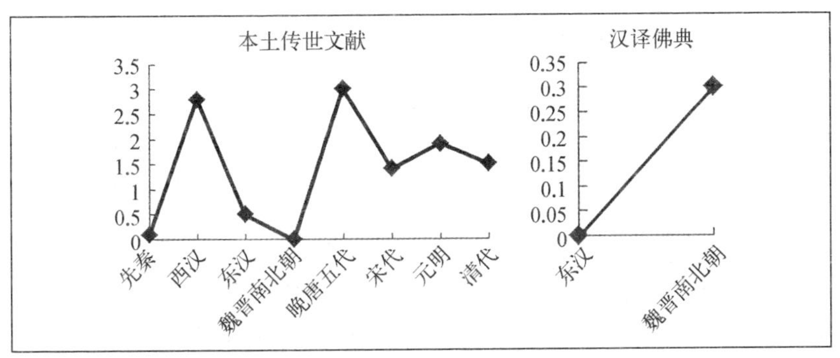

图3-24

3.1.3.2　带前附状语的述语的历史演变

带前附状语的受事话题句类型在汉语史上总体呈下降趋势。在状语内部由不同词类充当的状语,如副词、能愿动词等在发展趋势上存在个体差异(见3.1.1.1和3.1.1.2)。

3.1.3.3　带后附成分的述语的历史演变

述语由动词带后附成分构成的受事话题句在汉语史上的总体发

展趋势是上升。它以晚唐五代为界，在发展趋势上大致分为两个阶段。晚唐五代之前，它在前后相接的不同历史时期中表现出升降交替的特点，即从先秦至西汉呈上升趋势，西汉至东汉呈下降趋势，东汉至魏晋南北朝呈上升趋势，魏晋南北朝至晚唐五代呈下降趋势。虽然此类受事话题句在清代的使用频率低于元明，但它仍然高于其他各时期。因此，晚唐五代至清代，此类受事话题句呈上升趋势。它在佛典和本土传世文献中的发展趋势上表现出一致性，即从东汉到魏晋南北朝，其在两种文献中的发展趋势都是上升。其基本演变的过程可以表示为图 3－25：

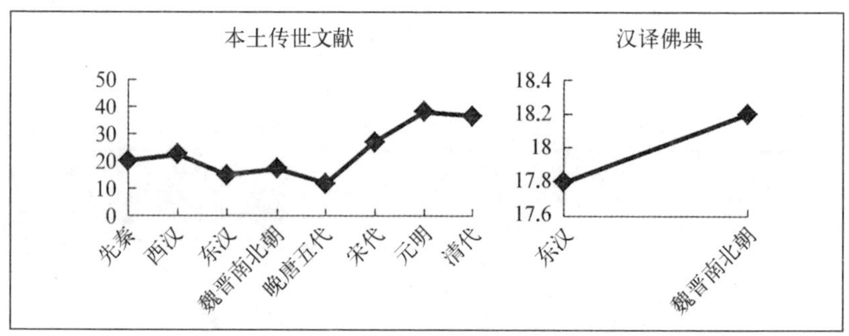

图 3－25

总起来说，先秦至清代受事话题句述语的复杂化在状语和补语两方面均有表现。从先秦到元明时期，由动词和前附状语构成的述语一直是构成受事话题句述语结构的主要形式，此时，述语的复杂化主要通过状语的复杂化加以体现。至清代，动词带后附成分类型的述语结构在使用频率上超过动词带前附状语类型的述语结构。受事话题句通过状语的复杂化来实现述语复杂化的格局被打破，动词后附成分的复杂化成为述语复杂化的决定因素。

从各时期不同述语类型在用例多寡序列上的历史演变来看，先秦时期“状语＋动词”结构的述语居首位，其次是“动词＋后附成分”结构的述语，最后是光杆述语。该时期带后附成分的用例中，占优势地位的是带宾语的用例，所带宾语包括名词和代词两类，但主要由代词充当。所带的补语主要由处所名词和介词短语充当。西汉时期动词带补语的使用频率稍有下降，虽然动词带宾语的使用频率较先秦上升 4.2%，但由于宾语的增幅低于由光杆述语的增幅，所以“动词+后附成分”结构的述语成为使用频率最少的类型。该时期带后附成分的用例中，占优势地位的仍然是带宾语的用例。所带宾语只有代词一类，所带的补语包括普通名词和介词短语两类，但主要由介词短语充当。东汉时期无论是在佛典还是在本土传世文献中，“动词+宾语”结构的述语使用频率都急剧减少，该时期充当宾语的有名词和代词两类，但以代词为主。充当补语的有名词（名词短语）、动词、介词短语三种。动结式的发展使该时期两种不同性质的文献都增加了由动词充当补语的次类，但由于名词补语和介词短语补语在该时期都呈下降趋势，而且带代词宾语的使用频率大幅度下降，因而虽然新增了动词补语的类型，但其增幅远远不足以抵消宾语的降幅，所以无法改变“动词+后附成分”结构的述语为该时期使用频率最少的述语结构类型的情况。魏晋南北朝时期“动词+宾语”结构的述语的使用频率在本土传世文献中较东汉有所上升，但在佛典中则有所下降。在该时期两种不同性质的文献中，光杆结构的述语结构大幅度下降，“动词+后附成分”结构的述语在使用频率上又重新超过光杆述语。晚唐五代时期在动词所带的后附成分中，充当宾语的有名词和代词两类，但以代词为主。充当补语的有名词、动词、形容词、介词短语、数量短语五种。该时期由动词和数量短语充当的补语使用频率上升，还出现了由形容词充当补语的次类。“动词+补语”结构的述语的使用频率急剧上升。与此同时，“动词+宾语”结构的述语的使用频率急剧下降。由于增幅远远低于降幅，而且光杆结构的述语的使用频率大幅度增加，“动词+后附成分”结构的述语又成为该时期使用频率最少的类型。宋代“动词+补语”和“动词+宾语”结构的述语在使用频率方面较晚唐五代均有所上升。在动词所带的后附成分中，充当宾语的只有代词一类。充当补语的有名词、动词、数量短语三种。由于带宾语的用例增幅远远大于光杆述语的降幅，“动词＋后附成分”结构的述语在使用频率上再次超过光杆结构的述语。元明时期在动词所带的后附成分中，充当宾语的只有代词一类。充当补语的结构增多，除了名词、动词、形容词、介词短语、数量短语之外，还增加了由“得”字短语充当补语的类型。由动词充当补语的用例较前一时期增幅超过10％，“动词＋补语”结构的述语在使用频率上大幅度增多。此外，体助词也作为述语动词的后附成分出现于该时期的考察文献。“动词＋后附成分”结构的述语虽然在使用频率上仍然位于“状语＋动词”结构的述语之后，但二者之间的差距大大缩小。清代“状语＋动词”结构的用例降幅很大，光杆结构的述语在使用频率上仅为元明时期的一半。在带后附成分的述语中，充当宾语的有名词和代词两类，但以名词宾语为主。充当补语的有动词、形容词、介词短语、数量短语、“得”字短语五种。动词之后带体助词的用例增幅达3.4％。“动词＋补语”和“动词＋宾语”两种述语结构虽然也都表现出下降趋势，由于后附成分的降幅远远低于光杆述语和“状语＋动词”结构的述语，该时期“动词＋后附成分”结构的述语在使用频率上跃居首位。汉语受事话题句中由动词带后附成分成为来体现述语复杂化的格局初步形成。

3.1.4 主语的变化

3.1.4.1 不同词类属性的主语的历史演变

先秦至清代，主语出现的受事话题句在考察文献中共有327例，其在各个不同历史时期中的具体分布情况如表3－5和表3－6所示[①]：

① 表3－5至表3－8中各时期的百分比都是指相关内容占主语用例总数的百分比。

表 3-5　先秦至清代不同词类属性的主语用例数量分布

数量(例)　时代 类别		先秦	西汉	东汉		魏晋南北朝		晚唐五代	宋代	元明		清代	小计
				本土	佛典	本土	佛典			非戏曲	戏曲		
名词	专有名词(人名/国名/官职)	26	5	6	10	0	1	4	3	1	0	2	58
	普通名词(名词性短语)	50	31	7	3	3	12	21	14	5	4	7	157
代词		25	4	2	8	2	16	25	6	7	7	28	130
总计(例)		101	40	15	21	5	29	50	23	13	11	37	345

表 3-6　先秦至清代不同词类属性的主语用例百分比分布

百分比(%)　时代 类别		先秦	西汉	东汉		魏晋南北朝		晚唐五代	宋代	元明		清代
				本土	佛典	本土	佛典			非戏曲	戏曲	
名词	专有名词(人名/国名/官职)	26.7	12.5	40	47.6	0	3.4	8	13	7.7	0	5.4
	普通名词(名词性短语)	48.5	77.5	46.7	14.3	60	41.4	42	60.9	38.5	36.4	18.9
代词		24.8	10	13.3	38.1	40	55.2	50	26.1	53.8	63.6	75.7

表 3-5 反映的是从先秦至清代词类属性不同的主语在用例数量上的分布情况。从中我们可以看出，先秦至清代受事话题句中，根据词类属性的不同，所出现的主语可以分为由名词充当的主语和由代词充当的主语两类。前者是占优势地位的主语类别，其使用频率高于后者。在由名词充当的主语的内部，根据其是否为特定的人、地方或机构所有，又可以进一步划分为由专有名词充当的主语和由普通名词充当的主语两类。其中由普通名词充当主语的用例居多，约占用例总数的 73%。

表 3-6 反映的是从先秦至清代词类属性不同的主语在使用频率上的分布情况。从中我们可以看出：先秦至清代受事话题句中，不同词类的主语所表现出的发展趋势都很清晰。其中由名词充当的主语在汉语史上的总体发展趋势是下降。它以西汉、晚唐五代和宋代为界分为四个阶段：先秦至西汉呈上升趋势；西汉至晚唐五代呈下降趋

势；晚唐五代至宋代呈上升趋势；宋代至清代呈下降趋势。由代词充当的主语在汉语史上的总体发展趋势是上升。虽然此类主语在发展趋势上也是以西汉、晚唐五代和宋代为界分为四个发展阶段，但其在各个阶段的发展趋势上与名词主语正好相反，即先秦至西汉呈下降趋势；西汉至晚唐五代呈上升趋势；晚唐五代至宋代呈下降趋势；宋代至清代呈上升趋势。从东汉至魏晋南北朝，相同词类属性的主语在佛典和本土传世文献中的发展趋势上表现出很大的一致性，而不同词类属性的主语则在发展趋势上形成对立，①具体表现为佛典中由名词充当的主语呈上升趋势，由代词充当的主语呈下降趋势。两类主语在两种不同性质的文献中的基本演变轨迹可以表示为图 3－26：

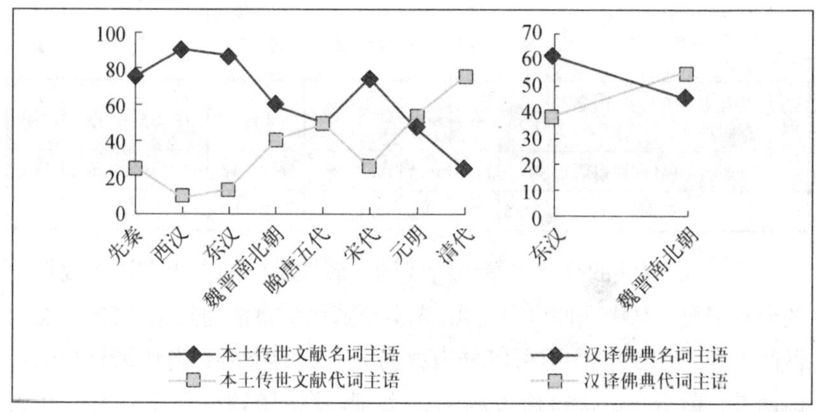

图 3－26

在由名词充当的主语的内部，由专有名词和普通名词（名词性短语）充当的主语在汉语史上的总体发展趋势是下降。二者都不像由名词充当的主语那样表现出较为清晰的发展趋势。它们都以宋代为界，在发展趋势上分为两个阶段：先秦至宋代，二者在前后相连的两

① 这说明虽然名词和代词都可以在汉语受事话题句中充当主语，但无论是在本土文献中还是在佛典中，主语都表现出越来越由代词来充当的趋势。

个历史时期之间都表现出升降交替的特点；宋代至清代，二者都呈下降趋势。具体说来，由专有名词充当的主语从先秦至西汉呈下降趋势，西汉至东汉呈上升趋势，东汉至魏晋南北朝呈下降趋势，魏晋南北朝至宋代呈上升趋势，宋代至清代呈下降趋势。由普通名词（名词性短语）充当的主语从先秦至东汉呈下降趋势，东汉至魏晋南北朝呈上升趋势，魏晋南北朝至清代呈下降趋势。从东汉至魏晋南北朝，上述两个类别的主语在佛典和本土传世文献中的发展趋势上都表现出一致性，即在两种不同性质的文献中，由专有名词充当的主语都呈下降趋势，而由普通名词（名词性短语）充当的主语都呈上升趋势。上述两种不同类型的主语的基本演变过程分别可以表示为图 3－27：

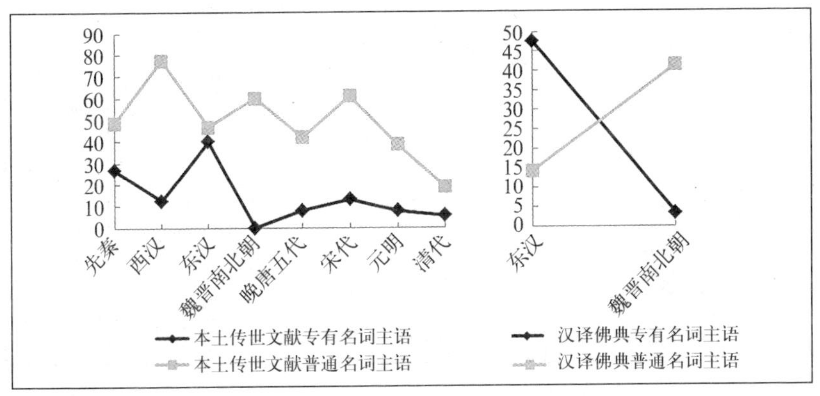

图 3－27

3.1.4.2　不同结构构成的主语的历史演变

表 3－7 反映的是从先秦至清代受事话题句中主语的结构构成及其用例数量的分布情况。从中我们可以看出：先秦至清代，按照结构构成的不同，受事话题句的主语可以分为光杆名词（代词）、“者”字结构、一般定中结构、联合结构和“的”字结构五类，其用例从多至寡的序列依次是光杆名词（代词）、一般定中结构、“者”字结构、联合结构和“的”字结构。其中光杆结构的主语占绝对优势，其用例约占主语用例总数的 80.6%。

表 3－7　先秦至清代主语结构构成用例数量

数量(例)＼时代／类别	先秦	西汉	东汉		魏晋南北朝		晚唐五代	宋代	元明		清代	小计
			本土	佛典	本土	佛典			非戏曲	戏曲		
光杆名词(代词)	91	30	12	16	5	21	38	17	10	7	31	278
“者”字结构	5	4	1	0	0	5	0	1	0	0	0	16
一般定中结构	5	6	1	4	0	1	7	4	2	3	6	39
联合结构	0	0	1	1	0	2	5	1	0	1	0	11
“的”字结构	0	0	0	0	0	0	0	0	1	0	0	1
总计(例)	101	40	15	21	5	29	50	23	13	11	37	345

表 3－8　先秦至清代主语结构构成用例百分比

百分比(%)＼时代／类别	先秦	西汉	东汉		魏晋南北朝		晚唐五代	宋代	元明		清代
			本土	佛典	本土	佛典			非戏曲	戏曲	
光杆名词(代词)	90	75	80	76.2	100	72.4	76	73.9	76.9	63.6	83.8
“者”字结构	5	10	6.7	0	0	17.2	0	4.3	0	0	0
一般定中结构	5	15	6.7	19	0	3.4	14	17.4	15.4	27.3	16.2
联合结构	0	0	6.7	4.8	0	6.9	10	4.3	0	9.1	0
“的”字结构	0	0	0	0	0	0	0	0	7.7	0	0

表 3－8 反映的是从先秦至清代受事话题句中不同结构的主语在使用频率上的分布情况。从中我们可以看出：先秦至清代，不同结构的主语在发展趋势上存在着差异。具体表现为：光杆结构的主语在汉语史上的总体发展趋势是下降，但它在不同历史时期的发展趋势上表现出升降交替的特点。它以西汉为界，分为两个发展阶段：先秦至西汉呈下降趋势；西汉以后表现出升降交替的特点，即西汉至魏晋南北朝呈上升趋势，魏晋南北朝至宋代呈下降趋势，宋代至清代呈上升趋势。由光杆名词(代词)充当的主语在佛典和本土传世文献中的发展趋势上表现出一定的对立。即从东汉至魏晋

南北朝，其在佛典中呈下降趋势；而在本土传世文献中则呈上升趋势。此类主语在两种不同性质的文献中的基本演变的过程可以表示为图 3－28：

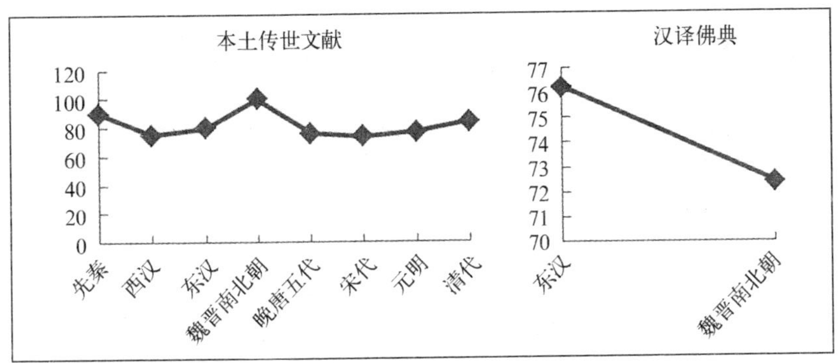

图 3－28

“者”字结构的主语在汉语史上的总体发展趋势是下降，但它在不同历史时期的发展趋势上表现出升降交替的特点。以西汉为界，分为两个阶段：先秦到西汉呈上升趋势；西汉以后表现出升降交替的特点，即西汉到魏晋南北朝呈下降趋势，魏晋南北朝至宋代呈上升趋势，宋代以后基本消亡。此类结构的主语在佛典和本土传世文献中都表现出比较清晰的发展趋势。但其在两种不同性质的文献中的分布情况存在很大差异。佛典中“者”字结构的主语仅见于魏晋南北朝；而本土传世文献中“者”字结构的主语除了在宋代文献中因仿古因素出现之外，在东汉以后的其他历史时期没有出现。此类主语的基本演变过程可以表示为图 3－29：

一般定中结构的主语在汉语史上的总体发展趋势是上升，但它在不同历史时期的发展趋势上表现出升降交替的特点。它以西汉为界，在发展趋势上分为两个阶段：先秦至西汉呈上升趋势；西汉以后呈现出升降交替的特点，即西汉至魏晋南北朝呈下降趋势，魏晋南北朝至宋代呈上升趋势，宋代至元明呈下降趋势，元明至清代呈上升趋

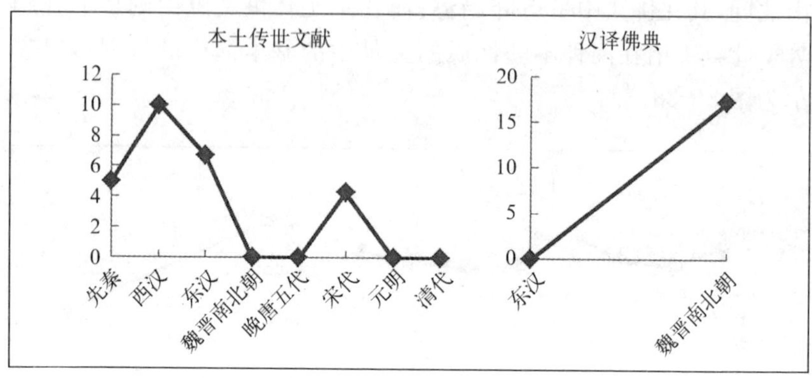

图 3－29

势。此类结构的主语在佛典和本土传世文献中的发展趋势表现出一致性。即从东汉至魏晋南北朝，其在两种不同性质的文献中都表现出急剧下降的趋势，但佛典中的降幅高于本土传世文献。此类结构的主语在两种不同性质的文献中的基本演变过程可以表示为图 3－30：

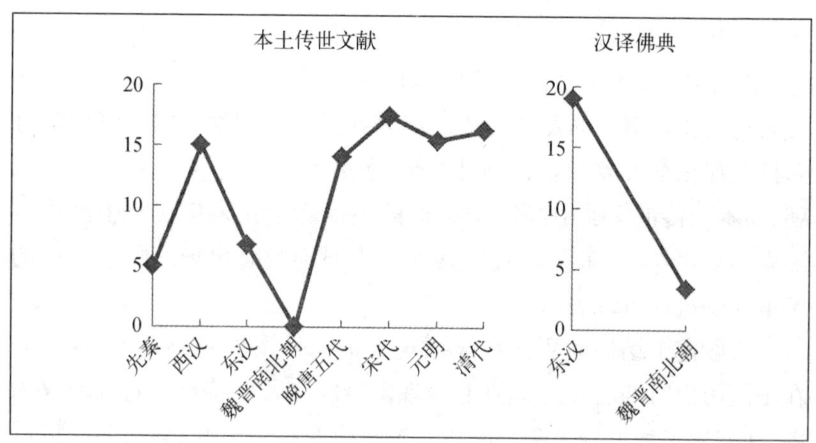

图 3－30

联合结构的主语在佛典中仅见于魏晋南北朝，而在本土传世文献中见于东汉、晚唐五代、宋代和元明非戏曲文献。“的”字结构的主语只出现于元明时期的本土文献中，在佛典中没有出现。由于见于考察文献的上述两种结构的主语的使用频率在前后相连的两个历史时期中没有形成连续性，因此，对于前者，我们只能说相比较而言，联合结构的主语在东汉时期的使用频率低于晚唐五代，晚唐五代至宋代表现出下降趋势，元明非戏曲文献中的使用频率高于宋代。而对于后者，我们无法根据现有的考察结果描述其发展趋势。

3.2　变化的原因

上一节我们详细讨论了先秦至清代受事话题句在类型、受事话题、述语、施事/当事主语等方面的主要变化。概括说来，引起这些变化的因素有语言系统内部和系统外部两种。前者是受事话题句为适应汉语语法结构的复杂化而产生的相应变化，其演变轨迹与汉语语法结构复杂化的过程表现出一致性。后者是语言使用者为实现一定的交际目的而对句子的构成要素在线性序列上加以调整，也包括语言接触对汉语的影响。本小节我们主要讨论影响受事话题句发生变化的语言系统内部的因素。

将受事话题句在汉语史上的历史演变与汉语语法系统中与代词、动词有关的一些语法现象的历史演变相对照，可以发现：代词的发展变化、动词语法功能的改变、述补结构、体助词以及处置式的产生与发展、主语和话题与述语动词施受关系的中立化等都是与受事话题句的发展变化密切相关的因素。上述因素对受事话题句的演变所产生的影响具体表现如下：

3.2.1　代词的发展与受事话题句的演变

代词的发展对受事话题句的影响主要表现在受事话题、主语的结构类型以及动词之后出现回指代词的次类在类型和使用频率的变化方面。汉语史上对受事话题句的历史演变产生影响的代词（兼词）主要有“者”、“所”、“之”、“诸”、“焉”、“伊”、“他”。其中带回指代词“伊”、“他”的受事话题句的产生属于具有回指话题功能的代词之间的替换，跟受事话题句的历史演变关系不大，而其他代词的变化则直接导致了“者”字结构、“所”字结构体词性受事和带“之”、“诸”、“焉”回指代词的受事话题句的衰亡。

“者”和“所”在上古汉语中都属于指示代词。“者”“通常用在形容词、动词或动词词组的后面，组成一个名词性的词组，表示‘……的人’‘……的事物’”。“所”“通常用在及物动词的前面，和动词组成一个名词性的词组，表示‘所……的人’‘所……的事物’”。[①] 从考察结果来看，宋代以后“者”字结构的受事话题在文献中基本衰亡。宋代以后出现的受事为“者”字结构的用例中，“者”大都与其他词组合构成凝固结构。[②] 东汉以后由“者”字结构充当主语的用例也基本不出现。“所”字结构所指代的一般是行为的对象。该结构的受事话题见于元明以前的文献，但所占比例极小，元明以后此类结构的受事基本消亡。

“之”在先秦时期是以表示远指为主并且具有复指功能的指示词，其复指一般名词的情况较常见。春秋战国时期“之”已从指示代词向第三人称代词转化。两汉时期随着代词“其”功能的扩大，“之”表现出逐渐被取代的趋势。南北朝时期第三人称代词系统进一步发生变化，“之”逐渐丧失了作为第三人称代词的功能，“伊”成为第三人称代词的新形式。唐初无定代词“他”开始具有第三人称代词的功能，盛唐之后“他”确立了第三人称代词的地位。[③]

代词“之”的历史演变在一定历史时期内与受事话题句的演变轨

---

① 王力：《古代汉语》（第一册），中华书局 1962 年版，第 363、365 页。

② 清代所见的 4 个用例都是与“余”结合构成凝固搭配“余者”。

③ 郭锡良：《汉语第三人称代词的起源于发展》，《汉语史论集》，商务印书馆 2005 年版，第 1—33 页。

迹重合。据魏培泉(1990)，东汉以后佛典中的代词“之”在使用频率上表现出下降趋势。[①] 考察结果显示：从东汉到魏晋南北朝，动词之后出现回指代词“之”的受事话题句在佛典中的发展趋势是下降，降幅约为3.6%。[②] 这一事实与魏培泉(1990)所观察到的代词“之”在中古呈现出急剧衰落的现象一致。从汉语史所提供的材料来看，代词“之”总体使用频率下降主要有两方面原因：一是语法变化，即原来必须使用代词“之”的地方发展到后来使用零形式；二是词汇兴替，即代词“之”被“伊”、“他”代替。虽然我们不能把代词“之”总体使用频率的下降视为汉语史上带回指代词“之”类受事话题句衰亡的唯一因素，但可以肯定的是，东汉以后代词“之”总体使用频率的下降对带回指代词“之”类受事话题句的历史演变产生不可忽视的影响。特别是当原先必须使用“之”的位置允许零形式出现时，带回指代词“之”类受事话题句使用频率的下降是必然的。

上古汉语中，“诸”和“焉”都是有称代作用的代词。当动词是及物动词时，“诸”和“焉”通常位于动词之后。二者所指代的成分在语义上都是动词的受事。此类用例中，受事论元往往位于句首，而“诸”和“焉”位于动词之后在语义上回指句首的受事。带回指代词“诸”和“焉”的受事话题句在从先秦至魏晋南北朝的考察文献中均有所见。随着代词“诸”、“焉”指代功能的衰亡，魏晋南北朝以后带回指代词“诸”类受事话题句消失；晚唐五代以后带回指代词“焉”类受事话题句消失。

---

① 魏培泉：《汉魏六朝称代词研究》，台湾大学中国文学研究所博士论文，1990年，第58页。

② 本土传世文献中，动词之后出现回指代词“之”类的受事话题句在发展趋势上与其在魏晋南北朝佛典中的趋势表现出一定的对立。即从东汉至魏晋南北朝，此类受事话题句在本土传世文献中呈上升趋势，增幅约为5.1%。从先秦至元明，此类受事话题句以魏晋南北朝为界，分为两个发展阶段：魏晋南北朝之前，表现出升降交替的特点，即先秦至西汉呈上升趋势，西汉至东汉呈下降趋势，东汉至魏晋南北朝呈上升趋势；虽然宋代的使用频率高于其前和其后的历史时期，但这是由于仿古造成的，大致说来，魏晋南北朝以后，此类受事话题句呈下降趋势。

3.2.2 动词语法功能的变化与受事话题句的演变

宋亚云(2005)提出将上古汉语动词体系分为及物动词、作格动词和不及物动词的主张。本书赞同这一分类框架。我们认为,汉语受事话题句的历史演变与作格动词和及物动词语法功能的变化密切相关。

3.2.2.1 作格动词语法功能的变化①

作格动词是上古汉语中广泛存在的一种兼具行为和性状两种特征、同时表现出及物和不及物两种用法的动词。此类动词可以成对用于"受事话题+述语动词"(简称TV句)和"施事/当事主语+述语动词+受事宾语"(简称SVO句)两个不同句式中。如:

(1) 楚复伐邓,灭之。(《左传·庄公六年》)

(2) 同盟灭,虽不能救,敢不矜乎?(《左传·文公四年》)

从考察用例来看,虽然大多数情况下上述两个不同的句式之间可以进行同义变换,但从语义结构来看,二者所表达的语义有差别。"受事话题+述语动词"是不及物句式,其所表达的是受事在动作、行为的作用下所呈现出的结果或状态,强调的是受事的状态性。如例(2),"灭"是作格动词,其前的名词性成分"同盟"在语义上是"灭"的受事。整个句子采用不及物结构的形式,所表达的是"同盟"在某种动作、行为的作用下处于"灭"的状态。相比较而言,"施事/当事主语+述语动词+受事宾语"是及物句式,其所表达的是施事发出某种影响受事的动作或行为,强调的是动作性。如例(1),"灭"是作格动词,其所在的小句句首承前省略施事"楚",其后的代词"之"在语义上是"灭"的施事,整个句子所表达的是楚发出"伐"的动作,使"邓"灭亡。

① 关于作格动词及其相关论述详见宋亚云(2005)。

作格动词语法功能的变化对汉语受事话题句历史演变的影响突出表现在反宾为主句的衰减[①]方面。从西汉开始，作格动词的不及物用法猛增，在句法位置上也多位于及物动词之后充当补语。从东汉开始，作格动词用于连动结构中第二个动词位置上的频率增多，动词的动作特征逐渐减弱，性状特征逐渐增强，[②]后来变为动结式结构中的补语。这种变化对述语中含有作格动词的TV句和SVO句的使用环境和所表达的句式意义产生直接影响。其具体表现为：无论当述语由光杆作格动词还是由光杆作格动词位于第二动词位置上的连动结构来充当时，TV句都可以成立。虽然述语结构不同的两种受事话题句在使用频率上有差异，即由光杆作格动词充当述语的受事话题句次类如"受事＋光杆动词"、"受事＋时间副词＋动词"、"受事＋程度副词＋动词"、"受事＋方式副词＋动词"、"受事＋语气副词＋动词"、"受事＋疑问副词＋动词"、"受事＋名词＋动词"、"受事＋介词短语＋动词"、"受事＋动词＋处所名词"等在不同历史时期受事话题句中的使用频率有所不同，其在汉语受事话题句的演变过程中使用频率表现出逐渐下降的趋势，有的甚至消失，由光杆作格动词位于第二动词位置上的连动结构来充当述语的受事话题句次类在从东汉至

---

① "反宾为主句"有广义和狭义之分。狭义的"反宾为主句"指的是由"斩"类光杆动词充当述语的句式。句式中的动词虽为中性动词，但不典型。广义的反宾为主句包括由"破"类作格动词充当光杆述语或其他中性动词充当述语动词的句子。本书的"反宾为主句"采用广义说（详见宋亚云，2005）。与传统上将此类句式中动词之前的成分视为"主语"的观点不同，我们认为"反宾为主句"中，动词之前的成分是句法上的话题而非主语。主要原因有二。其一，"反宾为主句"虽然所表达的语义跟原型被动句相同，即都表示完成性或结果性的语义，其句法表现跟原型被动句不同。此类句式中，受事论元虽然也全部位于句首，但从汉语中主语的语法化程度来看，受事没有被码化为主语。而且，施事论元不能出现，动词之后也不能出现"了"、"着"、"过"等表示时体概念的助词。其二，从类型学的角度来看，虽然"反宾为主句"跟原型被动句在动词的语义指向上相同，即无论句式中位于句首的受事是否表现出[＋有生]特征，句子中的动词在语义指向上都是指向受事。但一般说来，原型被动句是有被动形式标记的，而"反宾为主句"在这一点上跟原型被动句的差别较大。总体说来，前置的受事论元所表现出的话题特征较强，主语特征较弱。

② 宋亚云：《汉语作格动词的历史演变与动结式的语法化》，《语法化与语法研究》（四），商务印书馆2009年版。

元明表现出明显的上升趋势，但二者所表达的句式意义则都是受事在施事所发出的动作、行为的作用下所呈现出的结果或所处的状态。

当述语由光杆作格动词充当时，SVO句式在先秦汉语中能够成立，其所表达的是使动意义，强调施事的动作性。西汉以后，随着作格动词语法功能的变化，由“正”类[①]光杆作格动词充当述语的SVO句式逐渐不能成立；“破”类光杆作格动词越来越多地位于连动结构中第二动词的位置上，此时的SVO句式虽然仍然强调施事的动作性，但句式所表达的是主动义。

3.2.2.2 及物动词语法功能的变化

前文我们分析带回指代词“之”的受事话题句在佛典中的具体分布时指出，此类受事话题句的历史演变受到了东汉以后代词“之”总体使用频率的下降趋势的影响。但代词的影响并不是造成此类受事话题句消亡的决定性因素。在带回指代词类受事话题句发展演变的过程中，及物动词的语法功能的变化起着决定性的作用。关于这一点，蒋绍愚(2004)已经有明确的论述。[②] 从受事话题句的历史演变来看，蒋先生的结论是正确的。

及物动词语法功能的变化对汉语受事话题句的影响表现在动词之后出现代词“之”类受事话题句的衰减方面。从考察结果来看，汉语史上对汉语受事话题句产生影响的及物动词在语义类别上主要包括获取类(如：取、舍、得)、言告类(如：言、称)、认知类(如：知、赏、观、见)、情绪类(如：思、敬、爱、恶)、讨伐类(如：杀、赦、伐、征)等。上述类别中的动词在语法功能方面都发生较大了变化，对受事话题句的演变产生了较大影响。

---

① 宋亚云(2005)将作格动词分为“破”类(如破、败、灭、断、绝)、“出”类(如出、怒、退、起、活)、“正”类(平、正、固、明、乱)，我们采用这种对作格动词的分类法。

② 蒋绍愚(2004)在解释“受事(＋施事主语)＋动词词组”类受事话题句在中古时期产生的原因时指出：此类受事话题句的产生“可能与汉语及物动词语法功能的发展有关，是先秦时及物动词通常是要带宾语规则松动的结果”。

以认知类动词“知”(后来变为“知道”)的句法分布为例。先秦至清代动词“知”带宾语和不带宾语两种句法分布。如：

(3) 子曰:“丘也幸,苟有过,人必知之。”(《论语·述而》)

(4) 殷因于夏礼,所损益可知也。(《论语·为政》)

(5) 管氏而知礼,孰不知礼?(《论语·八佾》)

(6) 子曰:“狂而不直,侗而不愿,悾悾而不信,吾不知之矣。”(《论语·述而》)

(7) 惠伯曰:“寡君未知其罪,合诸侯而执其老。”(《左传·昭公十三年》)

(8) 微子之言,吾不知也。(《左传·襄公三十一年》)

(9) 险阻艰难,备尝之矣;民之情伪,尽知之矣。(《左传·僖公二十八年》)

(10) 是时诸天人来当知之。(《道行般若经》)

(11) 是辈人索佛道者我知。(《道行般若经》)

(12) 阿罗汉所行菩萨悉知。(《道行般若经》)

(13) 人间短促,弟子当知。(《敦煌变文集·喜欢国王缘》)

(14) 其妻容貌众皆知,更能端正甚希其(奇)。(《敦煌变文集·难陀出家缘起》)

动词“知”的语法功能在不同历史时期有所差异。先秦时期“知”带宾语的使用频率远远高于宾语悬空的比例。以《论语》和《左传》为例。两部文献中“知”带宾语和宾语悬空的用例分别是323、94,分别占用例总数的77.5%和22.5%。宾语悬空的用例在句法上表现出比较严整的规律性。大致说来,当“知”用于“所/有/勿与+知”结构、连动共宾结构、其前出现能愿动词“可”或否定副词“弗”时,其后宾语不出现。该时期动词“知”的及物性较强,主要表现在两方面:一是肯定句中在不考虑特定结构和能愿动词“可”的情况下,“知”一般要求宾语出现;二是在含有“不”和“未”的否定句中,“知”带宾语的使用频率

(54.1%)也高于宾语悬空的比例(45.9%)。两类句式中充当宾语的可以是名词、动词，也可以是代词。当受事位于句首位置充当话题时，除了“知”前面有“不/弗”或“可”以及少数特殊例句外，“知”之后都出现回指代词“之”，如例(9)。大约从战国后期开始，动词“知”要求带宾语的规则开始松动，出现了受事话题居句首而动词“知”不带回指代词的用例。东汉时期“知”宾语悬空的用例增多，不但含有“不”和“未”的否定句中动词带宾语的比例下降，肯定句中也出现不符合先秦汉语宾语悬空规则的用例。以如(12)之类带范围副词状语的“知”为例。按照先秦汉语的规则，此类用例中宾语一般不能悬空。东汉时期的《论衡》和《道行般若经》中，此类句子中带宾语和宾语悬空的使用频率分别是74.4%和25.6%。宾语悬空的使用频率上升说明该时期 “知”的语法功能已经有所变化。晚唐五代时期，无论是在肯定句还是在否定句中，动词“知”不带宾语的使用频率都高于东汉。以《敦煌变文集》和《祖堂集》为例。两部文献中当“知”带范围副词状语时，其后带宾语和宾语悬空的使用频率分别是36.4%和63.6%。宾语悬空的使用频率高于东汉约38%。可见，该时期“知”的语法功能进一步发生变化。考察材料显示，东汉以后“知”宾语悬空的使用频率越来越高。至晚唐五代，“知+之”格式仅出现13例，使用频率仅为用例总数的1.1%。这一比例远远低于先秦(13.4%)。由此可知，随着动词“知”语法功能的变化，晚唐五代以后“知”带回指代词“之”类受事话题句趋于消亡。

再如言告类动词“言”。

(15) 夏礼吾能言之，杞不足征也；殷礼吾能言之，宋不足征也。(《论语・八佾》)

(16) 子曰：“盍各言尔志？”(《论语・八佾》)

(17) 曾子言曰：“鸟之将死，其鸣也哀；人之将死，其言也善。”(《论语・述而》)

(18) 言寡尤，行寡悔，禄在其中矣。(《论语・为政》)

(19) 晋侯赏从亡者,介之推不言禄,禄亦弗及。(《左传·僖公二十四年》)

(20) 君子疑则不言,未问则不言,道远日益矣。(《荀子·大略》)

(21) 后坐事伏法,籍其家产,麻鞋一屋,弊衣数库,其余财宝,不可胜言。(《颜氏家训·治家》)

(22) 世人读书者,但能言之,不能行之。(《颜氏家训·勉学》)

汉语史上当“说”讲的动词“言”的语法功能也不是一成不变的。与“知”不同的是,先秦时期动词“言”宾语悬空的用例便多于带宾语的用例。以《论语》、《左传》、《荀子》为例。“言”带宾语和宾语悬空的用例分别是117、163,分别占用例总数的41.9%和58.1%。充当宾语的有代词、动词、名词三类。宾语悬空的用例在句法上的规律性较清晰。大致可以归纳为:用于连动共宾结构,如例(17);表示指称化,如例(18);其前出现“可”、“勿”或“难”,如例(21)等。当“言”之前出现否定副词“不”时,宾语有出现和悬空两种情况,二者的用例数分别是15、20。宾语悬空的否定句约占用例总数的7.1%。魏晋南北朝时期的《世说新语》和《颜氏家训》中,“言”带宾语和宾语悬空的用例数分别是70和37。虽然带宾语的比例高于先秦约23.5%,但所带的宾语并不像此前历史时期那样主要由名词、动词或代词充当。该时期“言”所带的宾语中句子所占比例较高,约占用例总数的25.2%,但动词之后出现回指代词的用例仅占2.8%,远远低于先秦时期的8.6%。显然语法功能已与先秦不同。总体说来,从魏晋南北朝开始,“言”带名词、代词或动词宾语的比例下降,其宾语由句子来充当的倾向性增强。受动词语法功能变化的影响,以“言”为述语动词的回指代词类受事话题句逐渐消亡。

Hopper & Thompson(1980)提出了判断及物性高低的10个参数。他们指出,及物性不仅仅是动词和宾语的关系,它还关系到整个小句的语法。他们的观点有助于我们研究汉语史上的动宾关系。同一个及物动词,所处的小句不同,以及历史时期不同,及物性的强弱也都会有所不同。先秦汉语中及物动词的及物性比较强，所以通常要求带宾语。而根据参数[+affirmation]可知，肯定句的及物性高于否定句。以“知”带范围副词状语的肯定句为例。这类肯定句中动词“知”通常要求带宾语。在受事论元前置到句首充当话题的情况下，“知”之后也一般要出现回指代词“之”。而“不知”之后的宾语却可以悬空。东汉以后在以“知”为动词的句子中，不符合先秦宾语悬空规则的使用频率上升。这反映了“知”及物性减弱的事实。大约在元明前后，受汉语词汇双音化趋势的影响，单音节动词“知”开始向双音节动词“知道”转化。但无论是“知”还是“知道”，当用于肯定句时，其后不再出现回指代词“之”都是由于动词自身的及物性变弱所致。伴随着及物性程度的弱化过程，由二者充当述语动词的受事话题句中带回指代词宾语的类型开始衰微，进而消亡。

综上所述，虽然不同语义类别的及物动词在语法功能发生变化的时间上不同步，但先秦时期不同语义类别的动词在宾语悬空的制约条件上有相似之处。一般说来，当及物动词用于连动共宾或其他某些特定的结构、动词之前出现能愿动词“可”或动词发生指称化时，其后的宾语不出现。其他情况下动词大多要求带宾语。随着时代的发展，当及物动词在不满足宾语悬空的条件下要求带宾语的规则越来越松动时，不带宾语的用例便相应增加。如战国后期以前肯定句中动词“知”以后是否出现回指代词“之”具有很强的规律性；此后随着“知”类及物动词句法功能的发展、代词“之”功能的衰落、代词间的新旧替代以及词汇双音化程度的加深，肯定句中动词以后带回指代词“之”的规则性逐渐减弱。又如魏晋南北朝以前，言告类动词“言”以后一般要求带宾语；此后宾语一般不出现。虽然不同语义类别的动词在及物性变化的时代上不尽一致，但它们在不带宾语的制约条件上具有相似之处，即动词之前都出现能愿动词“可”或否定副词“不”等。总体说来，回指代词“之”在使用与否的时代上表现出较为清晰的轨迹。这是受动词及物性程度变弱影响的结果。就受事话题句而言，及物动词语法功能变化的一个直接结果是带回指代词“之”的受事话题句的衰亡。①

3.2.3　述补结构的产生和发展与受事话题句的演变②

“述补结构的产生与发展是汉语史上的一件大事，它使汉语的表达更加精密了。”③伴随着述补结构的历史演变，受事话题句在类型和使用频率上也发生相应的变化。具体表现为：

先秦时期，充当受事话题句补语的成分有处所名词和介词短语两类，其中由介词短语充当补语的用例最多，约占用例总数的3.8%。西汉时期，充当补语的成分在类型上与先秦相同，所不同的是由代词充当补语的使用频率下降，而由名词充当补语的使用频率上升。东汉时期，随着结果补语的普遍出现，补语中增加了动词补语的类型。该时期名词补语的使用频率继续上升，而介词短语补语的使用频率继续下降。魏晋南北朝时期，由名词、动词、介词短语充当补语的受事话题句使用频率较东汉均有所下降。晚唐五代时期，受事话题句中各种不同类型的补语得到广泛使用，趋向补语和结果补语使用频率猛增；由处所名词和介词短语充当的补语使用频率继续下降；出现了由形容词充当补语的受事话题句类型。虽然带“得”的述补结构在该时期的语法系统中已经出现，但在考察语料中，由“得”字短语充当补语的受事话题句类型没有出现。宋代由名词和介词短语充当补语的受事话题句基本消失。元明时期，由“得”字短语充当补语的受事

---

① 带回指代词类受事话题句的历史演变是多种因素作用的结果。除了代词和及物动词语法功能发展变化的原因之外，对于语法功能稳定的及物动词而言，表达语用功能的需要也是回指代词出现与否的重要因素。当受事具有[＋定指]或[＋通指]的语义特征，或是代表说话人意愿的已知或已被激活的信息时，其一般前置于动词充当话题。由于话题成分只具备[＋对比]功能，不具备[＋强调]的功能，所以当说话人意欲对前置的受事话题加以强调时，便往往借助于回指代词加以实现。

② 这里的述补结构指的是除了由介词短语和处所名词充当补语之外的其他类型的述补结构，如动结式、动趋式等。

③ 蒋绍愚：《近代汉语研究概况》，北京大学出版社1994年版，第182页。

话题句出现于非戏曲文献中，在以后的发展过程中使用频率表现出下降趋势。

总起来说，从魏晋南北朝至宋代，汉语补语迅速发展。除了由介词短语充当补语的类型之外，现代汉语中的其他各种类型的补语在此时均有所见。补语的产生与发展虽然与受事话题句中述语结构的变化不完全同步。如各类补语结构形成于宋代，而受事话题句中带补语成分的次类直至元明时期才在类型上趋于完备。但随着各类补语的产生和频繁使用，受事话题句也发生了较大变化。可以说，述补结构的产生与发展一方面为受事话题句系统增加了由动词、“得”字短语、数量短语充当补语的类别，另一方面，伴随着述补结构的发展，在不出现状语修饰语以及不出现在对举语境的情况下，原来只能将受事论元置于宾语位置的一些强及物动词，如持拿义（擎、持、捻、将等）、吃喝义（吃、喝、饮等）、去除义（磨刮、除、去、舍等）、修造义（垒、做、叠等）等语义类别的动词在其后添加动词补语的情况下，也可以构成受事话题句。以动词“吃”为例。

(23) 友闻白羊肉美，一生未曾得吃。（《世说新语·任诞》）

(24) 水畔蹲身，即坐吃饭。（《敦煌变文集·伍子胥变文》）

(25) 谩排酒馔应难吃，久坐时多恐损人。（《敦煌变文集·伍子胥变文》）

(26) 米麴干吃，损人肠胃，茶片干吃，只粝破喉咙。（《敦煌变文集·茶酒论》）

(27) 阿你即道：“茶吃发病，酒吃养贤，即见道有酒黄酒病，不见道有茶疯茶颠。”（《敦煌变文集·茶酒论》）

(28) 朝廷给发我家，便是我家人，教训凭我，莫要鲜的不吃，吃腌的。（《型世言·第一回》）

(29) 众和尚见他吃了一半，狗屎末都吃完了。（《型世言·第三十四回》）

(30) 王夫人摸挲着宝玉的脖项说道：“前儿的丸药都吃完了？”

（《红楼梦·第八回》）

（31）一面说笑，一面慢慢的吃完了酒，还只管细玩那杯。（《红楼梦·第四十一回》）

从考察结果来看，“吃”在魏晋南北朝文献中已经出现，如例（23）。晚唐五代时期以后，“吃”成为一个常用的及物动词。总体说来，当“饮食义”动词讲的“吃”在句法上的分布有三种，即：充当光杆动词，其前出现否定副词或形容词，其后出现完结义补语。在上述分布中，当“吃”之前出现否定副词或形容词时，受事都前置，如例（25）、例（26）、例（28）。

当上下文出现对举项时，由光杆动词“吃”充当述语的受事话题句见于《敦煌变文集》，但此类用例在整部文献中仅出现一例。晚唐五代时期的其他几部口语性强的文献如《祖堂集》、《唐五代笔记》、《大唐西域记》等都没有出现由光杆动词“吃”充当述语的受事话题句。我们认为，例（31）在晚唐五代时期是特例。当“吃”之后出现完结义补语“完”时，受事可以前置，也可以位于动词之后。如例（30）中受事“丸药”位于“吃完”之前，例（31）中受事“酒”位于“吃完”之后。从考察文献来看，受事位于“吃完”之后的用例在明代已经出现，直至清代此类用例的使用频率仍然远远高于受事位于其前的用例。可见，完结义补语的出现，使原先一些基本不能把受事置于动词之前的动词（如“吃”）也可以构成受事话题句，述补结构对受事话题句的影响由此可见一斑。

3.2.4　体助词的产生和发展与受事话题句的演变

从考察的文献来看，先秦时期“受事话题＋光杆动词/光杆动词词组”类受事话题句大量存在，而元明时期以后，由光杆动词或光杆动词词组充当述语的受事话题句通常不能单独成句。排除上下文对举的语用因素，由光杆动词或双音节的述补结构充当述语的受事话题句之后只有述语之后加上体助词“着”、“了”、“过”等才能成立。如：

(32) 黛玉道:"姐姐们说的,我记着就是了。(《红楼梦·第三回》)

(33) 酒吃完了,到底这杯子是什么木的?(《红楼梦·第四十一回》)

(34) 这个你收了,以后就如见我一般。(《红楼梦·第七十七回》)

例(32)和例(34)是由光杆动词充当述语的受事话题句。这两例中构成述语的"说"和"记"之后分别出现体助词"着"和"了"。例(33)是由双音节述补结构充当述语的用例。此例中构成述语的述补结构"吃完"之后也出现体助词"了"。上述三个用例中,如果光杆动词或双音节述补结构之后不出现体助词,就单个小句而言,其在语义上是完整的,但从语篇的角度来看,总让人觉得还有相关内容应该继续说下去。以例(34)为例。如果去掉句末的体助词"了",前一个小句就变成了"这个你收"。没有体助词的句子在脱离具体语境的情况下,给人的感觉是话还没有说完,人们常常会期待有一个与"这个"有关的对象"那个"在下文出现。而且如果没有体助词,句子所表达语义重心落在动词"收"上,整个句子突出的是"收"这个动作。

我们认为,这种情况的出现与体助词的完句功能密切相关。汉语中的短语在构成句子的过程中除了必须具备语调、语气之外,还需要什么样的条件是一个值得研究的问题。自吕叔湘(1942)提出"完成句意的必要成分"的观点以来,学界围绕完句成分的讨论便陆续展开,代表性的观点主要有龙果夫(1958)、陆俭明(1982)、胡明扬和劲松(1989)、杨成凯(1992)、贺阳(1994)、金廷恩(1999)、李泉(2006)等。

龙果夫(1958)分析汉语方言中可以作为完整的表达形式和不能作为完整表达形式的用例,指出副词在句子中同时起着词汇和语法两种作用。就语法作用而言,在出现副词的句子中,副词能够把不完整的词组变成完整的、独立自主的句子。陆俭明(1982)指出:"从一部分副词独用必须带语气词这一点看,语气词的作用不只表语气,似乎还有‘成句’的作用。”[①]胡明扬、劲松(1989)指出:“非独立句段加陈述语调不能成句,总让人觉得缺了什么,还应该接着说下去。”“非独立语段在语义上是完整的,但在结构上是不完整的,所以不能独立成句。对比相应的独立句段和非独立句段可以发现非独立句段缺了一点东西,这就是所谓的完句成分。”[②]上述两位先生除了正式使用“完句成分”的概念外,还就完句成分的范围和内容发表意见。他们认为,常见的完句成分是一些助词和副词,但并不局限于这些虚词。他们用例证说明改变语序也是完句的一种重要手段。杨成凯(1992)列举了表示判断语气的副词、表示必要或可能等情态意义的助词或副词和部分纯粹表示事件已然、未然或将然时体的副词三类完句成分,指出完句成分是能够体现句子语用功能的成分。贺阳(1994)指出,汉语中除语调之外,某些助词、副词、时间词以及否定词、助动词、数量短语和某些状语、补语都可以起到完句作用。金廷恩(1999)把完句成分分为必有和可有两大类。她认为前者包括语调和指称,后者包括属于客观因素的体成分、情景说明成分以及属于主观因素的情态成分、语气成分。李泉(2006)从词类和句子成分两个层面将完句成分划分为十一类。他认为,无论是完句的词类成分还是完句的句子成分,它们表达的语法范畴概括起来可以分为时体、语气、程度、数量、方所、情态、趋向、结果、指代、关联十个范畴。同时他还指出:“这十个完句范畴及其成员都能单独起成句的作用,即一个非自足句在其他条件具备的情况下,只要带上其中相应的一个完句成分,就能成为母语者可以接受的自足句。”[③]李泉(2006)对胡明扬、劲松(1989)中所提出的完句成分的作用提出质疑。他认为,完句成分和完句手段的使用首先是为了满足意义上的完整,语义是结构得以存在的理由。需要使用完句成分或完句手段的句子都不是自足的句子。这种不自

① 陆俭明:《现代汉语副词独用刍议》,《语言教学与研究》,1982 年第 2 期,第 30 页。
② 胡明扬、劲松:《流水句初探》,《语言教学与研究》,1989 年第 4 期,第 49 页。
③ 李泉:《试论现代汉语完句范畴》,《语言文字语用》,2006 年第 1 期,第 60 页。

足或者表现在语义上，或者表现在韵律上，或者兼而有之。完句范畴存在的根本动因是通过完句成分或完句手段的使用，使信息足量、结构和谐。完句范畴是汉语非自足句转化为自足句过程中不可缺少的广义形态。但是不同的自足句对完句范畴的依赖程度并不相同。特别是在具体语言中，不同完句成分或完句手段的适应范围以及在成句过程中所起的作用也不一样。吕冀平(1979)把有主语和谓语的句子称作自足句，把主语或谓语缺失而需要借助于言语环境才能理解的句子称作非自足句。胡裕树、张斌(1986)把根据句子本身提供的语言因素就能理解句意的句子叫做自足句，把需要凭借言语环境才能够理解句意的句子叫做非自足句。按照吕冀平(1979)对自足句和非自足句的界定，有"主语"出现的句子是自足句。这种判断标准存在两个难以解决的问题：其一，没有明确地说明什么是汉语句子的"主语"，究竟什么样的"主语"才是不可缺少的完句成分；其二，对于受事论元前置的句式而言[①]，受事论元前置究竟是否是完句的手段？我们认为，汉语自足句可以界定为：不需要借助说话时的具体场景，不跟现实发生一定的联系，语言片段本身带上陈述语调就能够独立成立或带上陈述语调后还需要有后续句照应才能成立的句子。非自足句指的是一个始发性的语言片段本身带上陈述语调或因句法结构上还有缺损而语义不够确切，或结构完整但语义上不够明确，或结构上和语义上的问题兼而有之而不能自足成句的语言片段。

从类型来看，根据构成述语的动词是否带前附或后附成分以及所带成分词类属性的不同，汉语史上的受事话题句可以分为受事＋动词/动词词组(＋宾语/补语)、受事＋副词＋动词/动词词组(＋宾

---

① 本书所说的受事前置指的是动词的受事论元离开常规的原型宾语位置位于述语之前的现象。这种现象与在表层句子之间进行的具体操作的句式转换不同，它是一个受事话题化的过程。我们把该过程称为"受事前置"只是一种方便的说法。我们认为，汉语受事话题句的形成实际上并不需要经历一个由受事论元首先常规投射到宾语位置，然后再前置于述语的过程。说话者在根据语用表达的需要生成具体句子的过程中，受事论元的非常规投射是一次性完成的，中间不需要经历任何转换过程。

语/补语)、受事＋名词＋动词/动词词组、受事＋形容词＋动词/动词词组、受事＋介词短语＋动词/动词词组、受事＋情态动词＋动词/动词词组(＋宾语/补语)、受事＋动词/动词词组＋代词、受事(＋其他)＋动词/动词词组八类。显然,在含有表示时体、语气、程度、数量、方所、情态、趋向、结果、指代、关联范畴的前附状语或后附补语成分的类型中,完句不是受事前置的必要条件。除却上述考察对象,我们所需要讨论的只剩下由光杆动词或光杆动词词组以及双音节述补结构充当述语的类型。

从考察文献来看,晚唐五代时期出现了由动词加体助词“着”充当述语的受事话题句,宋代体助词“了”最终形成。元明时期动词之后带体助词“着”、“了”的受事话题句出现于非戏曲文献,在以后的发展过程中使用频率呈上升趋势。清代动词之后带体助词“过”的受事话题句出现。可见,至少在元明时期之前,由光杆动词或光杆动词词组以及双音节述补结构充当述语的受事话题句不需要借助体助词的完句功能来达到语义上的自足。元明时期之前的受事话题句中,体助词并非完句的手段。此后上述两类述语必须在动词之后出现体助词的条件下才能获得语义上的自足。体助词由此成为必要完句手段。体助词是由指动补语发展而来的。出现于唐宋时期的体助词“了”、“着”、“过”在汉语史上经历一个由独立的词汇形式演化为体标记的过程。它们本来都是动词的结果补语,前两者在由结果补语演变为体助词时发生了音变,读音分别由“liǎo(了)”、“zhuó(着)”变化为“le(了)”、“zhe(着)”,“过”的读音没有变化。由于上述三者在充当补语时与动作行为的关系极其密切,因而具有与动词结合构成复合词,并进一步发展成稳定的语法标记的可能。这一形态化过程经历了一个相当长的排斥其后宾语的时期。以体助词“过”的形成为例。

杨永龙(2001)指出,“VO过”格式最早见于《太平广记》所引唐代语料,《朱子语类》中用例零星出现,明代白话小说中用例增多,成为常见的语言现象。从“VO过”在汉语史上的分布和演变来看,“过”的形态化是一个漫长的过程。直至明代，由补语“过”到体助词“过”的形态化过程还没有完成。值得注意的是，在此类结果补语的形态化过程中，动词表现出排斥其后宾语的特点。我们认为，在由结果补语到体助词的形态化过程中，动词对其后宾语的排斥也是造成带体助词的光杆动词句中受事论元通常前置于动词充当话题的重要原因。

由双音节述补结构充当述语的类型在元明之后也必须使用体标记作为完句手段①，这种现象与汉语词汇复音化的趋势密切相关。汉语词汇在“西周时期已经开始向复音化过渡，春秋战国时期是汉语复音化迅速发展的第一个时期”。② 魏晋南北朝时期汉语复音化的发展趋势增强，产生了大量复音词。至晚唐五代，复音词作为汉语基本语法单位的地位逐步确立。在复音化趋势的影响下，一个双音节的述补结构，在共现频率高的条件下有可能被赋予一个音韵单位，这一音韵单位又会使该结构融合成一个句法单位。③ 这种情况下，整个述补结构在功能上相当于一个及物动词。其及物性的决定因素是补语与其他句子成分的语法关系以及动词与补语的融合程度。当补语的语义指向是受事时，整个述补结构所表达的是受事在动作行为的影响下呈现出的结果或所处的状态，此时的述补结构在功能上与双音节动词相同，而元明时期以后由光杆动词充当的述语在没有体助词的情况下不是自足句，所以该时期双音节述补结构之后也要出现体助词以便使句子意义自足。

值得注意的是，由双音节述补结构带体助词“了”等构成的受事话题句在表意的完整性上大于由主语后带双音节述补结构和体助词构成的施事主语句。这一现象可以从范畴语法理论中找到解释。根

① 本书所说的完句手段(或句子成立的必要条件)指的是单个句子成立的条件。不包括诸如“饭吃，菜不吃”之类由肯定形式充任复句的前一分句，其后有否定形式在上下文有与之相呼应的句子。我们认为，此类句子的使用在很大程度上受到语境限制，离开特定的语境单说是不成立的。

② 郭锡良：《汉语史论集》，第259页。

③ 石毓智：《语法的形式和理据》，江西教育出版社2001年版，第111页。

据论元结构(argument structure)理论,受事通常是动词的域内论元(internal argument),跟动词的关系比较密切;而施事是动词的域外论元(external argument),跟动词的关系相对疏远。① 因此,在范畴语法的范畴表达式中,不及物动词写作 S/N,及物动词写作(S/N)/N。前者的意思是不及物动词需要一个名词与之组合才能构成一个句子;后者的意思是它先需要一个名词跟它组合成一个相当于不及物动词的组合,再需要一个名词跟它组合才能构成一个句子。可见,在句法语义功能上,一个动词及其受事宾语的组合等价于一个不及物动词。②

总起来说,除了用于排比、对偶等语境之外,元明之前,由光杆动词充当述语的句子通常要在其前添加状语作为完句的手段,以达到表意自足。此时双音节述补结构因为有后附补语,所以在表意上本身是自足的。元明以后,在没有出现其他完句手段的情况下,光杆动词述语句和双音节述补结构之后通常都要加体助词才能达到表意自足,此时双音节述补结构在功能上跟及物动词相当。这种情况说明,随着汉语句法的发展,体助词成为句子成立的必要条件。具备了这个必要条件,原先不能成立的受事话题句也可以成立。因此,随着体助词的产生和发展,受事话题句的类型和数量也有所增加。以“收”和“使”为例。

在考察文献中,由“收”和“使”充当述语动词构成的受事话题句在其前都有由副词或形容词充当的状语成分,其后都出现体助词“了”。如第二章例(402)和例(409)。③ 分析上述两个用例可知:如果去掉述语动词之前的状语成分,句子仍然能够成立。即“今儿甄家送了来的东西,我已收了”和“我也是一场痴心白使了”也是合乎汉语

---

① 顾阳:《题元结构理论介绍》,《国外语言学》,1994 年第 1 期。

② 袁毓林:《述结式的结构和意义的不平衡性——从表达功能和历史来源的角度看》,《现代中国语研究》(日本),2000 年第 1 期。

③ 见本书第 208、209 页。

语法的句子。而如果我们去掉句中的体助词“了”所形成的“今儿甄家送了来的东西，我已收”和“我也是一场痴心白使”在句子的表意上不具完整性。前者给人的感觉是下文还有一个由与“甄家送来的东西”相对应的另一个东西作话题，由与“我收”相对应的否定形式“我不收”作述语的分句。后者通常需要由与“一场痴心”相对应的另一个事物充当次话题，与“使”相对应的另一个肯定形式构成的分句。

从考察结果来看，直至元明时期“收”和“使”都不能在前无状语或后无体助词的条件下独立构成受事话题句。显然体助词的发展是二者在其前没有状语修饰语的情况下构成受事话题句的必要条件。

3.2.5　处置式的影响与受事话题句的演变

梅祖麟(1990)认为，处置式的主要形成方式是在受事话题句的前头加“把”字或“将”字，①这种形成方式出现于五、六世纪，是唐宋以及现代大多数处置式的形成方式。对于从受事话题句中寻找处置式根源的观点，蒋绍愚(2005)已经作过客观深入地分析，此不赘述。总起来说，处置式是一种多元性的句式。狭义处置式虽然与受事话题句在句法结构的形式上表现出比较密切的关系，但后者并非其来源。现有研究成果表明：狭义处置式是由连动式经过重新分析进而删除第二个动词之后复指介词宾语的代词“之”发展而来的。

根据述语结构的不同，狭义处置式可以分为述语是光杆动词、述语动词之前出现状语和述语动词之后出现补语三种类型。将上述类型分别与述语结构相同的受事话题句类型加以比较，可以发现：从魏晋南北朝至清代这两种句式在汉语语法系统中长期共存。

我们知道，在语言编码和语言使用的过程中有一条重要原则，即经济性原则。对于该原则，学者们多有论及。Givón(1985)指出：“在

---

①　梅先生把受事居前的句式中动词之前的受事视为句法上的主语，称此类句式为“受事主语句”。我们认为，前置的受事是话题。在非直接引用观点的情况下，我们都采用受事话题句的说法。

其他方面相等的情况下，语码与经验最大限度同构时，被编码的经验才更容易被储存、获取和交流。”[①]Croft(2000)将经济性区分为组合经济性和聚合经济性两类。他指出：“经济性是一个透明的处理现象。组合经济性是最直接的处理机制。缩减最常用的形式(结构编码)，简化较少用的形式(行为潜能)可以提高说者和听者的处理效率。通过把有区别的语言形式最少化，仅仅保留使用时的必需部分，聚合经济性也体现了处理效率。”[②]此外，Grice(1967)提出的会话合作理论中的数量最大化准则(maxim of quantity)也包含了经济性。他指出：“不要传达满足当前交际需要以外的信息。”[③]根据经济原则，共存于汉语语法系统中的处置式和受事话题句在表义功能方面必然有所不同。受事话题句是对受事所代表的事物的性质或状态加以描述、说明或评论。狭义处置式所表达的语义核心是“表达人或事物因某种手段的作用而达成某种目的或结果”。[④] 二者的成因有相似之处，即都是使述语部分成为语义焦点，但后者在语义表达上与“主语＋动词＋宾语”类型的句式关系更加密切。

受事话题句与狭义处置式之间不存在源流关系，这是否说明受事话题句在发展演变的过程中丝毫没有受到狭义处置式的影响呢？从受事话题句历史演变的过程来看，答案是否定的。

我们知道，中古以后汉语中施事主语与受事话题跟动词在施受关系上的严格区别逐渐松懈，二者与动词之间在施受关系上表现出的中立化趋势日趋显著。[⑤] 其主要表现是，汉语中出现了一些动词之

① Givón: Iconicity, isomorphism, and nonarbitrary coding in syntax. In *Iconicity in Syntax*, John Haiman(eds.), Amsterdam John Benjamins, 1985, page189.

② Croft:《语言类型学与语言共性》(2000)，龚群虎译，复旦大学出版社 2009 年版，第 137—138 页。

③ Grice: Logic and Conversation(1967). *Studies in the Way of Words*. Cambridge, Mass.: Havard University Press, 1989, page26.

④ 刘子瑜：《处置式带补语的历时发展》，《语言教学与研究》，2009 年第 1 期，第 70 页。

⑤ 关于汉语中的“施受关系中立化”问题我们将在 3.2.6 节展开详细论述。

前的成分与动词在施受关系上模棱两可的句子。如：

(35) 日休老婆不曾得，惹个白虱子头上挠。(《型世言·第三十八回》)

(36) 老员外已死在地下，放声哭道："天呀！主人公已打死了！"(《西游记·第九十七回》)

(37) 雷太守听见拿获了贼头和冯君瑞，亦甚是欢喜，即请出王命、尚方剑，将别庄燕同冯君瑞枭首示众，其余苗子都杀了，具了本奏进京去。(《儒林外史·第四十三回》)

上述三个用例中，位于动词之前的名词性成分"日休"、"主人公"和"苗子"在语义上都具有[＋有生]特征，分别具有发出动作"得"、"打"、"杀"的能力。因此，如果只看单个句子，则例(35)中的"日休老婆不曾得"，例(36)中的"主人公已打死了"，例(37)中的"其余苗子都杀了"都有两种不同的理解。例(35)可以理解为"日休的老婆没有得到某物"，也可以理解为"日休没有得到老婆"；例(36)可以理解为"主人公打死了某人(某动物)"，也可以理解为"某人打死了主人公"；例(37)可以理解为"其余苗子杀了某人(某动物)"，也可以理解为"某人杀了其余苗子"。理解的不同造成了位于动词之前的名词性成分在语义角色上的差异。这样，三个用例中动词之前的成分在不同的语境下就分别具有了施事和受事两种不同的语义角色。

从古至今，汉语在施受关系的区分方式上发生了较大的变化。一般说来，"中古以前，施受关系主要是在动词或动词词组里区别，而这种区别是强制性的。中古以后，主要是在动词词组以外区别，而这种区别是任意性的"。① 上古汉语施受关系的确定主要依靠句法和语义两种手段。首先，上古汉语句法中存在清浊别义构词法、使动用法、被动标记"见"、"者"字结构和"所"字结构等，这些都是在动词或

① 梅祖麟：《从汉代的"动、杀"、"动、死"来看动补结构的发展——兼论中古时期起词的施受关系的中立化》，《语言学论丛》(第十六辑)，商务印书馆1991年版，第135页。

动词词组内部用来区分施事和受事这两种论元的有效手段。其次，在语义上，一些动词自身的词义特征可以帮助我们对其与位于其前的名词性成分的施受关系作出合理的区分。语用手段虽然也有使用，但主要是将出现于动词之前的[+有生]受事置于排比、对偶句等语境中，通过语境限制，标识其与动词之间的受动关系。

(38a) 至犬戎败幽王，周乃东徙于洛邑。(《史记·周本纪》)

(38b) 晋立襄公子而反击秦师，秦师败，随会来奔。(《史记·五帝本纪》)

(39) 田常徒用德，而简公弑。(《韩非子·二柄》)

(40) 疏贱者知，亲习者不知，理无自然。(《吕氏春秋·举难》)

上述用例都取自上古文献。上古汉语清音声母与及物动词对应，其前的名词性成分在语义上是动词的施事；浊音声母与不及物动词对应，其前的名词性成分是动词的受事。据此我们可以知道，(38a)中帮母"败"是及物动词，其前的名词"犬戎"是动词的施事论元；(38b)中並母"败"是不及物动词，其前的名词性成分"秦师"是动词的受事论元。例(39)中的动词"弑"的意思是"臣杀君，子杀父母"①。显然，该动词的词义中包含着"由下及上"的语义特征。据此可以确定"简公"是动词的受事论元。例(40)中，动词"知"是中性及物动词，此类动词之前以出现施事论元为常。由于用在对偶句中，在语用因素的影响下，"知"的受事论元"疏贱者"和"亲习者"便出现于其前充当话题。

中古时期以后，随着句法和语义两种区别手段的衰微和消失、词语的新旧替代以及除介词短语补语和处所名词补语之外的其他类型的述补结构的产生与发展，汉语在动词与其前成分的施受关系的区分上变得困难起来。此时，依靠句法或语义对位于动词之前的名词

---

① 王力：《王力古汉语字典》，中华书局2000年版，第285页。

性成分的语义角色作区分的手段在作用力上逐渐减弱，语用手段在区分述语之前的成分与述语动词之间的施受关系的重要性上越来越突出。总起来说，中古时期以后，如果将汉语中的一些施受两可的句子置于一定的语境中，这些句子就都不存在歧义。所以“主人公已打死了”之类的句子也可以出现于书面语中而不会对理解产生影响。然而一旦脱离语境，此类独立的句子就会因施受不明而造成理解上的困难。

在以往关于处置式的研究中，学者们大都将其分为广义、狭义和致使义三类。跟受事话题句的发展相关的主要是狭义处置式。这种类型的处置式萌芽于魏晋南北朝，唐代以后进入发展期。据刘子瑜(2009)，处置式的发展与述补结构的发展表现出同步性的特征，进入处置式的述补结构都是早期的补语类型。魏晋南北朝至宋代，汉语补语迅速发展。因而，这一时期的狭义处置式中，动词带补语的用例必将经历一个逐渐增多的过程。与之相对，由光杆动词作述语的用例大大减少。狭义处置式中，介词“将”或“把”之后的名词在语义上都表现出[＋有定]特征，随着述补结构的广泛使用，处置式中的述语表现出越来越排斥由光杆动词来充当的倾向。这两个特点与受事话题句对受事论元和述语动词的要求相一致。汉语中具有[＋有定]特征的成分在满足来自句法、语义或语用上的制约条件的前提下可以位于动词之前充当话题。当此类成分在向句首或主谓之间移动的过程中受到制约时，也可以向接近话题的位置移动。狭义处置式实际上是将[＋有定]成分作为一种处置对象。因此，在带补语的处置式使用日益频繁的情况下，如果要强调某一[＋有定]成分是一种处置对象，在施受两可的成分之前加上“将”或“把”字会起到标记受事和明确施受关系的作用。

概括而言，我们认为受事话题句跟狭义处置式之间是相互影响的关系。二者之间的相互影响存在两种可能性。一是随着处置式的产生与发展，原先施受关系不明的受事话题句发生分流，部分句子的受事之前加处置标记，变成了处置式。如上文所举的例(36)之类的用例，后来在当受事具有[＋有生]特征的条件下，一般不再采用将受事前置于动词的句式，在强调施事对受事的有目的的处置时使用处置式，强调受事在施事的作用下呈现的结果时使用被动式。二是由于处置式是一种很强势的句式，随着其使用频率的增加，起初不能位于述语动词之前的受事论元在处置标记的帮助下也可以位于动词之前。当使用频率达到一定程度时，人们就可能淡化“把/将＋N＋V”结构中的N原先不能直接位于V之前的观念，进而认为“N＋V”也能够单独成立。这样就使一些原先不能构成受事话题句的结构也可以成为合法的受事话题句。如“展开”。

从考察结果来看，动词“展开”之后带受事宾语的用例出现于唐代，如：

(41) 展开一卷读一首，四顾特地无涯垠。(顾云《池阳醉歌赠匡庐处士姚岩杰》)

(42) 四城门上，展开三尺之书；诸坊口头，各放一道之榜。(《敦煌变文集·维摩诘经讲经文》)

(43) 不似西湖明月夜，展开一片江南画。(吕胜己《蝶恋花》)

(44) 杨戬展开柬帖一觑，见贯奕柬上写道：“奕自从七夕相别之后，又逢重九，日月如梭，无由会面。”(《大宋宣和遗事》)

上述两个用例中，动词“展开”的受事论元“三尺之书”和“江南画”都位于动词之后，充当动词的宾语。宋代以前动词“展开”的受事一般位于其后充当宾语。大约从宋代开始，“展开”可以用在“把”字句中，如：

(45) 群雀耐寒枯树顶，扁舟独钓平沙背。把江南、图画展开看，都难比。(吕胜己《满江红》)

(46) 懒把兵书再展开，我王无事斩贤才。(《清平山堂话本·张子房慕道记》)

上述两例是由介词“把”分别将“展开”的宾语“江南图画”、“兵书”提到动词之前的用例。此类用例中的“展开”都是处置式的谓语动词，其受事都是在处置介词的帮助下前置于动词的。从考察文献来看，元代以前动词“展开”的受事在没有处置介词的帮助下一般不能单独前置于动词，而元代以后即使没有处置介词的帮助，其受事也可以前置。如：

(47) 粉筝才搊罢，锦笺初展开。(张可久《梅友元帅席上》)

(48) 君臣四骑战叁十回合，纣王刀法展开，其势真如虎狼。(《封神演义·第三十回》)

(49) 这一个钢枪摇动神鬼愁，那一个画戟展开分彼此。(《封神演义·第五十七回》)

从上述用例可以看出，“展开”跟其受事论元经历了一个由“展开＋受事”到“把＋受事＋展开”，再到“受事＋展开”这样一个过程。显然，动词“展开”的受事论元由位于动词之后到位于动词之前的变化是受处置式影响的结果。

同类的例子还有“推开”。

从考察结果来看，动词“推开”之后带受事宾语的用例出现于南宋时期，如：

(50) 开了锁，推开门，从里面扯出卖锅咄的僧儿来，道：“烦上名收领这厮。”(《简帖和尚》)

(51) 不多时，侯兴浑家把着一碗灯，侯兴把一把劈柴大斧头，推开赵正房门，见被盖着个在那里睡。(《宋四公大闹禁魂张》)

(52) 那妇人一声儿没言语，推开西门庆手，一直往前走了。(《金瓶梅·第二十二回》)

南宋至元代，动词“推开”的受事一般位于动词之后充当宾语。大约从明代开始，该动词开始出现在处置式中，其受事在处置介词

“把”的作用下前置到“把”字之后，充当介词“把”的宾语。如：

(53) 后面一个女子，走上前，唿哨的一声，把两扇门儿推开，那中间果有一塘热水。(《西游记·第七十二回》)

(54) 裘龙便把陈有容推开立起身道：“关你甚事，你与他出色。”(《型世言·第二十三回》)

(55) 只见他把那馒头合芝麻酱推开，直眉瞪眼白着嘴晔拉了三碗饭。(《儿女英雄传·第二十一回》)

(56) 不如把这隔子都推开了，便是有人见咱们在这里，他们只当我们说顽话呢。(《红楼梦·第二十七回》)

上述用例中，动词“推开”的受事都是在处置介词“把”的作用下前置于动词，充当介词的宾语的。考察文献中，明末以前动词“推开”的受事如果没有处置介词帮助一般都位于动词之后的宾语位置，从明末清初开始，即使没有处置介词的帮助，“推开”的受事也可以位于动词之前。如：

(57) 元来那个地板，做得巧，合缝处推开来，就当是扇门，关上了，原是地板。(《初刻拍案惊奇·第二十六回》)

(58) 一重重门户推开进去。(《野叟曝言·镕字卷十一》)

(59) 病痛的袭击，没处逃避；经济的压迫，没法推开。(《孽海花·第二十八回》)

从上述用例可以看出，跟“展开”的用法相似，动词“推开”与其受事论元也经历了一个由“推开＋受事”到“把＋受事＋推开”，再到“受事＋推开”这样一个过程。显然，动词“推开”的受事论元由位于动词之后到位于动词之前的变化也是受处置式影响的结果。

值得注意的是，无论是“展开”还是“推开”，当其与受事共现时，“受事＋展开/推开”形式的用例虽有出现，但用例很少，该形式在后代并没有得到广泛使用。在二者与受事共现的情况下，除了一般的“主语＋动词＋宾语”形式之外，后代大多采用处置式的形式。

总体说来,受事话题句和处置式之间的关系极其复杂,对于二者之间究竟在什么条件下可以相互转换,转换的范围有多大,处置式广泛使用以后对受事话题句造成的影响程度有多大等问题,我们目前还不能得出明确的结论。我们的初步结论是:由情绪类或认知类心理动词充当述语的受事话题句不能变换成处置式。这与此类动词对宾语的影响比较小,在显示处置意义的能力方面比较弱等因素有关。

3.2.6 施受关系中立化与受事话题句的演变

对于上古汉语中动词的施事和受事两种语义角色在句法位置中存在严格对应的现象,学者们多有论及。梅祖麟(1990,1991)指出,上古汉语的施受关系很严格,中古时期起词施受关系中立化。① 大西克也(2004)指出:"《史记》中动词和主语之间的施受关系是相当确定的。经常出现在及物句型中的动词不带宾语的时候,其主语指向施事还是受事,大致随动词而异。""主语显现而且谓语动词由一个动词构成的主谓结构,较少受到其他词语的干扰,显著呈现施受关系固定的倾向。"②我们认为,梅祖麟(1990,1991)和大西克也(2004)对上古汉语中位于动词之前的成分在与述语动词的施受关系上存在严格对立的观点是成立的,但对动词跟位于其前的施事和受事之间的句法关系的认识上有值得商榷的地方。

"起词"概念最初见于《马氏文通》。马建忠(1898)指出:"凡以言所为语之事务者曰起词","起者,犹云句读之缘起也"。③ 从马氏所作

---

① 梅祖麟(1991)指出,"V杀"和"V死"在先秦两汉只有"施事者+V杀+受事者"和"受事者+V死"两种句式。句式中"V杀"和"V死"与其前起词的施受关系非常明确。"V杀"前面一定是施事者,"V死"前面一定是受事者。到南北朝刘宋时代产生"施事者+V死+受事者"句式。该句式一旦出现,特别是"起词+V死"类型的句式出现之后,如果不看上下文,有时简直无法断定其前的起词是施事者还是受事者。在这种情形下,"V死"前面起词的施受关系已经中立化了。

② 大西克也:《施受同辞刍议——〈史记〉中的中性动词和作格动词》,《意义和形式——古汉语语法论文集》,Lincom Studies in Asian Linguistic3,2004年,第392页。

③ 马建忠:《马氏文通》(1898),商务印书馆1983年版,第24页。

的界定可以看出，其所说的“起词”即我们所说的主语，而他对主语的界定主要是从语义的角度着眼的。我们认为，马建忠(1898)单纯依据语义界定汉语的主语不能确切地揭示汉语主语的语法属性，梅祖麟(1990,1991)、大西克也(2004)将位于句首的动词的施事和受事两种论元全部视为主语观点没有充分考虑到这不同语义角色在语法性质上的差异。本节我们将先以动词之前出现由能愿动词“可”等充当状语的受事话题句(下文简称“可”类句)为例，揭示汉语“施受关系中立化”的实质，然后讨论“施受关系中立化”对汉语受事话题句的影响。

3.2.6.1　由“可”类句看汉语“施受关系的中立化”

对于“可”类句中前置受事论元的语法性质，学界的观点并不一致。从目前的研究成果来看，主要存在两派不同的意见。第一派认为前置的受事论元是主语，主要以马建忠(1898)、Cikoski(1978a,1978b)为代表。马建忠(1898)把“可”类句纳入到被动句的类别中加以探讨。他指出：“‘可’、‘足’两字后动字，概有受动之意。”“他如‘得’、‘当’诸字后动字，亦有受动之意，然不常见。”①“‘可’、‘足’、‘能’、‘得’等字，助动字也。不直言动字之行，而惟言将动之势，故其后必有动字以助之者，即所以言其所助之行也。”“‘可’、‘足’两助动字后，所续其他动字概有受动之解。”“凡动字为‘能’字所助者，概非受动，以‘能’字明有使然之意。”“‘得’字后诸字概为外动而为所助也。”②Cikoski(1978a,1978b)的观点跟马建忠相同，同时他还发现在“可”类句中施事身份无法表达这一特点。第二派认为前置的受事论元是话题，主要以杨伯峻和何乐士(2001)、徐烈炯和刘丹青(1998)为代表。杨伯峻、何乐士(2001)把此类句子称为受事主语句，他们指出：“受事主语是话题主语的一种，它位于句首，有自身强调作用，谓语是对它的描述、评论或判断，与动宾结构中的宾语作用大不相

① 马建忠：《马氏文通》，第165页。
② 马建忠：《马氏文通》，第183页。

同。"①徐烈炯、刘丹青(1998)在承认汉语是话题优先的语言类型的前提下,讨论汉语中主语和话题的语法化。他们指出,汉语中主语和话题所语法化的内容以及实现语法化的语法手段都有差异。主语是以施事为原型的语义角色的语法化,其实现途径是改变语序或添加虚词标记。话题是话语功能的语法化,其实现途径有改变语序、语音停顿、带提顿词、排斥焦点重音等。语法化途径的多样化使汉语的话题化程度远远高于主语化。其结果是:汉语中动词的受事论元可以比较自由地充当话题,但在充当主语方面却要受到较多的限制。

"可"类句实际上是受事论元在向句法结构投射的过程中脱离原型的宾语位置,通过改变语序的语法手段投射到动词之前的位置上形成的。由于这种语法化手段对主语和话题这两种句法成分的语法化都适合,因而不可避免地造成了前置的受事成分在语法属性上究竟是主语还是话题的模糊性。我们认为,"可"类句式中前置的受事是话题,这一点可以从其与被动主语和话题的比较中得到证明。下面我们将对上述两个方面展开详细讨论。

(一) 前置受事论元与被动句主语

汉语"可"类句中,由动词的受事论元充当的成分位于句首。施事论元出现的用例虽然存在,但所占比例很小。在绝大多数情况下,"可"类句都表现出压制施事的倾向。由于此类句式中的施事论元倾向于被压制,因而由受事论元充当的前置成分在结构特征上呈现出一个与被动主语的交界面:即二者都包括一个受事论元提升(raising)和施事论元降级(demotion)的机制。从形式上看,"可"类句中位于动词之前的"可"、"足"等可以用来标记前置的受事成分,从此意义上说,其功能与被动标记比较相似。但我们认为,"可"类句与被动句之间的这些功能上的重叠和表层结构上的类似既不足以证明其为

---

① 杨伯峻、何乐士:《古汉语语法及其发展》,语文出版社2001年版,第769页。

被动句，也不能证明前置的受事论元是被动句中的主语。其原因主要有三：

首先，“可”类句与原型被动句的句法表现不同。在原型被动句中，位于句首的受事论元在句法结构中被码化（coding）为主语，占据主语的位置，施事论元直接出现在被动标记之后。而“可”类句中，受事论元虽然也全部位于句首，但当有施事论元出现时，施事通常位于受事论元和述语动词之间。显然，施事论元在两种句式中所处的句法位置并不相同。总起来说，原型被动句中的施事论元出现在介词之后的句法位置上，它没有被码化为主语而是充当介词的宾语。而“可”类句中，施事论元所处的句法位置与受事话题句中的施事主语相同。从这一点来看，“可”类句中的施事论元在句子中所充当的句法成分是主语。

其次，“可”类句与被动句所表达的语义有所不同。被动句所表达的是完成性或结果性的语义，它以受事论元直接受到动作的影响而产生某种结果或处于某种状态为特征，整个句式属于叙述句，侧重于对动作行为所产生的结果或状态的叙述。“可”类句不以受事论元在受到动作行为的直接影响下所呈现出的结果或所处的状态为特征，整个句式属于描写句，侧重于对动作行为所产生的结果或状态进行评议或说明。就其所反映的体范畴而言，“可”类句式所表达的大都是未实现的、潜在的或当前的状态。它与被动句在体的方面的差异在近代汉语中有突出的表现。以与“了”、“着”、“过”等表示时体概念的助词的组合为例，“可”类句中，动词之后不能出现上述体助词，而在被动句中这些助词在一定的条件下可以出现。

最后，“可”类句和被动句中受事论元前置的实现手段不同。被动句中受事论元出于压制施事的目的而被提升到主语位置。此类句式中，宾语提升和施事降级的功能通过主语和宾语在句子结构中的语法关系来实现。“可”类句中受事论元前置不是出于压制施事论元的目的，此类句式中受事论元通过改变语序的方式前置到句首。前置的受事在语义上具有[＋有定]或[＋通指]特征；在信息表达上通常代表已知信息；在话语功能上表现出"为所辖话语规定时间、空间或个体方面的背景、范围"，"提供语义相关性索引"，"提供话语的起点，并预示着它必须有后续成分"等特点。[①] 此类句式中受事论元的前置与实现话语功能、标记信息、在语篇中形成对比等语用驱动密切相关。

（二）前置受事论元与话题

桥本万太郎(1991)指出，被动主语和话题的一个重要区分特征是：被动句对被提升为主语的成分具有语义上的限制，即它必须是动词的受事论元。从汉语事实来看，动词的受事论元也可以位于话题位置上充当话题。"受事类话题大量存在也是话题优先的一个突出表现。"[②]"可"类句中前置的成分与被动句主语在语义角色上相同，都是动词的受事论元。这样，依据语义角色来区分前置的成分究竟是被动主语还是话题的方法便失去效力。我们认为，在单纯根据语义角色无法对位于动词之前的句法成分作出区分的情况下，结合句法特征和语用功能是一条行之有效的区分途径。

Comrie(1981)指出："典型的主语是施事和话题的重合，从跨语言的角度来看，最明确的主语是兼做话题的施事"。[③] 桥本万太郎(1991)认为，在话题句中，施事论元通常是充当话题成分的最佳选择，但话题也可以由受事论元充当。从"可"类句的语法表现来看，句式中的前置受事成分实际上是跟句子的其他部分相分离的，其句法表现包括形式和意义两方面。从形式上看，前置的受事论元通常位于句首，它对句子中的同指名词的反身化、同指名词删除、疑问化

---

① 徐烈炯、刘丹青：《话题的结构与功能》(1998)，上海教育出版社 2007 年版，第 181—182 页。

② 徐烈炯、刘丹青：《话题的结构与功能》，第 214 页。

③ Comrie：*Language Universals and Linguistic Typology: Syntax and Morphology*，Peking University Press，1989，page107.

(questionlization)以及焦点化(focalization)等过程不起支配作用,受事论元之后可以出现停顿标记或提顿词;从意义上看,前置的受事论元跟述语动词具有选择关系,但不具有一致关系(agreement),前置的受事论元在指称语义上都具有[+定指]或[+通指]的特征,该特征与汉语述语动词对位于其前的成分具有[+有定]语义特征的要求相一致。在满足句法制约的条件下,受事论元在实现话语功能、标记信息或在语篇中形成对比等语用功能的驱动下前置到句首。"可"类句中,前置的受事论元在句法、语义和语用方面表现出的上述特征跟话题的特征具有很大的一致性。

综上所述,"可"类句是一种受事话题句。这一点在其形成途径中有清晰的体现。马建忠(1898)以受事出现的句法位置为被动句的判断标准,把"可"类句看作被动句。但他没有提出一个很好的界定"主语"的途径。其后学者们对汉语被动句的研究大都倾向于将是否出现句法标记作为判定依据。因此对有被动标记的被动式研究得较多,而形态和功能上的被动几乎被忽略。我们认为,话题虽然在句法层面有所体现,但它所依赖的不是句子层面的指称特征,而是会话的特征。"可"类句中,前置的受事论元具有话题性的原因不是由于它在语法上与被动句中的受事论元一样被编码成主语,而是由于其在会话中控制着一个更大的语域。尽管跨语言的研究显示作为语法类别的被动跟话题化的语法类别并非截然分明,被动主语与受事话题之间在很大程度上存在着交叉,二者的边界有时难以区分。但研究结果显示:"可"类句与被动句虽然在句法上有许多相似,在功能上有许多重合,但此类句式中的前置受事所体现出的话题特征远远多于主语特征。我们认为,从类型学的角度来看,原型受事话题结构是受事论元居句首,施事论元位于其后,两种论元在句法结构中共现的话题结构。"可"类句中,受事论元位于句首,其在绝大多数情况下都不与施事论元共现。此类受事结构虽然不是原型受事话题结构,但由于前置的受事论元所表现出的话题特征较强,主语特征较弱,所以将其视为句法结构中的话题更加合理。

(三) 相关能愿动词的功能演变及其对“可”类受事话题句的影响

梅祖麟(1991)指出:“上古施事者作起词,后面用‘能’和‘可以’,受事者后面用‘可’,中古时期这种对立消失。”“中古新兴的‘V得’、‘V得R’、‘V不R’功能和‘可’、‘能’类似。但这种新兴的可能式,前面的起词施受两可。”①从“可”、“能”、“可以”的句法分布来看,这种观点虽然混淆了能愿动词之前的成分的性质,将“可”之前的受事话题当成了主语,但对中古时期能愿动词“可”跟“能”、“可以”之前的成分在语义角色上所表现出的施受对立的特点消失的看法是合理的。这一点在能愿动词“可”跟与之相关的“能”和“可以”两个能愿动词在汉语史上功能的演变过程中有清晰的体现。

能愿动词“可”是由表示“相宜”、“符合”义的形容词“可”发展而来的,用以表示“条件可能”、“许可”或“估价”。先秦汉语中“可”跟“能”、“可以”两个能愿动词在句法功能上表现出对立互补的特点。“能”主要用于表示“条件可能”,偶尔也用以表示“推测”和“许可”。当“能”表示“推测”和“许可”时,分别与能愿动词“会”和“可以”相当。“可以”在先秦时期已经凝固成双音节的情态动词。它主要用来表示“条件可能”和“许可”,偶尔也可以用来表示“能力”或“估价”。② 王力(1983)在对早期的“可”和“可以”进行区分时指出,“可”字后面的动词是被动意义的,“可以”后面的动词是主动意义的。他在注释中对上述两种情况作了特别说明,指出前者有个别例外,是“可以”的省略,后者没有例外。此外,他还指出“可”之后不能带宾语,“可以”之后可以带宾语以及“到了后代,‘能’、‘可’、‘可以’的分别逐渐混乱了”的事实。③ 我们认为,王力先生对“可”和“可以”之后的动词有被动

① 梅祖麟:《从汉代的“动、杀”、“动、死”来看动补结构的发展——兼论中古时期起词的施受关系的中立化》,第132—133页。

② 李明:《汉语助动词的历史演变研究》,北京大学博士学位论文,2001年,第18页。

③ 王力:《汉语语法史》(1983),山东教育出版社1990年版,第340页。

和主动意义之分的观点值得商榷，但从考察结果来看，王先生对“可”和“可以”在句法分布上的认识以及对“能”、“可”、“可以”三个能愿动词在汉语的发展演变过程中差异逐渐变得不明显的观点是合理的。

先秦文献中，无论“可”是表示“条件可能”，还是表示“推测”、“许可”，其前出现的成分在语义上除了有极少数是其后动词的施事论元之外，绝大多数都是动词的受事论元。这种情况说明，先秦汉语中能愿动词“可”对位于其前的成分具有在语义上是动词的受事论元的要求。相比较而言，“能”和“可以”的句法表现正好与“可”形成对立互补。先秦汉语中，能愿动词“能”和“可以”也可以表示“条件可能”或“许可”、“估价”，但二者的语义特征要求位于其前的成分具有能够发出动作行为的能力，即它们通常要求位于其前的成分在语义上是动作行为的施事。由于“上古汉语中施受关系主要在词汇内部加以区别”，而受事论元是受动作行为支配的对象，不具备发出动作行为的能力，所以当受事论元要向句法结构中投射时，在动词之前出现能愿动词“能”或“可以”的情况下，如果排除语用因素，受事论元一般通过常规投射位于动词之后；而当动词之前出现能愿动词“可”时，受事则一般通过非常规投射位于动词之前。这种句法分布上的差异是由能愿动词“可”、“能”、“可以”自身语法功能的不同导致的。

先秦汉语中，能愿动词“可”对其前成分在语义上是动词的受事论元的强制性要求，必然会对其使用范围产生一定的限制。如果“可”要用于施事主语句，并且表示一种客观条件的可能性时，则必须使用“可以”的形式。“可”和“可以”之后所带的成分在语义角色上差别很大。“可”带受事论元，“可以”带工具论元。据朱冠明(2008)，从先秦晚期起，“可”的功能开始发生变化。位于其前的成分不再受必须是动词的受事论元的语义限制，施事论元位于“可”之前的用例也有出现。至中古时期，动词的施事论元可以比较自由地出现在“可”之前。先秦时期“可”如果要出现在施事句中必须在其后加“以”的规则失去效力。“可”的功能发生了扩展。其突出表现是，先秦末至两汉时期，能愿动词“可”之前出现施事论元的用例逐渐增多，至魏晋南北朝，这种现象已经非常普遍。唐代以后能愿动词“可以”要求其前成分在语义上是动词的施事论元的规则逐渐松动，动词的受事论元也可以出现在“可以”之前，“可”与“可以”的界限逐渐变得模糊起来。总起来说，先秦必须使用“可以”的句子在汉代以后也可以只用“可”；唐代以后“可以”也逐渐出现于其前成分是动词的受事论元的句子中。伴随着介词“以”功能的弱化和丧失，“可”与“可以”的意义完全相同。

从能愿动词“可”功能的演变过程来看，其开始发生功能扩展的时间是在上古晚期，这一点大西克也（2004）已经有所谈及。中古时期伴随着“可”功能的变化，单纯依据能愿动词确定其前成分究竟是哪一种语义角色的方法越来越受限制。施事和受事两种论元所充当的成分在句法结构中所表现出的中立化趋势也越来越明显。能愿动词“可”在功能上发生的变化，对受事话题句产生较大的影响。它在为带能愿动词状语的受事话题句类型增加了由“能”、“当”、“肯”等能愿动词充当状语的新成员的同时，也使由“可”充当状语的受事话题句在汉语史不同历史时期的使用频率上呈现出升降交替的发展趋势。这一点从“可”类句式的历史演变可以看出来。先秦至清代，由能愿动词“可”用在动词之前充当状语的受事话题句共出现 1 200 例，约占能愿动词用例总数的 80.2%。本土传世文献中，以宋代为界，由“可”充当状语的受事话题句分为两个发展阶段：先秦至宋代，其在前后相接的历史时期中表现出升降交替的趋势，即先秦至西汉呈上升趋势，西汉至东汉呈下降趋势，东汉至魏晋南北朝呈上升趋势①，魏晋南北朝至晚唐五代呈下降趋势，晚唐五代至宋代呈上升趋势②；宋代

① 在佛典和本土传世文献中，由能愿动词“可”作状语的受事话题句在发展趋势上表现出一定的对立。即从东汉至魏晋南北朝，其在佛典中表现出单纯的下降趋势；而在本土传世文献中则呈上升趋势。

② 本土文献中，“可”类受事话题句从晚唐五代至宋代表现出上升趋势，其原因目前尚不明确，我们初步认为，可能与对考察文献的取样有关。

至清代呈下降趋势。此类受事话题句在两种不同性质的文献中的基本演变过程可以表示为图 3－31：

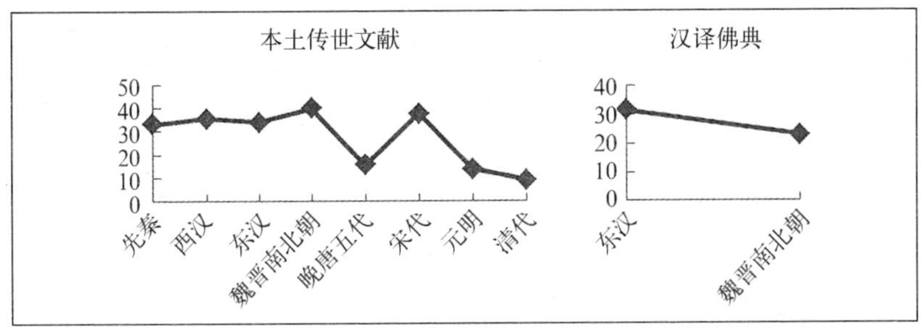

图 3－31

（四）动词语法功能的变化与“可”类受事话题句的历史演变

除了能愿动词自身功能的变化之外，“可”类句中，述语动词语法功能的变化也是一个重要的影响因素。关于及物动词语法功能的发展能够对受事话题句产生影响的问题，蒋绍愚(2004)已作过明确论述。① 从“可”类句的历史演变来看，蒋先生的结论是正确的。

宋亚云(2005)将上古汉语动词体系分为及物动词、作格动词和不及物动词三类。根据动词之后是否允许宾语悬空，宋文还进一步将及物动词分为粘宾动词和中性动词(neutral verb)两类。② 本书赞

---

① 蒋绍愚(2004)在解释“受事(＋施事主语)＋动词词组”类受事话题句在中古时期产生的原因时指出：此类受事话题句的产生“可能与汉语及物动词语法功能的发展有关，是先秦时及物动词通常是要带宾语规则松动的结果”。

② Cikoski(1978a，1978b)研究古汉语动词的分类时提出几乎所有的动词都可以分为中性动词(neutral verb)和作格动词(ergative verb)两个类型的主张。他指出，与这两类动词所对应的句型框架是不同的。中性动词无论是否带宾语，主语和谓语之间的施受关系并不受影响，其主语总是动词的施事论元。而作格动词是否带宾语对“主语”的论元直接产生影响。当此类动词不带宾语时，主语由动词的施事论元充当，当其带宾语时，主语由致使者(causer)充当，而宾语是动词的施事论元。此类动词所对应的句型框架可以图解为：X＋V＋Y 和 X＋V(X 代表主语，V 代表述语动词，Y 代表宾语)。宋亚云(2005)也提出中性动词(neutral verb)的概念。不过宋文所说的中性动词是及物动词的一个下属类别，与 Cikoski(1978a，1978b)提出的中性动词在辖域上并不完全一致。我们对中性动词(neutral verb)的界定采用宋亚云(2005)的观点。

同这一分类框架。从述语动词的使用情况来看，“可”类句式中的述语动词包括作格动词（ergative verb）和中性动词两类。其中作格动词对受事话题句的演变所产生的影响体现在其自身的功能的变化上，而中性动词对汉语受事话题句的演变的影响并不是通过其自身功能的变化有所体现，它主要是通过与不同能愿动词的结合反映出来的。

如前所述，作格动词是上古汉语中广泛存在的一种兼具行为和性状特征的动词。此类动词同时具有及物和不及物两种用法。对于作格动词而言，构成受事话题句是其原型用法，构成施事主语句则是其非典型用法。所以作格动词之前大都出现受事话题而非施事主语。从西汉开始，作格动词的不及物用法猛增，在句法位置上也多位于及物动词之后，充当动词的补语。从东汉开始，作格动词在连动结构中第二个动词位置上的出现频率增多，其动作特征逐渐减弱，性状特征逐渐增强。[①] 这种变化直接影响了由能愿动词和作格动词充当述语的受事话题句。随着述补结构的发展以及“可”与“可以”语法功能的趋同，先秦时期由“可＋光杆作格动词”充当述语的受事话题句在东汉以后倾向于采用“可＋述补结构”，唐代以后也可以采用“可以＋述补结构”的形式。在上述两种形式的述语结构中，光杆作格动词都是位于中性及物动词之后充当补语。

及物动词对受事话题句的影响主要通过中性动词加以体现。上古汉语中，中性动词的典型语义特征是指向主语，因而构成施事主语句是此类动词的原型用法，而当施事论元不出现时，受事论元投射到中性动词之前是受语用因素影响的非典型用法。所以中性动词之前大都出现以动词的施事论元为原型的主语，此类动词的典型特征是在语义上指向动词的施事。当动词之前出现受事论元时，该论元所

① 宋亚云：《汉语作格动词的历史演变与动结式的语法化》，《语法化与语法研究》（四），商务印书馆 2009 年版。

充当的并非句法上的主语而是话题，此时形成的通常是受事和施事两种论元共现的受事话题句。绝大多数情况下，所形成的是受事位于句首充当话题，施事位于动词之前充当主语的PAV(受事＋施事＋动词)句式，此类句式是原型受事话题句；也有少数用例是施事论元位于句首充当主语兼主话题，受事论元位于主语和述语动词之间充当次话题的APV(施事＋受事＋动词)句式。但“可”类句中，中性动词之前都出现了“可”或“能”等能愿动词。此类动词在与能愿动词“能”和“可”相结合构成述语时，有的因为与能愿动词对位于述语之前的成分的语义限制存在一致性，因而继续保持对述语之前的成分的语义限制功能；有的则因为与能愿动词对位于述语之前的成分的语义限制完全对立，因而失去了对位于其前的成分的语义限制上起决定作用。这种情况下，对位于述语之前的成分的语义限制起决定作用的是能愿动词本身。

以由能愿动词“能”和“可”用于中性动词之前充当状语的受事话题句为例。上古汉语中，能愿动词“能”表示主语有能力或愿望实行某种行为，它在语义上是指向动作的施事，出现于“能”之后的中性动词也是以指向施事为典型特征。因此，出现于由能愿动词“能”和中性动词构成的述语之前的语义角色大都是动词的施事论元。在这种情况下，受事如果位于句首，通常是出于语用表达的需要，此时的前置受事成分是话题。与之相对，能愿动词“可”所表示的通常是某一事件是否具备发生的可能性。这种可能性既可以是说话人的主观认知，也可以是跟说话人主观认知无关的客观条件。用于“可”之后的中性动词对其前的成分具有在语义上是动词施事论元的要求；而能愿动词“可”对位于其前的成分具有在语义上是动词的受事论元的要求。这种情况下，由“可”和中性动词所构成的述语对位于其前的成分的语义要求由能愿动词“可”来决定。此时前置的受事成分也是句子的话题，但此类句式的形成是句法结构的强制性要求，与语用因素的影响关系不大。“可＋中性动词”跟“可＋光杆作格动词”两种不同述语在汉语史上的发展表现出一定的交叉关系。先秦时期由“可＋中性动词”充当述语的受事话题句从东汉开始也可以采用“可＋述补结构”的形式，至唐代还可以采用“可以＋述补结构”的形式。在上述两种形式的述语结构中，中性动词都是位于述补结构中的第一个动词的位置上，其后大多出现由作格动词充当的补语。宋代以后伴随着能愿动词“可”功能的进一步变化、词汇复音化趋势的影响以及体助词的产生与发展，“可＋中性动词”述语类型的句式逐渐变为“受事（＋主语）＋可以/能＋中性动词＋结果补语”或“受事（＋主语）＋中性动词＋结果补语＋体助词‘了’”的形式。

综上所述，上古汉语动词之前的名词性成分究竟是动词的受事论元还是施事论元在动词或能愿动词上表现出强制性选择的特点。从中古时期开始，施事主语和受事话题在句法结构中的严格对立越来越不明显。一方面，能愿动词本身功能的变化对“可”类句产生较大影响，具体表现为：上古晚期能愿动词“可”对位于其前名词性成分在语义上是动词的受事论元的强制性要求开始有所松动；原先之前通常出现施事论元的一些能愿动词，如“能”、“敢”、“得”、“宜”、“当”、“会”、“应”、“欲”、“须”、“堪”、“必”、“用”、“肯”、“要”、“豫”、“好”、“愿”、“该”等从该时期开始也逐渐允许受事论元位于其前。另一方面，作格动词功能的变化对此类句式也产生较大的影响。在上述因素的影响下，从魏晋南北朝时期开始，在“可”类句所占各时期受事话题句用例总数的比例上呈下降趋势，宋代虽然在使用频率上有较大幅度的回升，但其后此类句式在使用频率上仍然表现出下降的趋势。

上古汉语中出现在能愿动词“可”之前的通常是受事论元，出现在“能”之前的通常是施事论元。前者是句法结构中的话题，后者是主语。我们认为，上古汉语中施事和受事的严格对立所反映出的动词对主语选择上存在着的固定倾向现象，实际上是对汉语中施事主语和受事话题之间存在着对立现象的反映。上古汉语中，施事主语和受事话题在句法结构中表现出比较严格的对立，施事位于句首充当主语是无标记的常规语序。当受事出现于述语之前时，通常受到来自句法、语义和语用因素的制约。其显性表现是在动词之前出现特定的句法标记或在语篇中形成排比、对偶。该时期动词的施事和受事两种论元在句法位置上的固定性在由光杆结构的动词充当述语的句子中有严格的表现。即使存在与这种严格的对立格局不一致的现象，通常也都能从语用的角度找到原因。中古以后，随着汉语句法结构的渐趋复杂，动词与施事和受事两种论元在关系上的稳固性减弱，单纯依据动词或动词词组来确定其前成分语义角色的方法受到越来越多的限制。施事主语和受事话题在简单句中严格对立的格局逐渐被打破，二者与述语动词的施受关系上所表现出的中立化趋势越来越明显。

3.2.6.2 “施受关系中立化”对汉语受事话题句的影响

梅祖麟(1990)以“V 死”和“V 杀”两种述补结构的发展为例指出，从先秦到南北朝末年基本只有“受事＋V 死”和“施事＋V 杀＋受事”两种句式。梅先生同意太田辰夫(1987)提出的“施事＋V 死＋受事”出现于唐代的观点，认为该句式在两汉和魏晋还没有出现。同时他还指出晚唐五代时期出现一种新的结构，即“施事＋V 死”。梅祖麟(1991)从复合动词的角度讨论了汉语中的“施受关系中立化”，指出就复合动词来看，施受关系的中立化大概是从唐代开始的。除此之外，他还认为从先秦到唐代还有七种语法变化显示出汉语施受关系中立化，即 1. 上古施事者作起词，后面用“能”和“可以”，受事者后面用“可”，中古时期这种对立消失。2. 中古新兴的“V 得”、“V 得 R”、“V 不 R”，功能和“可”、“能”类似。但这种新兴的可能式前面的起词施受两可。3. 上古有清浊别义的构词法：清音声母是他动词，前面的起词是施事者，浊音声母是自动词，前面的起词是受事或中性的主语，如败(帮母/並母)、折(章母/禅母)。清浊别义在中古消失。4. 上古有使动式，把名词、自动词、形容词放在表示施事者和受事者的两个名词之间。这种依靠语序的“使动转换”在中古消失。5. “见”

字在上古是受动标志，从魏晋开始，“见”字失去标志受动的功能。6. 上古汉语“VP 者”的“者”指“VP”的施事者，“所 V”的“所”指“V”的受事者，即使“VP 者”表示受事，“VP 中会有明确的标志”。7. 上古自动、他动的区别比较严格，他动词前面用否定词“弗”、“勿”，其中包孕宾语代词“之”字，自动词前面用“不”、“毋”。“起词＋他动词”句式表示被动。中古以后省略“之”字比较自由，现代汉语代词在宾位只能指代动物性的名词，不能指非动物性的名词。宾语代词强制性的省略也是施受关系不明的一个原因。①

结合上文我们对“可”类句的分析以及梅先生关于施受中立化的相关论述，我们认为：所谓施受关系中立化实际上指的是先秦时期用明确的形式标记来显示述语动词跟其前成分施受关系的方式到后来发生变化，随着显性形式标记的弱化，汉语的施受关系逐渐表现为用语义关系来体现相同表层结构中的述语动词跟相关成分之间的关系的倾向。

汉语中反映“施受关系中立化”的句式存在多样性。虽然这些不同句式在反映“施受关系中立化”的时间上不完全同步，而且即使是同一句式，不同结构或不同语义类别的述语动词所反映出的中立化的时间上也不尽一致，但可以肯定的是“施受关系中立化”格局的形成与发展对汉语受事话题句产生很大影响。其突出表现是原先只能位于施事论元之后形成施事主语句的动词也可以位于受事论元之后形成受事话题句。从动词的角度来看，这种影响主要表现在以下三方面：

（一）它使一些原先只能将受事论元置于宾语位置的光杆中性动词在对偶或排比等语境中允许其受事前置于动词。如“放”。

（60）舍其路而弗由，放其心而不知求，哀哉！（《孟子·告子上》）

---

① 梅祖麟：《从汉代的“动、杀”、“动、死”来看动补结构的发展——兼论中古时期起词的施受关系的中立化》，第 132—134 页。

(61) 管仲曰:“老马之智可用也。”乃放老马而随之,遂得道。(《韩非子·说林上》)

(62) 周公旦承成王命伐诛武庚,杀管叔,而放蔡叔,迁之,与车十乘,徒七十人从。(《史记·管蔡世家》)

(63) 秦西巴触命放兽,而孟氏旋进其位。(《风俗通义·十反》)

(64) 殷曰:“投鱼深渊放飞鸟。”(《世说新语·排调》)

(65) 世尊引到寺中,难陀告佛,愿放我归家去。(《敦煌变文集·难陀出家缘起》)

(66) 正是军人们放马,遽然到来,却是大齐说得都是。(《三朝北盟会编·绍兴甲寅通和录》)

(67) 鸡犬放,则知求之;心放,则不知求。(《朱子语类辑略·训门人》)

从考察结果来看,动词“放”在宋代以前一般只能将受事置于宾语的位置,充当受事成分的可以是名词,也可以是代词。从宋代开始,在对偶或排比语境中,“放”的受事也可以离开宾语位置,前置到动词之前充当话题。我们认为,这是受中古以来汉语语法系统中“施受关系中立化”格局影响的结果。

(二)它使一些原先只能将受事论元置于宾语位置的光杆中性动词在其后出现动词补语的情况下允许其受事前置于动词。以“拿”后接趋向动词为例。

(68) 此时已离甘州五六日,马市官只得拿银子出来,为他殡殓。(《型世言·第三十一回》)

(69) 大夫叫将纸墨笔砚拿过来,放在宣教面前,叫他写个不愿当官的招伏。(《二刻拍案惊奇·卷十四》)

(70) 这几件箱柜拿进去罢。我也没有什么东西,那也不过是二爷的。(《红楼梦·第六十八回》)

从考察结果来看,动词“拿”带趋向补语的用例最早见于元明时期。该时期动词“拿”的受事论元如果出现，则在句法上有两种位置：一是位于动词“拿”和跟趋向补语之间，如例(68)；二是位于处置式中介词“将/把”之后，如例(69)。大约至清代，动词“拿”的受事也可以离开宾语位置，前置到由“拿”和趋向补语构成的述语之前充当话题。我们认为，此类结构中，动词“受事”论元的这种位置的变化一方面是元明时期形成的“表面结构条件”制约的结果，另一方面与汉语“施受关系的中立化”的影响有关。在“施受关系中立化”格局确立之后，受其影响，动词“拿”才可能在后带趋向补语的情况下允许受事论元位于其前充当话题。

（三）它使一些在主语不出现的情况下原先只能将受事论元置于宾语位置的光杆中性动词在其后出现体助词的情况下允许其受事前置于动词。如：

(71) 后来只为有了个徒弟，要奉承他，买酒买肉，象简当了，换了块木片；金冠当了，换个木的；一弄把一领道衣当去，这番却没得弄了。(《型世言·第二十四回》)

(72) 这遭龙文鼎、白玉瓶、一张断纹琴、端溪鸲鹆眼砚、还有手卷杂玩封着。正要去说，恰好淮安四府把这件事做赎礼送来，叫他说。(《型世言·第二十四回》)

以动词“当(dàng)”为例。

(73) 左边这个解库专当绫罗段匹；右边这个解库专当金银珠翠；中间这个解库专当琴棋书画，古玩之物。(《三遂平妖传·第一回》)

(74) 当的当了，卖的卖了；只靠著我替人家做些针黹生活赚来的钱，如何供得你读书？(《儒林外史·第一回》)

(75) 自己寻衣服当了四两银子，武书也到家去当了二两银子来，又苦留郭孝子住了一日。(《儒林外史·第三十八回》)

从考察结果来看，动词“当”最早出现于元末时期的《三遂平妖传》，其主要用法一般只能将受事置于宾语的位置。至明清两代，当动词“当”之后出现体助词“了”时，其受事也可以前置于动词充当话题。我们认为，这是受汉语“施受关系中立化”影响的结果。

总起来说，随着“施受关系中立化”格局的发展，许多原先只能带受事宾语的动词也可以在一定的条件下将受事置于动词之前，形成受事话题句。一般情况下，当施受两可的句子出现时，往往有其他信息对位于动词之前的成分的句法属性进行区分，在必要的时候甚至可以添加虚词标记。

综上所述，将受事话题句中充当受事话题、述语、主语的成分在汉语史中的演变过程与汉语语法系统中的动词以及相关代词的历史演变相对照，可以发现：受事话题、施事主语的演变在一段历史时期内与代词的发展相重合，述语的演变则与动词语法功能的变化、述补结构以及体助词的产生与发展相重合。因此，相关代词和动词的发展变化必然会对受事话题句的发展产生影响。上古晚期，由于音变构词和词义构词手段的衰落以及汉语复音化趋势的影响，汉语开始发生从综合到分析的重大转变。[①] 这一转变使汉语语法发生了一系列重要的变化，如单音节作格动词的衰微、述补结构和体助词的产生与发展[②]、处置式的产生与发展、受事话题和施事主语施受关系的中立化等。这些变化都对汉语受事话题句的历史演变产生了重要的影响，使其在类型上有所增减，在同一类型的使用频率上表现出升降变化，或使原先不能单独构成受事话题句的动词能够在其他语法成分的帮助下充当受事话题句的述语动词。

---

① 宋亚云：《汉语从综合到分析的发展趋势及其原因初探》，《语言学论丛》（第三十三辑），商务印书馆 2006 年版，第 66 页。

② 胡敕瑞（2005）认为，从上古到中古，汉语中行为兼具性状的“破”类动词的语义特征发生变化，其“动作”性特征渐趋削弱，而“性状”特征得到了凸显。胡文所说的“破”类动词即作格动词。可见，动结式的产生与作格动词语法功能的变化也有关系。

第四章
受事论元前置的制约因素

受事在意义自足的最小主谓结构中充当二价动作动词的宾语和三价动作动词的直接宾语，[①]充当宾语是其原型句法身份。但在动态句中，受事向句法结构的投射并非都是常规的，它还可以通过非常规投射位于动词之前，形成受事话题句。从其在汉语史上的发展轨迹来看，受事话题句并非只存于某一历史时期。它在先秦文献中已经出现，至今仍然活跃在汉语中。我们认为，受事话题句是一种具有特定表达功能的句式。句式中受事的前置既非完全任意，也非在语序上完全自由，它受到句法、语义和语用三种要素的制约。

根据是否可以回到其在句法结构中的原型位置上，前置的受事可以分为强制性前置和非强制性前置两大类。强制性前置的受事在句法结构中的位置一般是唯一的，这种前置的制约因素主要来自句法和语义；非强制性前置的受事通常可以回到其所在句法结构中的

---

① 学界对于汉语动词配价的性质存在不同的意见，有的认为配价属于语义范畴，如范晓(1991,1996)、周国光(1994)；有的认为属于句法范畴，如沈阳(1994)、袁毓林(1998)；还有的认为属于句法—语义范畴，如吴为章(1993)。本书对汉语配价的性质不作讨论，我们对动词的“价”的界定采用袁毓林(1998：4—5)的观点，即价(valence)“指动词跟一定数目的名词性成分(记作NP)之间的依存关系(denpendency)，其中，动词是支配成分，NP是从属成分，从属成分又叫配价成分，(简称‘价’)”。“价是对动词支配能力的数量表示，是根据动词的组合能力而聚合成的一种语法范畴。”能跟两个名词性成分组合的动词叫二价动词，能跟三个名词性成分组合的动词叫三价动词。

原型位置上。在不考虑语用差异的情况下,此类受事无论是位于述语动词之前还是位于述语动词之后,句子的基本语义都不发生变化,其前置主要是由语用因素所致。总起来说,受事话题句的形成与句法构造上的多种强制性、句子成分间的平衡性、受事语义特性的凸显以及语用层面上话语表达中话语链信息的结构等方面的要求密切相关。

4.1　句法制约

考察文献中,由于句法制约而前置的受事有 1568 例,约占全部用例的 34.6%。这种前置一般都是强制性的,受到句法规则的约束。制约受事前置的句法因素主要包括状语的影响、补语的影响、体助词的影响以及特殊句式的影响四个方面。

4.1.1　述语动词之前状语成分的影响

由于受到述语动词之前状语成分的影响而产生的受事前置现象在制约要素上较为复杂。其中,因句法上的强制性要求而产生的受事前置主要表现为动词之前出现由“皆”、“悉”、“都”、“尽”等表示全量的副词,“难易”类形容词或由能愿动词“可”或“足”充当的状语。如:

(1) 古者丈夫不耕,草木之实足食也;妇人不织,禽兽之皮足衣也。(《韩非子·五蠹》)

(2) 枯而轻者易举,湿而重者难移也。(《论衡·状留篇》)

(3) 一切所须,悉皆供给。(《贤愚经》)

(4) 如彼猕猴,失其一豆,一切都弃。(《百喻经》)

(5) 貌汪羸,形瘦悴,鸾镜凤钗皆厌弃。(《敦煌变文集·父母恩重经讲经文》)

(6) 不若多增岁币,此事却可商量。(《三朝北盟会编·靖康城下奏使录》)

4.1.1.1　全量副词充当的状语

当述语动词之前出现由全量副词充当的状语时，全量副词的语义指向对受事前置与否起决定作用。一般说来，当全量副词为“皆”或“都”时，动词的受事论元一般都倾向于前置；而全量副词为“尽”和“悉”时，由于二者的语义指向有前指和后指两种情况，所以当动词的受事论元出现时，它可以前置于句首充当话题，也可以位于动词之后充当宾语。从文献考察的结果来看，上古汉语中“皆”在语义指向上以前指居多；“尽”的前指和后指用例数量大致相当；“悉”则多为后指。西汉时期上述全量副词的使用出现交叉，在有些用例中用法难以区分，语义上也出现中和。中古以后，三者的语义指向逐渐趋同为前指。由于中古以后全量副词在语义上一般指向其前的名词性成分，所以当动词的受事论元要向句法结构投射时，在语义指向上属于前指性的全量副词对其位于动词之后产生制约，从而造成了受事通过非常规投射位于动词之前的情况。

值得注意的是，在有全量副词出现的句子中，受事论元可以由具有[＋全量]语义特征的全量名词“一切”或以其为定语的成分充当，如例(4)和例(3)；也可以由具有[＋定指]或[＋通指]语义特征的普通名词充当，如例(5)。从考察文献来看，无论受事论元的语义特征属于上述指称特征中的哪一类，其前置都是强制性的。具有[＋定指]特征的受事论元前置符合前置的语义条件，即能够满足述语对位于其前的成分在语义上必须具有[＋有定]特征的要求，①而[＋全量]和[＋通指]特征似乎与[＋有定]关系不大。对于具有[＋全量]和[＋通指]特征的受事论元在句法结构中强制性前置的现象，我们认为，其原因可能与[＋全量]和[＋通指]所表达的周遍性意义有关。虽然[＋有定]跟[＋全量]和[＋通指]不属于同一类指称义范畴，三者的语言形式表现也往往不同，但在更高层次上，[＋全量]和[＋通

① 关于动词对位于其前的成分的语义要求，我们将在下文第 4.2 节展开详细讨论。

指]实际上是对某一范畴内所有个体的指称，它代表语境中一个确定的类，具有[＋周遍]特征。这一特征使具有[＋全量]和[＋通指]特征的成分所指称的对象在范围上表现出可确定性的特点，从而跟[＋定指]成分同类而区别于[－定指]成分。①

4.1.1.2　"难易"类形容词充当的状语

当动词之前出现由"难易"类形容词充当的状语时，受事论元一般都倾向于前置。从句法上看，其原因在于出现在"难易"类修饰语之后的述语动词都是典型的二价及物动词中的中性动词。在没有修饰成分的情况下，由此类动词构成的原型句式是施事主语句。由于光杆中性动词充当的述语排斥动词的受事论元位于其前，这样，受事论元就无法直接出现在述语为光杆中性动词的句子中。通过在光杆中性动词之前添加语义指向为受事的修饰语的方式，就可以使受事出现在由指向受事的修饰语和光杆中性动词一起构成的句子的述语之前的位置上。由"难易"类形容词跟光杆中性动词构成的述语在语义上并非强调主语所发出的动作，而是描述或说明事物所具有的某种特征或所处的某种状态。因此当受事论元要向包含此类述语类型的句法结构投射时，如果投射到述语之前，那么所构成的"话题＋述题"结构正好能够与"难易"类形容词跟述语动词相结合所构成的述语的语义表达相一致。从情景类型(situation type)上看，此类句子所表达的是受事所代表的事物的一种相对稳定的性质或状态。其句式意义是在对受事实施某种动作或行为的时候，受事通常表现出形容

① 汉语中跟指称有关的概念大致包括有指、定指、实指、通指。跟本书研究相关的是"定指(definite)"和"通指(generic)"。据陈平(1987：81—82)，"有指"和"定指"不同，"有指是指名词性成分的表现对象是话语中的某个实体"。"如果预料受话人能够将所指的对象与语境中某个特定的事物等同起来，能够把它与同一语境中可能存在的其他实体区分开来"，那么这个名词性成分就是定指的(identifiable)。通指是指"整个一类事物"，"一方面它并不指称语境中任何以个体出现的人或物，从这个角度看，它与无指成分有相同之处。另一方面，通指代表语境中一个确定的类，从这个角度看，它与定指成分有相同之处"。他还指出："只有有指成分才有定指和不定指的区别。"

词所表示的状态。

此外,这种现象的成因也可以从语用认知上得到解释。张伯江(2002)指出:“说到语言的主观性,至少有两个因素是跟句子的施事选用相关的:一是说话人的视点(viewpoint),二是说话人的感情(affect)。视点反映的是叙述人观察事件的基本立场,在篇章中一般是贯穿始终的。”“而叙述者的情感却可以因句而异。”“一篇叙述篇章里,句式常常因说话人的移情焦点(empathy focus)的变化而有不同的选择。”[①]二价动词的论元结构(argument structure)中包含施事和受事两个论元角色(thematic role)。当引发事件的施事不明确或在说话人看来施事在事件发生过程中所发挥的作用相对较小,而事件的发生更多的是由于受事内在的特性而引起的时候,施事论元就会在语用上被弱化。这种情况下,施事不再占据认知上的显要地位,虽然在句法许可的情况下,它可以在句法结构中显性地显示出来,但大多数情况下,施事都是隐性地包含在动词的论元结构中。相比较而言,受事论元则作为移情焦点取得了认知上的显著度,从而位于说话人叙述视点的位置上。

4.1.1.3　能愿动词“可”、“足”充当的状语

当动词之前出现由能愿动词“可”或“足”充当的状语时,受事论元必须前置。其原因除了与出现在“可”或“足”之后的动词的类别有关之外,还与这两个能愿动词自身的语义特征有关。对于“可”,我们在第3.2.2和3.2.6两节已经作过详细讨论,此不赘述。下面我们来谈“足”。

能愿动词“足”跟“可”的变化机制是相同的。据李明(2001),能愿动词“足”最早见于春秋战国时期,它虽然在出现的时间上晚于能愿动词“可”,但跟“可”一样,能愿动词“足”也有表示条件可能和表示估价两个义项,它在汉语史上也经历了一个跟能愿动词“足以”功能趋同的过程。元明时期“足”多用于表示估价,而“足以”多用于表示

---

① 张伯江:《施事角色的语用属性》,《中国语文》,2002年第6期,第491页。

条件可能。“足”和“可”在表示估价时，所出现的句法条件表现出互补分布的特点。“足”多出现在否定或反问句中，而“可”多出现在肯定句中。由“足”充当状语的句子中，述语动词都是及物动词中的中性动词。由于由光杆中性动词充当述语动词所构成的原型句式是施事主语句，因此，当此类动词之前不出现修饰成分时，受事不能出现在其前。“足”的语义指向是动词的受事论元，在中性动词之前出现能愿动词“足”的情况下，受事论元便可以满足中性动词对其前成分的语义要求，从而前置到述语之前。汉代以前在由能愿动词“足”和光杆中性动词充当述语的句子中，施事不出现而受事位于述语之前是句法上的强制性要求。汉代以后则多是表达说话人评价的语用制约的结果。

4.1.2　述语动词之后补语成分的影响

由于受到动词之后补语成分的影响而产生的受事前置现象在制约要素上也比较复杂。其中，因句法上的强制性要求而前置的类型主要表现为动词之后出现由表示处所、工具或对象的介词短语、表示状态或结果的“得”字短语[①]充当的补语。如：

(7) 白刃捍乎胸，则目不见流矢；戟加乎首，则十指不辞断。（《荀子·强国》）

(8) 讲法如师子吼声，谈论似春雷震响，教化等量于高下，根机取舍于浅深。（《敦煌变文集·维摩诘经讲经文》）

(9) 恁是高丽人，却怎么汉儿言语说的好有？（古本《老乞大》）

4.1.2.1　介词短语补语[②]

在考察文献中，充当补语的介词短语根据所表语义的不同分为

---

① 从考察文献来看，由“得”字短语充当的补语包括表示状态或结果和表示可能性两种语义类型。两种类型中制约受事前置的因素有差别。

② 述语动词之后出现介词短语补语的用例中，受事前置包括强制性的句法要求和语用需要两类。二者的区分在时间上有比较明显的界限。

表示处所、表示对象和表示工具三类。如：

(10) a 天道无为，听恣其性，故放鱼于川，纵兽于山，从其性命之欲也。(《论衡·自然篇》)

b 既，荣公为卿士，诸侯不享，王流于彘。(《国语·周语上》)

(11) a 墨子蔽于用而不知文，宋子蔽于欲而不知得，慎子蔽于法而不知贤，申子蔽于埶而不知知，惠子蔽于辞而不知实，庄子蔽于天而不知人。(《荀子·解蔽》)

b 郗司空家有伧奴，知及文章，事事有意。王右军向刘尹称之。(《世说新语·品藻》)

(12) a 强者绥之以德，弱者抚之以仁。(《世说新语·政事》)

b 师以一味法雨普润学徒，信衣不传，心珠洞付。(《祖堂集·惠能和尚》)

(13) a 若把这些子道理只管守定在这里，则相似山林苦行一般，便都无事可做了。(《朱子语类辑略·程子之书》)

b 在这里坐，只思量这里事，移过那边去坐，便不可思量这里事。(《朱子语类辑略·程子之书》)

(14) 此等语，不欲对诸人说，恐他不肯去看文字，又不实了。(《朱子语类辑略·论治道》)

例(10)到例(12)三组用例依次是表示处所、对象和工具的介词短语分别位于述语动词前后的用例。从用例来看，当上述三类介词短语位于动词之后时，受事论元可以位于述语动词之后，也可以位于述语动词之前。而根据例(13)，由介词“在”引导的表示处所的介词短语出现在述语动词之前或述语之后均可；根据例(14)，该介词所引导的表示对象的介词短语只能位于述语动词之前。可见，在由介词短语充当补语的句子中，不同语义类型的介宾补语在句法中的分布情况有所差异。因此，要确定在述语动词之后出现由表示处所、对象和工具的介词短语充当的补语的情况下，动词的受事论元前置的制约因素，弄清汉语语序的古今变化以及支配语序变化的语言规律的形成时期是极其重要的。

对于汉语语序及其规律的问题，学界讨论得较多，取得了一些重要的研究成果。现代汉语中的句子在线性序列上表现出一个重要特点，即在一般情况下，动词之后只能出现一个句法成分，不能出现两个成分。对于这一现象，很多学者从理论上作了概括。黎天睦（Timothy Light，1979）提出"后置限制"原则。他认为，动词之后只能出现一个句法成分的词序规则只存在于现代汉语中，古汉语中并不存在。黄宣范（Huang Shuan-fan，1978）提出"表面结构条件"。他指出，如果一个表面结构包括了"动词—词组成分$_1$—词组成分$_2$"这样顺序的形式，那么此结构必然不合语法。黄正德（Huang C. T. James，1984）提出"词组结构条件"（Phrase Structure Condition）。他认为，汉语里一个动词之后最多只能接一个词组成分，然而在一个动词之前却可以有无限多的词组成分存在，包括主语和副词修饰语。此外，戴浩一（1988）提出"时间顺序原则"（Principle of Temporal Sequence）。其基本内容是两个语法单位的相对次序由它们在所反映的现实世界里的时间顺序决定。戴先生认为，"时间顺序原则"是汉语中最普遍的词序原则，它"管辖着汉语中大多数可以定出的句法范畴的语序表现"，"可以看成是一条总的句法限制"。①

上述规则是在围绕古今汉语是否发生从 SVO 型语言转变为 SOV 型语言的讨论的背景下提出的。"参加这场讨论的学者主要的是研究现代汉语的"，虽然"他们在文章中也引用了一些汉语史的例子，但没有对汉语史中的有关材料作系统的、细致的考察"，"没有进一步讨论这些规则古代为什么没有，后来又怎样产生"。因而"这次讨论并没有进行得很深入"。② 戴浩一（1988）的"时间顺序原则"管辖

① 戴浩一：《时间顺序和汉语的语序》，《国外语言学》，1988 年第 1 期，第 18 页。

② 蒋绍愚：《汉语介词词组词序的历史演变·序》（2001），《汉语介词词组词序的历史演变》，北京语言文化大学出版社 2002 年版，第 2 页。

着汉语中大多数可以定出的句法范畴的语序表现，在汉语语法中具有独立的依据和很高的解释价值。但它对介词短语词序规律所作的概括及解释并不全面，无法解释表示处所的介词短语在动词前后的分布既有对立又有重合的现象。张赪(2002)结合汉语史上受不同介词短语修饰的述语动词带宾语的情况，提出“介词词组的位置与它所表示的语义相对应”的规律。她认为，介词短语在句子中的位置是由它所表达的语义决定的。同时，她还指出，先秦时期介词短语和宾语在绝大多数情况下同时位于动词之后。魏晋南北朝开始，随着介词短语在动词带宾语的句子中大量前移，介词短语和宾语同时出现在动词之后的情况迅速减少。唐五代时期介词短语和宾语分别位于动词前后的句子虽然远远多于二者同时位于动词之后的句子，但介词短语和宾语在动词之后共现的情况一直存在。该时期当介词短语受到语义的制约只能位于动词之后时，宾语和表示处所的介词短语在动词之后共现的句式一直是占绝对优势的表达方式。宋代开始，宾语前置的使用频率上升，元明时期介词短语和宾语不能在动词之后共现的原则严格起来，宾语和表示处所的介词短语共现于动词之后的句式很少出现。张赪(2002)所揭示的介词短语语序变化的事实显示，汉语中表示处所和表示工具的介词短语在句子线性序列上的词序经历了一个从萌芽到剧烈变化到大致完成再到基本固定的发展过程。“表面结构条件”在先秦汉语中并不存在，其初步形成于宋元明时期。

从张赪(2002)的研究结果来看，先秦至西汉，表示处所或对象的介词短语都位于述语动词之后充当补语，少数用例的述语之后出现宾语，大部分用例中述语之后都不出现宾语。表示工具的介词短语以位于动词之前的情况居多，当其位于动词之后时，宾语绝大多数是单音节名词或代词，述语动词结构比较简单。东汉本土传世文献中，表示处所的介词短语仍然基本位于述语动词之后充当补语，例外为极少数。当其位于述语动词之前作状语时，述语动词之后出现宾语。

表示对象的介词短语以充当补语的用例占绝对优势，只有少数用例中此类短语位于动词之前充当状语。表示工具的介词短语位于述语动词前后均可。而东汉佛典中，当表示处所的介词短语充当动词的状语时，动词带宾语的频率高于当其充当补语时带宾语的情况。表示对象的介词短语充当状语的频率多于充当补语的情况。表示工具的介词短语全部位于述语动词之前。魏晋南北朝时期，表示处所的介词短语位于动词之前成为本土传世文献中的常见语序。当其表示动作的归结点时，只能位于动词之后。该时期表示对象的介词短语在佛典中开始前移，在本土传世文献中没有表现出前移趋势。表示工具的介词短语在两类不同性质的文献中几乎全部位于述语动词之前。晚唐五代时期表示处所的介词短语在句法位置的分布上形成“介词词组的位置与其所表示的意义相对应”的规律，该时期“VP 为非单音结构时，介词词组大多位于 VP 前，VP 带真宾语时，介词词组大多位于 VP 前，VP 带补语时除有个别引进方向的介词词组位于中心成分后外，基本位于 VP 前，VP 带准宾语或其他成分时介词词组全部位于 VP 前”。① 表示对象的介词短语在该时期以位于动词之前充当状语的用例占优势。表示工具的介词短语绝大部分位于述语动词之前。宋代表示处所的介词短语大部分符合“介词词组的位置与其所表示的意义相对应”的规律。在表示对象的介词短语中，除了由“于”引介对象的用例有位于动词之后的情况之外，由其他介词跟其所引介的对象构成的介词短语都位于动词之前充当状语。表示工具的介词短语位于述语动词之前的格局确立。元明时期引介处所的介词“于”偶尔见于口语性强的文献，引介对象的介词“于”在口语性强的文献中已经不出现。在不考虑“于”的情况下，表示对象的介词短语在该时期已经全部位于动词之前。

---

① 张赪：《汉语介词词组词序的历史演变》，北京语言文化大学出版社 2002 年版，第 178—179 页。

由此可见，当补语为表示处所的介词短语时，由于句法上的强制性要求而产生的受事前置始于晚唐五代。该时期以前当动词之后出现表示处所的介词短语充当的补语时，受事论元前置不是句法结构的强制性要求，此时制约受事论元前置的因素来自语用。当补语为表示对象的介词短语时，由于句法上的强制性要求而产生的受事前置始于元明时期。在此之前当动词之后出现表示对象的介词短语时，受事前置是语用制约的结果。当补语为表示工具的介词短语时，由于句法上的强制性要求而产生的受事前置始于宋代。该时期之前当动词之后出现表示工具的介词短语充当的补语时，在没有受到其他句法条件制约的情况下，受事论元前置都不是句法结构的强制性要求，此时影响受事论元前置的因素来自语用。

在所考察的受事话题句中，介词短语所充当的句法成分有状语和补语两类。前者 65 例，后者 72 例。就二者的发展趋势而言，充当状语的用例以西汉和晚唐五代为界分为三个发展阶段：先秦至西汉呈下降趋势；西汉至晚唐五代呈上升趋势，特别是晚唐五代时期，最大增幅达到 4.3%；该时期以后，使用频率呈下降趋势，最大降幅为 3.5%。我们认为，这种现象与狭义处置式的产生和发展有关，同时它也说明，晚唐五代以后，汉语受事话题句排斥表示处所或对象的介词短语充当述语动词的状语。充当补语的用例以东汉和魏晋南北朝两个时期为界分为三个发展阶段：东汉之前呈单纯的下降趋势，东汉至魏晋南北朝时期呈上升趋势，魏晋南北朝以后呈下降趋势。总起来说，受事话题句中，介词短语作状语和作补语的用例在各个不同时期与“表面结构条件”对汉语语法结构制约作用的由隐到显的趋势不尽一致，但从总体发展趋势来看，部分受事话题句中受事论元的前置是受到“表面结构条件”的制约的结果。

从意义类型来看，充当状语的介词短语分为表示处所和表示对象两类，其在不同时期考察文献中的具体分布如表 4－1 所示：

表 4－1　先秦至清代介词短语作状语用例分布[①]

时代 数量/百分比 类型		先秦	西汉	东汉		魏晋南北朝		晚唐五代	宋代	元明		清代
				本土文献	汉译佛典	本土文献	汉译佛典			非戏曲文献	戏曲文献	
表处所	数　量	9	0	0	3	1	2	12	1	0	0	0
	百分比	0.8	0	0	0.9	0.6	0.6	1.8	0.3	0	0	0
表对象	数　量	0	0	1	0	0	4	19	3	6	1	3
	百分比	0	0	0.3	0	0	1.2	2.8	0.8	1.4	0.7	1.1

从表 4－1 可以看出，汉语史受事话题句中，充当状语的介词短语在语义类型上以表示对象的用例最多，其次是表示处所的用例，二者分别约占介词短语状语用例总数的 56.9％和 43.1％。从不同语义类型介词短语在本土传世文献中的发展趋势来看，表示处所的介词短语状语以晚唐五代为界分为两大发展阶段：晚唐五代之前，此类用例在不同历史时期呈现出升降交替的特点，其后表现出单纯的下降趋势。表示对象的介词短语状语也以晚唐五代为界分为两大发展阶段：与处所状语不同的是，此类用例晚唐五代前后的各个不同历史时期之间均呈现出升降交替的特点。

充当补语的介词短语在意义类型上包括表示处所、对象和工具三类。其在不同时期考察文献中的具体分布如表 4－2 所示：

表 4－2　先秦至清代介词短语作补语用例分布

时代 数量/百分比 类型		先秦	西汉	东汉		魏晋南北朝		晚唐五代	宋代	元明		清代
				本土文献	汉译佛典	本土文献	汉译佛典			非戏曲文献	戏曲文献	
表处所	数量	36	0	5	1	2	0	4	0	8	1	1
	百分比	3.3	0	1.3	0.3	1.3	0	0.6	0	1.9	0.7	0.4

① 此表中各时期的用例统计包括动词之前只出现介词短语和在动词之前出现介词短语同时动词之后出现补语的用例。百分比指的是不同语义类型介词短语的用例数所占各时期用例总数的比例。

续　表

类型 \ 数量/百分比 \ 时代		先秦	西汉	东汉		魏晋南北朝		晚唐五代	宋代	元明		清代
				本土文献	汉译佛典	本土文献	汉译佛典			非戏曲文献	戏曲文献	
表对象	数　量	6	0	0	1	0	1	1	0	0	0	0
	百分比	0.5	0	0	0.3	0	0.3	0.1	0	0	0	0
表工具	数　量	0	5	0	0	2	0	0	0	0	0	0
	百分比	0	1.4	0	0	1.3	0	0	0	0	0	0

由表 4－2 可以看出，汉语受事话题句中，充当补语的介词短语在语义类型上以表示处所的用例最多，其次是表示对象的用例，表示工具的用例最少。三者分别约占介词短语补语用例总数的 77.8%、12.5%和 9.7%。从不同语义类型介词短语补语在本土传世文献中的具体分布以及在含有介词短语补语的句子中受事论元前置的制约因素来看，由表示处所的介词短语充当补语的用例共有 56 例，分别见于先秦、东汉、魏晋南北朝、晚唐五代、元明、清代六个时期。此类用例中出现于晚唐五代之前的有 46 例，这些用例中受事前置，表示处所的介词短语位于动词之后是语用表达的需要；晚唐五代之后出现的有 10 例，这些用例中受事前置、处所补语位于动词之后是句法结构的强制性要求。由表示对象的介词短语充当补语的用例共有 9 例，分别见于先秦、东汉、魏晋南北朝、晚唐五代四个时期。此类用例中受事前置于动词，介词短语位于动词之后充当补语都是语用表达的需要。由表示工具的介词短语充当补语的用例有 7 例，分别见于西汉和魏晋南北朝。此类用例中当述语动词之前出现能愿动词“可”时，受事前置是句法结构的强制性要求①，其他情况下受事前置、工具补语位于动词之后都是语用表达的需要。

带介词短语补语的受事话题句中，表示处所的介词短语补语以表示受事论元在动作的影响下所处的位置为主，也有一些用例表示

① 动词之前出现能愿动词“可”的有 6 例。

动作的方向或实现的手段。先秦以后处所补语和对象补语在受事话题句中的使用频率大致呈下降趋势，西汉以后表示工具的介词短语表现出下降趋势。上述两种情况表明，汉语受事话题句排斥表示动作归结点、起点、对象或工具的介词短语充当述语动词的补语。

“语言中的一些例外现象往往有规律可循，对例外的分析可以发现影响语言的一些隐性因素，这些因素某一时期的作用可能是微弱的，但在一定的条件下，在语言发展的每个阶段，它的作用可能就会强烈起来，它可能会成为显性因素”、“句子表达在需要变化时它可能首先从现存的语言系统内部寻找出路，寻找现有模式加以改造，很多新形式的出现都不是无源之水”。[①] 我们认为，“表面结构条件”在汉语语法系统中是逐步形成的。其对汉语语法结构的支配作用经历了一个由初步确立到逐渐增强的过程。“表面结构条件”在带不同语义类型介词短语补语的句子中所起的制约作用不是同步的。从汉语中带介词短语补语的受事话题句的句法表现来看，表示处所的介词短语补语最早受到该规则的制约，其次是表示工具的介词短语补语，表示对象的介词短语补语受制约的时间最晚。总起来说，先秦时期“表面结构条件”不存在，东汉时期新兴介词的使用和增多引起了句法结构中介词短语位置的变化。大约到魏晋南北朝时期[②]，随着不带介词的处所名词的位置与其所表示的语义有对应关系的新规律的确立[③]，该规则在汉语语法系统中的作用日趋明显。从晚唐五代开始，当动

---

① 张赪：《汉语介词词组语序的历史演变》，第 270 页。

② 蒋绍愚(1999)指出，从汉代到南北朝支配汉语语法的“抽象原则”发生动摇。从受事话题句的发展所反映出的事实来看，“表面结构规则”的支配作用大约在魏晋南北朝时期就已经在汉语中有所体现。

③ 从西汉时期开始，表处所和表实体的普通名词在形式上有了区别，出现了大量不带介词的处所名词位于动词之后的现象。魏晋南北朝时期，处所名词位于动词之前的用例出现。与此同时，不带介词的处所名词的位置与其所表示的语义有对应关系的新规律确立。这对介词短语的词序产生了影响，它打破了先秦时期表示处所的介词短语绝大多数位于动词之后的规律，并为与它作用相同的表处所的介词短语在句法中的词序变化树立了一个新模式。

词带表处所的介词短语补语时，如果动词的受事论元出现，通常会受到句法结构的强制性制约而前置于动词。元明以后该规则成为汉语语法系统中起支配性作用的规则。其所引发的句法表现是：当动词之后出现表处所的介词短语补语且介词短语受到语义的制约不能前置时，受事论元强制性地前置于动词。

以带表示动作归结点的介词短语补语的句子为例。由表示动作归结点的介词短语充当补语的用例遵循"时间顺序原则"和"介词词组的位置与它所表示的语义相对应"规律。首先，必定先有主语发出某个动作，然后才会出现受事位于某处所的结果。如例(10a)，先有施事者发出"放鱼"这个动作，才会达到"(鱼)于川"的结果。其次，在及物动词的各个论元中，与动词关系最密切的是受事论元。受事论元在句法结构中的原型位置是位于述语动词之后的宾语位置。由于"汉语从先秦时期就没有表示动作的归结点的动词词组位于动词之前的情况"①，所以此类用例中介词短语只能出现在动词之后，而不能前置于动词。这就造成了动词的受事论元与其处所补语同时位于动词之后的现象。晚唐五代之前，受事论元位于动词前后两种位置上均可。当受事具有[＋定指]或[＋通指]特征时，可以前置于动词，在句法结构中充当话题，但这种前置是语用表达的需要，不具有强制性。晚唐五代之后，随着"表面结构条件"对汉语语法支配作用的日益加强，动词的受事论元与表处所的介词短语补语在动词之后共现的情况逐渐减少。在处所补语受到语义制约无法前置的情况下，动词的受事论元强制性地前置，充当句法结构中的话题。

4.1.2.2　"得"字短语补语

从考察文献来看，"得"字短语中，出现于"得"字之后的补语有表示结果的动词和表示结果或状态的形容词两类。由前者构成的述语倾向于表示动作行为实现的可能性，由后者构成的述语表示动作行

---

① 张赪：《汉语介词词组语序的历史演变》，第269页。

为之后的状态。当动词之后出现“得”字短语时，受事论元的前置与否一方面受到来自句法方面的制约，另一方面取决于受事论元的语义特征和说话人语用表达的需要。

杜轶(2008)根据组成成分之间的句法、语义关系区分“得”字短语的类型。与本书研究相关的是“述语动词＋‘得’＋受事＋受事的性质或状态”(A类)和“受事＋(施事＋)述语动词＋‘得’＋受事的性质或状态”(B类)两种类型。① 结合杜轶(2008)的相关统计，我们将上述两种类型的“得”字补语在从晚唐五代至清代的用例情况列表4-3如下：

表4-3　晚唐五代至清代带“得”字短语补语用例统计

数量/百分比 时代 类型		晚唐五代	宋代	元代	明代	清代
“得”字短语用例总数		35	436	320	616	2250
述语动词＋“得”＋受事＋受事的性质或状态	数　量	18	86	120	37	126
	百分比	51.4	19.7	37.5	6	5.6
受事＋(施事＋)述语动词＋“得”＋受事/述语动词的性质或状态	数　量	5	57	19	50	144
	百分比	14.3	13.1	5.9	8.1	6.4

从表4-3可以看出，A、B两种类型的“得”字补语均萌芽于晚唐五代。从晚唐五代至清代，二者在各时期的用例数量上存在差异。总起来说，晚唐五代、宋代、元代受事论元位于动词之后的用例的使用频率低于受事位于述语动词之前的用例；明代和清代受事位于述语动词之后的用例的使用频率高于位于动词之前的用例。从发展趋势来看，A类句子以宋代为界分为两个发展阶段：晚唐五代至宋代呈

① 杜轶(2008)所考察的B类指的是形式为“(受事＋)(施事＋)述语动词＋‘得’＋受事的性质或状态”的句子。本书所说的B类指的是上述句式中受事明确出现的情况。同时，宋代以后B类带“得”字补语的句子中出现了“述语动词＋‘得’＋受事＋对述语的描述”的句式。此类句子中出现于“得”之后的成分在语义上既可以被认为是指向受事，也可以被认为是指向动词。杜轶(2008)将其独立为E1类，鉴于本书的研究对象，我们将其归入B类。

下降趋势；宋代至清代表现出升降交替的特点，其中，宋代至元代呈上升趋势，元代以后呈递降趋势。B类句子以元代为界分为两个发展阶段：晚唐五代至元代呈下降趋势；元代至清代表现出先升后降的趋势。①

从文献用例来看，在“述语动词＋‘得’＋受事宾语＋补语”结构中，当补语为形容词时，充当宾语的受事由具有[＋有生]或[－有生]语义特征的成分充当。如：

(15) 你瞒得我好，我也瞒得你好。那时候我看你生气不生气！(《儿女英雄传·第二十三回》)

(16) 那丫头道："他今儿也没睡中觉，自然吃的晚饭早。晚上他又不下来。难道只是耍的二爷在这里等着挨饿不成！"(《红楼梦·第二十四回》)

(17) 正无头路，可巧这柳家的是梨香院的差役，他最小意殷勤，伏侍得芳官一干人比别的干娘还好。(《红楼梦·第六十回》)

上述三例中，补语都是由形容词充当。例(15)中充当补语的是形容词“好”，宾语分别由具有[＋有生]特征的代词“我”和“你”充当；例(16)中补语由形容词“早”充当，宾语由具有[－有生]特征的名词“晚饭”充当。当动词的受事论元在语义上具有[＋有生]特征时，如果主语出现，在不考虑上下文语境的情况下，受事前置到句首和后置于述语动词所形成的句子都能成立。如例(15)，也可以将受事前置

① 对于上述现象产生的原因我们目前初步认为与所考察的语料有关。杜轶(2008)所考察的元代的语料是《孝经直解》、《小孙屠》、《鲁斋遗书》、《新校元刊杂剧三十种》。与晚唐五代的王梵志诗、寒山诗、拾得诗、《神会语录》、《游仙窟》、《入唐求法巡礼行记》、《敦煌变文》、《祖堂集》，宋代的《三朝北盟会编》、《张协状元》、《朱子语类辑略》，明代的《元朝秘史》、《老乞大彦解》、《朴通事》、《遇恩录》、《正统临戎录》、《型世言》，清代的《红楼梦》(前八十回)、《儿女英雄传》相比，文体上较为复杂，既包括韵文，又包括散文。从所考察的文献及A、B两类的总体发展趋势来看，韵文分量越大，A、B两类的比例差幅越大，与发展趋势的一致性越小。

到句首，说成“我你瞒得好，你我瞒得好”。无论受事论元位于句首还是述语动词之后，都不会影响句子施受关系的表达。而当主语不出现时，如果受事前置会造成句子的施受关系表达不清，那么它只能位于动词之后的宾语位置。如例(17)，如果将具有[＋有生]特征的“芳官一干人”前置于述语，说成“芳官一干人伏侍得比别的干娘还好”，受事前置和受事位于述语动词之后所形成的句子在施受关系的表达上完全相反。在这种情况下，受事位于宾语位置是句法结构的强制性要求。当受事具有[－有生]特征时，受事在句法上的位置有位于述语之前和之后两种情况。主语出现与否对具有此类语义特征的受事在句法结构中的位置没有影响。对一个具体的句子而言，当其向句法位置投射时，究竟选择向述语之前还是述语动词之后的位置上投射，不受句法语义的制约，而是取决于说话人语用表达的需要。

当补语为动词性结果补语时，受事也有位于述语动词之前和述语动词之后两种句法位置。如：

(18) 姐姐甚风吹得来？我这几日为你饮食无心，睡卧不宁，几次要与你说几句知心话，怕触你恼，要进你房里来，又怕人知觉。(《型世言·第三十八回》)

(19) 你这见解一定加人一等，这等元妙高超法，我两个怎生帮助得你来？(《儿女英雄传·第三十回》)

上述两例分别是受事位于述语动词之前和受事位于动词之后的用例。“得”字短语中，由动词充当结果补语的用例出现于宋代，至清代仍然存在。从考察文献来看，充当结果补语的动词都是单音节的，如“来”、“昏”、“见”等。有些用例的动词之后出现体助词“了”。从杜轶(2008)的考察结果来看，在“述语动词＋‘得’＋受事宾语＋补语”结构中，当补语是动词性的结果补语时，受事前置的用例在使用频率上低于受事位于述语动词之后用例。可见，此类用例中受事论元的前置与否也是取决于说话人语用表达的需要，跟句法或语义方面的制约关系不大。

除此之外，宋代还产生了“述语动词＋‘得’＋动词性的结果补语＋受事宾语”类型的句式。至清代这种句式仍然存在。如：

(20) 只如个诗，举世之人尽命去奔做，只是无一个人做得成诗。(《朱子语类辑略·杂类》)

(21) 不是我说狂话，只怕你家里未必找的出这么一个俗器来呢。(《红楼梦·第四十一回》)

上述两个用例中，受事“诗”和“这么一个俗器”都位于动词的结果补语之后的宾语位置上。值得注意的是，直至明代此类用例在使用频率上都不及“述语动词＋‘得’＋受事宾语＋动词性的结果补语”类的用例。清代文献中，后者的下降幅度很大，约为19％，而“述语动词＋‘得’＋动词性的结果补语＋受事宾语”类的用例使用频率大幅度上升，明清两个历史时期的差幅达到28％。① 此类用例中受事论元前置仍然是由说话人语用表达的需要决定的。

总起来说，从述语的表义特点来看，当“得”字短语中处于“得”之后的是表示动作结束之后受事所处的状态的形容词或表示动作结果的动词时，整个述语所表达的是一种静态的语义。这一特点决定了受事论元在向句法结构投射时位于动词之前比位于其后更符合该类型的述语在表达语义方面的要求。但从“得”字短语产生的晚唐五代直至清代，当补语为形容词时，受事论元前置的制约因素有句法和语用两方面。而当补语为动词时，受事论元前置都是受语用因素制约的结果，不具有句法或语义上的强制性。

在汉语史带“得”字短语的句子中，受事论元前置与否的制约因素与现代汉语差别比较大。根据陆俭明(1988)和陆俭明、马真(1996)，现代汉语中所有可用作补语的动词只限于单音节的，几乎所

① 此用例比例参考杜轶(2008)的数据得出。

有的单音节形容词都可以用作补语，而双音节形容词则受到较大限制。由此可知，“得”字短语的音韵特征是现代汉语以此类短语为补语的句子中受事论元前置与否的重要制约因素。从韵律的角度来看，当“得”字之前的动词和之后的形容词都是单音节时，整个短语的音节数量为三。由于这种音节结构与汉语词汇基本语音单位为二的双音化要求不一致，因而会对其句法功能产生影响。汉语中当动词和补语构成双音节的结构时，该述补结构常常具有普通动词的功能，其后可以出现体标记或宾语。“得”字短语在音节数目上超过了二，不容易获得普通动词的功能，因而其后出现体标记和宾语的机会很少。这种情况下，当动词的受事论元要在句法结构中显现时，受汉语韵律对述补结构功能制约的影响，受事不能位于原型宾语的位置，只能前置于动词。值得注意的是，虽然从魏晋南北朝开始，汉语双音化的趋势已经比较明显，但直至清代，即使“得”字短语中充当补语的是单音节的形容词或动词，受事仍然可以位于“得”之后或单音节补语之后。可见，韵律对带“得”字短语的句子中受事论元前置的制约时间比较晚，最早也是在清代晚期之后。

总起来说，动词之后补语成分越复杂，受事论元充当宾语的可能性就越小，其前置的可能性就越大。显然，汉语中动词之后的成分比其前的成分受到更多的限制。动词所带的补语结构越复杂，动词就越排斥其后的名词性成分，从句法上看，这一现象或许与汉语语序在深层结构中是往动词之前延伸有关。从语用上看，具有[＋定指]或[＋通指]特征的受事倾向于成为话题，实现特定的交际功能。

4.1.3　体助词的影响

从考察结果来看，动词之后出现体助词“了”、“着”、“过”的受事话题句最早见于元明非戏曲文献。此类受事前置是句法和语用两种因素综合作用的结果。

出现在体助词之前的述语动词有单音节和双音节之分。单音节动词都是中性动词，双音节动词都是动结式述补结构。上古汉语中，此类动词可以单独充当述语。由单音节中性动词充当述语的句子中，当受事论元用在排比、对偶语境中时，在满足语义上的[＋定指]或[＋通指]特征的条件下，可以被置于句首充当话题。上古以后中性动词保留了在其受事论元满足前置所必需的语义特征的条件下因语用因素制约可以前置的用法。同时，非排比或对偶语境中，在由中性动词充当述语的句子里，如果体助词不出现，句子通常不成立。汉语词汇存在复音化的趋势。王力(1958)认为，复音化既是语音问题，也是构词法的问题。他把复音化视为汉语语法史上最重要的五个变化之一。朱德熙(1982)认为，汉语语法最重要的特征是构词法和句法具有高度的一致性。显然，随着汉语词汇复音化趋势的增强，两个单音词如果高频率地紧邻出现，二者就有可能发生复合化，结合成一个双音单位。在复音化趋势的作用下，表示动作的动词和表示结果的补语相融合的几率增加，在共现频率足够高的情况下，二者有可能被赋予一个音韵单位，这样，原先的动结式述补结构在功能上就与双音节动词趋同，其后也可以出现其他句子成分，从而造成了动结式述补结构之后出现体助词的用例日益增多的现象。

体助词“了”、“着”、“过”都是由指动补语发展而来的。从形成时间来看，三者在汉语史上的形成时间较晚。一般认为，“着”形成于唐代，“了”形成于宋初，“过”形成于元代以后。据蒋绍愚、曹广顺(2005)，体助词的形态化途径受到其所在的语法系统中的动词、宾语、补语三者之间的语义和语序的限制。由体助词的形成时代可知，宋代之前在由单音节中性动词或双音节动结式述补结构充当述语的句子中，体助词的出现不具有强制性。如果不是出现在排比或对偶等语境中，在没有出现其他完句手段的情况下，此类句子在唐代以后必须加上体助词“着”、在宋代以后必须加上体助词“了”、在元代以后必须加体助词“过”才能成立。上述情况显示，宋代以后无论是由单音节中性动词还是由双音节述补结构充当述语的句子中，述语之后带体助词“着”、“了”或“过”既是完句的手段，也是受事论元前置的必要条件。在满足这种语法条件的前提下，具有[＋定指]或[＋通指]特征，但原先不能前置的受事论元才有可能前置（见 3.2.4），进而为汉语受事话题句增添了新的类型。

4.1.4　特殊句式的影响

因受到特殊句式的影响而产生的受事前置在制约因素上比较复杂。其中，由于句法制约而产生的强制性前置主要表现为受事为重叠量词或以其为定语的成分、疑问代词或疑问代词作定语的名词性成分或受事之前出现“凡”以及受事出现在“一……也”、“越……越”结构中。如：

(22) 八水泠泠分九曲，行行宝树网罗遮。（《敦煌变文集·佛说阿弥陀经押座文》）

(23) 师曰：“四邻五舍，谁人无之？暂寄旅店，足什摩可怪？”（《祖堂集·洞山和尚》）

(24) 师凡是下底物，惣吃却。（《祖堂集·普化和尚》）

(25) 先生曰：“我则异于是，越明眼底，越当面谩他。”（《朱子语类辑略·训门人》）

(26) 我想宝琴虽有了人家，我虽没人可给，难道一句话也不说。（《红楼梦·第五十七回》）

(27) 莺儿道：“什么编不得？顽的使的都可。”（《红楼梦·第五十三》）

(28) 那小厮笑道：“别哄我了，早已知道了。单是你们有内牵，难道我们就没有内牵不成？我虽在这里听哈，里头却也有两个姊妹成个体统的，什么事瞒了我们！”（《红楼梦·第六十一回》）

符合上述条件的句式中，述语动词虽然都能够满足使受事论元投射到原型宾语位置的要求，但受事论元并没有出现在宾语位置，而是位于在述语动词之前。这些句式中的受事前置都是强制性的。受事前置的原因与其所在的结构所表达的[+周遍]语义有关。如例(22)，受事的中心语“宝树”之前出现由名词重叠“行行”充当的定语。“行行宝树”在语义上具有[+周遍]特征，其前置是句法结构的强制性要求。

此外，受事由疑问代词“谁”、“何”或疑问代词“什么”作定语的名词性成分充当时，其在句法结构中所处位置不同，对其所表达的意义产生直接影响。当受事位于宾语的位置上时，其所表达的是疑问或虚指。而当其前置时，所表达的则是[+周遍]意义。如例(28)中，受事论元位于动词之前形成的句式“什么事瞒了我们”，表达的是[+周遍]意义，而受事位于动词之后形成的“瞒了我们什么事”，表达的则是疑问语气。

4.2 语义制约

从文献用例来看，有些句子中，受事论元在满足句法制约的条件下可以前置于动词，但受事论元前置以后，句子所表达的意思发生了变化。如将受事分别置于宾语和话题两种位置上，其所表达的意思完全不同。可见，在满足句法制约的条件下，受事论元能否前置还要受到语义上的制约。制约受事前置的语义要素主要包括三个方面，即受事的指称语义特征、生命度特征以及述语动词自身的语义特征。

4.2.1 受事论元的指称语义特征

“有定性范畴处于语言结构中的核心地位，是联系语汇和语法的枢纽，它以语义的定指为基础”，同时又“以这样或那样的方式联系着句中的各个结构成分，驾驭相关的语法规则，形成以有定性范畴为核心的语法体系”。[①] 由于有定性范畴是“联系语法与语义的轴心和纽

---

① 徐通锵：《汉语字本位语法导论》，山东教育出版社2008年版，第374页。

带”，是“语法结构的核心和枢纽”，而且“每一种语言的语法都有它自己的有定性范畴”①，所以汉语中的有定性范畴必然在很大程度上对其语法结构进行制约。

对于汉语中的有定性范畴，学者们提出了很多有价值的发现。赵元任(1968)指出：“主语倾向于是有定的所指对象，宾语倾向于是无定的所指对象，这是非常强的倾向性。”②石毓智(2001b)提出“句法结构赋义规律”。他指出：“现代汉语拥有一个严格的句法规律：对于没有任何修饰语的光杆名词，以述语中心动词为参照点，动词之前的被赋予有定的特征，之后的被赋予无定的特征。”③徐通锵(2008)提出汉语语义有定性规则，他说：“有定性的结构成分处于句首话题的位置或可以调整到句首话题的位置，否则就需要有特定的语法标记。”④从学者们的上述论述可以看出：汉语中动词之前的句法位置对位于该位置上的成分具有[＋有定]语义特征的要求，它自动地赋予出现在该位置上的名词性成分以[＋有定]语义特征。语义上具有[－有定]特征的成分一般会因为不符合动词前位置对该位置上的成分的语义要求而受到排斥。

由此可知，受事论元能否前置与其自身的语义特征有密切关系。汉语中的受事论元投射到句法结构中的原型位置是位于述语动词之后。受事论元是否能够满足动词之前的位置对位于其上的成分在语义上的[＋有定]特征要求，是决定其能否投射到述语动词之前的条件之一。总起来说，受事论元的指称性质，即是否具有[＋有定]特征是决定其所处的句法位置的重要因素。当受事在语义特征上能够满足动词之前的位置对位于该句法位置上的成分的[＋有定]要求时，受事前置到句首的位置比较自由，前置到主语和

① 徐通锵：《汉语字本位语法导论》，第377、379页。
② 赵元任：《汉语口语语法》，第46页。
③ 石毓智：《语法的形式和理据》，江西教育出版社2001年版，第69页。
④ 徐通锵：《汉语字本位语法导论》，第383页。

述语动词之间要受到一定的限制①。但当受事论元不能满足动词之前的位置对位于该位置上的成分的[+有定]语义要求时,则一般不能前置。

值得注意的是,跟语义角色投射规律一样,"句法结构赋义规律"在排除语用因素影响的句子中通常可以成立。然而在特定的语境中,即当受事表达遍指意义或出现于表达周遍意义的句式结构中时,具有[+周遍]特征的受事也可以出现在动词之前。表面看来,这种现象与"句法结构赋义规律"所概括的现象不甚吻合,但我们认为,这种通过[+周遍]句式表达[+有定]特征也是作为支配驾驭汉语语法结构的枢纽的有定性范畴的一种表现形式。如前所述,[+周遍]特征在更高层次上也表现出[+有定]特征,所以"句法结构赋义规律"同样适用于语用层面。总起来说,汉语以定指为基础的有定性结构单位具有不同的表现形式,既包括被动式、处置式、"周遍性主语"句等有标记的句式,也包括"主谓谓语句"、受事话题句等无标记或不需要标记的句式。"不管哪一类形式,最终都可以统帅于话题的位置,使它成为有定性概念的最具概括性的表现形式,我们据此将其看成有定性范畴。"②

4.2.2 受事论元的生命度特征

生命度是有生名词具有的与无生名词对立的语义范畴。Comrie(1981)对生命度的最初描写是将其定义为一个主要成分按生命度从高到低的词序排列的等级序列,即:

人类>动物>无生命物

语言世界的生命度等级对句法结构影响较大。从生命度的角度来看,受事论元是否能够前置受它与施事生命度等级高低的制约。

---

① 关于位于施事主语和述语动词之间的受事论元所受的语义制约,我们将在下文展开细致论述。

② 徐通锵:《汉语字本位语法导论》,第375页。

这一点在受事和施事两种论元共现的双向名词句中有突出的表现。一般说来，述语动词会自动选择具有[＋有生]特征的名词性成分作主语。因此，当受事论元具有[－有生]特征时，其向句首位置前置时比较自由，但向主语之后的位置前置则受到一定的限制。它必须避免造成受事和施事具有领属关系的歧义现象。如：

(29) 那不长进的银子不肯添，酒苦要添。(《型世言·第三回》)

上述用例中，两个分句的受事论元分别是"银子"和"酒"，二者都具有[－有生]特征。前一分句中"银子"位于主语"那不长进的"和动词"添"之间；后一分句中"酒"位于句首。当受事论元满足语义上的[＋定指]或[＋通指]特征时，就具备了前置的可能，但当受事要前置到主语和述语动词之间时，如果会造成受事与施事在领属上的歧义则会受到限制。就此例而言，主语"那不长进的"跟受事话题"银子"之间不存在语义上的领属关系，即"那不长进的"不能修饰或领有"银子"，因而句子没有歧义。但如果主语和受事话题之间存在语义上的领属关系，如将主语换成可以修饰其后受事话题的"的"字短语"那买酒的"或其他指人成分"某人"，形成"那买酒的/某人银子不肯添"之类的句子，则会造成歧义。不肯添的对象可能是"那买酒的银子"或"某人的银子"，也可能是"银子"。前者中主语在上下文省略，而后者中主语是"那买酒的"或"某人"。

总的说来，当受事具有[＋有生]特征时，如果其生命度等级低于施事，那么受事论元前置比较自由。但当受事与施事和生命度等级相同时，施受关系必须依靠二者在句法中的语序加以判断。此时受事论元的前置通常会受到限制。它必须在满足前置后不会造成施受关系混淆的条件下才能前置。由于人们对于汉语中"学生老师都见过"这种语义上存在歧义的句子，通常是根据名词性成分在线性结构中出现的语序先后来区分受事和施事论元，即按照近距离制约的原则，述语优先选择离它最近的有生名词作主语。这样，句首的成分通常被视为动词的受事论元。所以此类句子中受事论元要移至句首时不受限制，而要移到主语之后时，通常会造成句子中施受关系的改变，因而此类前置不被允许。

4.2.3 述语动词的语义特征

表层句法结构中，句法成分的排列次序与动词的语义特征有关。因此述语动词自身的语义特征也会对受事能否前置产生影响。动词语义特征对受事前置的制约在句法上主要表现为述语动词由作格动词或中性动词充当。这些动词见于述语为光杆作格动词或中性动词、述语动词之前出现由名词、形容词、介词短语充当的状语或述语动词之后出现由代词充当的宾语[①]的受事话题句类别。

如前所述，作格动词是具有表示动作行为和表示性状双重属性的一类动词。它们可以同时进入“施事＋述语动词＋受事”和“受事＋述语动词”两种不同的句式。这两种句式在语义的表达方面存在差别。前者着重表达施事的动作性，即施事发出某种动作行为对受事所产生的作用或影响。后者侧重于表达受事的状态性，即受事在施事的作用下所呈现出的结果或状态。作格动词在语义指向上大都指向受事。在由作格动词构成的句子中，动词之前出现受事论元是常态，而出现施事论元则要受到诸多来自语用和句法上的限制。如用于对偶句、排比句；与中性动词或其他动宾结构连用；其前出现表示移动意义的动词以及“能”、“欲”等能愿动词、介词“以”、否定副词“勿”或“弗”，其后出现表示移动意义的动词、介词“以”；在兼语句中担任第二个动词或用于祈使句中等。[②] 语义上的受事论元在向由作格动词充当述语的句式中投射时，还表现出一个重要特点，即当主语出现时，句子强调的是施事的动作性，此时受事论元位于动词之后的宾语位置；而当主语隐含

---

① 这里指的是动词之后出现的代词在语义上与位于句首的受事同指的类型，不包括二价动词之后保留间接宾语的情况。

② 大西克也：《施受同辞刍议——〈史记〉中的中性动词和作格动词》。

时，句子强调的是受事的状态性，此时受事论元直接投射到动词之前。无论主语出现与否，作格动词都要求与受事共现。

中性动词在语义指向上大多指向施事，特别是在由光杆中性动词构成的句式中，出现于动词之前的几乎都是其施事论元，受事论元如果要出现在该位置上通常要受到语用上的对偶、排比以及句法上的在其前添加“可”、“难”、“不”、“足”等前附状语成分的限制。可见，由作格动词构成的原型句式是受事话题句，由中性动词构成的原型句式是施事主语句。上述情况是由两类动词的语义特征决定的。至于作格动词之前出现施事论元、中性动词之前出现受事论元等强制性改变施受关系的情况，实际上是在语用因素的促使下出现的，并非上述两类动词的典型用法。

鉴于动词语义特征对受事前置的制约是一个十分复杂的问题，不同类别的动词有可能具有相同的语义特征，同一类别的动词也可能具有不同的语义特征，而且同一个动词还可以带语义指向不同的补语。因此，对于述语动词的语义特征对受事前置的制约问题，我们在这里只是粗略地提出，此问题还需要继续深入研究。

4.3　语用制约

如前所述，汉语的原型基本语序是SVO。这一语序是对认知规律的自然反映，是无标记的语序。施事论元投射为主语、受事论元投射为宾语而形成的句子是由二价动词充当述语所构成的句子的基式。但在一定的语境中，一个句子除了表达语义信息之外，还会在基本意义上临时添加各种语用信息，从而使由施事、受事、工具、处所等语义角色充当的成分在句子中的配位方式发生变化。汉语中受事话题句在句法平面大量存在，其语序表示句法关系是毫无疑问的。由于缺乏形态标记，而且受事前置“在短语平面还没有找到充分的证据”①，所以受事

① 荣晶：《汉语口语体受事前置句》，《北京大学学报》，2006年第4期，第119页。

前置的语序表达语用功能也是不可否认的。

基于考察文献中由句法、语义两方面的原因所引起的前置所占比例较小的语言事实，吕叔湘(1946)关于受事话题句的相关的论述①以及动词词汇语义所蕴含的各个语义角色在以该动词为述语动词的句子中有固定的原型位置的认识，我们认为，除了上述所讨论的句法和语义两种制约因素之外，语用也是制约汉语受事话题句形成的重要因素。因语用因素而前置的受事必须满足的条件是在语义上具有[＋定指]或[＋通指]的特征。从此意义上说，汉语中绝大多数受事话题句都是在语用因素的驱动下，通过受事论元在句法结构中非常规投射的方式形成的。

考察文献中由于语用制约而前置的受事有 2963 例，约占全部用例的 65.4％。② 此类前置都是为了满足语言表达上的特定需要，实现特定的语用功能。在不考虑语篇的情况下，动词的受事论元前置与否并不具有强制性；但如果考虑上下文语境，有些受语用因素影响而发生的受事前置现象便具有了强制性。强制性前置的句子在句法上主要表现为使用排比句或对偶句，这种句子总体说来所占比例不大。概括而言，除了因句法和语义制约而产生的受事前置类型之外，因语用因素而前置的受事绝大多数是非强制性的。制约受事论元前置的语用因素主要包括汉语的话语结构模式、语篇中信息传递的需要和上下文话题连贯性的需要。

---

① 吕先生在分析"甲乙 V 群"中当甲为受事，乙为施事和"V 甲群"中当甲为施事时指出："(前者)把受事提前，(后者)把施事退后，都不仅仅是修辞性的变化；应用这种句式有种种条件，而具备这种种条件时，这种词序竟是强迫性或半强迫性的。""(上述两种词序)实在出于同一心理，(前者)是要把听者的心里已有的事物先提出来，然后加以申说；(后者)是把听者心中所无的事情暂且捺住，先从环境说起头，然后引出那个未知的事物：总之，是要把已知的部分说在前，新知的部分说在后，由'熟'及'生'。"见吕叔湘：《从主语、宾语的分别谈国语句子的分析》(1946)，《吕叔湘文集》(第 2 卷)，商务印书馆 2004 年版，第 468—469 页。

② 因语用因素而前置的受事必须满足在语义上具有[＋定指]或[＋通指]特征的条件。由于引发受事前置的语义和语用两种因素的界限并不是截然分明的，这里的统计数据是除受句法因素制约的前置之后得出的一个比较粗略地数据。

4.3.1 汉语的话语结构模式

在绪论部分我们曾经指出，印欧语的语法分析存在两种不同的模式：一种是以句子的命题结构为依据的二分模式，另一种是以事件结构为依据的三分模式。前者中主语跟述语相对，后者中主语跟宾语相对。将这两种模式分别移植到汉语中，就形成"T[S(VO)]"和"SVO"。就三分模式而言，如果要对其作层次划分，其结果只能有S(VO)一种合理的分法。显然，在汉语线性句法结构中，述语动词与宾语的关系比它与主语的关系密切。从语义的角度来看，宾语位置的原型角色是述语动词的受事论元，由此可以推知，在动词的各种语义角色中，受事与动词比施事与动词之间的语义关系要密切得多。受事论元直接受动词的支配或影响，而施事论元则是与动词及其受事论元所构成的动宾短语相联系。汉语由二价或三价动作动词充当述语动词的句子中，排除句法歧义因素，施事论元的出现不具有强制性；相比较而言，受事则必须出现。这既可以作为"受事话题＋述语"和"述语动词＋受事宾语"两种结构的句式得以自足成句的句法语义条件，也可以用来解释本书所考察的受事话题句中出现主语的用例所占比例较小的现象。

值得注意的是，"受事话题＋述语"句内部并不是整齐划一的，还存在着不同的类别。此类形式的句子中，有些是隐含主语、描述受事在动作行为之后所处的状态的描写句；也有一些是在特定的语境下，承前或蒙后省略主语的双向名词句。对于双向名词句的制约因素，我们在4.2.2中已作过相关的讨论，此不赘述。根据Comrie(1981)"从跨语言的角度来看，最明确的主语是兼作话题的施事"的观点，三分模式"SVO"中的S既是主语也是话题。因此，该模式也可以表示为TVO，作层次划分后，则是T(VO)。可见，无论是以句子的命题结构为依据还是以事件结构为依据，汉语的话语结构模式都可以表示为"话题＋述题"。

汉语的话题在语义上大都表现出[＋有定]特征，充当话题的成分大都是[＋定指]或定指程度较高的[＋通指]成分。由于话题的这一语义特性，而且话题又是位于述语动词之前的位置上，因此，动词之前的位置就跟位于该位置上的成分在语义上的[＋有定]特征取得了关联。这样，具有[＋有定]特征的成分也与动词之前的句法位置取得了一定的联系。徐枢(1988)指出，PAV 句式中充当受事的成分具有[＋有定]特征是该句式成立的必要条件。这一观点与我们所观察到的事实一致。当受事论元具有[＋定指]或[＋通指]特征时，它就与话题位置对位于该位置上的成分的语义特征要求相一致，具备了进入到话题位置上的可能。在满足来自句法、语义、语用方面其他制约条件的情况下，受事就可以前置到话题位置，成为句法结构中的话题。

4.3.2 受事论元所负载的信息的性质

人们运用语言进行交际的过程即为组织并传递信息的过程。从目前类型学的研究成果来看，人类语言最常见的组织信息原则有两种：一种是中心语在前(head-initial)或中心语在后(head-final)；另一种是已知信息和未知信息的前后顺序。① 石毓智(2001b)指出，表达信息的方式是存在于具体语言形式背后的更高的组织原则，它制约着各种具体结构的语序。

在组织信息的先后顺序上，汉语遵循的是"已知信息＋未知信息"的顺序。从已知信息到未知信息是汉语常见的信息结构模式。这种信息模式在汉语句法上具体表现为，汉语的主语在语义上多表

---

① 范继淹(1985：328)指出："事实上，一句话的内容都是说话人已知的信息，说话的目的正是把自己已知的信息传输给别人。已知和未知的区别，只有在听话人一方才存在。"我们认为，在上述两种信息的区别问题上以说话人为参照点的倾向性更大。"已知信息或旧信息指说话人相信他传递的信息是听话人已经知道的(可能是在交际语境中提供的，也可能在前述话语中有所提及)；而未知信息或新信息指说话人认定他所传递的信息是听话人所未知的。"(何自然《语用学概论》，湖南教育出版社 1988 年版，第 327 页)。

现出[+有定]特征，而宾语则一般是[-有定]的。即一般说来，如果说话人认为某种信息是听话者已经知道的，在指称上就会采用定指的形式，反之则采用无定形式。可见，受事论元所负载的信息的性质也是影响其能否前置的重要因素。受事论元所负载的信息可能是已知信息，也可能是未知信息。通常情况下，具有[+有定]特征的受事论元传递的是已知信息，具有[-有定]特征的受事论元传递的是未知信息。因此，从信息传递的角度来看，当受事论元具有[+有定]特征时，其所负载的信息都是已知信息。在这种情况下，它就具备了位于动词之前位置上的可能；而当受事论元具有[-有定]特征时，其所负载的信息都是未知信息，这种情况下，表示未知信息的受事论元一般不能前置于动词，它只能位于动词之后的常规位置上充当宾语。

因受事论元所负载的信息性质而产生的受事前置在句法上的主要表现为，述语动词之前出现由否定副词、“可”或“足”之外的其他能愿动词充当的状语，述语动词带直接宾语，述语动词带由表示受事的性质、状态或对述语进行描述的“得”字短语、动词或数量短语充当的补语或“连”字句等类别。

4.3.2.1　述语动词之前出现否定副词

(30) 弑父与君，亦不从也。(《论语·先进》)

Givón(1978)指出，一般情况下，否定句总是预先假设相应的肯定句所表达的命题内容，“否定”作为一种言语行为，是对这个预先假设的命题加以否认或反驳。沈家煊(1999)指出，“在语言使用中有一条规律，一般总是先用肯定句引出一个专指/不定指成分，否定整个成分时则用定指的名词成分”。[①] 由此看来，否定句在预设相应的肯定命题的同时，也会预设相应的名词性成分(包括发生指称化的谓词性成分)。而且，在说话人看来，听话者对其所预设的成分是熟悉的。可以说，在带否定副词状语类受事话题句中，具有[+定指]或[+通

① 沈家煊：《不对称和标记论》，江西教育出版社1999年版，第57页。

指]特征的受事前置是出于语用原因,它是语言交际中话语表达的需要。这种前置的受事具有话语、标记信息或对比的功能。

4.3.2.2　述语动词之前出现由"可"或"足"之外的其他能愿动词充当的状语

(31) 鱼透碧波堪上岸,无忧花树最宜观。(《敦煌变文集·太子成道经》)

考察文献中"可"、"足"之外的其他能愿动词包括"敢"、"能"、"得"、"宜"、"当"、"会"、"应"、"欲"、"须"、"堪"、"必"、"用"、"肯"、"要"、"豫"、"好"、"愿"、"该"等18个。① 上述能愿动词都属于主观信息范畴,其所表达的是说话者依据其主观的立场、观点对客观事物的判断或评议。其原理是说话人预设一个对听话者来说是熟悉的事物或事件,进而依据其主观认识对所预设的事物或事件作出主观判断。就出现于上述能愿动词之前的成分的语义角色而言,它可以是施事,也可以是受事。由于"话语中多多少少总是含有说话人'自我'的表现成分",②语言通常采用发生"主观化"的方式来表现这种"主观性",因而"主观化"与信息表达密切相关。汉语信息表达的顺序是从已知到未知。在由"可"、"足"之外的其他能愿动词充当状语的受事话题句中,当受事论元具有[+定指]或[+通指]的语义特征时,在句法制约许可的情况下,说话人如果要表达自己的立场、态度或感情,就可以将此类受事作为一种已知信息加以预设。这样受事就可以因表达已知信息的语用功能而被置于句首成为话题。

4.3.2.3　三价述语动词之后出现宾语

(32) 贾母道:"这件事我交给珍哥媳妇了。"(《红楼梦·第四十

---

① 其用例依次是13、82、21、8、36、3、13、7、21、10、4、8、4、22、1、4、1、4。各个不同的能愿动词在考察文献中出现的历史时期详见第411页"附表Ⅰ"。

② 沈家煊:《语言的"主观性"和"主观化"》,《外语教学与研究》,2001年第4期,第268页。

三回》)

根据充当宾语的成分在词类属性上的不同，述语动词带宾语的受事话题句可以分为宾语是名词(名词短语)和宾语是代词两类。此类受事话题句的特点是述语动词为三价动词，其后出现由名词(名词短语)或代词充当的宾语。无论动词之后出现的宾语是名词还是代词，受事前置的动因都是出于具有[＋定指]或[＋通指]特征的受事在句法、语义制约许可的情况下，被说话者视为已知信息在语篇中表达对比或强调功能的语用需要。

4.3.2.4　述语动词之后出现补语

(一) 述语动词所带的“得”字短语中补语表示受事的性质、状态或者是对述语的描述。如：

(33) 姐姐甚风吹得来？(《型世言·第三十八回》)

述语动词带“得”字短语的句子中，如果补语表示的是受事的性质或状态，那么从唐代至清代，当述语动词为二价动作动词时，其受事论元出现的句式有四个，即“述语＋‘得’＋受事＋受事的性质或状态”、“受事＋(施事＋)＋述语动词＋受事的性质或状态”、“述语＋‘得’＋受事＋对述语的描述”、“受事＋述语＋‘得’＋表示结果义的动词性补语”。[①] 在“述语动词＋‘得’＋受事宾语＋补语”结构中，除了当补语为形容词或充当宾语的受事在具有[＋有生]特征时受到句法上的强制性制约之外，其他情况下，从唐代至清代，在述语动词带“得”字短语的句子中，受事论元前置都是在实现话语功能的同时将补语置于语义焦点的位置加以凸显的语用驱动下实现的，不具有句法或语义上的强制性。

(二) 述语动词带动词补语

由动词充当补语的述补结构又称动结式。该结构是汉语语法系

① 具体论述见 4.1.2.3 节。

统中颇具特色的一种形式,“从意义上说,(它)是把行为及其结果在一个动词性仂语中表示出来。这种行为能使受事者得到某种结果”。[①] 从现有的研究成果来看,学界在动结式的产生时代的问题上存在不同的意见。本书采用王力(1958)的观点,即认为动结式“产生于汉代,逐渐扩展于南北朝,普遍应用于唐代”。虽然各家对动结式产生上限的断代不尽一致,但可以确定的是,直至清代,在由该结构充当述语的句子中,动词的受事论元既可以位于述语之前,也可以位于述语之后。如:

(34) 一时薛、林二人也吃完了饭,又酽酽的沏上茶来大家吃了。(《红楼梦·第八回》)

(35) 那人道:“老太太的饭吃完了。今日添了一位姑娘,所以短了些。”(《红楼梦·第七十五回》)

例(34)中,动词的受事论元“饭”位于动词之后,充当宾语。例(35)中,动词的受事论元“老太太的饭”位于述语之前充当话题。

从考察文献来看,当述语中出现由动词充当的补语时,其受事论元前置于述语的用例最早见于东汉本土传世文献,其后这种类型的句子广泛存在于各个不同的历史时期。如:

(36) 两三番后,此心磨刮出来,便渐渐坚定。(《朱子语类辑略·训门人》)

(37) 家中银子渐渐用完,渐渐去催房租,又来当中支银子。(《型世言·第十四回》)

在由动词充当补语的句子中,受事论元的前置与否跟其自身的指称语义特点、补语的语义指向、话语表达的需要等因素都有关系。一般说来,当受事论元在语义上具有[＋定指]或[＋通指]的语义特征且补语在语义上指向受事时,受事论元倾向于前置,如例(37)。前

---

① 王力:《汉语史稿》(1958),中华书局1980年版,第466页。

一分句中，受事“家中银子”具有[＋定指]的语义特征，动词“用”之后出现补语“完”，该补语在语义上指向受事。这种情况下，受事前置是实现话语功能和凸显述语焦点的语用需要，而受事居后的句子“渐渐用完家中银子”，虽然也成立，但其所表达的是一种中性的语义。相比较而言，后一分句中，动词“催”之后没有出现补语成分，这种情况下，受事前置的句子“房租渐渐去催”中，受事“房租”虽然也具有[＋定指]的语义特征，但“摧”之前的状语“渐渐”在语义上指向主语，受事前置后，所凸显的焦点是述语动词之前的状语，因而此类句子中将受事前置不如让其位于动词之后自然。总起来说，汉语史上由动结式述补结构充当述语的句子中，动词的受事论元前置于述语是受到语用因素制约的结果，不具有句法或语义上的强制性。

（三）带数量短语补语

（38）粮不畜一粒，逢饭但知餐。（《祖堂集·懒瓒和尚》）

（39）颠不剌的见了万千，似这般可喜娘的庞儿罕曾见。（《西厢记》）

由数量短语充当补语的受事话题句最早见于魏晋南北朝佛典。此类受事话题句中，前置的受事都受动词之后的数量短语修饰。汉语中“数量短语＋名词”和“名词＋数量短语”两种形式长期共存。它们既可以出现在述语之前，也可以出现在述语动词之后。如：

（40）十段香木悉皆售尽。（《贤愚经》）

（41）师曰：“陛下见空中一片云不？”（《祖堂集·慧忠国师》）

（42）火炮铁炮五百余架都装载上车。（《水浒传·第五十四回》）

（43）获佛牙一枚，舍利十五粒。（《高僧传·兴福篇》）

例（40）和（41）是“数量短语＋名词”分别位于述语动词前后的用例；例（42）和（43）是“名词＋数量短语”分别位于述语动词前后的用例。张赪（2010）指出，“数量短语＋名词”用于动词之前的用例出现于魏晋南北朝，但用例非常少，晚唐五代时期此类用例虽然在数量上有所增加，但两个时期中该结构位于述语前后的用例的使用频率相同。

可见，汉语中的“数量短语＋名词”结构具有前置于述语动词和位于其后两种句法位置。当结构中的名词是动词的受事论元，且具备[＋定指]或[＋通指]语义特征时，就有了前置于动词的可能。这种情况下，受事前置是实现话语功能和凸显数量的语用需要。如例(39)中，“颠不剌的”和“万千”之间具有修饰关系，“颠不剌的”位于句首实现语用功能，“万千”处于动词之后语义焦点的位置上，代表说话人所要表达的新信息。如果用主动式表达，则是“见了万千颠不剌的”。该句中，数量短语“万千”是宾语“颠不剌的”的修饰语，处于语义焦点位置的成分的中心语是“颠不剌的”。这种情况下，代表新信息的是动词之后充当宾语部分的中心语“颠不剌的”，而不是修饰语“万千”。从经济性的角度来看，就不能带双宾语的动词而言，当受事和数量补语要在句子中共现时，可以采用多种表达形式。相比较而言，将受事前置比使用重动句“述语动词＋受事宾语＋述语动词＋了＋数量补语”更符合语言表达的经济性原则，同时也避免了表达上的重复啰唆。

4.3.2.5 “连”字句

(44) 你要看了，连饭也不想吃呢。(《红楼梦·第二十三回》)

(45) 况且误了别人的年下衣裳无碍，他姊妹们的若误了，却是你的责任，老太太岂不怪你不管闲事，连一句现成的话也不说？(《红楼梦·第四十五回》)

袁毓林(2006)研究“连”字句，他指出，这种句式陈述的断言是NP所指的事物恰恰具有VP所指谓的那种属性。他借助尺度原理(scale principle)一类语用原则得出结论：“连”的作用是引出一个跟语境相关的语用尺度，并指示其引导的成分的所指处于这个量级标尺的最低点。“都、也”的语义作用是把“连”所引导的NP的所指(即某个语用尺度上的最低点）跟“连”所引进的语用标尺上的其他元素加合起来，形成一个周延性的集合，来跟后面VP的所指建立起陈述关系。

“‘连’NP都/也”句式中，“连”是话题标记，其所引导的成分是话题。“连”字之后的话题成分具有一定的对比性，但是不具有排他性。“都”或“也”是表示强调的语气副词，它们通过约束“连”字之后的成分，使其跟话题域中的其他成分进行对比，来表达一种反预期的句式意义。即在一个由具有某种属性的元素组成的集合中，存在着一个跟说话人的预期相反，居然也具有VP指谓属性的子集。该句式在语义上所表达的是：“连”引导的NP所指的事物跟其他相关的事物一样，都具有VP所表示的性质。“连”字句是一个“新闻句”（news sentence），其所传达的是一种出乎人们意料的新情况。同时，它也是一种话题强调构式，“含有字面以外的特定预设义、隐含义及话题强调功能”①。由于“连”字句有特别的句式意义，即“连”字引导的成分的所指反预期地具有后面的谓词性成分所指谓的性质，因而它比一般的话题句受到更多的语义限制。

“连”字句在意义的表达上有典型意义和非典型意义两种不同的语义解释。典型的“连”字句的意义指的是“连”字所引导的话题的所指居然也有述题所指谓的某种属性；非典型的“连”字句的意义指的是“连”字所引导的话题和述题联合起来构成的“NP—VP”结构表示一种反预期的新情况，这种情况在特定的言谈论域中是一种极端的情况。② 据袁毓林（2002c），话题化的名词性成分有时具有代表动词性成分的语义功能。从袁先生所举的例证来看，具有代表动词性成分语义功能的主要是一些前置于动词性成分的受事成分。这些成分与动词结合的面比较窄，如“烟”和“抽”、“酒”和“喝”等。在我们所考

---

① 杨永龙：《试说“连X都VP”构式的语法化》，《语法化与语法研究》（五），商务印书馆2011年版，第374页。

② 袁毓林：《试析“连”字句的信息结构特点》，《语言科学》，2006年第2期。

察的“连”字句中，前置的受事通常与述语动词和宾语之间存在严格的选择限制的配对，如例(44)中的“吃饭”，例(45)中的“说话”等。这些具有严格配对关系的结构在用“连”字结构来表达时，通常表达的是非典型的“连”字句的意义。在这种非典型的“连”字句中，“连”字所引进的是一个以“述语动词＋名词”所指谓的情况为最低点的语用尺度，副词“都”或“也”所约束的成分也相应地从“连”之后的成分变成整个“名词＋述语动词”组合。这跟“连”字结构是以一个广焦点(broad focus)的形式来传递一个新信息的语义表达特点相吻合。袁毓林(2002c)指出，“(汉语)作话题的名词性成分有时可以代表动词性成分”。“某些充当宾语的名词短语在作话题化移位时，可以显性地(overt)或隐性地(covert)裹挟着支配它的动词一起移动到句首的话题或次话题的位置。”“正是这种名词裹挟动词移动最终造成了名词代表动词短语(述宾结构)作话题。”[①]一个基础的“主语＋动词＋宾语”句式通过拷贝述语部分的谓词性宾语而形成话题结构、删除述题中述语部分跟话题中重复的体词宾语、再删除话题中跟述语部分重复的动词，就可以形成话题结构。这样，“连”原来只能引入一个以跟它紧邻的成分的所指为最低点的语用尺度，通过一个话题化的过程，它就可以把语义功能从这个成分扩大到其后面的谓词性成分上去。这便是“连”字句形成的句法语义机制。

此外，受事论元是否能够前置还与说话者想要突出话题的重要性程度有关。一般说来，当句中存在多个具有[＋有定]特征的成分时，这些成分在句法结构中的排列顺序大致是根据说话者对其强调的重要程度而定的。越想强调的话题位置越靠前，越不想强调的话题位置越靠后。多个具有[＋有定]特征的成分在句法上形成以要强调的重要性为参数的由近及远、层层套合的序列。

---

① 袁毓林：《名词代表动词短语和代词的波动》，《中国语文》，2002年第2期。

4.3.3　篇章语境的限制

为了保持话题的延续性和上下文的连贯，动词的受事论元前置有时带有强制性。此类句子在句法上主要表现为由光杆动词充当述语，或述语动词之前出现由名词或表示时间、程度、方式的副词充当的状语，或动词之后出现由处所名词、介词短语充当的补语。在因篇章的强制性制约而发生受事前置的句子中，当受事具有[＋有生]特征时，其特点是较多地使用对偶句或排比句，述语动词在语义上多是表示战争、刑罚、惩处、封拜、任免的类别。当受事具有[－有生]特征时，在动词的语义类别上一般没有特殊的要求。从动词的使用情况来看，受篇章语境限制的受事前置类型中，出现于句子中的动词包括作格动词和及物动词中的中性动词两类。①

从我们所观察到的语言事实来看，施事不出现的不及物句式即传统上所谓的“反宾为主句”②的特点是：述语可以由光杆的“破”类作格动词或“斩”类中性动词直接充当，也可以在动词之前出现状语或在动词之后出现补语。宋亚云（2005）指出，“斩”类动词所造成的“反宾为主”现象是在当时被动标记使用还不普遍的情况下的一种临时用法，是一种语用现象，不应该视为基本用法。我们赞同这一观点。同时，我们也认为，此类句式中动词之前的成分是话题，它是由受事论元在向句法结构投射的过程中通过非常规投射的方式形成的。句子中使用的动词虽然在类别上有所差异，在句式所传达的“被

① 本书对上古汉语动词系统的分类采用的是宋亚云（2005）的观点。即，认为上古汉语的动词系统是一个由及物动词、作格动词和不及物动词构成的三分体系。其中，根据动词是否允许其后的宾语悬空，及物动词又可以进一步划分为粘宾动词和中性动词两类。

② “反宾为主句”有广义和狭义之分。狭义的“反宾为主句”指的是由“斩”类光杆动词充当述语的句式。此类句式中的动词虽为中性动词，但不典型。广义的反宾为主句包括由“破”类作格动词充当光杆述语或其他中性动词充当述语动词的句子。本书的“反宾为主句”采用广义说。详见宋亚云（2005）。与传统上将此类句式中动词之前的成分视为“主语”的观点不同，我们认为“狭义反宾为主句”中，动词之前的成分是句法上的话题而非主语。

动”信息的强弱程度上也有所不同，但这并不影响我们对前置受事是话题的观点。因为即使是对于由中性动词充当光杆述语并且句式传达出较高程度的被动义这一类最典型的“反宾为主句”而言，一则句式中没有出现表示被动的形式标记，无法从类型学上找到其为被动句的证据；二则汉语中主语的语法化程度较低，受事论元在没有添加被动标记的句式中无法投射为被动主语。鉴于汉语中话题的语法化程度较高的事实，受事论元在满足前置制约条件的情况下，投射到动词之前成为话题是很自然的。

以施事隐含的“NP＋VP”类受事话题句为例。句中的 VP 少数由光杆动词单独充当，大多数是由动词之前出现状语或动词之后出现补语的谓词性成分充当。其作用不是表示动作，而是具备了形容词和状态动词的某些句法功能，表示其前 NP 的性状。从此类句式的生成来看，它是受事论元在向句法平面投射时为凸显其在动作完成后所处的状态，由叙述转为描写，从而隐含施事而生成的。从功能上看，这种句式主要是描写句。当 VP 之前出现能愿动词或之后出现可能补语时，整句话所表达的是动词能否对受事施加某种动作，即受事能否承受或接受动词所表示的动作。此时的“NP＋VP”句就是评议句。此类句式在句子类型的划分上具有标志性意义。它标志着句子由叙述句转化为描写句。这一点，从其与施事出现的受事话题句的比较中可以看出。在施事出现的受事话题句中，VP 尽管描述的是前置受事的状态，但整句话也有叙述动作构成的事件的价值即说明由于某种动作而产生的状态的作用。从所属的句类来看，可能还处于从叙述句向描写句过渡的阶段。总起来说，NP＋VP 句的形成是语言类推作用和经济原则共同起作用的结果：把表示主语结果状态的及物动词类同于表示主语性状的不及物动词或形容词。经济原则要求用尽量少的语言形式表达尽量丰富的意义，句式中主语隐含正是顺应了这一原则的要求。

4.4 句法、语义和语用多重制约

除了以句法、语义或语用为主导因素之外,还有一些受事话题句的形成是多种因素综合作用的结果。其在句法上主要表现为述语动词之后出现由处所名词充当的补语的次类。如:

(46) 比干见刳,孔子拘匡。(《荀子·赋第》)

(47) 李兑用赵,饿主父于沙丘,百日而杀之。(《韩诗外传·卷四》)

在由处所名词充当补语的句子中,受事论元前置是句法和语用两种因素共同制约的结果。

先秦时期,实体名词和处所名词自身在形式上没有区别。二者的区分是靠介词"于"或"乎"来实现的。其前加上介词的是处所名词,不加介词的是实体名词。西汉时期,很多处所名词之后加上了方位词。这种情况下,处所名词之前不加介词也可以跟实体名词分开。先秦时期,表示处所的词语后面不加方位词而前面不用"于"的用例也存在,但从先秦到西汉,总的发展趋势是处所名词之前加介词"于"或处所名词之后加方位词的用例增加,不使用介词标记的用例通常是在处所名词之后出现方位词。① 从先秦到西汉,不带介词标记的处所名词绝大部分位于动词或动词宾语之后,《史记》中出现了此类短语用于动词之前的个别用例。东汉佛典中,由不带介词标记的处所名词用于动词之前充当状语的用例有所增加。魏晋南北朝时期,此类用例大量出现,不带介词标记的处所名词在句子中的位置与其所表示的语义之间的对应关系确立。当其位于动词之前时表示的是动作发生的场所或动作的起点;当其位于动词之后时表示动作的归结点;表示滞留场所的用例既可以位于动词前,也可以

---

① 蒋绍愚:《抽象原则和临摹原则在汉语语法史中的体现》,《古汉语研究》,1999 年第 4 期。

位于动词后。①

我们的调查结果与张赪(2002)相符。在我们所考察的文献中,处所名词之前不出现介词标记、其后不出现方位词的用例见于先秦、西汉、东汉三个时期。此类名词大都是专有地名、国名,如例(46)中的专有地名“匡”和例(47)中的国名“赵”。

当动词之后出现专有地名或国名时,句子中出现于处所名词之前的述语动词都是要求与其受事论元共现的作格动词。上古汉语中,此类句子的受事可以前置,也可以直接位于动词之后②。此后,受事如果不前置,所构成“动词+受事+专有地名/国名”的形式不符合汉语句法。这种情况下,受事前置是句法结构的强制性要求。当动词之后的处所名词之后出现方位词时,先秦至西汉,受事可以位于述语动词和由带方位词的处所名词充当的补语之间,形成“施事/当事主语+述语动词+受事宾语+带方位词的处所名词”句式。如:

(48) 严仲子乃察举吾弟困污之中而交之。(《史记·刺客列传》)

(49) 胡奴诱之狭室中,临以白刃,曰:“先公勋业如是!君作东征赋,云何相忽略?”(《世说新语·文学》)

上述两个都是由带方位词的处所名词充当补语,受事位于补语之前主语之后的用例。这两个用例中,充当受事宾语的分别是名词短语“吾弟”和代词“之”。此时,受事前置与否不是句法结构的强制性要求,而是语用表达的需要。

值得注意的是,当受事是代词“之”时不能前置。当受事是普通名词时,在满足[+定指]或[+通指]语义特征的条件下,具有前置的可能。排除语用因素,如果要使受事前置之后的句子成立,动词和处

① 张赪:《汉语介词词组词序的历史演变》,北京语言文化大学出版社2002年版,第266页。

② 受事位于动词之后、专有地名或国名之前的用例如:《左传·宣公三年》:“诱子华而杀之南里。”《史记·殷本纪》:“纣囚西伯羑里。”

所名词之间必须添加回指代词“之”。如例(48)，受事“吾弟”具有[＋定指]语义特征，必须在动词和处所名词之间要添加回指代词“之”，形成“吾弟，严仲子乃察举之困污之中而交之”，句子才能成立。据张赪(2002)，魏晋南北朝时期，除个别例外，不带介词标记的处所名词在句法结构中的位置与语义相对应的规律已经确立。该规律在汉语句法上具体表现为当处所名词表示动作发生的起点或场所时，处所名词通常位于述语动词之前充当状语，不能位于述语动词之后充当补语。可见，魏晋南北朝之后，当受事为普通名词，带方位词的处所名词表示的是动作发生的起点或场所时，通常采用“带方位词的处所名词＋述语动词＋受事宾语”的结构。如：

(50) 兀室云：“两朝誓书中不纳叛亡，今贵朝已违誓矣。”(《三朝北盟会编·燕云奉使录》)

(51) 不想这日三月十五，葫芦庙中炸供，那些和尚不加小心，致使油锅火逸，便烧着窗纸。(《红楼梦·第一回》)

这种情况下，具有[＋定指]或[＋通指]语义特征的受事前置与否不具有强制性，而是取决于语用表达的需要。

当带方位词的处所名词表示的是动作的归结点时，受事出现的句式有“述语动词＋受事宾语＋介词＋带方位词的处所名词”、“介词＋受事宾语＋述语动词＋带方位词的处所名词”两种，如：

(52) 如刺秦王在闾中，不知为谁，尽诛之，可也。(《论衡·语增篇》)

(53) 及亡，刘尹临殡，以犀柄麈尾着柩中，因恸绝。(《世说新语·伤逝》)

例(52)中，受事“秦王”位于述语动词“刺”之后，补语出现于句末。例(53)中，受事“犀柄麈尾”位于介词“以”之后、述语动词“着”之前，表示动作的归结点的带方位词的处所名词“柩中”位于句末。这种类型的句子出现于西汉，魏晋南北朝时期用例增加，在使用频率上高于述语动词后接介词短语的用例。所使用的动词都属于表示“安置”、“放置”或“容纳”义的类别。据张赪(2002),唐代动词之后带处所名词的用例急剧减少,晚唐五代时期的考察文献中,此类用例没有出现。

总起来说,由处所名词充当补语的用例中,受事前置的制约因素因补语语义类别的不同而有差异。一般说来,西汉之前无论其语义类别如何,由处所名词充当的补语都位于动词之后,此时受事前置是语用制约的结果。受事前置以后,在原来的位置上通常要出现回指代词“之”。从考察结果来看,西汉文献中,出现了由普通名词充当补语表示处所但受事前置以后没有在原先位置出现回指代词“之”的用例。我们认为,这种情况是由于在语篇中形成对偶的语用需要而产生的,是上下文语境强制性制约的结果。

4.5 小 结

朱德熙(1985)指出:“在汉语里,不同的词序往往代表不同的结构。从这个角度看,倒是可以说汉语的词序比印欧语重要。”①陆俭明(2005)概括朱先生的观点,指出:“(汉语)词序是灵活的,语序是固定的。”②陆先生认为,在不改变语义关系的前提下,汉语中的词在所处位置方面相对比较灵活,而有语法结构关系的成分却不能随便变动。如果成分的次序发生变化,那么结构和意义就会发生变化。袁毓林(1998)指出:“汉语句法成分的排列次序是固定的,语义成分的排列次序有一定的灵活性;更准确地说,汉语在语义成分跟句法成分的配位关系上有一定的灵活性。”③

汉语中的每一类动词通常都有自己的词汇语义特点所蕴含的固定的语义角色,因而有各自固定的论元结构或语义结构。在动词的

① 朱德熙:《语法答问》,商务印书馆 1985 年版,第 3 页。
② 转引自袁毓林:《汉语动词的配价研究》,江西教育出版社 1998 年版,第 143 页。
③ 袁毓林:《汉语动词的配价研究》,第 144 页。

原型结构中，各种不同的语义角色有其相对固定的原型位置。同一个动词可以生成表层语序不同的句子，这些句子的深层结构中所包含的语义成分是相同的。在语义结构向句法结构投射的过程中，语义成分在句法上可以投射到由动词的词汇语义特点所决定的原始位置，也可以根据语用表达的需要调整其原型位置，通过语义角色的非常规句法投射的方式生成各种语序不同的句子。虽然各句法成分的次序可以变动，语义成分的投射位置也可以调整。但是无论投射位置如何变化，都必须在满足来自句法、语义和语用等方面的制约条件的前提下进行。

从受事话题句在汉语史上的分布情况来看，制约受事前置的因素比较复杂，既有来自句法上的制约，也有来自语义和语用上的制约，还有一些受事话题句的形成是多种制约因素综合作用的结果。一般说来，来自句法和语义两方面的制约而产生的受事前置都是强制性的，句法制约和语义制约常常交错在一起。就所在的小句而言，由语用原因引起的受事前置在句式的选择上不具有强制性，将受事置于动词之前只是使用上的一种倾向性。但考虑到语篇因素，使用受事前置的句式更多的是为了凸显句尾焦点、保持话题的连贯性，便于上下文的衔接，避免句式不整齐或为满足句法要求使用重动句所造成的表达啰唆或重复等问题。

第五章
汉语的基本语序结构与受事论元前置的功能

5.1 汉语的基本语序结构

Greenberg(1966)在对三十种语言调查研究的基础上,从类型学的角度对世界上的语言作出了类型划分。他在提出最基本的语序只有 SVO 和 SOV 两种的同时,还归纳出了与不同语言类型相对应的一些特征,如"在用前置词的语言里,领属成分几乎总是位于支配名词之后,而在用后置词的语言里它几乎总是位于支配名词之前"①等。戴浩一(James H.-Y. Tai,1975)用 Greenberg(1966)所提出的语序类型类别特征来考察汉语,他发现汉语中有很多属于 SOV 语序类型语言的特征,提出了汉语是 SOV 语言的观点。Li& Thompson(1975)根据古今汉语在词序上的一些变化,提出汉语的词序经历了一个从 SVO 到 SOV 的变化的观点。这一观点引发了学界对汉语语序的热烈讨论,与汉语词序变化相关的一些问题得到了比较充分的关注和深入的研究。如黄宣范(Huang Shuan-fan,1978)、黎天睦(Timothy Light,1979)、梅广(Mei Kuang,1979)、屈承熹(1984)、沈培(1988)、魏岫明(1992)、孙朝奋(Sun Chaofen,1996)、张赪(2002)。

---

① Comrie:《语言共性和语言类型》(1981),沈家煊译,华夏出版社 1989 年版,第 112 页。

基于汉语语言事实的大量研究成果表明：汉语中存在一些语序发生古今变化的语言现象，如介词词组由位于动词之后变为位于动词之前、平比句中“基准”由位于“结果”之后变为位于结果之前等。这些语序变化都是汉语内部为适应汉语语法的发展而进行调整的结果。引发语序变化的因素植根于汉语语法系统内部，相关的变化只是经历了一个影响因素由弱到强的变化，并没有引起汉语语言类型上的变化。

Li&Thompson(1975)基于许多语言可以据其基本结构是“主语+谓语”还是“话题+陈述”加以区分的事实，把世界上的语言分为主语优先和话题优先两大类型。在他们看来，话题不但可能与主语一样是语法描写中的基本概念，而且不同语言在依据主语或话题构建句子结构方面可能存在差异。“主语+谓语”和“话题+述语”这两种不同类型的语义关系具有深层的结构意义。他们认为，汉语是一种话题优先型的语言，在汉语的句子结构中起重要作用的是话题而不是主语，在话题优先的语言中，话题可以被植入到句子的基本句法结构中。

我们赞同 Li&Thompson(1975)的观点。同时，我们认为，Greenberg(1966)的语言类型划分是在将动词之前的成分全部视为主语的前提下得出的结果，没有考虑话题在句法结构中的地位。汉语中的话题是一个句法结构概念，它有一个位于主语之前的特定结构位置，在考虑汉语的基本语序时，我们不能忽略话题(T)。汉语句子的基本语序是TS-VO，其中T与S以及T与O可以并存，也允许省略其中之一。汉语中的原型语序是施事兼作主语和话题的SVO。

5.2 受事前置的功能

语序和虚词是构造汉语句子的主要语法手段。受事论元前置使述语动词所表示的动作行为在语流方向上发生了逆转，这种语序的变化必然会引起述语动词表意功能上的变化。即动词由原先施事主语句中顺着语流的方向叙述主语所发出的动作，变为逆着语流的方向描写、说明或者评论受事在动作的影响下所呈现出的结果或所处的状态。

Haiman(1985)指出，不同的形式总是蕴含了意义和交际功能上的不同，绝对的同义形式是不存在的。在汉语由特定的受事、施事和动词所构成的句子中，虽然从事件结构的角度来看，受事论元处于动词之后跟它处于动词之前所形成的句式表达的是同一事件，但不同句式的使用实际上反映了说话人对该事件的不同陈述角度。这种陈述角度的差异正是不同语义或语用功能的体现。由此可见，受事话题句的生成有其深层的理据和动因。从语义上说，受事论元可以通过前置的方式表达指称上的异同和语义量上的大小；从语用上说，将受事作为已知信息，使其位于动词之前可以在交际中实现话语功能和凸显述语动词的功能。

5.2.1 前置受事论元的语义功能

5.2.1.1 指称语义功能

在所考察的语料中，前置的受事成分[①]包括体词性受事和发生了指称化的谓词性受事两类[②]。从指称的类别上看，前置受事的指称语义特征主要表现在定指和通指两方面。从结构构成来看，具有定指特征的前置受事主要包括光杆名词(包括专有人名、国名、人称代词)、有修饰成分的"者"字结构、"所"字结构、一般定中结构、"主之

---

① 受事成分指的是在不同句式中代表受事这一语义角色的体词性或发生指称化的谓词性成分。同一个成分，尽管其在句子中占据的句法位置可能会有所不同，但只要它所指代的事物跟述语动词所代表的动作、行为之间构成的语义关系都是"动作—受事"关系，那么无论该成分是处于话题、主语还是宾语位置，它都是一个受事成分。值得注意的是，受事成分与受事不同，它在性质上兼具句法和语义两种属性，而受事只是一种语义角色，它是构成句子的语义结构的成分，只具有语义属性。

② 我们认为处于动词之前的谓词性成分是发生指称化的成分，其谓词性特征减弱，体词性特征增强。

谓”结构的体词性成分以及状中结构、述宾结构、陈述结构的谓词性成分；具有通指特征的前置受事包括光杆普通名词、无修饰成分的“者”字结构和“所”字结构、“的”字结构以及光杆动词、联合结构的谓词性成分。

前置受事在指称语义方面的[＋定指]和[＋通指]特征与其所表达的指别和指同这两种对立的语义功能之间具有一定的对应关系。

（一）指同功能

指同功能是就同一受事话题句中充当受事的成分本身的特征而言的，它表示某一范围之内的事物毫无例外地具有某种特征。一般说来，无论前置受事所具有的语义特征是[＋定指]还是[＋通指]，在一定的条件下，它们都可以表达指同功能。从文献用例来看，前置受事表达指同功能时所采用的方式主要有两种：

1. 由具有[＋通指]特征的成分充当受事，动词之前不出现修饰成分。如：

（1）人主好仁，则无功者赏，有罪者释；好刑，则有功者废，无罪者诛。（《淮南子·诠言训》）

此例中，出现在两个分句中充当受事论元的“无功者”、“有功者”和“有罪者”、“无罪者”在语义上都具有[＋通指]特征，它们分别用在动词“赏”、“废”和“释”、“诛”之前。动词之前不出现修饰成分。

2. 由具有[＋定指]或[＋通指]语义特征的成分充当受事，动词之前出现由否定副词或范围副词充当的状语。如：

（2）故无雷风之变，周公之恶不灭；当夏不陨霜，邹衍之罪不除。（《论衡·累害篇》）

（3）好事恶事皆抄录，善恶童子每抄将。（《敦煌变文集·董永变文》）

在肯定和否定两种不同句式中，受事论元所表达的指同语义在侧重点上有所不同。肯定句一般是从全体出发，述语动词之前常出现“尽”、“皆”、“都”等范围副词,如例(3);否定句一般是从个体出发,述语动词之前常出现“不”、“未”等否定性标记,如例(2)。

(二) 指别功能

指别功能是就充当受事论元的成分与上下文处于同一句法位置上的成分之间的语义差异而言的,它通过确定跟说话人在时间或空间上的关系来确指有关的事物、人或事件。一般说来,当前置受事具有[+定指]特征时,无论上下文同一句法位置上是否出现对比项,其所表达的都是指别功能。从文献用例来看,汉语受事话题句中的前置受事在表达指别功能时所采用的方式有两种:

1. 由具有[+定指]或[+通指]特征的成分充当受事,上下文中同一句法位置出现对举项。这种指别方式是通过两项以上(含两项)受事的对举,显示受事和对举项在指称语义方面的差别。如:

(4) 此事恐奏裁免死,遂于申诸司状上特批了。后妇人斩,与妇人通者绞。(《朱子语类辑略·鬼神》)

例(4)中,受事“妇人”和“与妇人通者”分别出现在上下文中相同的句法位置上,二者的差异在对比中得以显现。

2. 由具有[+定指]或[+通指]特征的成分充当受事,上下文中同一句法位置不出现对举项。此类用例中,前置的受事本身都是有修饰成分的词或短语。其指别功能虽与上下文语境有一定的关系,但主要还是由其自身所蕴含的语义特征实现的。如:

(5) 那鼎我甚不舍,倒是房下说,不若且卖去,成名再置。(《型世言·第三十二回》)

例(5)中,前置受事“那鼎”在上下文中的同一句法位置上并没有出现对比项。它是一个定中结构的短语。该短语是由在语义上具有[+通指]特征的中心语“鼎”之前加上定语“那”构成的。定语“那”修饰限定“鼎”,其本身即有增加中心语“鼎”的内涵,缩小其外延的功能。

5.2.1.2 凸显语义量功能

“在人们的认知世界中，事物、事件、性状等无不含有‘量’的因素。”“语言中的量，有些含有说话人的主观评价因素，有些不含主观评价因素。前者称为‘主观量’，后者称为‘客观量’。”①前置的受事论元在语义上除了具有“指”的特征以外，有些还表现出了“量”的特征。“量”是体词性或体词性特征较强的成分所固有的特性之一，分为显性和隐性两种。前者用具体数值表示，后者则含有说话人的主观评价。一般说来，表示显性量的前置受事通常借助于量化成分来显示量级；表示隐性量的前置受事则通常借助于在述语动词之前添加表示时间、范围、语气、程度的副词，直接表明说话人态度的形容词，或句末添加相关语气词等方式来显示量级。前者所表达的是一种客观量，后者所表达的是一种主观量，二者与受事自身所蕴含的量的大小以及说话人的主观评价有关。当受事自身所代表的量级小或说话人认为整个句子所表示的事件发生的可能性大时，句子多采用否定式；反之则多采用肯定式。

由于凸显语义量的功能而引发的受事前置主要表现为受事论元含有周遍性特征。如：

(6) 一旦命终，财物丧失，如彼尝果，一切都弃。（《百喻经》）

(7) 他吃我的饭养大的，我打死也不碍；你若胡说，连你也打死了。（《型世言·第十三回》）

(8) 姐姐通今博古，色色都知道，怎么连这一出戏的名字也不知道，就说了这么一串子。（《红楼梦·第三十回》）

考察文献中，通过[＋周遍]特征表示显性量级的量化成分包括全量成分和“连”字句两种。前者的特点是由全量名词“一切”或名量词重叠充当受事或由全量名词、名量词重叠充当受事中心语的定语。

① 李宇明：《主观量的成因》，《汉语学习》，1997年第5期，第3页。

这是通过词汇手段强调受事论元的[+周遍]特征。这种类型的前置受事在表达语义量的大小方面与量大相对应。如例(6)中的“一切”。这些由全量成分或全量成分作定语构成的前置受事指的是某一范围或类别中的全体。它们自身所表示的语义量大,在句法上经常与全量副词“皆”、“都”或能愿动词共现,多采用肯定句的形式。

“连”字句中,“连”字所强调的成分表面上不是周遍性的,但它隐含着一个周遍性成分。从交际功能来看,“连”字句和周遍性句子相近,它是“用极端来间接地表示周遍”①,其所表达的全量的意义是通过语法手段来实现的②。这种类型的前置受事在语义量大小的表达上与其所在的句子是肯定句还是否定句密切相关。当句子采用肯定形式时,前置的受事在语义量的表达上与量大相对应。如例(7),“连”之后的受事成分“你”本身在语义上没有量的特征,但当其用于“连”字句肯定句中时,便与表达语义量大的特征联系了起来。这一特征是通过说话人在交际过程中列举一个最不可能被“打死”的对象来获得的。当前置的句子采用否定形式时,前置的受事在语义量的表达上与量小相对应。如例(8),“连”之后的“这一出戏的名字”本身在语义上也不包含量的特征,但当其用于否定句时,便获得了量小的语义特征。该特征是通过说话人在交际过程中列举一个最不可能“不知道”的对象而获得的。总起来说,“连……也/都/还”格式中的“连”一般用以表示某一范围或类别中的极端的例子。用“量”概念来说,它作用于一种量级中的极量,这个极量可以是极大量也可以是极小量。

5.2.2 前置受事论元的语用功能

前置受事论元的语用功能主要包括实现话语功能和凸显述语动

---

① 陆丙甫:《试论“周遍性”成分的状语性》,《话题与焦点新论》,上海教育出版社2003年版,第84页。

② 关于周遍性成分是全量成分的问题,不是本书研究的重点,详细内容可参考Huang C. T. James (1982: 311)、Lycan(1991: 115—150)和Liu(1990: 121)。

词两方面。上述两种功能主要是通过受事话题化的方式来实现的，但在凸显述语动词的过程中，受事话题化的同时还伴随着述语的焦点化。

5.2.2.1　话题化与话语功能的实现

袁毓林(1996)指出："话题化就是让某个本来处于句中位置的成分移到句首 S/S'位置，成为话语平面上的话题或次话题。"①从这一定义可以看出，话题化的成分在句法位置上有位于句首和位于主语和述语动词之间两种情况。②

我们认为，汉语中受事的话题化实际上是受事论元的语法化，它是受事论元在向句法结构投射的过程中，受实现话语功能这一语用因素的驱动，脱离原型的宾语位置而形成非典型句式的现象。这种非典型的句式与通过静态投射所产生的典型句式存在很大差异，其形成是为满足语用表达的需要，不采用使受事论元向原型句法位置直接投射的方式而是采用改变语序的手段对句子进行语用加工的结果。一般说来，单句中受事论元是否发生话题化不具有强制性，而篇章中受事论元的话题化有时则会带有强制性，即为了保持话题的延续性和上下文的连贯，有时必须采用话题化的表达方式。虽然受事论元在单句和篇章中发生话题化的制约条件不同，但其前置到句首发生话题化的主要目的是实现话语功能。它包括为言谈双方提供话语的起点，为所辖话语划定语域，预示其后有后续成分出现并对后续成分从内容上加以制约，标记与语域、相关性和起点三种功能的需要具有一致性的信息，在语篇中形成对比等。受事论元前置到主语和述语动词之间所发生的话题化，主要是为了对次话题进行强调并将

---

① 袁毓林：《话题化及相关的语法过程》，《中国语文》，1996 年第 4 期，第 247 页。

② 位于句首位置上的话题是主话题，我们通常所说的话题即是指此而言的。对于位于主语和述语动词之间的成分的性质，学界的观点不一致。我们采用徐烈炯、刘丹青(1998)的观点，称之为次话题。在不明确指明的情况下，本书所说的话题包括主话题和次话题两类。

其与上下文语境中相同位置上的其他句法成分进行对比。

汉语中受事论元的原型位置是位于述语动词之后充当宾语。在二价动词所构成的语用中性的句子中,语义上的受事论元跟句法上的宾语是重合的。由于句子是语言运用的基本单位,是为交际服务的,所以它不可能不受语用因素的影响。受事论元既可以在静态语境中通过常规的句法投射处于原型句法位置上,也可以为满足特定语用表达的需要而投射到非常规的句法位置上。受事论元一旦被置于述语动词之前,尽管其语义身份没有发生变化,但其语法性质发生了变化,它不再是原来意义上的宾语成分,而是变成了话题,而且由受事通过非常规投射而形成的句式在类型上与原型句式也有所不同,这种句式不再是叙述性的,而是变成评议性或是描述性的了。当然,并非所有的受事成分都可以发生话题化。受事论元的非常规投射还要受到来自句法、语义等方面的诸多制约。本书所讨论的受事论元位于动词之前的句式都是通过受事话题化的方式形成的,其语用动因是为了让受事论元位于句法结构中的话题或次话题的位置上,表达与其在通过常规投射所处的宾语位置上所无法表达的语用意义。

5.2.2.2 焦点化与述语的凸显

汉语的原型语序是SVO,这种语序具有较强的结构制约性和对施受关系的标示性,它不需要添加任何标记就能够控制句内各主要成分的语义关系。在排除语用因素的情况下,施事论元占据主语位置,受事论元占据宾语位置。句法成分和语义角色之间表现出一一对应的关系。这种对应关系反映了语义角色句法投射的一般规律。通过静态投射所产生的句式在语序上都是标准的SVO。语言事实告诉我们,在语义角色向句法结构投射的过程中,不可避免地会受到语用因素的影响。汉语语法系统中既存在大量典型的句式,也存在与典型句式差异较大的非典型句式。其中非典型句式的一个重要特征就是语义角色在向句法结构投射的过程中偏离了原型的句法位置。我们认为,此类句式存在的主要原因在于:同一真值语义可以用不同的句式来表达，而表达同一真值语义的不同句式的语用功能并不相同。因此，在具体的语言使用过程中，在语用因素的驱动下，有可能产生一些非典型的句式。汉语中大量受事话题句的形成便是这种情况的反映。下面，我们将运用焦点化理论讨论与汉语受事话题句的形成有关的一些问题。

焦点理论是近年来汉语语法学界研究和应用得比较多的理论之一，学者们对其研究涉及句法、语义、语用等多方面。从国内外的研究现状来看，学者们讨论得较多的是焦点的类型、不同类型的焦点的表达手段、焦点跟焦点敏感算子之间的语义关联、焦点的位置和投射规则等。代表性的成果有 Halliday(1967)、Jakendoff(1972)、Rochmont(1986)、Clique(1993)、Lambrecht(1994)、Gundel(1999)、徐烈炯(2001,2002)、袁毓林(2003)等。总起来说，不同学者由于所依据的理论背景和对汉语事实的理解都有所不同，对焦点的诠释和界定也不尽一致。因此我们认为，在运用焦点化理论来解释汉语受事话题句的语用功能时，理清汉语中的焦点概念，尤其是对汉语焦点的类别和位置等问题作进一步的考察和分析是有必要的。

（一）焦点的定义、分类和位置

焦点(focus)是一个兼有语义和语用两种性质的语言现象。由于它跟句子的语义解释直接相关，近年来引起了国内外语言学界的普遍关注。同时，由于学者们所依据的理论背景的差异，关于焦点的定义和分类等问题至今尚未取得一致意见。

在对焦点的界定问题上，学者们在理论框架上的不同直接导致了焦点界定的多样性。Halliday(1967)认为焦点反映新信息(new information)。Jakendoff(1972)认为，焦点指句子中说话人假定的不是他跟听话人所共享的那部分信息。Rochmont(1986)认为，焦点是句子当中与给定话语语境中新信息相当的那一部分。Clique(1993)认为，常规的焦点位置是递归方向上内嵌最深的位置。Trask(1995)认为，焦点是句子中的某个成分被赋予特别的重要性，该成分代表的是句子中最重要的新信息，或者是与其他成分具有明确的对立。张伯江、方梅（1996）认为，一个句子的焦点是句子的语义重心所在。徐烈炯（2002）认为受算子（operator）约束的焦点是其右侧的邻接成分或者内嵌最深的成分或其任何投射。袁毓林（2003）认为焦点是一个句子中在意义上比较突出的部分，是说话人希望听话人格外注意的部分。从信息包装的角度看，说话人通常把上文已经交代过的已知信息用话题来包装，把比较重要的新传信息用焦点来包装。这是世界上不同语言的共性。我们采用袁毓林（2003）的观点。

在对焦点的分类问题上，由于分类视角的不同，学界也存在不同的观点。Lambrecht（1994）从所实现的句法单位的大小的角度将焦点分为宽焦点（broad focus）和窄焦点（narrow focus）两类。① Rochmont（1986）、张伯江和方梅（1996）、Gundel（1999）、徐烈炯（2001）都从功能的角度对焦点作出类别划分。其中 Rochmont（1986）将焦点分为介引焦点（presentational focus）和对比焦点（constructive focus）。② 张伯江、方梅（1996）将焦点分为常规焦点和对比焦点。③ Gundel（1999）将焦点分为心理焦点、语义焦点和对比焦点。④ 徐烈炯

---

① 宽焦点（broad focus）包括句焦点（sentence focus）和谓语焦点（predicate focus）两类。前者指的是这个句子都用来表达焦点，用来报道事件或引进新的话语所指对象；后者指的是句子的述语部分用来表达焦点是用来评论话题的。窄焦点（narrow focus）指的是句子中的某一个单一的成分作焦点，是用来确定一个所指对象的。

② 介引焦点（presentational focus）指的是由新信息充当焦点，即语义焦点或信息焦点；对比焦点（constructive focus）是为了解决在信息的新旧方面难以确定的问题而提出的，它既有介引性又有对比性。

③ 张伯江、方梅（1996）对焦点的划分是根据预设的不同。他们指出，由于句子的信息编排是遵从从旧到新的原则，越靠近句末，信息内容就越新。句末的焦点成分是常规焦点。如果一个成分不用作引人新信息，而是在上下文或语境里已经直接或间接地引入了的，是说话人出于对比目的才着意强调的，这个成分就是对比焦点。

④ 心理焦点对应于心理学上的注意中心（focus of attention），它是话语中听说双方注意力的集中点。一般情况下，心理焦点相当于话题这一语用概念。语义焦点和对比焦点都是句子中韵律凸显的部分，用来吸引听话人的注意。其中，语义焦点是用来陈述话题的新信息，它是特定语境中用以回答相应的（显式的或隐式的）特指问句的句子（即答句）中针对疑问词语的那部分；对比焦点通常是句子的话题部分，当然也并不尽然。

(2001)将焦点分为信息焦点、对比焦点、语义焦点和话题焦点。[①] 虽然上述分类法在解决实际语言问题时都会遇到困难,但鉴于本书的研究对象,我们采用 Gundel(1999)的观点。[②]

焦点信息是说话者或作者期望表达特殊凸显的信息,它在句子中有特定的位置,该位置通常被称为焦点位置。从类型学的角度来看,许多语言表现出设置信息焦点的倾向,不同焦点信息所占据的句法位置是不同的。从现有研究成果来看,学界在对语义焦点所处位置的认识上基本一致,即都认为语义焦点一般位于句末或接近句末的位置。如 Halliday(1967)、Leech&Short(1981)等认为,焦点的基本位置是位于句末或接近句末的地方。徐烈炯、刘丹青(2003)认为,汉语在一定程度上把信息焦点(语义焦点)结构化。在对对比焦点的认识上,学者们虽然都承认汉语中存在对比焦点,但所持的观点不尽一致。以本书所涉及的“连”字句为例。徐杰和李英哲(1993)、方梅(1995)、钟华(2007)等基于对“连”字之后的成分带对比重音且在语义上具有很强对比性的认识,认为该成分是对比焦点。刘丹青和徐烈炯(1998)、洪波(2001)、袁毓林(2006)等基于对“连”后成分负载重音且不能直接作为答句出现的认识,认为其后的成分是有别于对比焦点的其他焦点。

综合各家观点,我们认为,将“连”之后的成分视为对比焦点的学

---

① 虽然 Gundel(1999)和徐烈炯(2001)都是从功能角度区分焦点,但二者的观点也不尽相同。前者把焦点分为心理焦点、语义焦点和对比焦点三种类型,后者把焦点分为信息焦点、对比焦点、语义焦点和话题焦点。而且即使在焦点的划分中都采用语义焦点的术语,其所涵盖的内容也有很大差异。徐烈炯(2001)分类中的“语义焦点”专指句子中与焦点敏感算子关联的成分,其分类中的话题焦点实际上是指具有对比性的话题。

② 汉语学界也有许多学者认同自然焦点(即我们所说的语义焦点)和对比焦点的区分,但他们所依据的分类标准并不一致。如方梅(1995)遵循生成语法焦点域预设对应的原则,认为常规焦点和对比焦点的根本差别在于二者预设的不同。徐烈炯、刘丹青(1998/2007)遵循焦点域背景相对的原则,认为焦点有两大话语功能:“突出”和“对比”。袁毓林(2006)认为,自然焦点和对比焦点的差别不在于有无对比性上,而在于对比性的强弱上。自然焦点的对比性弱,不具有穷尽性和排他性;对比焦点的对比性强,往往具有穷尽性和排他性。

者在论证“连”字之后的成分具有焦点的性质方面的论据比较充分，但在对该成分是对比焦点而非其他焦点的实证上则比较薄弱。他们没有提供一个论证该成分是对比焦点的可操作性方法。Kiss(1998)将[+穷尽性](exhaustiveness)和[+排他性](exclusiveness)作为考察对比焦点的参数。他从类型学的角度指出，许多语言中的对比焦点都具有[+穷尽性]和[+排他性]的特点。蔡维天(2004)根据Kiss(1998)的研究，运用并列测试和否定测试的方法来对“连”字之后的成分是否是对比焦点进行分析。基于“连”字句不能通过并列测试和否定测试的事实，蔡维天(2004)提出“连”字之后的成分不是对比焦点的观点。较之前者，蔡维天(2004)对“连”字之后的成分性质的论证有更强的形式理据支持，对该成分性质的揭示更接近汉语事实。关于“连”字之后的成分不是对比焦点的问题，我们在下文将结合“连”字所属标记类别的问题进一步展开论证。

总起来说，汉语的语义焦点在句法层次上有所体现。在不违反句法规则的前提下，汉语通常把语义焦点置于句末。这种情况显示：汉语在一定程度上把语义焦点结构化了。汉语是话题概念结构化而不是焦点概念结构化的语言。① “汉语话题结构概念化有其特点，除了主话题之外，还有次话题。次话题也是话题，不应把它看作焦点。”②汉语中位于主语和述语动词之间的成分是次话题。这种话题具有[+对比]和[+强调]双重功能。它是在信息传递的过程中，说话人为了满足特定的语用表达的需要对句子进行语用加工的结果。在汉语书面语中，除了直接使用词汇手段标记对比焦点之外，大量的对比功能都是通过句法手段实现的。这些句法手段包括相对固定的句法位置以及特定的句式结构等。根据特定的焦点标记词和语义鉴别特征，一般情况下我们能够将对比焦点跟其他类型的焦点区别

---

① 徐烈炯、刘丹青：《话题焦点新论》，上海教育出版社2003年版，第34页。
② 徐烈炯、刘丹青：《话题焦点新论》，第47页。

开来。

（二）汉语中述语的焦点化

焦点表达的实质是在句法条件允许的情况下，为了有效地传递信息而做的语言包装。在言语活动中，说话人总是根据信息传递的需要来安排焦点的表达方式。汉语语义焦点的常规位置是在句末，这是汉语信息传递模式的一般规则性的体现。带有语义焦点的句子在汉语中的常规语序是“话题＋主语＋述语动词＋宾语”或“话题＋述语”。汉语句子中的对比焦点具有主观性和临时性。它是说话人为满足特定的语用表达或信息传递的特殊需要，临时对句子进行语用加工形成的。句子的常规语序是否发生变化，取决于说话人所采用的标记焦点的方式。当说话人采用加标记词的词汇手段标记焦点时，句子一般不会发生语序变化；而当说话人采用句法手段来标记焦点时，句子的语序一般会随之发生变化。前者采用的是焦点化的方式，它直接将对比项作为对比焦点；而后者采用的是话题化的方式，它在通过将对比项话题化的方式表达对比功能的同时还起到了凸显述语动词使之成为语义焦点的功能。

在“话题＋主语＋述语动词＋宾语”和“话题＋述语”这两个汉语句子的基本线性序列中，有些位置是为话题和焦点而预设的。如句子末尾的位置是语义焦点的位置，主语之前的句首位置是话题的位置，主语和述语动词之间的位置是次话题的位置。在句子的生成过程中，为满足特定的语用表达需要，通过改变语序使某个成分占据序列中为焦点而预设的位置而成为焦点的过程就是句子成分的焦点化。汉语的语序明显地受到焦点表达的影响。为了突出语义焦点，汉语常常要对句子成分的线性位次进行特定的安排。这样，某种成分所载信息在说话人心理重要性上的大小会直接对其在线性序列中的位次产生影响。就受事话题句而言，受事论元离开了原型的宾语位置而前置于述语动词。这种语序上的改变，使句子所表达的意义也发生了变化。受事论元位于宾语位置的语序通常表达的是主语的动作或行为对受事产生的影响。此时，受事论元所代表的是说话人要向听话人提供的新信息，是语义焦点。而受事前置于动词的语序，通常表达的则是受事论元在主语的作用或影响下所呈现出的结果或状态。此时，受事论元所代表的信息在说话人看来是听话人已经知道的，是一种旧信息，不是语义焦点。说话人将受事论元置于句首是为了使其成为谈话的起点，将其置于次话题位置则是为了使其与其他成分形成对比。

汉语的原型语序是SVO。不同的语序具有不同的功能。这些不同的功能在实际运用中的价值也不等同。典型语序与非典型语序的功能价值是不一样的。对于使用同一个述语动词所形成的不同的语序来说，二者在句法和语义层面的差别有时并不十分明显。但如果将其置于实际的话语材料中，所表现出的差别往往比较大。从功能的角度来看，句子中施事论元和受事论元在位置上的变化与焦点信息的表达有直接的关系。焦点信息是说话人认为对完成交际任务比较重要的成分，是说话人有意加以突出或强调的对象。句子中哪个成分是焦点，并不取决于它是否由特定的语法形式标明，而是取决于说话人的表达意图。在不同语境中，由于说话人在心理状态、交际任务以及意欲传达的信息结构等方面的不同，其所使用的句子的结构也会不同。不同的语序反映了不同的信息焦点。汉语中的宾语位置通常是语义焦点之所在。对于这一点，学者们已有相关论述，如徐烈炯(2002)指出："(汉语)在句法条件允许的情况下，尽可能把信息焦点放在基本位置。"①Lapolla(2004)指出："无标记焦点位置是宾语位置"，"焦点或非话题NP出现在动词后"。②

焦点结构是对句中信息分配形式的一种分析和描写，它指的是

---

① 徐烈炯：《汉语是不是话语概念结构化语言》，《中国语文》，2002年第5期，第408页。徐先生所说的信息焦点即我们所说的语义焦点。

② 转引自詹卫东：《语用关系与汉语的词序》，《语言学论丛》(第三十辑)，商务印书馆2004年版，第339、347页。

具有特定信息状态的各个成分的搭配和排列。Chafe(1976)指出："说话人最先生成语义，随后的一切都是在它的基础上产生的。"[①]可见，句子构成成分的线性序列不是任意的，它要受到语义的制约。在汉语句子的生成过程中，焦点化时有发生。它通过语序的变化使某个成分占据序列中为焦点而预设的位置。[②] 汉语最常用的焦点表达手段是把语义焦点置于句子的尾部，[③]这是一种无标记的焦点化方式。它包括陈述结构中的述语、述宾结构中的宾语、述补结构中的补语、偏正结构中的修饰语等。除此之外，由于受句法语义的限制，有些句子成分难以置于语义焦点的位置；[④]有些句子存在多个信息焦点，不能同时置于述题末尾；[⑤]有些句子中存在多个信息焦点，这些焦点对信息表达的重要性程度有所不同，要求它们出现于不同的句法位置等原因，标记焦点化在汉语中也极其常见。汉语标记焦点化的方式很多，话题化是重要方式之一。根据Gundel(1999)对焦点的分类，当句子之中出现受事论元时，其原型位置是处于述语动词之后的宾语位置。说话人出于信息表达的需要，将受事论元前置于动词，其目的是借助语序的变化把句末位置让给述语，使之成为语义焦点。此时，述语所提供的信息是说话人最想引起听话人的注意而强调的部分，它所提供的是新信息。这种焦点是以小句的其余部分为背景而被赋予最高信息强度的焦点，具有[＋突出]的功能。前置的受事成为话题或次话题之后，就成了心理焦点。处于话题位置上的心理焦点是以句外的某个话语成分或认知成分为背景，在本句中得到突出的焦

---

① 转引自刘鑫民：《语义成分对线性位次的制约》，《语文研究》，1996年第3期，第25页。

② 刘鑫民：《焦点、焦点的分布和焦点化》，《宁夏大学学报》，1995年第1期，第88页。

③ 我们说语义焦点位于句子的尾部，并不是指绝对意义上的末尾。句子的最后一个结构成分可能是一个复杂的结构，语义焦点位于句子尾部指的是位于最后一个结构成分之中。

④ 如全量名词"一切"和能愿动词"可"之前的成分。

⑤ 如三价动词所带的双宾语。

点。在说话人看来，处于心理焦点位置上的受事所指称的事物和所表达的信息是他与听话人共享的，一般是旧信息，具有[＋突出]和[－对比]的功能。处于次话题位置上的心理焦点则既以本小句的其余部分为背景，又以上下文或共享知识中(尤其是听话人预设中)存在的对象为背景，具有[＋突出]和[＋对比]的功能。

在句子的线性结构中，修饰成分并不是必要成分，其使用与否在很大程度上取决于说话人的表达需要。使用修饰成分通常是为了强调某一信息或与句子中的其他成分进行对比。从焦点表达的角度来看，句子中的修饰成分往往更容易成为语义焦点。汉语受事话题句中的语义焦点包括由光杆作格动词或中性及物动词充当述语动词的受事话题句中的述语、只在述语动词之前出现状语的受事话题句中的状语、只在述语动词之后出现后附成分的受事话题句中的宾语或补语。

从信息表达的角度来说，汉语中说话人经常把自己认为信息量高的词语放在最后说出来，句子的语义重心一般在句末。语义重心在句末是无标记的语序。汉语中有些改变语序的现象单纯依靠句法往往难以作出充分的解释。这种情况下，如果采用焦点理论对有标记的语序进行解释通常会更确切地抓住问题的实质。一般认为，说话人在可以采用无标记语序的情况下使用了有标记的语序，其目的是为了表达一种元主观大量。① 下面我们将以数量补语和"连"字句为例来对此问题加以论述。

从数量短语跟中心名词结合的语序类型来看，自魏晋南北朝开始，除了在列举事物、表示总括、修辞需要、押韵需要等条件下数量短语有位于中心名词之后的情况之外，"数量短语＋名词"语序一直是

---

① 无标记的语序变为有标记的语序还可以起到深化主观性程度的作用，使主观大量变得更大，主观小量变得更小。这种程度深化的主观大量我们称之为"元"主观大量，因为它属于"语言量"，是对语词表达的量的主观态度(李善熙，2003)。

汉语中数量短语跟中心名词结合时的优势语序。[①] 在考察文献中，数量短语作补语的受事话题句从魏晋南北朝时期便零星见于本土传世文献，但使用频率一直不高。我们认为，这种语序的使用主要与信息表达的需要有关。在一定的语境中，说话人使用非常规的“名词＋数量短语”语序是说话人为突出表达语义量信息而使用的，是说话人为引起听话人对新信息注意而采取的语用表达手段。其语用功能是把数量短语放在语义焦点的位置上，突出强调数量。从交际双方对信息的着眼点来看，对于说话人而言，当他要强调宾语时，便会使用“数量短语＋名词”语序。这种情况下，宾语位置的名词所指称的事物是最重要的，其在信息量方面高于数量短语。而当说话人要强调数量时，就要使原本位于语义焦点位置的名词离开原位，在表达上采用非常规的“名词＋数量短语”语序。具体到受事话题句，即表现为受事论元由位于句末无标记的语义焦点位置前置到了句首这一有标记的心理焦点的位置。从信息表达的角度来看，语序方面的这种变化所产生结果是从凸显名词变为凸显数量短语。

“连”字一般出现在“连 NP 也/都 VP”句式中。关于“连”字，学界主要有四种不同的观点。徐杰、李英哲（1993）认为，“连”有独立的意义，相当于“甚至”，它虽然有附带地强调“连”字之后的成分为焦点的作用，但不是焦点标记。方梅（1995）认为“连”是焦点标记词。徐烈炯、刘丹青（1998）认为，“连”是个前附性话题标记，其后的成分是话题焦点，具有明显的对比性，但这不妨碍它所在的句子的述语部分表达句子的主要信息。王灿龙（2004）认为，“连”字所管辖的成分既是焦点也是话题。

综合各家对“连”的观点可以看出：徐杰、李英哲（1993）认为“连”不是焦点标记，但他们没有指出其性质究竟是什么。方梅（1995）、王灿龙（2004）将“连”视为焦点标记，但方梅（1995）认为“连”只是单纯

---

① 这一结论参考周建民（1989）、王文艺（1997）、张赪（2010）。

的焦点标记，而王灿龙(2004)则认为“连”同时也是话题标记。徐烈炯、刘丹青(1998/2007)认为“连”是单纯的话题标记。

因此，要确定“连”之后的成分究竟是焦点还是话题关键在于对“连”究竟是哪种标记有清晰的认识。

方梅(1995)提出了确认标记词的三条原则：即标记成分自身不负载实在的意义，不可能带对比重音；标记词后的成分总是在语音上凸显的成分；标记词不是句子线性结构中的基本要素，它被省略以后句子依然可以成立。用这三条原则来考核“连”字句可以发现：在句子的语流中，“连”本身并不带有对比重音；“连”字之后的成分有强制性的对比重音；多数“连”字句中的“连”字都是可以比较自由的省略的成分。据此似乎可以得出“连”字为焦点标记词、其后成分为焦点的结论。但我们认为，将“连”字之后的成分视为焦点首先应该排除对比焦点，其原因在于它与对比焦点之间存在许多无法契合之处。主要表现有五：其一，“连”字之的后成分虽然具有[+对比]的特征，但不具有[+突出]的特征，这与真正的对比焦点有区别；其二，“连”字之的后成分不能直接独立作为答句；其三，只要逻辑重音的位置保持不变，即使省略“连”字，也不会对句子意义的表达产生影响；其四，如果“连”后成分不是一个词汇单位，逻辑重音的位置有时是不固定的；其五，从所考察的“连”字句来看，无论“连”字删除或添加与否，其后都有“也”、“都”或“还”等副词出现，位于“连”字之后的成分实际上要受到这些副词的约束。

从考察结果来看，有些用例是否出现“连”字并不影响它们的可接受性。如：

(9) a 你要看了，连饭也不想吃呢。(《红楼梦·第二十三回》)

b 你要看了，饭也不想吃呢。

(10) a 咱们私自顽话怎么也知道了。(《红楼梦·第七十七回》)

b 连咱们私自顽话怎么也知道了。

(9b)和(10b)分别是在(9a)和(10a)的基础上删减和增加"连"字而来的。在删除或增加"连"字的过程中,句子的其他成分和语序都没有发生任何改变,句子的所表达的基本语义也没有改变,删除和添加"连"字之后的句子仍然是可以接受的。但这并不意味着删除或添加"连"字所形成的句子在表达功能上与原句相同。如例(10a)中,"咱们私自顽话"是一个话题,它在句法上位于句首,为整个句子的陈述"怎么也知道了"建立了一个框架;在语义上具有[+定指]的特征;在信息表达上代表作为言谈起点的已知信息。用例中的谓语"知道了"处于句末,是语义焦点。例(10b)中"连"字的添加,赋予了"咱们私自顽话"以特定的涵义,即使其成为由若干个同类事物组合而成的集合中的一个极端个体。这样,原先位于句首的话题"咱们私自顽话"在语义上的地位得到了凸显,成为说话人所要传达的最显著的新信息。由于作为语义表达的重心是焦点的重要特征之一,所以"连"字的添加使原先的话题在一定程度上具有了焦点的性质。

我们认为,语法标记的功能应该是单一的,将"连"字视为一个多功能的标记词,不利于其后成分语法属性的清晰确立。话题和焦点都能够表达特定的信息,但二者之间存在差异。一般说来,话题是一个句法概念,它具有[+定指]或[+通指]的特征,所代表的是已知信息。焦点是"一种语义关系的一个指示成分,是在作为整体的句子或命题水平上的一个概念而不是个别句子成分的信息属性的一个表达形式"。① 它是"句子中某种语法单位的一种功能属性","是说话者所强调的重点"。② 根据Gundel(1999)的分类,从说话者所强调的重点是什么的角度来看,话题与心理焦点相对应。而且从现有研究成果来看,学者们对汉语中是否存在单纯的焦点标记,其性质究竟为何的

---

① Lapolla:《语用关系与汉语的词序》(1995),詹卫东译,《语言学论丛》(第三十辑),商务印书馆2004年版,第336页。

② 徐杰、李英哲:《焦点和两个非线性语法范畴:"否定""疑问"》,《中国语文》,1993年第2期,第81页。

认识上尚无一致意见。邓守信(Teng Shou-hsin,1979)从焦点和分裂句的焦点对“是”进行研究,将其视为焦点标记词。黄正德(1989)则否定“是”的焦点标记性质,认为它表现出一般动词的属性。至于“连”,它虽然有附带地强调其后成分的功能,但它有时还有自己独立的词汇意义,可以当“甚至”讲。这样我们认为不能将其视为焦点标记词。

徐杰、李英哲(1993)指出,汉语中不存在单纯的焦点标记。汉语中具有焦点标记特征的词都属于一定的词类,它所表现出的是该类词的语法特点,遵循的是该类词的语法规则。由此我们认为,“连”字是一个前附性话题标记,位于其后的成分能够表达对比意义,具有焦点的性质,但它不是对比焦点而是话题。它通过跟话语或认知中相关的交替成分相对比从而造成了语义上的突出性。“连”字的出现不是句法、语义的需要。它是一个语用成分,其功能旨在赋予话题成分以焦点的功能,将话题凸显为与之相关的事物组成的集合中的极端个体。“连”字句所表达的是一种反预期的信息,它表示说话人对某种情况的主观评价,如出乎意料、超出寻常等。就“连”字之后引介动词受事论元的句子而言,“连”字之后的受事成分是具有对比功能的话题,它是对比项里最极端的一个,用以表现极性对比,其对比项是除它所标记的语义成分之外的所有相关成分。

5.3 受事话题句的实际应用价值

在一个独立的语义结构中,施事通过某一动作对受事施加一定的影响,使受事发生一定的变化,最后处于一定的状态之中。如果说话人有意识地强调受事在动作后所处的结果状态,就可能采取“受事话题(+施事/当事主语)+述语”的形式。从表意功能上来看,“受事话题(+施事/当事主语)+述语”形式的句子是一种描写句或说明句。述语对受事的描写说明是多方面的,可以是动作之后的变化结果或状态,也可以是受影响的时间或程度等。正是这种独特的表达功能使“受事话题(＋施事/当事主语)＋述语”成为古汉语比较活跃的句式之一。

受事话题句具有比较重要的应用价值。这一点已经得到 EIC 等实验测试结果的支持。Hawkins(1990,1994)出于把语言能力和语言行为相融合的语序模式加以解释的目的,提出了“直接成分优先”原则(Early Immediate Constituents,简称 EIC)。该原则指出:“人类语法分析选择能增大成分确认范围的 IC(直接成分)/非 IC 比例的线性次序。”①Hawkins(2006)认为,自由语序不是像一般人所认为的那样受语用的制约,而是受句法处理的难易度的制约。具体说来,是受对句法结构加以迅速辨识的需要的制约。显然,在 Hawkins 看来,在人们的言语行为中,词和成分的出现次序是为了使我们可以在最快的时间内最有效地确认和生成句法的组合及其直接成分。不同的次序排列会影响直接成分确认的快慢,能够使直接成分最快地得到识别的语序具有处理上的优越性,可以被更快的处理。

杨月英(2000)曾设计了一个实验来量度同一句子的非话题化形式 SVO 和话题化形式 OSV 的阅读时间。其实验结果显示:如果宾语是“轻型”(被“指示词＋量词”修饰的名词短语),那么 SVO 和 OSV 的阅读时间几乎完全相同(其实 OSV 的时间稍短,但这个差别没有统计上的重要性);如果宾语是“重型”(被关系从句修饰的名词短语),那么 OSV 的阅读速度比它对应的 SVO 语序明显地快。由此可见,汉语中存在一些为了适应语言处理的需要的语序变化。为了提高结构中直接成分的识别速度,语言处理的 EIC 原则可以通过作用于语法的方式使一些语序规则得到语法化。这样,由句法处理所决定的最佳语序就有可能被语法化为优势语序。

从认知的角度来看,汉语句法结构序列中开头和结尾两个位置

---

① Hawkins: *Performance Theory of Order and Constituency*. Cambridge University Press,1994,page77.

都是具有较高认知显著度的位置，它们往往是说话人所要表达的语义重点之所在。① 这一点沈家煊(1999)作出过明确的归纳。他指出："实验心理学的研究表明：人们对一个符号序列的记忆，效果最好的是在序列的开头和结尾部分，例如一个电话号码我们最容易记住开头和最后一两个数字，中间的就不好记。这是因为序列的开头和结尾部分最能吸引我们的注意。同样的道理，一个句子的语义重点一般也是放在句首或句尾，目的是为了引起听话人更多的注意。"②

从信息表达的角度来看，话题结构所反映的是句子中信息的包装方式，它包括话题和说明两部分。前者既是说话人言谈的出发点，也是交际双方共享的信息。后者是对前者的说明或评论，其中包含着说话人所要传达给听话人的新信息。"话题—述题"语序具有早提供背景信息的优势，它在新信息出现之前为其提供背景。该语序模式也具有将述题性程度最高的成分置于句末这一高效记忆位置的优势。Jarvella(1979)实验显示：当主体被要求对一段录音材料进行逐字回忆时，他们能够不太费力地记起最后一个小句中的所有的单词，但回忆其前小句的第一个和最后一个词要比回忆该小句中邻近的其他位置上的词好得多。这一实验也证明：句首和句末位置上的词比句子中间的词容易记。就受事话题句而言，当作为话题的受事成分在结构上较复杂时，将其前置也是提高句子处理的效率的一种有效手段，它可以缩短听话人理解句子所需的时间。对于简单结构的受事话题来说，其前置更多的是信息表达的需要，即说话人将受事视为已知信息，因而把句子的语义重心置于句末。

① 认知语言学中所说的语义重点指的是位于具有较高认知显著度位置上且说话人在语义上要着重表达的内容。它与功能语言学中所说的具有突出或强调功能的成分不同。从焦点的角度来看，一般说来，认知语言学中的语义焦点就其位于句首还是句尾分别与心理焦点和语义焦点相对应。

② 沈家煊：《认知心理和语法研究》，《语法研究入门》，商务印书馆 1999 年版，第 235 页。

5.4 小　　结

综上所述，焦点是跟信息的包装和传递有关的一个概念，而信息的传递与语义和语境密切相关。交际双方的共知语境决定了信息传递中信息的包装形式。正因为如此，在功能语法的框架下，焦点通常被认为是一个语用性的话语功能概念。它是说话人最想让听话人注意而强调的部分，具有[＋突出]和[＋对比]两大话语功能。在生成语法框架下，焦点还被看作语义的一个组成部分，具有语义属性。[①]从焦点出现的位置来看，汉语中无标记的焦点是语义焦点，它在位置上比较固定，一般位于句末。有标记的焦点位置比较灵活，往往不在句末。现代汉语的倾向是把无标记的焦点放在述题末尾，次要的有标记的焦点放在句末(述题之外)。

语序是话题化的重要途径之一。同时，它也是凸显句子焦点结构的重要方式。语序不同，所反映的焦点结构自然也不相同。汉语是一种语序较为自由的语言，其语序在凸显句子焦点结构的差异方面起着重要作用。动词与其受事论元的语序安排及其变化必然受到凸显焦点结构特点的制约。从此意义上说，从焦点的角度来解释汉语中的受事话题句，可以准确把握隐藏在现象背后的某些更为本质的东西。汉语焦点存在等级类别。就结构性焦点而言，包括陈述结构中的述语、偏正结构中的定语和状语、述宾结构中的宾语、述补结构中的补语等。值得注意的是，在以语序作为表达信息焦点的手段时，由于句法和语义的限制，汉语中的一些成分不能像“尾焦”原则所说的那样，把语义焦点固定在述题末尾的位置。汉语中的语义焦点以位于句末位置为常，有些情况下，语义焦点也可以在在序列中分散地形成。

对二价动词而言，如果说话人想刻意突出强调述语所负载的信

---

① Jackendoff(1972)建立了四个语义表达式，焦点和前提是其中之一。这些语义表达式与不同的句法派生层相连，通过不同的语义规则而得到解释。

息，即为了凸显述语，使之成为句子的语义焦点，只能采用让受事成分前置离开句末位置，使述语占据该位置的方法。其直接结果便是造成受事论元在句法结构中的非常规投射。受事的这种非常规投射在句法中的表现有两个：一是投射到句首位置，把句末留给述语，受事通过话题化形成 PAV 或 PV 两类不同形式的受事话题句；二是投射到次话题的位置，通过话题化形成 APV 句式。无论是 PAV、PV 还是 APV 句式中的受事都是话题，其中位于句首位置的话题具有[＋对比]的功能，位于主语和述语之间的次话题具有[＋强调]和[＋对比]双重功能。三种不同句式中语义焦点都在述语部分。[①] 在绝大数论元层级模式中，受事论元都位于施事、感事等论元角色之后，充当受事的名词性成分在句法结构中的位置比其他论元低。如果受事论元前置于动词，一般就成为句法结构中的话题。与此同时，伴随着受事论元的话题化，发生了述语焦点化。这种情况下，述语成为语义焦点，新信息的传递通过述语来实现。

语言是交际的工具。在日常的会话过程中，说话人所使用的句子必须能够满足语言表达的需要。就受事论元而言，在特定的语境中，出于语言表达的需要，说话人可以让其离开原型的宾语位置而进入到话题的位置。但说话人在对充当话题的句法成分的选择上有很大的主观性和临时性。如果会话双方所讨论的话题是受事论元所指称的事物，为了有效地延续话题，说话人就会把受事论元置于话题的位置；如果说话人需要把受事论元与其他成分作对比，则会有意识地将其置于主语和述语动词之间的次话题位置。在受事话题句生成的过程中，受事话题化和述语焦点化交替进行，从而形成了用以说明、评价受事结果状态的受事话题句。

---

① 因凸显述语动词的语用动机而前置的受事论元也要受到句法机制和语义条件的制约。影响受事前置的句法和语义因素与影响受事话题化的因素相同。其原因在于在句子生成的过程中，虽然焦点化过程可以单独进行，但在很多情况下，主题化和焦点化这两种句法操作都不是单独进行的，二者互相掺杂、互相推动。因凸显述语动词的语用动机而形成的受事话题句实际上包含着受事话题化和述语焦点化这样两个有着互动关系的句法操作过程。

第六章
受事话题句中施事出现的条件及其成因

赵金铭(1994)针对第二语言习得者学习汉语语法规则时指出:“在对外汉语教学中,我们不仅要对各种句式本身的结构特点、层次关系作出科学的客观的描述和分析,更重要的是要讲明它的使用条件。”①我们认为,这种观点对深化汉语的研究也有重要的指导意义。

从施事是否出现的角度来看,受事话题句可以分为施事隐含和施事出现两类。前者在句法上表现为 PV 句式,后者根据施事所处句法位置的不同分为 PAV 和 APV 两小类。从考察结果来看,施事出现和施事隐含这两类受事话题句之间的差异一方面表现在施事是否在语义上得到强调上;另一方面,在所使用的述语动词的语义类别上也有表现。从受事论元所处的句法位置来看,PV 和 PAV 两种句式都是受事论元居句首充当主话题,而 APV 句式则是由施事论元位于句首充当主语兼主话题,其后的受事论元充当次话题。鉴于在施事论元出现的受事话题句中,施事出现的位置有所不同,本章我们将以施事出现的受事话题句为考察对象,分别考察 PAV 和 APV 两类句式中施事出现的条件及其原因。

---

① 赵金铭:《教外国人汉语语法的一些原则问题》,《语言教学与研究》,1994 年第 2 期,第 14 页。

6.1 PAV 式受事话题句中施事出现的条件及其成因

6.1.1 PAV 句式中施事出现的条件

考察文献中，PAV 句式共出现 389 例，约占出现施事的受事话题句用例总数的 92.2%。从动词的语义类别来看，此类受事话题的述语动词以“情绪”、“认知”类的心理动词和“言告”类动作动词为主。此外，还有一些是“给予”类动作动词、“获得”类性状动词、“领有”类关系动词等。

从所考察的语料来看，影响施事出现与否的制约因素主要可以通过述语动词或其修饰语的语义类别并结合受事的语义特征加以观察。

(一) 述语动词或其修饰语的语义类别

1. 述语动词的语义类别

当述语动词为“情绪”或“认知”类的心理动词时，施事一般强制性出现。[①] 如：

(1) a 城濮之役，王思之。(《左传·文公十年》)

b 城濮之役思之。

(2) a 弥与纥，吾皆爱之，欲择才焉而立之。(《左传·襄公二十三年》)

b 弥与纥，皆爱之，欲择才焉而立之。

(3) a 本传之虚，子产闻之，亦不能实。(《论衡·死伪篇》)

---

① 陈昌来(2002：145)指出：心理动词是“表示人类情绪意志活动和认知活动的动词”。他根据此类动词主要句法特征的不同将其分为“情绪”和“认知”两类。我们同意其对心理动词的界定，在类别的划分方面，我们所采用的术语与之相同，但依据有所不同，我们是根据动词的语义特征作出的类别划分，这样我们的语义类与陈昌来先生的语义类内部所包含的成员是不同的。

b 本传之虚，闻之，亦不能实。

(4) a 凤姐笑道："别人我不知道，我是一定去的。"(《红楼梦·第四十五回》)

b 凤姐笑道："别人不知道，我是一定去的。"

上述用例都是由心理动词充当述语动词的用例。前两个用例为一组，其中的"思"和"爱"都是"情绪"类心理动词，受事"城濮之役"和"弥与纥"在语义上分别具有[－有生]和[＋有生]特征。后两个用例为一组，其中的"闻"和"知道"都是"认知"类心理动词，受事"本传之虚"和"别人"在语义上分别具有[－有生]和[＋有生]特征。各用例的 b 句中，施事都没有出现。其中在句法上能够成立的是(2b)和(4b)。这两个用例中，受事在语义上都具有[＋有生]特征；而(1b)和(3b)不能成立，这用例中的受事在语义上都具有[－有生]特征。

可见，在"情绪"类心理动词中，当受事论元在语义上具有[＋有生]特征时，施事出现与否不是句子成立的强制性要求，但在语义上施事出现与否直接影响句子所表达的意思。而当受事论元具有[－有生]特征时，出现施事是句子成立的必要条件。

2. "言告"类动词之前状语成分的语义类别

当述语动词为"言告"类动作动词时，施事倾向于出现。如：

(5) a 夏礼，吾能言之，杞不足征也；殷礼，吾能言之，宋不足征也。(《论语·八佾》)

b 夏礼，能言之，杞不足征也；殷礼，能言之，宋不足征也。

(6) a 连蓉哥我都嘱咐了。(《红楼梦·第十回》)

b 连蓉哥都嘱咐了。

(7) a 那丫头道："这话我也难说。"(《红楼梦·第二十四回》)

b 那丫头道："这话也难说。"

上述三例都是由"言告"类动词充当述语动词的用例。其中如果施事不出现，在句法上不能成立的是(5b)，能够成立的是(6b)和

(7b)。(6b)中受事话题具有[+有生]特征,(7b)中受事话题具有[−有生]特征。从用例来看,当受事具有[−有生]特征时,如果施事不出现,所形成的句子有的合乎语法,有的不合乎语法。而当受事具有[+有生]特征时,无论施事是否出现,所形成的句子在句法上都能成立。对有些用例而言,施事出现跟不出现的用例在语义的表达上基本一致,如例(7a)和例(7b),而对另一些用例而言,则直接影响到句子的语义表达,如例(6a)和例(6b)。

PAV 句式中,当受事具有[+有生]特征时,施事的出现不具有句法上的强制性;当受事具有[−有生]特征时,如果述语动词之前出现由形容词"难"充当的状语,则施事出现与否对所产生的句子在句法上是否具有合理性没有影响。而当述语动词之前出现由表示主观能力的能愿动词"能"充当的状语时,如果施事不出现,就不能形成合乎句法的句式。可见,由"言告"类动作动词充当述语的 PAV 句式中,当受事论元具有[+有生]特征时,施事出现与否跟所生成的句子是否具有句法上的合理性无关。当受事具有[−有生]特征时,在由"言告"类动作动词充当述语动词的句子中,状语的语义类型决定着能否生成合乎句法的语句。

3. 其他语义类别的述语动词

从考察结果来看,在施事出现的 PAV 句式中,述语动词虽然以"情绪"、"认知"类心理动词和"言告"类动作动词占据优势地位,但也有其他语义类别的动词充当述语动词的用例。此类用例中,受事话题的生命度特征是决定施事出现与否的重要参项。从生命度特征来看,当受事话题具有[+有生]语义特征时,施事一般强制性出现。如:

(8) 五侯九伯,女实征之,以夹辅周室!(《左传·僖公二年》)

(9) 大家,邻国将师保之,多而骤立,不其集亡。(《国语·晋语》)

(10) 蝗螟,农夫得而杀之,奚故?(《吕氏春秋·不屈》)

(11) 求菩萨道者,文殊师利便往试之。(《杂譬喻经》)

(12) 其时将军遭洛薄(落魄),在后遗兵我遣收。(《敦煌变文

集·李陵变文》)

(13) 此子已后千万人把不住。(《祖堂集·洞山和尚》)

(14) 我若出去打官司,家中何人奉养,又要累各位。(《型世言·第二回》)

上述用例都是受事话题具有［＋有生］特征的 PAV 句式。这些用例中,述语动词的使用比较分散,其所归属的类别也比较复杂。概括而言,述语动词在语义上主要涉及“讨伐”、“持握”、“派遣”等不同的类别。这些用例的共同特征是:即使施事不出现,所形成的句子也具有句法上的合理性。但从语义的表达上来看,施事出现时句子表意明确、单一;如果施事不出现,句子在语义的表达上则存在歧义。

6.1.2　PAV 句式的成因

PAV 句式是在一定的语境中为了特定的语用目的而形成的句子。它是受事话题化的结果之一。我们认为,此类句式中施事的出现与否跟句法、语义和语用三种因素有关。

(一) 句法和语义原因

PAV 句中,因句法和语义因素而要求施事出现的用例主要包括两种情况:

1. 述语动词对所陈述对象的语义要求

如前所述,PAV 句式中由心理动词充当述语的用例所占比例较大。从考察结果来看,出现频率较高的心理动词有“知(道)”、“闻”、“畏”、“恶”、“说(yuè)”等。由这些动词充当述语的用例中,充当受事的成分在结构上多是复杂的体词性成分或主谓结构的谓词性成分。这种情况下,使用 PV 句式既不能平衡句子成分,也不能满足心理动词对其所陈述的对象在语义特征方面的要求。可见,由心理动词充当述语的受事话题句采用 PAV 句式是句法和语义双重要求的结果。

心理动词表示的是人类对客观世界和内心世界的体验和认知,是人对各类刺激物的不同层次的反应,这类动词通常具有［＋述人］

的语义特征。该特征要求其所陈述的对象具有[＋有生]的语义特征或者具有拟人性。(1b)之类的用例之所以不成立,在于述语动词是"情绪"类心理动词,这类动词具有[＋述人]的语义特征,而其所陈述的对象"城濮之役"不具有[＋有生]的语义特征,这就不能满足"情绪"类心理动词对所陈述的对象的语义要求。

(5b)之类的用例不成立的原因在于其述语由"言告"类心理动词充当,此类动词在语义上也具有[＋述人]特征,它对其所陈述的对象也有[＋有生]语义特征的限制,所以当受事由"夏礼"之类的[－有生]名词充当时,所形成的句子在句法上不能成立。从另一方面来看,述语动词之前出现能愿动词"能"。该能愿动词的语义原型是"能力",即"(有生命的能动的个体,以人为典型)具备内在的、使其得以完成某种行为的素质"。① 先秦汉语中,能愿动词"能"通常要求其前的成分具有发出或影响动作的能力。具有[－有生]特征的"夏礼"既不具备发出动作"言"的能力,又没有用于致使句中对致使对象产生影响,所以省略施事后所形成的句式不合句法。而(7b)之类的句式之所以成立,则与"言告"类述语动词之前状语的语义类型密切相关。(7b)中述语动词"说"之前出现由形容词"难"充当的状语。形容词是表示事物的性状的,它对所陈述的成分不具有语义上的限制。"难"、"易"类形容词用于动词之前时,其所表达的通常是说话人对事件发生的主观态度,这种情况下,即使去掉施事,句子仍然成立。

2. 消除句法歧义的需要

如前所述,心理动词对其所陈述的对象的语义要求是后者具有[＋有生]特征。对于"认知"类心理动词而言,受事具有[＋有生]特征只是满足此类述语动词对其所陈述的对象的语义要求的条件之

① 王伟:《情态动词"能"在交际过程中的义项实现》,《中国语文》,2000年第3期,第238页。

一。在由“认知”类心理动词充当述语的受事话题句中，语义表达上的明确性是施事出现的另一个必要条件。可以说，这种情况下，施事的出现是消除句法歧义的强制性要求。(3b)之类的用例之所以不合法是因为在语义表达上存在歧义。此类用例中，受事都具有［+有生］的语义特征，满足了“认知”类的心理动词对所陈述的对象的语义要求。这为受事论元的前置提供了基础条件。但与此同时，由于具有［+有生］语义特征的受事话题在一定条件下也具有支配“认知”类心理动词的能力。这种情况下，如果省略施事，所形成的PV句式在语义上就具有PAV和SV(O)两种解释。就例(4b)而言，受事“别人”具有［+有生］特征，它在满足述语动词“知道”对其所陈述的对象的语义限制的同时，还具有支配述语动词的能力。这样，一旦脱离一定的语境，该句子在语义上就有了“(某人)不知道别人”和“别人不知道(某事/某物)”两种不同的理解。

对于“言告”类动作动词而言，它们对陈述对象的生命度特征方面没有必然的要求。当此类动词用于表达周遍性的“连”字句中时，如果受事具有［+有生］特征，则施事一般要求出现。其目的也是为了使句子表意明晰，消除句法歧义。如例(6b)中，述语动词“嘱咐”属于“言告”类心理动词，受事话题“蓉哥”具有［+有生］特征。由于受事话题也具备发出动作“嘱咐”的能力，所以当施事“我”不出现时，所形成的句子在语义上存在歧义，它所表达的可以是“(某人)嘱咐了蓉哥”，也可以是“蓉哥嘱咐了(某人/某事)”。

(二) 语用要求

除了句法和语义两种因素之外，表达对比的语用功能也是PAV句中施事出现的重要原因。从信息表达的角度来看，汉语中述语动词之后的宾语位置是语义焦点之所在。语义焦点所表达的是新信息。当受事论元在指称义方面具有［+定指］或［+通指］的特征时，将其置于动词之前的目的是把述语部分作为焦点信息加以凸显。当述语动词之后不出现补语成分时，受事论元前置的动因是凸显述语动词；当述语动词之后出现补语或宾语时，受事前置是为了凸显补语或宾语。[①] 如：

(15) 昔吾先君与穆公交，天下莫不闻，诸侯莫不知。(《淮南子·原道训》)

(16) 而此肉者唯转轮圣王、有无漏智得道之人乃可食之。(《杂宝藏经》)

上述用例中，受事分别由陈述结构的"吾先君与穆公交"和一般定中结构的"此肉"充当，具有[+定指]的语义特征。在动词之后不出现其他句法成分的用例中，受事前置都是为了凸显述语动词；施事出现的语用原因是在语篇中形成对比。如例(15)，两个小句中的施事"天下"、"诸侯"在上下文中处于相同的句法位置上，采用 PAV 句式，可以使施事在语篇中得到对比。当动词之后出现宾语时，受事前置是为了实现话语功能，即使受事位于句首，作为言谈双方谈话的起点。作为已知信息，它对下文所要谈论的内容的范围具有一定的制约作用，其下谈论的都是与之有关的内容。同时，它还可以在语篇中形成对比。当动词的受事论元前置之后，如果动词之后还出现与前置的受事同指的代词，则在实现话语功能的同时还凸显宾语的功能。此类用例中，施事的出现语用原因是它是说话人着意强调的内容。如例(16)，动词"食"之后出现由代词"之"充当的宾语。"之"处于语义焦点的位置，是句子所要表达的新信息。施事"转轮圣王、有无漏智得道之人"可以出现，也可以不出现，但说话人在其前加上了焦点标记"唯"，即表明这是其要着重强调的内容。

此外，当述语动词所支配的受事结构比较复杂时，容易造成出现在述语动词之后的直接成分过重的事实。这种情况下，如果把复杂的成分置于语义焦点的位置，一方面会使信息传达和接受的时间

---

① 在我们所考察的语料中，动词之后出现补语的 PAV 句式中，施事出现都是出于句法或语义的原因；而动词之后不出现补语的 PAV 句式中，施事出现的用例中涉及语义因素。

延长①;另一方面可能会造成表达上的重复。

总起来说,PAV 句式中,述语动词为对其所支配的对象在生命度特征上通常都是具有[+有生]特征。当受事话题具有[-有生]特征时,施事通常要求出现,否则句子不成立。而且,从句法层次的角度来看,PAV 类受事话题句的句法层次是 P[AV]。显然,该格式中的陈述部分是由施事跟其后的动词短语所构成的主谓短语充当。在这个主谓短语中,动词的陈述对象是具有[+有生]特征的施事。这满足了心理动词对陈述对象在语义特征方面的要求。当受事具有[+有生]的语义特征时,施事的出现既是消除句法歧义的需要,同时也是表达对比功能的语用手段。

6.2　APV 式受事话题句中施事出现的条件及其成因

6.2.1　APV 句式中施事出现的条件

此类受事话题句出现 33 例,约占用例总数的 7.8%。较之于 PAV 句式,APV 句式在使用上具有一定的倾向性,体现出着重表达的功能。概括说来,APV 句式在考察文献中出现的语境主要有四个:

(一) 周遍性语境。如:

(17) a 是菩萨一切法悉受得之。(《道行般若经》)

b 一切法是菩萨悉受得之。

(18) a 凤姐听了说道:"我说呢,既是一家子,我如何连影儿也不知道。"(《红楼梦·第六回》)

b 凤姐听了说道:"我说呢,既是一家子,如何连影儿我也不知道。"

---

① 关于这一点,目前已得到 ECI 实验结果的相关支持。具体情况见 Hawkins(1990,1994),马诗帆、杨月英(2003)。

(19) a 姑娘们天天山珍海味的也吃腻了，这个吃个野意儿，也算是我们的穷心。(《红楼梦·第三十九回》)

b 山珍海味的姑娘们天天也吃腻了，这个吃个野意儿，也算是我们的穷心。

表达周遍性的语境包括受事由具有[＋周遍]特征的成分充当、受事之前出现“连”字以及受事之前隐含“连”字的语境。[①] 此类语境下的APV句中，如果将施事移到受事话题之后，所形成的句子在句法上仍然成立。如例(17a)，施事“是菩萨”移至动词之后，原句变为(17b)。周遍性语境下施事变化位置之后的句子仍然合乎句法。这种情况说明，在周遍性语境下，APV句式只是一种具有一定倾向性的表达方式，该句式在选择方面不具有强制性。

(二) 对比语境。如：

(20) 明道曾看释老书，伊川则庄、列亦不曾看。(《朱子语类辑略·孔孟周程》)

在对比语境中，受事论元在APV句式中充当的都是次话题，施事位于句首，充当主语和主话题。此类语境中，表达对比功能的是施事，位于施事之后的受事是说话者强调的语义重心。如例(20)中受事“庄、列”充当次话题，两个小句中的施事“明道”和“伊川”于上下文中处于相同的句法位置上，二者在语篇中形成对比。

(三) 列举语境。如：

(21) 太原郝子廉，饥不得食，寒不得衣，一介不取诸人。(《风俗通义·愆礼》)

(22) 那不长进的银子不肯添，酒苦要添。(《型世言·第三回》)

---

① 受事由具有[＋周遍性]特征的语词充当时，APV句式表示周遍性是毫无疑问的。至于“连”字句，其所强调的成分虽然表面上不是周遍性的，但实际上可以认为它隐含着一个周遍性成分。从交际功能来看，“连”字句和表示周遍性的句子相近，它是“用极端来间接地表示周遍”(陆丙甫，2003)。

在列举语境中,受事话题都是列举的对象。它在陈述主语的小句中充当话题。如例(22),施事由"的"字短语"那不长进的"充当,受事话题"银子"和"酒"作为列举的对象分别出现在陈述主语的两个接续出现的小句中。这类话题句中,对比功能是通过语篇中处于相同句法位置的受事话题来表达的。

(四)对话或其他叙述语境。如:

(23) 王太守道:"学生主意已定,决不相答。"(《型世言·第十八回》)

(24) 俺小姐至今脂粉未曾施,念到有一千番张殿试。(《西厢记》)

在对话或其他叙述语境中,使用 APV 句式主要是出于话题连贯的需要。如例(23),施事"学生"位于句首充当主语兼话题,受事"主意"位于施事之后,充当次话题。位于句首的施事除了统领"主意已定"这个 PV 式受事话题句之外,还统领其后的(A)VP 小句"决不相答"。这一小句的施事仍然是"学生",只不过因为承前省略,VP 小句采用了零主语的形式。

值得注意的是,APV 句式除了在周遍性语境中的使用上表现出一定的倾向性之外,在上述其他语境中的使用上都表现出强制性的特点。脱离这些语境,APV 句式往往难以单说。

6.2.2 APV 句式的成因

如果不考虑上下文语境,考察文献中出现的所有的 APV 句式都可以转化为相对应的 PAV 句式。从话语表达的角度来看,受事位于施事之前的 PAV 句式虽然往往比 APV 句式更自然,① 如(17b)、

---

① 语料考察的结果显示:PAV 句式可以单独成句,也可以作为复句的一个分句,但 APV 句式的使用对语境有很大的依赖关系。绝大多数情况下,APV 句是作为复句的一个分句出现的。

(18b)、(19b)，但在特定的语境中，APV 句式在使用的倾向性上大于 PAV 句式。我们认为，造成这种现象的原因主要有四方面：

(一) 周遍性受事对句法位置的要求

陆丙甫(1998)提出“亲疏等级”原则，他认为语义关系密切的成分倾向于靠在一起。并且指出：“大致上说，语义关系是社会群体对客观世界的共同认知在语言上的体现，是比较客观和稳定的。而语用关系反映了说话人对语言单位的具体运用和处理态度，是比较主观和临时性的。确定一个句法成分身份的根据是语义，而语用意义是在确定了的成分上增添某些临时的意义。”①从与述语动词的语义关系来看，由于受事通常受动作的影响而发生变化，直接反映动作的效果，跟动词的分类有更直接的关系，因而，它与述语动词的关系比施事更密切。“周遍性成分的无标记自然位置是直接前置于‘都’(也)。”②我们认为，先秦至清代位于动词之前、与周遍性成分有直接语义关联的副词有“亦”、“都”、“悉”、“也”、“还”。从语义角度来看，周遍性成分在位置上应该和上述副词最靠近。由于这些副词要紧靠动词，这样，周遍性成分要满足尽量靠近上述副词的语义要求，在前移的位置上就会受到限制。因此，当受事用于周遍性语境中或本身具有[+周遍]特征时，较之于 PAV 句式，APV 句式中的受事话题在位置上与述语靠得更近，就更能满足具有[+周遍]特征的成分对句法位置的要求。

(二) 独立表达“单提一事”功能的需要

吕叔湘(1946/2004)指出，PAV 句式在功能上倾向于“单提一事”。我们认为，对 PAV 句式的这一功能上的概括是相对于 APV 句式而言的。与 PAV 句式相比，APV 句式的独立性较弱，一般难以单

① 陆丙甫：《从语义、语用看语法形式的实质》，《中国语文》，1998 年第 5 期，第 354 页。

② 陆丙甫：《试论“周遍性”成分的状语性》，《话题与焦点新论》，上海教育出版社 2003 年版，第 87 页。

独成句。单说时，APV 句式通常给人一种句子没有结束，还有后续句的感觉，而 PAV 句式则很自然。因此，APV 句式常常借助于对比语境，依靠上下文相关成分的对比来增加可接受度。这也是 APV 句式倾向于出现在对比语境中的原因。

（三）凸显焦点的语用需要

陈平（1994）指出，汉语中的话题、主语和宾语与语义成分之间有常规的配位方式。汉语基本句式的一个必要条件便是符合常规配位格局。“句子成分和语义成分在配位上符合序列规定的句子一定是合法语句，而且从功能角度上看是最自然、最中性的语句。不符合序列规定的语句要么不能说，要么具有附加的特殊功能。”①从功能的角度来看，受事论元的常规句法位置是位于述语动词之后的语义焦点位置。语言事实证明，作为语义角色的受事论元在向句法结构投射的过程中不可避免地会受到语用因素的影响。与使用自然语序的句子相比，APV 句式具有表达上的特殊功能。受事前置到施事和述语动词之间，一方面可以起到强调、突出受事的作用，另一方面，通过使受事话题化前置的方式也可以使述语发生焦点化。前置的受事代表旧信息，处于语义焦点位置的述语是说话人所要表达的新信息。整个句式用以凸显施事施加某一动作之后受事所表现出的结果或状态。

（四）受语篇中话题语段功能强弱影响的制约

王静（2000）认为，话题的语段功能有强弱大小之别，这一点可以通过计算某个话题成分所控制的说明成分的数量来予以量化。一般说来，话题成分语段功能的强弱与其所控制的陈述成分的数量成正比。语篇中由施事控制的陈述成分在数量上通常会多于受事。这说明就话题的语段功能而言，施事话题比受事话题强。这为施事居句首提供了可能性。从考察结果来看，在列举、对话或其他叙述语境中，APV 句式

---

① 陈平：《试论汉语中三种句子成分与语义成分的配位原则》，《中国语文》，1994 年第 3 期，第 165—166 页。

中的施事所控制的陈述成分的数量一般大于或等于二。可见，话题语段功能的强弱对施事出现的受事话题句的句式选择有制约作用。

总起来说，APV 句式是一种特殊的句式。它通过词序的变化造成了句子成分在语义方面的非常规配位。其重要功能是通过焦点化一方面标明受事是说话人要着重强调或用以对比的成分，是句子的对比焦点[①]；另一方面使述语成为语义焦点，凸显受事在动作之后的结果或状态。

6.3　动词前两项体词性成分句法地位的判定原则

考察结果显示：受事话题句中，受事有主话题和次话题两种句法身份。这两种不同的身份是由位于动词之前的两项体词性成分先后位置的不同决定的。我们认为，当动词之前出现两项体词性成分时，所形成的句式究竟是 PAV 句式还是 APV 句式除了受句法或语用因素的制约之外（如当受事成分是从句或在结构上比较复杂时，有的无法置于施事之后，有的置于施事之后不太容易被接受等），这两项体词性成分自身[＋施事]特征的强弱也是影响句式选择的重要因素。可以说，汉语“以有定为前提、以有生和语义格关系为基础”的语序原则[②]，构成了一个制约语序及变化的语义层级系统。

汉语中位于动词之前的两项体词性成分在施事性的强弱上存在等级之分。个体语言和类型学研究的结果都显示，不同论元角色在充当主语或宾语上存在着强弱不同的层级差异，主语位置的优选论元是施事。据此，在汉语双向名词句中[③]，当 NP1 的施事性强于 NP2

① 对于焦点的判断，学界存在不同看法。我们采用徐烈炯、刘丹青（1998/2007）的观点，认为 APV 句式中，施事 A 是主语同时也是主话题，受事 P 是次话题。

② 荣晶：《汉语语序研究的理论思考及其考察》，《语言文字语用》，2000 年第 3 期，第 27 页。

③ 本书的双名词句指的是述语动词之前出现两项体词性成分的句子，两项体词性成分的顺序分别是 NP1、NP2。

时，优选句式是受事作次话题、施事作主语的 APV 句式。该句式中主语 NP1 不能由周遍性成分担任，从信息结构的角度来看，说话人采用此句式是为了在对小句中位于施事之后的受事话题进行强调或者将受事话题与上下文动词之前的其他成分进行对比。当 NP1 的施事性弱于 NP2 时，所形成的句式是由受事作主话题、施事作主语的 PAV 句式。该句式中 NP1 没有周遍性方面的限制，说话者采用这种句式是把受事论元作为已知的共享信息，以此为中心展开陈述，同时也可以与语篇中相同句法位置上的成分进行对比。

6.4　余　　论

以上我们对受事话题句中施事出现的条件和动因作了较为详细的分析。我们的研究着眼于在受事已经前置的情况下施事出现的强制性或倾向性的条件，进而对其出现的动因加以探讨。总起来说，施事的出现与否涉及句法、语义和语用三方面，诸如动词的语义类别、两项名词的语义级差以及语用上的对比、强调等都是重要的影响因素。

人们在言语活动中所使用的句子必须能够满足语言表达的需要。在特定的语境中，我们可以让某个句法成分离开其原型位置而进入到话题或焦点的位置。说话人在对话题或焦点的选择上具有很大的主观性和临时性。就受事论元而言，当说话人有意识地强调受事论元或当会话双方所讨论的就是受事论元所代表的事物时，为了有效地延续话题，受事论元就会被置于句首的话题位置；而当说话人需要把某个受事跟其他成分作对比时，就会有意识地将受事置于主语和述语之间的次话题位置，使之发挥对比功能。APV 和 PAV 两种句式的语用语序虽然相同，都是“话题—陈述”，但二者的语义语序不同，前者是“施事—受事—动词”，后者是“受事—施事—动词”。这两种句式的根本区别在于满足不同语义表达的需要。APV 句式中受事通过偏离原型宾语位置成为次话题，而 PAV 句式中受事通过偏离原型宾语位置成为话题。

在任何语言的语义范畴中，施事和受事都是最基本的语义角色。一般情况下，一个典型的事件或活动总是由一个有意志的动作发出者通过动作行为作用于某个对象，使之发生某种变化或产生某种结果。显然，从认知心理来看，"施事＋动作＋受事"是人类认识事件或活动的理想化模型。沈家煊(1999)认为，凡是符合这一认知过程的事件或活动在语法上都体现为无标记的句式；反之则是有标记的句式。因此，对于施事和受事共现的句子而言，AVP语序是对认知规律的自然反映，是一种无标记的语序。相比较而言，PAV和APV两种语序的句式与人类认识事件或活动的理想化模型不一致，是有标记的句式。这两种句式都是通过受事论元的非常规投射产生的。二者的形成既有句法、语义上的强制性要求，又有语用表达上的特殊功能，即在满足句法、语义要求的前提下，受事论元前置于动词，在信息的表达上起到强调或对比的功能。这两种句式的共同特点是通过受事话题化的方式使述语发生焦点化，以此对受事加以描写，凸显其在施事的作用下所呈现出的结果或状态。但两个句式在对信息的凸显上又是有差别的。相比较而言，APV句式是一种特殊的句式，其重要功能是标明受事成分是该句的次话题，具有[＋对比]和[＋强调]的功能。同功能上无标记的中性句式PAV相比，APV句式是通过违背常规配位的方式来传递其特殊的功能信息，即使受事论元成为次话题，使述语成为语义焦点。PAV句式虽然也不符合常规配位，但其功能在于使受事论元成为心理焦点或话题。① 此外，在会话语境中，为了满足对话表达的需要，说话双方一般会选用与对方相同的句式，这种情况下，PAV和APV两种句式的选择主要受交谈对方所使用的句式的影响。

---

① 范继淹(1984)指出，现代汉语中APV句式一定有对应的PAV句式，而反之则不能成立。从我们考察先秦至明清时期的用例来看，这一结论仍然能够成立。

范继淹(1984)指出,凡“$N_{施}$ + $N_{受}$ + VP”句式都有对应的“$N_{受}$ + $N_{施}$ + VP”句式,但“$N_{受}$ + $N_{施}$ + VP”句式不一定都有“$N_{施}$ + $N_{受}$ + VP”句式。我们认为,造成这种不对称的原因在于前一句式中的 $N_{受}$ 都是对比焦点,而后一句式中的 $N_{受}$ 不一定都是对比焦点。换言之,通过话题化而前置到句首的受事不一定都具有[+强调]的功能。此外,在“被”动句的研究中,学界一般认为,当受事为 [+有生]特征的体词性成分而语境又不足以表明施受关系时,为了清楚地表明施受关系,一般需要添加标记词。受事具有 [+有生]特征的 PAV 句中,“情绪”、“认知”类心理动词和“言告”类动作动词占多数的事实也为这三个语义类的动词一般不用添加被动标记的方式表达被动语义提供了佐证。

第七章
语言接触视野下的汉语受事话题句

一种语言在其发展过程中通过与其他语言的接触可能发生变化，这是语言发展过程中的常见现象。从汉语发展的历史来看，至少从东汉开始，汉语便有了与其他民族的语言接触的事实，而且魏晋以降，由于社会的变动，汉民族与其他民族不断接触交融，汉语与其他民族语言间的接触变得频繁起来。在长达一千余年的接触过程中，汉语受到其他语言的影响是不争的事实，这一点在汉语的语音、词汇和语法层面都有反映。

我们知道，汉语跟梵语、巴利语或蒙古语是语序类型不同的语言，汉语采用 VO 语序，其他三种语言采用 OV 语序。就汉语受事话题句而言，其外在形式是将受事置于动词之前，这便与将宾语置于动词之前、采用 OV 语序的梵语、巴利语或蒙古语在形式上取得了一致。因此，弄清受事话题句是汉语所固有的句式，还是受梵语、巴利语或蒙古语影响而产生的；如果不是语言接触的产物，则其是否受语言接触的影响，所受的影响有哪些，影响的程度究竟有多大等问题，对研究汉语语法史特别是语法史中的语言接触现象具有重要意义。

现有传世文献的研究结果表明：汉语受事话题句在甲骨文、金文中已见用例。从考察结果来看，先秦时期受事话题句的类型已经较为完备，此后虽然历经演变，但这些演变都是在汉语语法基本格局不变的情况下所作的局部调整。所表现出的变化实际上是受事话题句的不同次类随着语言的发展在使用频率上的此消彼长。显然，受事话题句是汉语语法系统中的一个固有的句式，它不是因语言接触而产生的新句式。

Thomason(2010)认为，要完整地描述任何一种语言的历史或句法变化，内部和外部动因都是不可或缺的。他指出："在什么情况下内部解释是对语言变化的唯一解释呢？这个问题的欺骗性实际上比其看起来要大得多。因为从来没有一种论断能够证明当语言发生变化时，语言接触没有发生。从某种意义上说，所有的语言变化都必须包括语言接触。"①魏晋南北朝和元代前后是汉语史中出现外来影响较多的两个时期。这两个时期的语言接触对汉语所产生的影响特色各异，这在学界已经达成共识。本章我们将结合我们所选取的汉译佛典和"元白话"等考察文献，从语言接触的视角来考察梵汉接触与蒙汉接触对汉语受事话题句的影响及其程度。

7.1　汉语受事话题句的使用频率反映语言接触的事实

我们对先秦至清代32部考察文献中受事话题句的使用频率作了一个粗略的统计，考察结果如表7-1所示：

从表7-1可以看出：先秦至清代的本土传世文献中，汉语受事话题句的使用频率比较稳定，前后两个时期每千字的频率差幅基本维持在0.35至0.65之间。而汉译佛典和古本《老乞大》中受事话题句的使用频率都远远高于本土传世文献。就佛典而言，其使用频率在东汉和魏晋南北朝两个时期与《论衡》、《新论》、《风俗通义》、《世说新语》、《颜氏家训》等本土传世文献的差幅分别是1.17和0.37。就古本《老乞大》而言，它跟本土传世文献《型世言》在使用频率的差幅为1.1。

① Thomason: Contact explanation in linguistics, *The Handbook of Language Contact*, edited by Raymond Hickey, WILEY-BLACKWELL, 2010, page 32.

表 7－1　先秦至清代受事话题句使用频率[①]

<table>
<tr><th rowspan="2">时期
频率</th><th rowspan="2">先秦</th><th rowspan="2">西汉</th><th colspan="2">东　汉</th><th colspan="2">魏晋南北朝</th><th rowspan="2">晚唐五代</th><th rowspan="2">宋代</th><th colspan="3">元　　明</th><th rowspan="2">清代</th></tr>
<tr><th>本　土</th><th>佛　典</th><th>本　土</th><th>佛　典</th><th colspan="2">非戏曲</th><th>戏　曲</th></tr>
<tr><td rowspan="2">总字数</td><td rowspan="2">818 703</td><td rowspan="2">220 371</td><td rowspan="2">319 168</td><td rowspan="2">134 618</td><td rowspan="2">184 743</td><td rowspan="2">260 930</td><td rowspan="2">566 305</td><td rowspan="2">224 908</td><td colspan="2">354 272</td><td rowspan="2">150 494</td><td rowspan="2">590 380</td></tr>
<tr><td>19 392[②]</td><td>334 880[③]</td></tr>
<tr><td>用例数</td><td>1 092</td><td>370</td><td>387</td><td>321</td><td>155</td><td>315</td><td>680</td><td>367</td><td colspan="2">417</td><td>145</td><td>271</td></tr>
<tr><td rowspan="2">频率(/千字)</td><td rowspan="2">1. 33</td><td rowspan="2">1. 68</td><td rowspan="2">1. 21</td><td rowspan="2">2. 38</td><td rowspan="2">0. 84</td><td rowspan="2">1. 21</td><td rowspan="2">1. 2</td><td rowspan="2">1. 63</td><td colspan="2">1. 18</td><td rowspan="2">0. 96</td><td rowspan="2">0. 46</td></tr>
<tr><td>2. 21</td><td>1. 11</td></tr>
</table>

① 此表中的出现频率指的是每 1 000 字出现的受事话题句用例数。
② 此为古本《老乞大》用字约数。
③ 此为《型世言》用字约数。

从考察结果来看，在魏晋南北朝时期的本土传世文献和佛典中，受事话题句的使用频率虽有差异，但差幅不大，而东汉受事话题句在佛典中的使用频率与本土传世文献差异较大。造成这种现象的原因除了跟语料取样有关之外，跟佛典的翻译也有关系。据梁启超(1920)，汉语史上的佛典翻译分为东汉到西晋、东晋南北朝、唐贞观到贞元三个时期。[①] 第一个时期为外国人主译期，该时期的翻译一般称为“古译”；第二个时期为中外人共译期，该时期的翻译一般称为“旧译”；第三个时期为本国人主译期，该时期的翻译一般称为“新译”。东汉是佛典翻译的初始阶段，直译的倾向较强，该时期的译经更多带有梵语或巴利语特点。因此，东汉佛典中受事话题句的使用频率明显高于本土传世文献，这反映了其受梵语、巴利语影响的事实。而南北朝翻译技巧比较成熟，更符合汉语本身的特点。因此，两种不同性质文献中受事话题句的使用频率差别不大。元明时期朝鲜汉语教科书中受事话题句的使用频率明显高于本土传世文献，这也反映了其受蒙古语影响的事实。

7.2　梵汉接触与汉语受事话题句

遇笑容(2004)指出，从东汉开始西域僧人进入中国。东汉到西晋的二百余年中有三十多人从事佛教的传播和翻译，使佛教在中国发展起来。从东汉到唐代开元年间，翻译佛经 2 278 部 7 046 卷，估计达 5 600 万字。由于从事佛经翻译的西域僧人大都以梵文、巴利文为母语，他们虽然兼通汉语，在译场中也有华人共译，但在翻译过程中不可避免地会把某些母语中的格式带进其所的翻译作品。这便为汉语与 OV 语序的梵语或巴利语提供了接触的可能。

从我们对汉语受事话题句的主要变化所做的考察结果来看，汉语与梵语或巴利语的接触对汉语受事话题句的影响主要表现在以下两个方面：

---

① 详见梁启超：《佛典之翻译》(1920)，《佛学研究十八篇》，中华书局 1989 年版，第 191—223 页。

（一）述语动词的增加

佛典中出现了一些不见于同时期本土传世文献的述语动词，如：解脱、称道、称载、思议、供给、染著、现验、值遇、摄持、称计、称量、救济等。虽然这些动词中的绝大多数最初大都只见于佛典，以后并未在本土传世文献中继续使用，但诸如“供养”、“供给”、“救济”等少数词语随着使用频率的增加，逐渐融入到汉语词汇或语法系统中。

（二）不同词类属性的受事话题在发展趋势上的变化

如前所述，从东汉至魏晋南北朝，两类不同属性的受事话题在本土传世文献和佛典中的发展趋势上形成对立。前者中体词性受事话题呈上升趋势，谓词性受事话题呈下降趋势；后者中体词性受事话题呈下降趋势，而谓词性受事话题呈上升趋势。佛典中不同词类属性的受事话题的发展趋势对后代所产生的影响直接表现在晚唐五代时期受事话题的发展趋势上。从考察结果来看，从魏晋南北朝至晚唐五代，词类属性不同的受事话题在本土文献中的发展趋势逐渐与东汉以来佛典中的发展趋势走向一致。我们认为，这种现象有文体和语料选择的原因，即晚唐五代时期的考察文献《敦煌变文集》和《祖堂集》在内容上与前几个时期的本土传世文献不是均质的。虽然二者都是本土传世文献，但在体裁上是说唱体或禅宗语录。说唱体变文是用接近口语的文字写成的，反映当时的口语，这一点是没有疑问的。但说唱的材料中大部分是佛经中的故事，相比较而言，民间传说和历史故事在数量上不及佛经故事。因此，该时期文献中受事话题的发展趋势与佛典一致。虽然晚唐五代之后本土传世文献中的体词性受事在发展趋势上重新回到了其前呈上升趋势的轨道上，但不可否认，从魏晋南北朝至晚唐五代，不同词类属性的受事话题的发展趋势同时也反映出汉语受语言接触影响的事实。[①]

---

① 值得注意的是，从体裁来看，本书在研究汉译佛典中的受事话题句时，所选取的语料都是叙事性的佛经，没有选取论说性的佛经。论说性的佛经如《阿毗达磨俱舍论》等中受事话题句可能会多一些。（详见王继红：《基于梵汉对勘的〈阿毗达磨俱舍论〉语法研究》，中西书局2014年版。）

以上我们对受事话题句在本土传世文献和佛典中的对立情况作了粗略的归纳。我们认为，除了少数因语料取样而造成的发展趋势上的对立之外，大多数情况下，受事话题句在本土传世文献和汉译佛典中的总体发展趋势是一致的。二者的差异主要体现在升降幅度的大小上。此外，从表 7－1 中所反映的语言事实来看，两种不同性质的文献中，受事话题句的使用频率在发展趋势的差异主要通过下降幅度的大小加以体现。本土传世文献中使用频率的降幅小，汉译佛典中使用频率的降幅大。总而言之，汉语很多方面表现出受梵语或巴利语影响的事实，但显而易见，汉语在接受梵语或巴利语的影响方面是以保持自身特点为主的。

Thomason(2001)指出，将一种新的结构特征与外部因素相联系是极其困难的。其前提主要有五个，即：将假定的接受语 B 视为一个整体，而不是某个时期的一个片段；确定源语言；找出接受语跟源语言之间的一些共性特征；证明一些特征存在于源语言中；证明一些特征在接受语中是新产生的，即在接受语跟目标语发生接触之前，这些特征在接受语中不存在。① 他认为，如果可以满足上述五个前提，由接触引发的语言变化的事实就坚不可摧。如果一个或几个前提没有被满足，那么任何由外部原因引起的变化的观点最好只作为一种假说。

从汉语史上受事话题句在本土传世文献和佛典中的分布和使用情况来看，如果我们将汉语作为一个整体，将梵语（巴利语）视为源语言，那么在不考虑前置受事的句法属性的条件下，受事位于动词之前是两种语言都存在的现象。但从汉语事实来看，传世文献中，受事话题句在甲骨文、金文中早已存在。从管燮初(1981)对西周金文语法中受事话题句的用例考察，我们可知：西周金文语法中，受事话题句共出现 16 例，除去有标记的 2 例“见”字句和 7 例“于”引进主语的句

① 详细内容请参考 Thomason：*Language Contact: An Introduction. Edinburgh and Washington*, DC：Edinburgh University Press and Georgetown University Press, 2001, page 93－94.

子外,无标记的受事话题句出现8例。其在形式上包括“受事+动词(+宾语)”和“受事+不+动词”两类。如:

(1) 麦易赤金,用祚鼎,用从井灰征事,用卿多寮友。(《麦鼐》)

(2) 方緣无不娴见。(《史墙盘》)

显然,汉语传世文献材料并不能证明在汉语跟梵语或巴利语发生接触之前,受事话题前置的用例在汉语中不存在。因而将梵语或巴利语视为此类句式产生的源语言是不成立的,我们也不能得出汉语受事话题句是语言接触的产物的结论。

朱冠明(2011)结合《正法华经》、《妙法莲华经》的相关用例指出:“与汉语主要是SVO语序不同,以梵语为代表的佛经原典语言常常将宾语置于动词之前,即OV结构会习惯地或高频率地出现在语言使用中。假如译师在把原典翻译成汉语时依照梵语的语序,则常常会造成汉译佛典中宾语居于动词之前。”“梵语动词可以变成分词后出现在句中,作为某一个名词性成分的修饰语;但汉语的动词并没有分词形式,如果译师用汉语的动词来翻译该分词,则动词会被看作谓语成分,这也容易造成受事成分前置于动词谓语。”①朱冠明(2013)进一步指出:“梵文受事宾语常常是放在动词的前面,译师照搬了梵文的语序。梵文因为有严格的格标记,所以名词不管放在哪个位置,它的

---

① 朱文所举的两组用例分别如下:

a. 闻佛所说,悉当信乐受持奉行。(竺法护《正法华经》,9/69a)
闻佛所说,则能敬信。(鸠摩罗什《妙法莲华经》,9/6c)
ye bhāgavatah bhāstaṃ Śraddhāsyanti pattīyisyanti udgrahīsyanti
他们 佛 (所)说 (将)相信 (将)珍视 (将)接受

b. 讲说经典,自然之谊,显示众庶,此正法华。(竺法护《正法华经》,9/67a)
诸法实相义,已为汝等说。(鸠摩罗什《妙法莲华经》,9/5a)
prakāŚitā me iya dharmanetrī / ācaksito dharmasvabhāva yādr Śah□
prakq1itq me iya dharmanetr] / qcak2ito dharmasvabhqva yqd31a4
已显示的 我的 此 法则 已说的 法自性 如此
详见朱冠明:《中古佛典与汉语受事主语句的发展——兼谈佛经翻译影响汉语语法的模式》,《中国语文》,2011年第2期,第172—173页。

宾语身份是清楚的，但是译成汉语后，一旦放在动词前面，往往就变成了受事主语或者话题。”①王继红（2014）研究《阿毗达磨俱舍论》的语法。从其所举用例来看，梵语中的“OV”语序在翻译成汉语时常常采用受事话题句的形式。可见，汉语受事话题句虽然不是语言接触的产物，无论从其历史演变还是从梵汉对勘研究的相关成果来看，它都受到梵汉接触的影响。

朱冠明（2011）将外因视为“话题＋评论”类受事话题句的产生和发展的主导因素。同时他也指出，即使没有佛经翻译，随着汉语自身的发展，此类受事话题句也会产生，但这一过程可能会缓慢很多。我们认为，汉语受事话题句受梵语影响的事实不足以说明异质语言的影响是汉语受事话题句发展的主导因素。梵汉接触所造成的相关变化是外因。从我们的考察结果来看，虽然本土传世文献中受事话题句在所涉及的动词小类方面不如佛典丰富，但其所涉及的受事话题句类型要比佛典完备得多。这一事实也说明，受事话题句首先是汉语语法自身发展的产物，其在发展过程中与动词的发展密切相关，梵汉接触的结果是使其在动词的使用范围方面有所扩大。

Hopper&Traugott（1993）指出，英语曾经大量借入词汇，但英语句法形式或形态却未因此而发生激烈的变更。英语绝大部分的演变可以说是语言系统内部的演变和发展。江蓝生（1999）指出，在接受语言影响的过程中，汉语通常会经过一个从模仿照搬到逐步调整、改造，进而纳入汉语语法体系的过程，但汉语在接受其他民族语言成分时始终保持其自身的基本特点。显然，汉语因语言接触所产生的语法变化的实现前提是汉语中事先存在某种或某种相似的语言现象。就受事话题句而言，汉语和梵语或巴利语的接触以汉语自身存在此类句式为前提，接触的结果是使原先存在于汉语语法系统中的受事

① 朱冠明：《汉译佛典语法研究述要》，《汉译佛典语法研究论集》（蒋绍愚、胡敕瑞主编），商务印书馆2013年版，第12页。

话题句在各组成成分及使用频率等方面有所变化。这一点在本土文献和汉译佛典中受事话题句的分布上已有明确体现。

现有研究成果表明，一种语言的语法也不是不可渗透的。语言接触也可能会对语法产生影响。Hopper&Traugott(1993)指出，对于语言的演变来说，一元模式的发生观是被理想化了的一种同质语言的传播方式，严格地说，这种语法一元发生观是不恰当的。语言的演变应该是在异质语言的基础上发生的。遇笑容(2004)指出，新格式最容易出现在汉语与其他语言差异最大的语法点上。就目前的研究现状而言，汉语语法史中由语言接触而引起的语法变化并不是很多。对于这种变化，学者们大多认为是以社会历史背景为条件出现的，其出现的多少取决于社会历史背景条件的强弱。

遇笑容(2004)把语言接触所引发的变化分为语法发展和语法替代两类。她指出："语法发展是两种语言在接触中一种语言接受另一种语言的影响，使其语法发展带上另一种语言的色彩。这种影响的结果常常是汉语固有结构功能的扩展，或者是汉语固有结构的变异。总体上说，它们跟汉语的体系具有一致性。语法替代则是两种语言在接触中，一种具有强势的语言成为社会崇尚、人们不得不趋从的对象，处于弱势的语言部分地接受强势语言的语法体系，形成特殊产物。其存在完全依赖于社会历史条件，条件存在，它们就存在，条件一旦消失，它们也随之消失。"[①]我们认为，汉语与梵语或巴利语的接触属于前者。这一点在汉语与梵语或巴利语的接触过程中所处的社会历史背景密切相关。汉语与梵语或巴利语的接触最早可以上溯到公元1世纪中叶以后。此时的语言接触伴随的是一种外来宗教的传播，这种接触是逐渐的、潜移默化的，同时也是一种非强制的、不自觉的接触。这种条件下的接触双方没有地位的差异，不会单纯地模仿。

① 遇笑容：《汉语语法史中的语言接触与语法变化》，《汉语史学报》(第四辑)，上海教育出版社2004年版，第33页。

此时由于接触所产生的语法变化属于目的语影响基础语的类型。变化的形式是作为基础语的汉语在发展中受到梵语或巴利语的干扰而呈现出与一般规律不一致的地方。

从受事话题句的历史演变来看，它在商周时期已有所见，至先秦基本类型已经成型。受事前置的词序变化是汉语内部为适应语法的发展而进行自我调整的结果。引起这种变化的因素存在于汉语自身，其后的变化只是在原来基础上的加强，与所谓的汉语词序类型的变化没有关系。如果认为汉语中充当话题的前置受事是语言接触的结果，则必须对受接触的时间、范围、产生影响的语言等作必要的论证。而基于语言间可能因接触而产生相互影响以及基本语言结构因语言接触发生改变的论据尚未发现的事实，我们认为，汉语受事话题句不是因语言接触而产生的新语法现象，它存在的根本原因是汉语中受事的话题化与汉语语法结构和语法发展的规律相适应的结果。当然，在一定的条件下，其在发展过程中会受到梵语或巴利语的影响，但影响的结果主要是在汉语语法系统许可的情况下使某些次类在汉语中的使用频率发生变化，并非为汉语语法系统增加一种原先并不存在的句式。很显然，汉语受事话题句的产生跟汉语与梵语或巴利语之间的语言接触无关。

7.3　蒙汉接触与汉语受事话题句

我们知道，由语言接触而引发的语法变化“是以社会历史背景为条件出现的，变化的多少取决于社会历史背景条件的强弱”。① 元朝是我国历史上的一个由蒙古人建立的朝代。在蒙古人统治的153年的时间中，以大都为中心的北方汉语跟中古蒙古语也发生了广泛的接触。这种接触必然会对元代汉语的面貌产生某种程度的影响。蒙汉接触的情况与梵语或巴利语跟汉语接触的情况有所不同。元代蒙古人入主中

① 遇笑容：《汉语语法史中的语言接触与语法变化》，《汉语史学报》(第四辑)，上海教育出版社2004年版，第33页。

原，在其统治下，蒙人和蒙古语都有特殊的地位，是当时必须服从效法的对象。在这一社会背景下，出现了用汉语的词汇和蒙语的语法混杂使用、用汉语来直译蒙文的元白话。总体而言，蒙汉接触既是强制性的，也是自觉的。它所产生的变化较此前的接触要广泛得多，“在一些接触强烈的地区甚至可能导致当地汉语发生某些‘质’的变化”。①

蒙汉接触所产生的元白话实际上是汉语学习蒙语的结果。蒙汉两种语言之间差距最突出的地方也就是最容易变化的地方。这些变化不是汉语语法系统自发的发展，而是汉语语法系统部分地放弃自身的某些特征采纳蒙古语语法系统的结果。元白话的语言系统实际包括汉语和蒙古语两个系统。二者最终由哪一个来起主导作用完全依赖社会条件的变化。

蒙古语属于 OV 型语言。这种语言中宾语通常位于动词之前，且宾语之后有明显格标记。元白话中所出现的诸如“根底”、“里”、“行(上)”等表达“格”概念的词便是受蒙古语影响的有力证据。汉语中的受事话题句是将受事置于述语动词之前，这也使得其与蒙古语中的 OV 句式具有形式上的一致性。前文我们已经证明受事话题句是汉语中的原生句式，鉴于我们所考察的带有中介语性质的元代文献只有朝鲜时代的汉语教科书古本《老乞大》②，所以我们无法对蒙古语

① 北京大学中国语言研究中心：《2011 年北京大学中国语言学暑期高级讲习班学员手册》，第 225 页。

② 对于元白话的语言性质，学界存在不同的意见。太田辰夫(1953)认为元代的直译体文献、直讲体文献、会话书、纪实体文献和《秘史》总译所反映的都是“汉儿言语”。它是一种在北方民族和汉儿之间使用的北方各民族共同语，是一种卑俗的、不合规范的汉语。祖生利(2007)认为，元代在北方各民族和汉人之间存在着一种共同语(蒙式汉语)，他认为这种汉语是以北方汉语为上层语言、以蒙古语为底层的皮钦语。曹广顺、陈丹丹(2009)认为，蒙式汉语具备皮钦语的结构特征，但没有证据表明其用于真正的日常交际。从语言特征来看，蒙式汉语是汉语的一种变体，是蒙古人学习汉语时从入门到掌握的过程中不同阶段的反映。他指出：“如果我们把视野扩大到历史发展的里程里，语言接触的过程依附于社会发展。元朝被明朝取代之后，蒙古语影响中原汉语的条件不存在了。明朝初年元白话已经走向消亡。元白话的产生是北方民族学习汉语的结果。在向汉语靠拢的过程里，元白话这种不完全习得的汉语有凝固的趋势，但最终还是回到了正统汉语发展轨迹上。就目前的研究看，元白话的特殊语言现象对汉语造成的影响几乎看不到。考察这段历史，元白话其实是蒙古人学习汉语时出现的一种中介语。”我们采用曹先生的观点。

对汉语受事话题句的影响程度作出清晰的描述，但从所考察的古本《老乞大》来看，该文献中受事话题句的使用频率远远高于其前或其后各个不同历史时期的本土传世文献。这种情况说明，受事话题句在发展过程中也受到了蒙古语的影响。主要表现如下：

（一）蒙式汉语中出现的使用OV语序且句末出现表示假设语气的标记词"呵"和祈使语气词"者"的用例，如果去掉"呵"或"者"，有些用例可以直接构成受事话题句，也有一些用例添加相应的体助词之后也可以构成受事话题句。如：

（3）a 布帐子疾忙打起者。（古本《老乞大》）
b 布帐子疾忙打起着。（《老乞大谚解》）
c 把帐房忙打起来。（《老乞大新释》）
d 把帐房忙打起来。（《重刊老乞大》）

（4）a 铺陈整顿者，房子里搬入去者。（古本《老乞大》）
b 铺陈整顿着，房子里搬入去着。（《老乞大谚解》）
c 铺陈整顿了，搬到帐房。（《老乞大新释》）
d 铺陈整顿了。（《重刊老乞大》）

（5）a 鞍子、辔头自己睡卧房子里放者，上头著披氈盖者。（古本《老乞大》）
b 鞍子辔头自己睡卧房子里放着，上头着披毡盖着。（《老乞大谚解》）
c 鞍子辔头搬到自己睡处放下，上头把毡子盖了。（《老乞大新释》）
d 鞍子辔头搬到自己睡处放下，上头把毡子盖了。（《重刊老乞大》）

（6）a 茶饭喫了呵。（古本《老乞大》）
b 茶饭吃了时。（《老乞大谚解》）
c 到吃完了饭。（《老乞大新释》）
d 吃完了饭。（《重刊老乞大》）

(7) a 椀子家具收拾者。(古本《老乞大》)

b 椀子家具收拾了。(《老乞大谚解》)

c 碗盏家伙收拾了。(《老乞大新释》)

d 椀盏家伙收拾了。(《重刊老乞大》)

(3a)、(5a)、(6a)三例去掉语气词“呵”或“者”之后直接就能够构成受事话题句;(4a)、(7a)两例去掉语气词“者”之后,加上体助词“着”、“了”也都能成立。

古本《老乞大》成书于元末,反映的是元代后期的汉语。作为汉语教科书,其语言必然是生活中实际使用的语言。该文献的语言有着明显地受蒙古语影响的痕迹。《老乞大谚解》是明初的修改本,从比较结果来看,它把语气词“者”全部写成了“着”;把语气词“呵”改成了“时”。《老乞大新释》和《重刊老乞大》是在明初修改本的基础上根据清代所通行的语言再次修改而成的,“二书在语言上没有什么根本的不同,其中的差异主要反映修改者文字风格的不同”。① 这两部文献与元明两个时期的文献的区别在于去掉语气词“者”、“着”;在去掉语气词“者”、“着”的句子后面加上体助词“了”;在去掉格标记的同时把 OV 语序变成 VO 语序。《老乞大》不同版本所反映出的同一个句子的演变情况表明:汉语受事话题句在自身发展过程中受到了蒙古语的影响。当社会历史背景条件发生变化时,汉语会使用其自身语法系统的相应形式对有标记的 OV 句式进行加工,使之与汉语语法系统相适应。以例(7)中述语动词“收拾”的使用为例。

从考察结果来看,“收拾”充当述语动词的用例最早见于晚唐五代时期。如:

(8) 收拾宝盖整威仪,玉佩玎珰满路歧。(《敦煌变文集》)

(9) 门人陇西李汉,辱知最厚且亲,遂收拾遗文,无所失坠。(《全

① 李泰洙:《〈老乞大〉四种版本语言研究》,语文出版社 2003 年版,第 1 页。

唐文》)

(10) 法师收拾,七人扶持,牵马负载,起程回归,告辞竺国僧众。(《大唐三藏取经诗话》)

(11) 天骥奔海阳,收拾溃散二千余人,夜行面皆裂,至昌平,遇神曜将援兵而来。(《南迁录》)

元代之前,当句子中不出现能愿动词或难易类形容词时,动词"收拾"的受事论元不能前置于动词。元代受蒙古语影响,在添加格标记的情况下,动词"收拾"的受事可以位于动词之前,如例(7)。但这种用法只见于元白话。明代以后,随着元白话的衰落,汉语对原先使用格标记将受事提前的句子加以改装。到了清代,则直接在句末使用体助词"了"。此时,在由"收拾"充当述语动词的句子中,受事可以位于动词之前充当话题。如:

(12) 行李收拾了五日,方有端倪。(《海上尘天影·第十四回》)

(13) 苏姑娘房间已收拾了。(《海上尘天影·第五十九回》)

(14) 一切用的药,我都收拾停当了。(《醒世姻缘传·第六十七回》)

(二) 特殊动词"有"的宾语前置

(15) 你这店里草料都有那没?(古本《老乞大》)

(16) 草料都有。料是黑豆,草是秆草。(古本《老乞大》)

(17) 为什么这般的歹人有?(古本《老乞大》)

(18) 井边头帖落、井绳都有。(古本《老乞大》)

古本《老乞大》中,特殊动词"有"的宾语通常前置。这种句式与上文所讲的有格标记的类型不同。一方面,从直译的角度来看,名词位于特殊动词"有"之前的句式可以被视为汉语接受蒙古语影响,在会话中进行直译仿造的结果。另一方面,从受事话题句的角度来看,汉语中固有的受事话题句类型为直译和仿造提供了可行性条件。也就是说，汉语在接受蒙古语影响的同时，除了照搬蒙古语语法格式直译之外，还可能将其语法系统中固有的受事话题句跟蒙古语的宾语前置句相对应。受事话题句的存在是汉语能够接受蒙古语影响的一个重要因素。

与汉语受事话题相关的宾语前置句式从元末至清代的上述变化说明：元白话是语言接触的一个特殊类型。它不是一种语言影响另一种语言的发展，而是一种语言的语法体系逐渐去替代另一种语言的语法体系所产生的一种变体。其突出表现是：在使用汉语的语音、词汇的同时在相当程度上使用蒙古语的语法。元代统治中原一个半世纪，其统治被推翻之后，这种语言变化的基础没有了，变化也就无法维持了。随着明朝的建立，元白话很快就消失了，汉语中引进的带有蒙语色彩的结构和格式也消亡殆尽。

至迟从魏晋南北朝开始，汉族便与北方操阿尔泰语的民族长期杂居。汉语跟阿尔泰语之间的接触也变得频繁起来，逐渐形成了“汉儿言语”这种通行于北方各民族之间的地域共同语。辽金元时期，契丹、女真、蒙古族先后入主中原，加剧了阿尔泰语对汉语的渗透和影响。蒙古语是阿尔泰语系中的一支。元代特殊的社会历史背景使“汉儿言语”偏离汉语的程度加深，古本《老乞大》中的诸多特殊语言现象就是这种渗透和影响的体现。就汉语受事话题句而言，由于汉语缺乏形态标记，所以在反映语言接触影响的古本《老乞大》中，我们可以凭借特殊的语气词标记将宾语前置句和受事话题句明确地加以区分。但随着蒙古政权的衰亡，汉族政权重新建立，这使得蒙古语对北方汉语的影响迅速消退。直译体语法格式退出口语，混合式语法结构或者消灭或者经过汉化处理保留在语言中。北方汉语逐渐向规范汉语回归。明代长达 270 年的统治使汉语规范化的程度加深。

综上所述，受事话题句是汉语固有的一种句式，这是其在后代的历史演变中使用频率上升以及汉语对属于 OV 语序语言的梵语、巴利语或蒙古语表现出一定的容纳性的重要前提。语言是一个自组织的系统。语言系统的变化虽然是一个渐进的缓慢的过程，但系统内成员的变化通常会对系统产生影响。从语言接触所引起的语法变化来看，学界在语言接触方面达成较多共识的汉语和阿尔泰语接触所带来的相关语法变化的研究成果显示：汉语语法系统在与阿尔泰语系语言的接触中表现出很大的稳定性。汉语和阿尔泰语之间的接触所引起的变化容易发生在语音、词汇方面。汉语跟梵语、巴利语、蒙古语接触的事实也告诉我们，汉语语法在语言接触的过程中表现出较强的稳固性。"汉语一般不会原样照搬外族语言的语法格式，即使一时接受了，其后也会回潮。"①

① "回潮"的用例在从元代以后受事话题句的发展演变过程中有所体现，这一点我们将另文讨论。

结　语

本书选取了先秦至明清时期口语性较强的32部文献作为语料，对汉语史上受事话题句的历史演变及其相关问题作了细致的考察和系统的描写，并且从句法、语义和语用三方面对引发受事前置的原因作了较为深入的探讨。由于受事前置是一个比较复杂的过程，按照目前的研究状况，我们无法对其所受到的限制作穷尽性的描写和归纳。在我们所指出的限制条件内部，还可能存在许多不同的情况。此外，由于时间的关系，对于不同语义类别的动词的变化在受事话题句演变过程中的作用问题，我们没有能够进行详细地探讨，对于具有中介语性质的汉译佛典和朝鲜教科书等文献中，受事话题句的分布与使用频率在反映语言接触对汉语受事话题句历史演变过程中的作用和广度等方面的有效度究竟是多少等问题，我们目前也缺乏充分的论证依据。这些都是有待于进一步研究和深入探讨的问题。

附　　表

表Ⅰ　先秦至明清能愿动词类受事话题句用例一览表

类别 时代		可	敢	足	能	得	宜	当	会	应	欲	须	堪	必	用	肯	要	豫	好	愿	该	小计
先秦		362	3	16	32	/	/	/	/	/	/	/	/	/	/	/	/	/	/	/	/	413
西汉		128	/	4	1	1	/	/	/	/	/	/	/	/	/	/	/	/	/	/	/	134
东汉	本土	131	2	1	9	/	1	2	/		/	/	/	/	/	/	/	/	/	/	/	146
	佛典	101	/	/	6	/	1	14	1	3	/	/	/	/	/	/	/	/	/	/	/	126
六朝	本土	62	/	3	3	/	/	1	/	/	1	/	/	/	/	/	/	/	/	/	/	70
	佛典	72	/	2	9	9	/	9	/	4	/	/	/	/	/	/	/	/	/	/	/	105
晚唐五代		107	1	2	13	2	5	5	/	5	5	15	6		4	2	2	/	/	/	/	174
宋		138	2	5	3	/	1	4	1	/	/	4	/	3	/	/	10	1	1	/	/	173
元明	非戏曲	57	/	1	4	6	/	/	/	/	/	2	4	/	/	/	5	/	3	1	2	85
	戏曲	17	1	/	/	/	/	1	1	/	/	/	/	/	/	/	1	/	/	/	1	22
清　代		25	4	/	2	3	/	/	/	1	1	/	/	1	4	2	4	/	/	/	1	48
总　计		1 200	13	34	82	21	8	36	3	13	7	21	10	4	8	4	22	1	4	1	4	1 496

表Ⅱ　先秦至清代不同语义类别的副词所占用例总数百分比

时代 类型	先秦	西汉	东　汉		魏晋南北朝		晚唐五代	宋代	元　明		清代
			本土	佛典	本土	佛典			非戏曲	戏曲	
否定副词	26.6	17.7	14	10.3	12.3	10.5	21.6	18.5	19.9	15.9	19.2
范围副词	0.3	1.1	0.5	6.9	3.9	13.8	4.6	2.7	3.8	6.2	5.2
时间副词	1.3	1.9	3.6	1.6	7.1	4.8	4.7	1.6	4.1	9	3.3
程度副词	0.4	0.6	0	0	0	0	0	0.3	0	0	0
语气副词	1.4	0.8	1	0.3	3.3	0.3	1.2	0.3	1.2	0.7	2.6
方式副词	0.3	0.2	0	0	0	0	0	0	0	0	0
疑问副词	0	0	0	0	0	0	0	0	0	2.1	0

参考文献

蔡维天 2004《谈“只”与“连”的形式语义》,《中国语文》第2期。

曹逢甫 1976《主题在汉语中的功能研究——迈向语段分析的第一步》(谢天蔚译),语文出版社,1995。

曹逢甫 2005《汉语的句子与子句结构》(王静译),北京语言大学出版社。

曹广顺 1995《近代汉语助词》,语文出版社。

曹广顺 2011《语言接触与汉语语法史中的译经语言研究》,《2011年北京大学中国语言学暑期高级讲习班学员手册》,北京大学中国语言学研究中心。

曹广顺、陈丹丹 2009《元代特殊语言现象再研究》,《历史语言学研究》(第二辑),商务印书馆。

曹先擢 1992《汉字的自动义与使动义》,《纪念王力先生九十诞辰文集》,山东教育出版社。

曹小云 2000《明清时期的“连”字结构》,《阜阳师范学院学报》,第4期。

曹秀玲 1997《V前受事结构的功能及其表现形式》,《语言教学与研究》,第2期。

陈昌来 2000《现代汉语句子》,华东师范大学出版社。

陈昌来 2002《现代汉语动词的句法语义属性研究》,学林出版社。

陈昌来 2003《带受事成分的不及物动词的考察》,《语言教学与研究》,第3期。

陈　平 1985《从“信息结构”的观点来看语言》,《国外语言学》,第2期。

陈　平 1987《释汉语中与名词性成分相关的四组概念》,《中国语文》,第2期。

陈　平 1994《试论汉语中三种句子成分与语义成分的配位原则》,《中国语文》,第3期。

陈　平 1996《汉语中结构话题的语用解释和关系化》(徐赳赳译),《国外语言学》,第4期。

大西克也 2004《施受同辞刍议——〈史记〉中的中性动词和作格动词》,《意义和形式——古汉语语法论文集》,Lincom Studies in Asian Linguistic 3.

戴浩一 1988《时间顺序和汉语的语序》(黄河译),《国外语言学》,第1期。

戴浩一 1990《以认知为基础的汉语功能语法刍议》(叶蜚声译),《国外语言学》,第4期。

戴浩一 2002《概念结构与非自主性语法:汉语语法概念系统初探》,《当代语言学》,第1期。

刁晏斌 1999《论近代汉语受事主语句》,《辽宁师范大学学报》,第5期。

董兴艳 2008《〈唐会要〉研究》,厦门大学博士论文。

董秀芳 1998《述补带宾句式的韵律制约》,《语文研究》,第1期。

董秀芳 2002《词汇化:汉语双音词的衍生和发展》,四川民族出版社。

杜　轶 2008《汉语“V得C”结构的起源与演变》,北京大学博士学位论文。

范继淹 1984《多项NP句》,《中国语文》,第1期。

范继淹 1985《无定 NP 主语句》,《中国语文》,第 5 期。
范开泰 1985《语用分析说略》,《中国语文》,第 6 期。
范开泰、张亚军 2000《现代汉语语法分析》,华东师范大学出版社。
范　宁 1964《关于〈搜神记〉》,《文学评论》,第 1 期。
范　晓 1991《动词的价分类》,《语法研究与探索》(五),语文出版社。
范　晓 1994《“NP 受＋V”句说略》,《语文研究》,第 3 期。
范　晓 1996《关于动词配价研究的几个问题》,《三明职业大学学报》,第 1 期。
范　晓 2001《动词的配价与汉语的把字句》,《中国语文》,第 4 期。
方光焘 1961《关于古代汉语被动句基本形式的几个疑问》,《中国语文》,10、11 月刊。
方经民 1994《有关汉语句子信息结构分析的一些问题》,《语文研究》,第 2 期。
方　梅 1995《汉语对比焦点的句法表现手段》,《中国语文》,第 4 期。
高明乐 2004《题元角色的句法实现》,北京语言大学出版社。
高顺全 2004《施事后周遍性受事的句法性质》,《解放军外国语学院学报》,第 4 期。
龚千炎 1980《现代汉语里的受事主语句》,《中国语文》,第 5 期。
顾　阳 1994《题元结构理论介绍》,《国外语言学》,第 1 期。
管燮初 1981《西周金文语法研究》,商务印书馆。
郭　锐 2002《现代汉语词类研究》,商务印书馆。
郭锡良 1997《汉语史论集》,商务印书馆。
何元建 2002《论元、焦点和句法结构》,《现代外语》,第 2 期。
贺　阳 1994《汉语完句成分试探》,《语言教学与研究》,第 4 期。
洪　波 2001《“连”字句续貂》,《语言教学与研究》第 2 期。
洪　波 2003《使动形态的消亡与动结式的语法化》,《语法化与语法研究》(一),商务印书馆。
洪　波 2009《周秦汉语“被动语态”之检讨》,《历史语言学研究》(第二辑)，商务印书馆。
洪　诚 1958《论古汉语的被动式》，《南京大学学报》，第1期。
胡敕瑞 2005《动结式的早期形式及其判定标准》，《中国语文》，第3期。
胡敕瑞 2008《汉语负面排他标记的来源及其发展》，《语言科学》，第6期。
胡建华、潘海华、李宝伦 2003《宁波话与普通话中话题和次话题的句法位置》，《话题与焦点新论》，上海教育出版社。
胡明扬、劲松 1989《流水句初探》，《语言教学与研究》，第4期。
胡裕树 1987《现代汉语》(增订本)，上海教育出版社。
胡裕树、范晓 1985《试论语法研究的三个平面》，《新疆师范大学学报》，第2期。
胡裕树、张斌 1986《句子种种——谈谈句子和语境的关系》，《中文自修》，第6期。
江蓝生 1987《八卷本〈搜神记〉语言的时代》，《中国语文》，第4期。
江蓝生 1999《从语言渗透看汉语比拟式的发展》，《中国社会科学》，第4期。
蒋绍愚 1989《古汉语词汇纲要》，北京大学出版社。
蒋绍愚 1994《近代汉语研究概况》，北京大学出版社。
蒋绍愚 1999《抽象原则和临摹原则在汉语语法史中的体现》，《古汉语研究》，第4期。
蒋绍愚 2000《汉语词汇语法史论文集》，商务印书馆。
蒋绍愚 2001a《内动、外动和使动》，《语言学论丛》(第二十三辑)，商务印书馆。
蒋绍愚 2001b《使动、意动和为动》，《语苑集锦——许威汉先生从教50周年纪念文集》，上海教育出版社。
蒋绍愚 2001c《〈世说新语〉、〈齐民要术〉、〈洛阳伽蓝记〉、〈贤愚经〉、〈百喻经〉中的“已”、“竟”、“讫”、“毕”》，《语言研究》，第1期。

蒋绍愚 2002《"给"字句、"教"字句表被动的来源——兼谈语法化、类推和功能扩展》,《语言学论丛》(第二十六辑),商务印书馆。

蒋绍愚 2003《魏晋南北朝的"述宾补"式述补结构》,《国学研究》(第十二卷),北京大学出版社。

蒋绍愚 2004《受事主语句的发展与使役句到被动句的演变》,《意义和形式——古汉语语法论文集》,Lincom Studies in Asian Linguistic 3.

蒋绍愚 2005《近代汉语研究概要》,北京大学出版社。

蒋绍愚、曹广顺 2005《近代汉语语法史研究综述》,商务印书馆。

金克仲 2004《近代汉语受事主语句研究》,北京大学博士论文。

金廷恩 1999《汉语完句成分说略》,《汉语学习》,第6期。

黎锦熙 1924《新著国语文法》,湖南教育出版社,2007。

李崇兴 2005《论元代蒙古语对汉语语法的影响》,《语言研究》,第3期。

李福印 2006《语义学概论》,北京大学出版社。

李晋荃 1998《句法成分的话题化》,《三个平面:汉语语法研究的多维视野》,语文出版社。

李临定 1984《施事、受事和句法分析》,《语文研究》,第2期。

李临定 1985《主语的语法地位》,《中国语文》,第1期。

李　明 2001《汉语助动词的历史演变研究》,北京大学博士学位论文。

李　泉 2006《试论现代汉语完句范畴》,《语言文字语用》,第1期。

李善熙 2003《汉语主观量的表达》,中国社会科学院博士论文。

李泰洙 2000《老乞大语序研究》,《语言研究》,第3期。

李泰洙 2003《〈老乞大〉四种版本语言研究》,语文出版社。

李　文 1996《〈敦煌变文集〉中的受事主语句》,《镇江师专学报》,第2期。

李佐丰 1994a《文言实词》,语文出版社。

李佐丰 1994b《先秦的不及物动词和及物动词》,《中国语文》,第4期。
李佐丰 2003a《先秦汉语实词》,北京广播学院出版社。
李佐丰 2003b《上古汉语语法研究》,北京广播学院出版社。
梁启超 1920《佛学研究十八篇》,中华书局,1989。
梁银峰 2002《隋唐以前的"受事主语+及物动词+不及物动词"句型》,《汉语史研究集刊》(第六辑),四川巴蜀书社,2003。
廖秋忠 1984《〈语言的共性与类型〉述评》,《国外语言学》,第4期。
林 焘 1987《北方官话溯源》,《中国语文》,第3期。
林杏光 1993《进一步深入研究现代汉语格关系》,《汉语学习》,第5期。
林杏光 1995《以格关系划分汉语动词次类》,《汉语学习》,第4期。
刘丹青、徐烈炯 1998《焦点与背景、话题及汉语"连"字句》,《中国语文》,第4期。
刘叔新 1987《现代汉语被动句的范围和类别问题》,《句型和动词》,语文出版社。
刘鑫民 1995《焦点、焦点的分布和焦点化》,《宁夏大学学报》,第1期。
刘一之 2003《古代汉语中的"受事名词+动词"句式》,《古代语言现象探索》,北京广播学院出版社。
刘子瑜 2004《汉语动结式述补结构的历史发展》,《语言学论丛》(第三十辑),商务印书馆。
刘子瑜 2009《处置式带补语的历史发展》,《语言教学与研究》,第1期。
龙国富 2009《中古汉译佛经被动式与佛经翻译》,《历史语言学研究》(第二辑),商务印书馆。
龙国富 2010《从语言渗透看汉译佛经中的特殊判断句》,《汉语史中的语言接触问题研究》,语文出版社。

龙果夫 1952《现代汉语语法研究》,科学出版社,1958。
陆丙甫 1998《从语义、语用看语法形式的实质》,《中国语文》,第5期。
陆丙甫 2003《试论"周遍性"成分的状语性》,《话题与焦点新论》,上海教育出版社。
陆俭明 1980《汉语口语里的移位现象》,《中国语文》,第1期。
陆俭明 1982《现代汉语副词独用刍议》,《语言教学与研究》,第2期。
陆俭明 1986《周遍性主语及其他》,《中国语文》,第3期。
陆俭明 1988《现代汉语中数量词的作用》,《语法研究与探索》(四),北京大学出版社。
陆俭明 2002《动词后趋向补语和宾语的位置问题》,《世界汉语教学》,第1期。
陆俭明 2004《有关被动句的几个问题》,《汉语学报》,第2期。
陆俭明、马真 1996《形容词作结果补语情况考察》,《汉语学习》,第1期。
陆俭明、沈阳 2003《汉语和汉语研究十五讲》,北京大学出版社。
吕冀平 1955《主语和宾语的问题》,《语文学习》,第7期。
吕冀平 1956《对于主语的定义及其在汉语中应用的商榷》,《语文汇编》,第9期。
吕冀平 1979《两个平面,两种性质:词组和句子的分析》,《学习与探索》,第4期。
吕叔湘 1942《中国文法要略》,商务印书馆,1982。
吕叔湘 1946《从主语、宾语的分别谈国语句子的分析》,《吕叔湘文集》(第2卷),商务印书馆,2004。
吕叔湘 1979《汉语语法分析问题》,商务印书馆。
吕叔湘 1984《汉语语法论文集》,商务印书馆。
吕叔湘 1987《论"胜"和"败"》,《中国语文》,第1期。
马建忠 1898《马氏文通》,商务印书馆,1983。

马庆株 2005《汉语动词和动词性结构》，北京大学出版社。
马诗帆、杨月英 2003《广东话话题化的处理机制》，《话题与焦点新论》，上海教育出版社。
梅祖麟 1988《北方方言中第一人称代词复数包括式和排除式对立的来源》，《语言学论丛》(第十五辑)，商务印书馆。
梅祖麟 1990《唐宋处置式的来源》，《中国语文》，第3期。
梅祖麟 1991《从汉代的"动、杀"、"动、死"来看动补结构的发展——兼论中古时期起词的施受关系的中立化》，《语言学论丛》(第十六辑)，商务印书馆。
孟 琮 1987《动词用法词典》，上海辞书出版社。
潘海华 1997《词汇映射理论在汉语句法结构中的应用》，《现代外语》，第4期。
潘海华、梁昊 2002《优选论与汉语主语的确认》，《中国语文》，第1期。
屈承熹 1984《汉语的词序及其变迁》，《语言研究》，第1期。
屈承熹 1998《汉语功能语法刍议》，《世界汉语教学》，第4期。
屈承熹 2000《话题的表达形式与语用关系》，《话题与焦点新论》，上海教育出版社，2003。
屈承熹 2004《汉语认知功能语法》，黑龙江人民出版社。
荣 晶 1997《汉语语序的语义基础》，北京大学博士论文。
荣 晶 2000《汉语语序研究的理论思考及其考察》，《语言文字应用》，第3期。
荣 晶 2006《汉语口语体受事前置句》，《北京大学学报》，第4期。
邵永海 2003《〈韩非子〉中的使令递系结构》，《语言学论丛》(第二十七辑)，商务印书馆。
申小龙 1986《〈左传〉主题句研究》，《中国语文》，第2期。
沈家煊 1993《句法的象似性问题》，《外语教学与研究》，第1期。
沈家煊 1994《"语法化"研究综观》，《外语教学与研究》，第4期。

沈家煊 1999《不对称和标记论》,江西教育出版社。

沈家煊 2000《语法中的"标记颠倒"现象》,《语法研究与探索》(十),商务印书馆。

沈家煊 2001《语言的主观性和主观化》,《外语教学与研究》,第 4 期。

沈　培 1988《殷墟甲骨卜辞介词结构语序研究》,北京大学硕士论文。

沈　培 1991《殷墟甲骨卜辞语序研究》,文津出版社。

沈　阳 1994《动词的句位和句位变体结构中的空语类》,《中国语文》,第 2 期。

施春宏 2005《动结式论元结构的整合过程及相关问题》,《世界汉语教学》,第 1 期。

石定栩 1998《汉语动词前受事短语的句法地位》,《中古语文研究》,第 2 期。

石定栩 1999《主题句研究》,《共性与个性——汉语语言学中的争议》(徐烈炯主编),北京语言文化大学出版社。

石毓智 1997《指示代词回指的两种语序及其功能》,《汉语学习》,第 6 期。

石毓智 2001a《汉语的主语与主题之辩》,《语言研究》,第 2 期。

石毓智 2001b《语法的形式和理据》,江西教育出版社。

石毓智 2002《论汉语的结构意义和词汇标记之关系——有定和无定范畴对汉语句法结构的影响》,《当代语言学》,第 1 期。

石毓智 2003《现代汉语语法系统的建立——动补结构的产生及其影响》,北京语言文化大学出版社。

石毓智 2004《汉语研究的类型学视野》,江西教育出版社。

史有为 1988《主语后停顿与话题》,《中国语言学报》,第 5 期。

宋慧曼 2003《清初观念被动句》,《语言科学》,第 3 期。

宋绍年 1998《古代汉语谓词性成分的指称化与名词化》,《古汉语语法论集》,语文出版社。

宋绍年 2004《〈马氏文通〉研究》，北京大学出版社。

宋亚云 2005《汉语作格动词的历史演变及相关问题研究》，北京大学博士学位论文。

孙玉文 2000《汉语变调构词研究》，北京大学出版社。

孙玉文 2004《从“闻”“见”的音变构词看上古汉语有被动构词》，《湖北大学学报》，第4期。

太田辰夫 1953《关于汉儿语言——试论白话发展史》，《汉语史通考》，重庆出版社，1991。

太田辰夫 1987《中国语历史文法》（蒋绍愚、徐昌华译），北京大学出版社。

汤廷池 1978《主语和主题的划分》，《国语语法研究论集》，学生书局。

陶红印 2000《从“吃”看动词题元结构的动态特征》，《语言研究》，第3期。

汪维辉 2000《从词汇史看八卷本〈搜神记〉语言的时代》（上），《汉语史研究集刊》（第三辑），巴蜀书社。

汪维辉 2001《从词汇史看八卷本〈搜神记〉语言的时代》（下），《汉语史研究集刊》（第四辑），巴蜀书社。

王灿龙 2003《制约无定主语句使用的若干因素》，《语法研究和探索》（十二），商务印书馆。

王灿龙 2004《“连”字句的焦点与相关的语用问题》，《庆祝〈中国语文〉创刊50周年学术论文集》，商务印书馆。

王洪君 1986《汉语表自指的名词化标记“之”的消失》，《语言学论丛》（第十四辑），商务印书馆。

王晖辉 2002《现代汉语NP1＋V＋NP2与NP2＋V同义句式中V及相关问题研究》，北京大学硕士论文。

王　惠 1997《从及物性系统看现代汉语的句式》，《语言学论丛》（第十九辑），商务印书馆。

王继红 2014《基于梵汉对勘的〈阿毗达磨俱舍论〉语法研究》，中西书局。
王　静 2000《论语篇性质与话题的关系》,《世界汉语教学》,第4期。
王　力 1944《中国语法理论》,《王力文集》(第一卷),山东教育出版社,1984。
王　力 1956 主语的定义及其在汉语中的应用,《王力文集》(第十六卷),山东教育出版社,1990。
王　力 1958《汉语史稿》(修订本),中华书局,1980。
王　力 1962《古代汉语》(第一册),中华书局。
王　力 1983《汉语语法史》,《王力文集》(第十一卷),山东教育出版社,1990。
王　力 2000《王力语言学论文集》,商务印书馆。
王　伟 2000《情态动词"能"在交际过程中的义项实现》,《中国语文》,第3期。
王文艺 1997《关于敦煌变文量词语法功能的几个问题》,《贵州民族学院学报》,第4期。
王云路 2006《翻译佛经新词新义的产生理据》,《语言研究》,第2期。
王云路、方一新 2000《中古汉语研究》,商务印书馆。
王振来 2004《被动表述对自主动词和非自主动词的选择》,《汉语学习》,第6期。
魏培泉 1990《汉魏六朝称代词研究》,台湾大学中国文学研究所博士论文。
魏培泉 1991《古汉语介词"于"的演变略史》,《"中研院"历史语言研究所集刊》(第六十二本,第四分册),"中研院"历史语言所编辑出版部。
魏培泉 1994《古汉语被动式的发展与演变机制》,《中国境内语言暨语言学》(第二辑)。
魏岫明 1992《汉语语序研究》,唐山出版社。
吴为章 1993《动词的"向"札记》,《中国语文》,第3期。

谢质彬 1996《古代汉语反宾为主的句法及外动词的被动用法》,《古汉语研究》,第 2 期。

徐 丹 2004《先秦汉初汉语里动词的指向》,《语言学论丛》(第二十九辑),商务印书馆。

徐 杰 1999《两种保留宾语句式及相关句法理论问题》,《当代语言学》,第 1 期。

徐 杰 2001a《"及物性"特征与相关的四类动词》,《语言研究》,第 3 期。

徐 杰 2001b《普遍语法原则与汉语语法现象》,北京大学出版社。

徐 杰、李英哲 1993《"焦点"和两个非线性语法范畴:"否定""疑问"》,《中国语文》,第 2 期。

徐烈炯 2001《焦点的不同概念及其在汉语中的表现形式》,《现代中国语研究》(日本),第 3 期。

徐烈炯 2002《汉语是不是话语概念结构化语言》,《中国语文》,第 5 期。

徐烈炯、刘丹青 1998《话题的结构和功能》,上海教育出版社,2007。

徐烈炯、刘丹青 2003《话题与焦点新论》,上海教育出版社。

徐烈炯、潘海华 2005《焦点的结构和意义》,外语教学与研究出版社。

徐 枢 1988《从语法、语义和语用角度谈名$_{受}$+名$_{施}$+动句式》,《语法研究与探索》(四),北京大学出版社。

徐通锵 1997《语言论》,东北师范大学出版社。

徐通锵 1998《使动和自动——汉语语义句法的两种基本句式及其历史演变》,《世界汉语教学》,第 1 期。

徐通锵 2008《汉语字本位语法导论》,山东教育出版社。

许理和 1977《最早的佛经译文中的东汉口语成分》(蒋绍愚译),《语言学论丛》(第十四辑),商务印书馆。

玄 玥 2002《焦点问题研究综述》,《汉语学习》,第 4 期。

薛凤生 1994《"把"字句和"被"字句的结构意义——真的表示处置和

被动？》,《功能主义和汉语语法》,北京语言学院出版社。
杨伯峻、何乐士 2001《古汉语语法及其发展》,语文出版社。
杨成凯 1992《广义谓词性宾语的类型研究》,《中国语文》,第1期。
杨成凯 2000《汉语句子的主语和话题》,《话题与焦点新论》,上海教育出版社,2003。
杨荣祥 2002《古汉语中"杀"的语义特征和功能特征》,《汉语史学报》(第二辑),上海教育出版社。
杨荣祥 2005《近代汉语副词研究》,商务印书馆。
杨荣祥 2005《语义特征分析在语法史研究中的作用》,《北京大学学报》,第2期。
杨永龙 2001《明代以前的"VO过"例》,《语文研究》,第4期。
杨永龙 2011《试说"连X都VP"构式的语法化》,《语法化与语法研究》(五),商务印书馆。
姚振武 1990《古汉语受事句中"见V"结构再研究》,《古汉语研究》,第2期。
姚振武 1998《个别性指称与所字结构》,《古汉语研究》,第3期。
姚振武 1999《上古汉语受事主语句系统》,《中国语文》,第1期。
影山太郎 2001《动词语义学——语言与认知的接点》(于康、张勤、王占华译),中国广播电视大学出版社。
余志鸿 1984《论古汉语补语的移位》,《语言研究》,第1期。
余志鸿 1992《元代汉语的后置词系统》,《民族语文》,第3期。
遇笑容 2004《汉语语法史中的语言接触与语法变化》,《汉语史学报》(第四辑),上海教育出版社。
遇笑容 2008《试说汉译佛经的语言性质》,《历史语言学研究》(第一辑),商务印书馆。
遇笑容 2011《语言接触理论通论与汉语中的语言接触》,《2011年北京大学中国语言学暑期高级讲习班学员手册》,北京大学中国语言学研究中心。

袁　晖、戴耀晶 1998《三个平面：汉语语法研究的多维视野》，语文出版社。

袁毓林 1995《词类范畴的家族相似性》，《中国社会科学》，第1期。

袁毓林 1996《话题化及相关的语法过程》，《中国语文》，第4期。

袁毓林 1998《汉语动词的配价研究》，江西教育出版社。

袁毓林 2000《述结式的结构和意义的不平衡性——从表述功能和历史来源的角度看》，《现代中国语研究》(日本)，第1期。

袁毓林 2002a《论元角色的层级关系和语义特征》，《世界汉语教学》，第3期。

袁毓林 2002b《述结式的论元选择及其句法配置》，《纪念王力先生百年诞辰学术论文集》，商务印书馆。

袁毓林 2002c《名词代表动词短语和代词所指的波动》，《中国语文》第2期。

袁毓林 2003《句子的焦点结构及其对语义解释的影响》，《当代语言学》，第4期。

袁毓林 2004《论元结构和句式结构互动的动因、机制和条件——表达精细化对动词配价和句式构造的影响》，《语言研究》，第4期。

袁毓林 2006《试析"连"字句的信息结构特点》，《语言科学》，第2期。

詹卫东 2004a《论元结构与句式变换》，《中国语文》，第3期。

詹卫东 2004b《语用关系与汉语的词序》，《语言学论丛》(第三十辑)，商务印书馆。

张　斌、胡裕树 1989《汉语语法研究》，商务印书馆。

张伯江 2002《施事角色的语用属性》，《中国语文》，第6期。

张伯江、方梅 1994《汉语口语的主位结构》，《北京大学学报》，第2期。

张伯江、方梅 1996《汉语功能语法研究》，江西教育出版社。

张　赪 2002《汉语介词词组词序的历史演变》，北京语言文化大学出版社。

张　赪 2005a《唐宋时期指人受事主语句的演变》,《汉语学报》,第1期。

张　赪 2005b《晚唐五代的受事前置句》,《语言科学》,第2期。

张　赪 2010《汉语语序的历史发展》,北京语言大学出版社。

张　赪、荣晶 2008《汉语受事主语句结构的演变及对比研究》,《语言教学与研究》,第4期。

张涤华等 1988《汉语语法修辞词典》,安徽教育出版社。

张国宪 1998《略论句法位置对同现关系的制约》,《汉语学习》,第1期。

张旺熹 1991《"把字结构"的语义及其语用分析》,《语言教学与研究》,第3期。

张玉金 2001《甲骨文语法学》,学林出版社。

赵金铭 1994《教外国人汉语语法的一些原则问题》,《语言教学与研究》,第2期。

赵元任 1968《汉语口语语法》,商务印书馆,1979。

赵振才 1985《汉语简单句的语序和强调》,《语言教学与研究》,第3期。

郑伟娜 2011《"连"字句焦点问题再议》,国际中国语言学学会第19届年会会议论文。

钟　华 2007《"连"字句中"连"后NP的焦点性质探析》,《语言应用研究》,第11期。

周国光 1994《汉语配价语法论略》,《南京师范大学学报》,第4期。

周建民 1989《〈金瓶梅〉的量词系统》,《武汉教育学院学报》,第4期。

朱德熙 1982《语法讲义》,商务印书馆。

朱德熙 1983《自指和转指——汉语名词化标记"的、者、所、之"的语法功能和语义功能》,《方言》,第1期。

朱德熙 1985《语法答问》,商务印书馆。

朱德熙 1986《变换分析中的平行性原则》,《中国语文》,第2期。

朱德熙 1987《句子和主语》,《世界汉语教学》,第1期。

朱冠明 2008《〈摩诃僧祇律〉情态动词研究》,中国戏剧出版社。

朱冠明 2011《中古佛典与汉语受事主语句的发展——兼谈佛经翻译影响汉语语法的模式》,《中国语文》,第2期。

朱冠明 2013《汉译佛典语法研究述要》,《汉译佛典语法研究论集》(蒋绍愚、胡敕瑞主编),商务印书馆。

朱庆之 2001《佛教混合汉语初论》,《语言学论丛》(第二十四辑),商务印书馆。

邹嘉彦、游汝杰 2004《语言接触论集》,上海教育出版社。

祖生利 2007《元代的蒙式汉语及其时体范畴的表达——以直译文献的研究为中心》,《国外语言学》,第1期。

祖生利 2009《试论元代的汉儿语言》,《历史语言学研究》(第二辑),商务印书馆。

Baker 1976《从信息结构的观点来看语言》(陈平译),《国外语言学》,1985年第2期。

Baker 1979 Syntactic Theory and the Projection Problem. *Linguistics Inquiry*, Vol. 10: 533 - 581.

Chafe 1976 Giveness, Contrastiveness, Definiteness, Subjects, Topics, and Point of View. *Subject and Topic*. Academic Press: 25 - 55.

Charles N. Li. 1975 *Subject and Topic*. Academic Press, Inc.

Cikoski 1978a An Outline Sketch of Sentence Structures and Word Classes in Classical Chinese-Three Essays on Classical Chinese Grammar: I. *Computational Analyses of Asian&African Languages*, No. 8.

Cikoski 1978b An Analysis of Some Idioms Commonly Called "Passive" in Classical Chinese-Three Essayson Classical Chinese Grammar: Ⅲ. *Computational Analyses of Asian&African Languages*, No. 9.

Clique 1993 A null theory of phrase and compound stress. *Linguistic Inquiry*, No.24: 239-297.

Collette G. Craig 1975 Properties of Basic and Derived Subject in Jacaltec. *Subject and Topic*. Academic Press: 99-124.

Comrie 1981 *Language Universals and Linguistic Typology: Syntax and Morphology*. Peking University Press.《语言共性和语言类型》(沈家煊译),华夏出版社,1989。

Croft 2000《语言类型学与语言共性》(龚群虎译),复旦大学出版社,2009。

Dixon 1994 *Ergativity*. New York: Cambridge University Press.

Dowty 1991 Thematic proto-roles and argument selection. *Language*, Vol. 67, No. 3: 547-619.

Erteschik-shir 1997 *The Dynamics of Focus Structure*. Cambridge: Cambridge University Press.

Fillmore 1968 The Case for Case. In *Universals in Linguistic Theory*. Bach and R. T. Harms(eds.). New York: Rinehart and Winston: 1-88.

Gerhard 2007 Evolutionary Game Theory and Typology: A Case Study. *Language*, Vol. 83, No.1: 74-109.

Goldberg & Ackerman 2001 The pragmatics of obligatory adjuncts. *Language*, Vol. 77: 798-814.

Greenberg 1966 Some universals of grammar with particular reference to the order of meaningful elements. In *Universals of Language* (second edition). Greenberg (eds.). Cambridge, Mass.: MIT Press: 73-113.

Grice 1967 Logic and Conversation. *Studies in the Way of Words*. Cambridge, Mass.: Havard University Press, 1989.

Gundel 1999 Different Kinds of Focus. In *Focus: Linguistic*,

Cognitive and Computational Perspectives. Bosch, Peter & Rob van der sandt(eds.): 293 - 305.

Haiman 1985 *Natural Syntax*. Cambridge University.

Halliday 1967 Notes on transitivity and them in English. *Journal of linguistics*, Vol. 3: 199 - 244.

Hawkins 1990 A Parsing Theory of Word Order Universals. *Linguistic Inquiry*, Vol. 21, No.2: 223 - 262.

Hawkins 1994 *A Performance Theory of Order and Constituency*. Cambridge University Press.

Hawkins 2006《语序和成分结构的操作理论》,北京大学出版社。

Hopper & Thompson 1980 Transitivity in grammar and discourse. *Linguistics Society of America*, Vol. 56, No.2: 251 - 299.

Hopper & Traugott 1993 *Grammaticlization* (second edition), Peking University, 2006.

Huang C.T. James(黄正德) 1982 *Logical Relations in Chinese and the Theory of Grammar*. Garland Publishing, Inc, 1998.

Huang C.T. James(黄正德) 1984 Phrase Structure, Lexical integrity, and Chinese Compound. *Journal of the Chinese Language Teachers Association*, Vol. 19, No.2: 53 - 78.

Huang C.T. James(黄正德)1989 Prodrop in Chinese: a generalized control approach. In *The Null Subject Parameter*. Osvaldo Jaejjli&Ken Safir(eds.). Dordrecht: D.Reidel: 185 - 214.

Huang Shuan-fan(黄宣范) 1966 *Subject and Object in Chinese*, Project on Linguistic Analysis. Series 1, No.13: 25 - 103.

Huang Shuan-fan(黄宣范) 1978 Historical Change of Prepositions and Emergence of SVO Order. *Journal of Chinese Linguistics*, Vol. 6, No.2: 212 - 242.

Jakendoff 1972 *Semantics Interpretation in Generative Grammar*.

MIT Press.

James H.-Y. Tai(戴浩一) 1976 On the Change from SVO to SOV in Chinese. Papers from *the Parasession on Diachronic Syntax*. Chicago Linguistic Society, Vol. 22: 291 - 304.

James H.-Y. Tai(戴浩一) 1975 On Two Functions of Place Adverbials in Mandarin Chinese. *Journal of Chinese Linguistics* 3.

Jarvella 1979 Immediate memory and discourse processing. In *The Psychology of Learning and Motivation.* by GH Bower (eds.), Academic press, Vol. 13: 379 - 421.

Keenan 1975a Towards a Universal Definition of "Subject". *Subject and Topic*. Academic Press: 303 - 334.

Keenan 1975b Topic as a Discourse Notion: A study of Topic in the Conversation of Children and Adults. *Subject and Topic.* Academic Press: 335 - 384.

Kiss 1998 Identificational Focus vs. Informational Focus. *Language*, Vol. 71: 245 - 273.

Lambrecht 1994 *Informational Structure and Sentence Form: Topic, Focus, and the Mental Representationd of Discourse Reference.* Cambridge University Press.

LaPolla 1990 *Grammatical Relations in Chinese: Synchronic and Diachronic Considerations.* John Benjamins Publishing Company.

Leech&Short 1981 *Style in Fiction: A Linguistic Introduction to Engilsh Fictional Prose.* London: Langman.

Li&Thompson 1975 Subject and Topic: A New Typology of Language. *Subject and Topic*. Academic Press: 417 - 444.

Liu Feng-hsi 1990 *Scope Dependency in English and Chinese.* Ph. D. dissertation, University of California, Los Angeles.

Lycan William G. 1991 Even and Even If. *Linguistics and Philoshophy*,

Vol. 14: 115 - 150.

Masayoshi Shibatani(桥本万太郎) 1983《北方汉语的结构发展》,《语言研究》,第 1 期。

Masayoshi Shibatani(桥本万太郎) 1991 Grammaticalization of topic into subject. *Approaches to Grammaticalization*. Traugott& Heine(eds.). Amsterdam, John Benjamins: 93 - 133.

Mei Kuang(梅广) 1979 Is Modern Chinese Really a SOV Language? In *Asian and Pacific Conference on Linguistics and Language Teaching*. Tang Tingchi&Tsao Fengfu(eds.). Taiwan Student Book Corporation.

Rochmont 1986 *Focus in generative grammar*. Amsterdam: John Benjamins.

Saeed 2003 *Semantics* (second edition). UK: Blackwell Publishing.

Sandra Chung 1975 On the Subject of Two Passives in Indonesian. *Subject and Topic*. Academic Press: 57 - 98.

Selinker 1969 Language transfer. In *General Linguistics*, Vol. 9: 67 - 92.

Selinker 1972 Interlanguage. *International Review of Applied Linguistics in Language Teaching*, Vol. 10, No. 3: 209 - 231.

Silverstein 1976 Linguistic Categories and Cultural Description. In *Meaning in Anthropology*, School of American Research, University of New Mexico Press.

Sun Chaofen(孙朝奋) 1996 *Word Order Change and Grammaticalization in the History of Chinese*. Stanford: Stanford University Press.

Talmy Givón 1975a Serial verbs and syntactic change: Niger-Congo. *Word Order and Word Order Change*. TX: University of Texas Press.

Talmy Givón 1975b Topic, Pronon, and Grammatical Agreement. *Subject and Topic*. Academic Press: 303 - 334.

Talmy Givón 1978 Negation in Language: Pragmatics, Function, Ontology. *Syntax and Semantics* 9: Pragmatics. Academic Press: 69 - 112.

Talmy Givón 1985 Iconicity, isomorphism, and nonarbitrary coding in syntax. In *Iconicity in Syntax*, John Haiman (eds.), Amsterdam John Benjamins: 187 - 220.

Teng Shou-hsin (邓守信) 1979 Remarksonthecleft sentences in Chinese. *Journal of Chinese Linguistics*, Vol. 7, No. 1: 101 - 114.

Thomason 2001 *Language Contact: An Introduction*. Edinburgh and Washington, DC: Edinburgh University Press and Georgetown University Press.

Thomason 2010 Contact explanation in linguistics. *The Handbook of Language Contact*, Raymond Hickey (eds.), Wiley-Blackwell: 31 - 47.

Timothy Light(黎天睦) 1979《汉语词序和词序变化》(张旭译),《国外语言学》,1981 年第 4 期。

Tomlin 1986 *Basic Word Order: Functional Principles*. London: Croom Helm.

Trask 1995 *A Dictionary of Grammatical Terms in Linguistics*. New York: Routledge.

Tsao Fengfu (曹逢甫) 1987 A topic-comment approach to the ba construction. *Journal of Chinese Linguistics*, Vol. 15, No. 1: 1 - 54.

Van vain, R. T. & Lapolla 2002 *Syntax: Structure, Meaning and Function*. 北京大学出版社(影印本)。

引 用 书 目

杨伯峻 1989《论语译注》,中华书局。
杨伯峻 1981《春秋左传注》,中华书局。
上海师范学院古籍整理组 1998《国语》,上海古籍出版社。
吴则虞 1982《晏子春秋集释》,中华书局。
沈啸寰、王星贤 1988《荀子集解》,中华书局。
王先慎 1998《韩非子集解》,中华书局。
张双棣等 1986《吕氏春秋译注》,吉林文史出版社。
黄 晖 1990《论衡校释》,中华书局。
桓 谭 1977《新论》,上海人民出版社。
王利器 1981《风俗通义校注》,中华书局。
余嘉锡 1983《世说新语笺疏》,中华书局。
王利器 1993《颜氏家训集解》,上海古籍出版社。
汪绍楹(校注) 1979《搜神记》,中华书局。
黄 征、张涌泉 1997《敦煌变文校注》,中华书局。
静、筠 2007《祖堂集》(孙昌武等点校),中华书局。
徐梦莘 1987《三朝北盟会编》(汇编本),上海古籍出版社(影印本)。
张伯行(辑订) 1985《朱子语类辑略》,中华书局。
郑 光 2002《原刊老乞大研究》,后附古本《老乞大》,外语教学与研究出版社。
覃 君 1993《型世言》(点校本),中华书局。
徐沁君 1980《新校元刊杂剧三十种》,中华书局。
徐朔方、杨笑梅 1963《牡丹亭校注》,人民文学出版社。
王季思 1987《集评校注西厢记》,上海古籍出版社。
曹雪芹 1982《红楼梦》,人民文学出版社。
阮 元 1980《十三经注疏》(校勘本),中华书局。

佛陀教育基金会 1990《大正新修大藏经》,台北,财团法人佛陀教育基金会。
康孟详《修行本起经》,《大正新修大藏经》第三册 No. 184。
康孟详《中本起经》,《大正新修大藏经》第四册 No. 196。
支娄迦谶《道行般若经》,《大正新修大藏经》,第四册 No. 224。
支娄迦谶《杂譬喻经》,《大正新修大藏经》,第四册 No. 204。
慧觉等《贤愚经》,《大正新修大藏经》,第四册 No. 202。
昙　曜《杂宝藏经》,《大正新修大藏经》,第四册 No. 203。
求那毗地《百喻经》,《大正新修大藏经》,第四册 No. 209。

后　　记

本书是在我的博士论文的基础上修改而成的。从博士论文到本书的最终完成几易其稿，作了很大的改动。虽然整个写作过程凝聚着自己的辛劳和汗水，但我深知，如果没有导师的悉心指导，没有语言学界许多前辈的热忱帮助，没有家人的全力支持，没有同窗好友的鼓励和共勉，这本书根本不可能以现在的面貌呈现在大家面前。因此，在这里我要向曾经给予我诸多帮助的师友和家人表达我最真诚的谢意。

首先要感谢我的导师蒋绍愚先生。经师易寻，人师难得。我一直觉得能做蒋先生的学生是自己的福分。先生不但开拓了我的学术视野，培养了我的学术热情，引导、鼓励、搀扶着我一步步地接近语言研究的大门，而且让我感受到了无微不至的关怀。尤为难忘的是，他不顾年迈，在身患肺炎的情况下仍然坚持如期为我举行预答辩，直至预答辩结束之后，他才带着自己事先悄悄地准备好的午餐，到医院去打三个小时的点滴；而当我哪怕只是得了个小小的感冒，只要先生知道，他都会打电话嘱咐叮咛。四年的博士生活虽然短暂，但从先生那里我学到的不仅仅是如何为学，更是如何为人。先生为我付出的心血远不能用寥寥数语来表达，他对我的教诲和影响让我终生受益。感谢师母徐伏莲女士。师母所给予我的母亲般的关爱和呵护使我如沐春风。

感谢杨荣祥、张美兰、刘子瑜、宋绍年、胡敕瑞、张联荣、孙玉文、邵永海、袁毓林、沈阳、郭锐、宋亚云等诸位先生在我博士论文写作过程中所给予的宝贵意见，这些富有启发性和指导性的意见让我的论文写作少走了很多弯路。感谢杨永龙、洪波、张赪三位先生在答辩时所提出的宝贵意见。感谢两位匿名评审专家的中肯意见。这些意见对本书的修改有很大的帮助。感谢《清华语言学博士丛书》编委会的各位专家以及中西书局的张荣总编和朱彦编辑。

在书稿的后续打磨过程中，我获得了到美国斯坦福大学（Stanford University）做访问学者的机会，联系导师是东亚语言学系的孙朝奋先生。在斯坦福大学，我除了系统地聆听了孙先生所开设的本科和研究生课程之外，在多次的面谈中，我也曾将书稿中的一些观点与其做过讨论，受益良多，在此深表谢意。

我还要感谢我的家人。如果没有家人的支持，我根本无法拥有一份没有家务琐事打扰的安宁心境和一股孜孜不倦、不断进取的前进动力。特别要感谢我的女儿。虽然在读博期间我没有像与之同龄的孩子们的妈妈一样，时刻陪伴在她的身边，但令我欣慰的是，她的成长并没有因为缺少妈妈的终日陪伴而受到丝毫影响。伴随着长辈们的关爱，她长成了一个活泼乐观、充满自信的女孩。

此外，书稿的写作还得到了国家社科青年基金项目（11CYY041）和山东省语言资源开发与应用重点实验室的资助，在此一并致谢。

如果以硕士学习为起点的话，迄今我与汉语史研究结缘已有十四载。除了兴趣之外，是老师的鞭策和教诲、家人的理解和支持让我离自己的梦想越来越接近。也是他们，促使我在这条与清苦和寂寞为伴的路上坚定地走到现在，并决心一如既往地走下去。“常怀感激之心，常存惭愧之意”，先生们的教诲，我终生不敢忘怀。我将以学业上的继续努力来作为对给予我诸多帮助的人们的回报。

附录：

专家评审意见(一)

汉语受事话题句的历史演变是汉语史研究中的一个重要问题，也是学术界长期关注的一个焦点，到目前为止，汉语语法学界对受事、话题、主语等核心概念及其性质等问题，尚无一致的认识。同时，受事话题句研究涉及句法、语义、语用等诸多因素，而汉语历史上的受事话题句缺乏形式标记，无法用电脑进行搜索，汉语历史典籍浩繁，要把汉语史各个时期的受事话题句找出来，汇集在一起进行研究，殊非易事，以往学者对此问题有所涉猎，但目前还没有看到对文献资料全面的整理和对汉语受事话题句深入系统的研究。

本书作者对汉语各个历史时期有代表性的数十部文献中数千例句作了细致的、穷尽性的调查，论文首先对先秦到明清时期汉语受事话题句句式类型和句法特征作了细致深入的分析和描写，呈现了各个时期受事话题句的面貌，并以此为基础对该句式的历史演变进行研究。本书总结了汉语各个历史时期的受事话题句的特点，联系代词、动词、体助词、述补结构、处置式、施受关系中立化等与受事话题句相关的句法发展变化，通过历时比较勾画出各类受事话题句的发展演变轨迹。作者把受事话题句的历史演变放到整个汉语语法演变的背景上加以考察，从句法、语义、语用多个角度提示了该句式的演变动因和机制。作者观察敏锐，理论思考深入，研究成果多有创见，对今后受事话题句的进一步深入研究有重要的价值。

作者专业基础知识扎实，理论视野开阔。本书对相关研究现状作了全面的梳理和概括，较好地吸收了学界已有的研究成果。研究中努力运用当代语言理论，材料分析准确，例句选择典型，数据统计可靠，结论基本可信。论文结构安排合理，逻辑严密，论述清晰，写作规范。

本书注意到中古翻译佛经、元明汉语教科书与同期本土文献的差别，关注语言接触对汉语受事话题句的影响，但元明清材料显得比较单薄，对中古译经梵汉对勘研究成果注意不够，这几个时期对汉语的历史发展有重要影响，本书中这方面的讨论还有待加强。

曹广顺

专家评审意见(二)

受事话题句是汉语基本句型之一，也是表现汉语类型特征的代表句型之一，其研究价值由此可见。然而，由于此句式缺乏形式标记，要探讨其历史演变，首先得克服材料搜集的困难，因此长期以来此句式一直缺乏有系统的研究。在此情况下，作者却不畏艰巨，勇敢迎向此一难题，而且一路从先秦观察到清朝，其学术眼光与挑战精神均值得嘉许。

这部论文除了在选题上具高度价值，还有下列多项优良的学术表现。

第一，材料扎实，方法审慎。为解决受事话题句不易搜集的难题，作者慎选从先秦到清代各时期代表文献，针对 8 个时期 32 部文献展开地毯式搜索，逐一找出受事话题句，并整理各种受事话题句类型在各时代与各语体的分布比例，可谓规模庞大而分析入微，为全文奠定扎实的观察基础。

第二，研究成果具体而丰富。借由多层次的分析方式，本书得出多方面的统计数据，并从中指出汉语受事话题句重要的演变脉络，像是逐一指出受事话题、述语、主语的主要演变趋势，如谓词性受事下降而体词性受事上升，带前附成分之述语下降而带后附成分之述语上升，名词性主语下降而代词性主语上升；此外，根据各种次类类型，书中也提出大体演变动态，如光杆述语、带否定副词、带能愿动词、带代词宾语的比例下降，而带补语、带范围副词的比例则提高；再者，书中还指出新出的受事话题句类型，如带“连”字短语、带“得”字短语、带体助词、带数量短语等。

第三，议题周延，见解开阔。本书对每项统计得出的语言现象，均能紧扣汉语整体演变趋势提出合理解释，且讨论议题广泛，不但处理受事话题句的演变趋势及原因，还论及受事论元前置的功能及制约因素，也关注此句式中主语出现与否的条件与成因。在解释各现象时，文中切入点不限于句法层面，还涉及语义、语用与语言接触等层面。此外，还旁及多项汉语语法史上的重要演变趋势，包括补语、体助词、“得”字短语、处置式、“连”字句的逐渐发达，宾语代词“之”、“诸”、“焉”的消亡，宾语代词回指话题以及光杆述语的衰微，“者”字结构、“所”字结构到“的”字结构的变化等现象，以及“已知信息居前”、“施受关系的中立化”等语言规律的确立。

第四，论述严谨，分析深入。本书虽然内容庞大，却不显繁琐，全书条理分明，事理铺陈讲究。尤其难能可贵的是，本书在精细勾勒现象之余，更进一步尝试对各种语言现象提出解释，而且作者对汉语句法体系的整体变动有深入掌握，故时时能切中演变关键而论，例如文中从作格动词与及物动词的转变、述补结构、体助词、处置式的产生，以及施受关系中立化等方面来解释受事话题句的重要演变趋势。至于此句式长期存在汉语的原因，本书也从句法、语义、语用等多角度提出说明，包括特定状语或补语成分的牵制，周遍性与有定性名词前置的原则，汉语信息结构中已知信息在前、未知信息在后的原则等因素。在探讨各议题时，作者均能适当征引学界重要观点，妥善解释受事话题句的各方面表现。

第五，学术应用价值高。此书勾勒出受事话题句的整体演变趋势，并提出深入分析与解释。若从本书的研究成果出发继续探究，相信日后对汉语句法体系演变、汉语类型学研究、主语与话题比较研究、汉语动词特性转移等议题均可能提出一定的启发与贡献。

虽然本书以受事话题句为主题,但关于此句式的一些基本问题还留有若干讨论空间,像是受事话题句在汉语句法体系中的地位与作用,乃至受事话题句在汉语类型学上的地位。若能从跨句式或跨语言角度来审视此一议题,当能得出更开阔也更深入的观点。这部分属进阶议题,在本书奠定的扎实基础下,相信日后当能有所开展。此外,整体视之,本书建设多而批判少。不过,这应当是过去相关研究不够丰富所致,无涉于作者个人研究实力。最后,正如作者在"结语"所言,动词语义在受事话题句演变的作用,以及语言接触对受事话题句的影响,这些议题也都还有较大的探究空间。

整体而论,本书稿选题出色且方法周延,分析深入而见解开阔,成果具体丰富,具高度学术与应用价值,是故本人特此向《清华语言学博士丛书》编委会强力推荐这部书稿,相信此书的出版将能推动受事话题句及相关议题的研究。

张丽丽

《清华语言学博士丛书》章程

（一）《清华语言学博士丛书》（以下简称《丛书》）是清华大学语言研究中心主持编辑的一套丛书，选择中国大陆、港澳地区和台湾两岸三地语言学博士高质量的学术著作，经同行专家匿名评审和编委会审定后，由上海中西书局出版。每年出版 1 至 5 种。

（二）《丛书》旨在使优秀的语言学博士的著作得以较快出版，并在学界传播，扩大影响。一方面帮助语言学领域的优秀青年学者迅速成长，另一方面也为语言学的发展注入新的活力。

（三）学术定位

1. 以扎实的语言材料为基础，有较深入的分析和理论思考。

2. 具有学术前沿性和创新性。

3. 符合学术规范。

（四）编委会

顾问：丁邦新、陆俭明

主编：蒋绍愚（清华大学）

编委：蔡维天（新竹清华大学），曹志耘（北京语言大学），陈保亚（北京大学），方一新（浙江大学），冯胜利（香港中文大学），何大安（台湾中研院），邢向东（陕西师范大学），张伯江（中国社科院语言所），张美兰（清华大学），张敏（香港科技大学）。

编委会负责邀请同行专家进行匿名评审，并召开编委会审阅和评定入选《丛书》的著作。

（五）申报条件

1. 作者为两岸三地已获得语言学博士学位的青年学者（年龄在 45 周岁

以下）。

2. 著作可以在博士论文或博士后出站报告的基础上修改而成，已获得语言学博士学位的青年学者的其他著作也可以申报。著作用中、英文撰写均可。

3. 著作内容符合本章程第（三）条所规定的学术定位。

4. 作者从取得博士学位的次年起即可申报，申报者需填写《申报表》，并有两位专家（不包括《丛书》编委和顾问）推荐。

（六）申报时间

每年4月1日至5月31日。6至8月份由同行专家匿名评审。9、10月份编委会开会评定，10月31日前公布评定结果。申报和评审的具体办法另定。

（七）申报著作通过评定后，作者应根据编委会的意见进行修改，并在两年内将定稿送交上海中西书局，逾期视同放弃出版。

《清华语言学博士丛书申报表》可登陆网站下载，网址：http://www.tsinghua.edu.cn/publish/cll/index.html。

地　址：清华大学人文学院新斋332

联系人：赵小英　电话：010—62773018

电子信箱：zwlxs@tsinghua.edu.cn

（2011年11月10日《丛书》第一次编委会讨论通过）

图书在版编目(CIP)数据

汉语受事话题句历史演变研究 / 袁健惠著. —上海：中西书局，2015.4（2024.5重印）
（清华语言学博士丛书）
ISBN 978-7-5475-0834-3

Ⅰ.①汉… Ⅱ.①袁… Ⅲ.①汉语-句型-研究
Ⅳ.①H146.3

中国版本图书馆 CIP 数据核字(2015)第 080504 号

汉语受事话题句历史演变研究

袁健惠 著

责任编辑 朱 彦
装帧设计 梁业礼
出版发行 上海世纪出版集团
中西书局(www.zxpress.com.cn)
地　　址 上海市闵行区号景路159弄B座（邮政编码：201101）
印　　刷 三河市腾飞印务有限公司
开　　本 890 毫米×1240 毫米 1/32
印　　张 14.5
版　　次 2015 年 4 月第 1 版 2024 年 5 月第 2 次印刷
书　　号 ISBN 978-7-5475-0834-3 / H·043
定　　价 88.00 元

本书如有质量问题，请与承印厂联系。电话：0316-3153358